Josef Winckler:
Der tolle Bomberg
Ein westfälischer Schelmenroman

Deutscher
Taschenbuch
Verlag

Unveränderter fotomechanischer Nachdruck
Oktober 1980
Deutscher Taschenbuch Verlag GmbH & Co. KG,
München

Umschlaggestaltung: Celestino Piatti
Gesamtherstellung: C. H. Beck'sche Buchdruckerei,
Nördlingen
Printed in Germany · ISBN 3-423-01582-9

Inhalt

über des Verfassers ungeheuren Fleiß, seine verschlagene Findigkeit und Protektion hoher wie gelehrter Herrschaften.

Hier soll keine Satire des westfälischen Adels geschrieben noch ein witziges Kompendium monströser Schnurrpfeifereien angelegt werden – dies Buch verdankt der Laune Gottes selber seine Existenz, der unermeßlichen Schöpferlaune, die solche Kerle in die Welt setzte, wie der tolle Bomberg einer gewesen ist. Vieles wurde über ihn gefabelt, dessen Streiche in ganz Westfalen, Rheinland, Hannover noch heute in vollem Schwange sind. Immer wieder erkennen wir das derb lustige, feinlistige, unbekümmerte, unruhvoll geniale Gesicht, in ein bräunlich Licht von Rotspon getaucht, dessen grünes Jägerhütchen ganze Generationen fröhlicher Kavaliere heraufwanderte. Deren geistiger Vetter der Bodenwerder Münchhausen ist, und auch Till Eulenspiegel schelmisiert in ihrem Blut.
Das Geschlecht stammt aus dem märkischen Uradel und kam erst in jüngerer Zeit nach Westfalen, wo es auch vom Protestantismus zum Katholizismus übersiedelte. Ungemein reich begütert, mag es mit sämtlichen Liegenschaften, Schlössern, Gütern, Wäldern und Bergen wohl das Duodezreich eines mittelalterlichen Potentaten übertreffen. Durch Fideikommisse wurde es selbst in seiner tollsten Periode vor Verarmung bewahrt. Prächtige Jagden, weitläufige Fischereien unterstehen der Rentei, ein berühmtes Gestüt mit eigener Rennbahn genoß stolzen Ruf, und das Palais in Münster gehörte zu den herrlichsten Adelshöfen der Stadt. Das eigentliche Schloß Bullbergen zeichnet sich durch besonderen Geschmack nicht aus. In seltsamen Kontrasten stehen sich auch fromme Stiftsfräulein, große Damen, raufboldige Haudegen gegenüber.
Vielfach ist über den Baron selber auch geschrieben, so von

Karl Prümer in »Schelmenstreiche westfälischer Käuze«, von dem ich ein Kapitel zitiere, oder von Hermann Landois in »Frans Essink«. Aber es blieben nur rudimentäre Versuche, sehr zaghafte Ansätze, dies Zeitphänomen psychologisch zu erklären. Hiermit wird nun ein völlig Neues in die heimatliche Literatur eintreten und der Epoche von der Mitte bis zum Ende des vorigen Jahrhunderts ein merkwürdiges Gesicht aufsetzen.
Ich genieße *(entre nous!)* den ebenso zweifelhaften wie originellen Ruf, der unterrichtetste Spezialist in Bombergiana zu sein – jedenfalls darf ich sagen, daß keiner noch so gründlich den vielverschlungenen Pfaden nachging wie der Autor dieses Buches, der neben umfangreichen quellengeschichtlichen Studien siebenhundertneunzig Einzelpersönlichkeiten aller Stände in Westfalen, Hannover und Rheinland aufsuchte.
Verwunderlich genug ging es bei der Sammlung des Stoffes zu, der aller Ecken und Enden mit glühenden Rändern fast in die unmittelbare Gegenwart noch zerfließt. Von mütterlicher Seite her, mein unlängst erst verstorbener Großonkel Evers von Vennhaus, holte sich als Forsteleve beim Baron seine grünen Sporen und wurde später von der Witwe noch zur testamentarischen Regelung hinzugezogen. Mein Vater stand als Direktor der Saline Gottesgabe bei Rheine in innigsten Beziehungen zu den adligen Aktionären. So schwebte schon um meine früheste Kindheit der Legendenkranz des tollen Bomberg in feuriger Blüte, zumal Landois zu den intimeren Freunden unseres Hauses gehörte.
Auf manchem Adelssitz saß auch ich am Kamin bei den alten Herrschaften und erplauderte mit Taktik auf vielen Umwegen dies oder jenes, so mir wichtig schien. Aber die Müdigkeit vieler Geschlechter verhing ihre Geister mit schwerblütiger Einsilbigkeit, nur Wort für Wort tröpfelte bedächtig im Schweigen der großen altertümlichen Zimmer – gespenstisch klang ihr karges Lachen –, bis der Diener gegen neun Uhr für uns alle die warmen Filzpantoffeln brachte. Der Hausherr voran, huschten wir lautlos in die Schloßkapelle, wo ein kurzes Abendgebet widerhallte, und schon fiel alles tagbetäubt in die riesigen Napoleonsbetten und schlief.

Besonderen Dank aber schulde ich Herrn Rechnungsrat Eugen Müller in Münster, dem Portier Freese vom Hotel Römischer Kaiser in Dortmund – entgegen allen anders lautenden Nachrichten bestätige ich aber, daß Herr Professor Jostes, der Verfasser des westfälischen Trachtenbuches, nichts wußte – nichts wußte auch der neue Wirt von Appels Altbierkneipe – auffallend wenig auch der alte Pensionär in der Wiedertäuferklause, der nach dem Urteil vieler Münsteraner eine oberste Autorität sein sollte – viel Anregung verdanke ich jedoch dem Professor der Zahnheilkunde Apfelstaedt, Dr. Schönhoffs Artikel »Münsterische Originale« mit Zeichnungen von Augustinus Heumann – etwas mehr noch wußten Gepäckträger, Studenten, Leierkastenmänner, Polizisten, Straßenkehrer –, Dr. Castelle fügte kleine persönliche Erinnerungen bei, Dr. Reismann-Grone erzählte die Reise nach Hamburg, die Gänsejäger, Urmensch von Bullbergen, Erntebittgang, Flöz von Bullbergen, Kanonenschuß und das famose Schweinerennen. Hermann Löns vervollständigte die Erinnerungen an Landois, unter dem er die Holzläuse erforschte. Der Freiherr von H. verbürgt den Streich mit Anna Fösken und erzählte die Blamage des Amtmanns. Manch anonyme Zuschrift flatterte auch ins Haus. Köstlich aber war's, wieviel Altmünsteraner in bedenkliche Gewissensskrupel stürzten: »Chott – da is soviel chelogen – nain, so chans und chewiß waiß ich's auch nicht!«, und es war nun nichts mehr aus ihnen herauszupumpen! Besonders rührend war die treue Verschwiegenheit einiger alter Leibjäger, die ihrem toten Herrn noch Jahrzehnte nachtrauerten. Der greise Hühneraugenoperateur L., der nervöse Apotheker H., beide Kapazitäten des Stoffes, behandelten mich mit ausgesuchtem Mißtrauen, ja Feindschaft, daß ich ihren Stammtischnimbus zerstören könnte. Der älteste Kutscher jedoch, hinten in Borchhorst, der die tolle Fahrt mitmachte, bei der jener Rentmeister aus Mecklenburg den Hals brach und seine Nichte unverhofft offenbarte, daß sie keine Hosen trug, als sie mit dem Kopf im Acker stak, dieser geniale Philosoph des Bockes setzte die Tradition seines Lehrmeisters würdig fort und prellte mich um sechs Flaschen Kirschwasser, ehe er mir die Hucke voll log, denn es war mit Holzschuhen zu fühlen, wie er aufschnitt. Er will auch dem Kammerdiener Dachs die weinmüden Augen zugedrückt haben und bewahrt dessen goldenen Korkenzieher mit dem Kopfe Gott Vaters. Mit Empörung denke ich aber an den greisen Theaterkostümverleiher Bl., der so geheimnisvoll tat, als wisse er Unsägliches, dann aber doch nichts verriet und sich schließlich krank zu Bette legte, um nur nicht in Versuchung zu geraten! Mit um so innigerer Rührung und Ergriffenheit lauschte ich den Worten der alten guten Frau Matin, der letzten Tochter Jean Matins, des k. k. Hofbäckers und Konditors, *Diner à part* zu jeder Tageszeit – der einzigen braven Seele, die Verzeihung, Verständnis war, die den Baron verteidigte gegen Klatsch und Lüge, und ihr lächelndes Haupt schwebte wie taubenweiße Güte über diesem wilden Sonderlingsleben. Doch ließ sich trotz emsigster objektiver Nachprüfung nicht ermitteln, ob die abenteuerliche, weltberufene Geschichte vom Hinauswurf des gesamten westfälischen Hochadels aus »schadenfrohen Relationen reisender Kaufleute oder durch Avisierungen beteiligter Personen selber zur öffentlichen Kenntnis gebracht wurde«. Das Testament des Barons habe ich zur Einsicht erhalten können, so daß ich gern deklariere, wie streng wortgetreu der mitgeteilte Passus den sieghaft todüberwindenden Humor aufweist. Besonders lebhaft wurde noch von offizieller Seite dagegen protestiert, Professor Landois in Anbetracht des Ansehens der Hochschule in diese intime Zwillingsbruderschaft mit dem Helden zu setzen, aber die Wahrheit konnte nicht verborgen werden. »Wir wollen nicht ermangeln, hervorzuheben, daß unser Westfalenland von je mit Vorliebe Originale knorrigster Art hervorzubringen pflegt. Dies ist typisch für das Land der roten Erde und in der Stammesart seiner Bewohner fest begründet, die bis zur Mitte des vorigen Jahrhunderts und darüber hinaus durch die weltberüchtigt grundlosen Verkehrswege und die Abgeschlossenheit vom großen Völkerverkehr, insbesondere auch durch das Mißtrauen gegen alles Ungewohnte von fremden Einflüssen frei blieben und deshalb ihre Eigenart zu hüten vermochten, mehr als dies in anderen deutschen Landstrichen möglich war. Und das dürfen wir ohne

Übertreibung sagen: vielleicht werden Jahrhunderte hingehen, ehe wieder ein gleich urwüchsiges, dabei so volkstümliches und vielseitig kunstfertiges, gelehrtes und absonderliches Exemplar der Menschheit dem Boden unserer westfälischen Heimat erwächst, wie es Professor Dr. Hermann Landois sein Leben lang gewesen ist.« (E. Markus.)
Summa: Bei den geistlichen Herren war der Baron ein Besessener, bei den adligen ein Trottel, bei den Spießern ein Hundsfott, bei den Militärs ein Saufgenie, bei den Damen ein Wüstling, aber beim Volk ein »Kerl«! Der derbe, unbedenkliche, ehrliche Instinkt des Volkes spürte auch hier das Wesenhafte, und so spiegelt er abermals die alte Wahrheit, daß ein monströser Mensch, von der Tragik seiner Erscheinung umwittert, nicht in seiner Kaste oder im gebildeten Bürgertum, sondern nur in den breiten, Mythen bildenden Massen, herausgetreten aus dem Kreis der Familie, *die* Seelenhefe findet, die ihn aufgehen läßt ins dichtende, gestaltende Volksbewußtsein und ihn damit für die Ewigkeit aufbewahrt! Dies ist der höchste Gipfel, den der Mensch überhaupt erreichen kann, im Guten wie im Bösen: überpersönlich zum Symbol zu wachsen, ins Sprichwort einzugehen, Typus einer Stammeseigenschaft zu werden, Gesicht einer Zeit, daß alles, was heimlichen Wunders ist und sich weder im Wirklichen erlösen kann noch im Kirchenglauben ein Postament findet, magisch treibt durch seine Existenz mit schöpferischer Gewalt, bis er wie ein Geistermagnet blitzt und funkelt und knattert von Gelächter und Tragik, Tollheit und Phantastik, von allen Gemütsspielarten seiner Rasse! Dies ist wahrlich nicht das Kümmerlingslos der allzeit Bedenklichen, der nüchtern Geschäftigen, des öden Normalen: ist das Gnadenschicksal des großen Unbekümmerten, des dämonisch Einmaligen! Oder, wie Uhlmann-Bixterheide Bomberg nennt: »Des vom Blutüberschwang zu tausend Tollheiten getriebenen Spätlings der Renaissance.«
Von überall, selbst von Wien bis Amsterdam, flattern unglaubliche tolle Zuschriften ins Haus, so daß ich leichthin einen zweiten Band mit ihnen ausfüllen könnte. Ich sehe aus Gründen meines Seelenheils davon ab. Wenngleich köstlicher als die

glänzendsten Kritiken, die »uns« wohltaten – ich kann nicht anders als in diesem Moment im *Pluralis Majestatis* sprechen! –, lockten immer wieder gerade diese vielen Privatbriefe, oft mit kunstvollen Dejeuner-Karten und Souvenir-Alben, all die überraschenden Blitzlichter intimer Züge, die in leibhafte Nähe die Figur dessen zurückzaubern, der in die Entrückung des Romans einging. Wie anders rührten sie jetzt an des Dichters Herz, nachdem es mitgeliebt und mitgelitten, letzt Zwiesprach hielt und Geistgefährt ward! Wie wenigen Dichtern mag es denn widerfahren, daß Augen- und Ohrenzeugen ein Bildnis vervollständigen helfen, wenn es bereits Gestalt angenommen hat in der Imagination nachfühlenden Schaffens, und das Wesentliche bestätigen wie das Wesen des Erschauten selber? Vorab jener lange Brief des Majors a. D. von Kr. . . .:

»Als ich die Ankündigung Ihres Buches und als Probe das Schweinerennen in der Sportwelt las, war ich außerordentlich gespannt auf das Buch selbst. Nun habe ich es vor einigen Tagen zu Ende gelesen. Vielfach habe ich Tränen gelacht, manchmal auch wehmütig meines alten Freundes ›Cousin‹ und der einstigen lustigen Zeiten, in denen man selber jung und ohne Sorgen war, gedacht. Ich bin selbst geborener Münsteraner, 1865 vor dem Neuen Tore, meine Amme war aus Greven, dem ›größten Dorf‹ im Münsterlande, und so habe ich wohl schon mit der Muttermilch Verständnis für die westfälische Eigenart gesogen. Nun bin ich seit 1884 bei den Kürassieren eingetreten und habe fast vierundzwanzig Jahre die Uniform des lieben, alten, stolzen Regiments getragen. Alle Namen, die meisten Persönlichkeiten und Begebenheiten Ihres Buches sind mir wohlvertraut. Mit einer ganzen Schar junger Westfalen groß geworden, darunter meine guten alten Freunde Ferdinand von S., später Schwiegersohn des alten Bomberg, der dicke ›Benatz‹, Karl, ›Eiffelturm‹ und Majorchen, die Söhne, und Nagel aus dem ›Schweinerennen‹, bin ich von Anfang an oft jeden Sonnabend und Sonntag in Bullbergen und Breuninghausen gewesen. So hab' ich viel Heiteres, aber auch den ganzen Kummer und die Tragödie dieser eigenartigen Familie mit erlebt . . . Ich bin überhaupt der letzte seiner alten Freunde gewesen, der noch wenige Tage vor seinem Tode bei ihm war, an dem er noch einmal aus seiner berühmten Wiener Meerschaumpfeife rauchte (auch von Ihnen erzählt), in Gesellschaft von der guten Karoline und Grete D. (›Mimmi‹), mit der er sich dann ja noch auf dem Totenbette trauen ließ. Über den letzten Besuchstag lese ich in meinem Tagebuch: ›Der alte Bomberg, sehr elend, wiegt nur noch einhundertvier Pfund; im Geiste lebhaft, war der Alte wie in seinen besten Tagen, interessierte sich für alles; mit S. (Schwiegersohn) hat er sich auch wieder ausgesöhnt. Nur Anna B., seine Tochter, ist hart, die kommt auch nicht, wenn er stirbt. Meines Erachtens hatte er in den letzten Jahren im Katerzustand Angst vorm Deubel, und meine ich, er hätte sich in dem Turm ein Zimmer gebaut, das von außen keinen Zugang hatte, nur eine verborgene Wendeltreppe führt dahin. Dort glaubte er sich sicher; andere aber meinten, er habe dieses Zimmer zum verschwiegenen Treffpunkt mit der früheren Kammerjungfer seiner Frau benutzt! Er hat auch wohl manches auf dem Gewissen. Aber bei all seinen großen Fehlern ist er doch innerlich ein Mann von vornehmer Gesinnung gewesen. Wieviel vergnügte Stunden habe ich seit dreizehn Jahren im Hause zugebracht! Wie wurde man dort immer aufgenommen! Wie war er, selbst wenn er seine Saufzeit hatte, ein zuvorkommender Wirt! Ich kenne kein Haus, was mit einer solch originellen Gemütlichkeit eingerichtet ist und in dem man sich gleich so zu Hause fühlt. Schade und rücksichtslos, daß niemand sonst zu ihm gekommen war. Er empfand das auch sehr. Es wird wohl das letztemal sein, daß man bei ihm gewesen ist. Ein solches Original gibt es so leicht nicht wieder. Er war heute sogar aufgestanden und unterhielt sich lange mit uns. Sein fabelhaftes Gedächtnis läßt ihn alle alten Geschichten wieder erzählen.‹ Viele Abenteuer und Anekdoten begreift man auch erst im Alter in ihrer tieferen, vielleicht ihm selber unbewußten, epikureisch-mephistophelischen Lebensweisheit, denn wir waren die Jüngeren. Jedenfalls ist es eine verdienstliche Tat, daß Sie das Andenken an dies Original der Nachwelt überliefert haben.«

Zum Schluß möchte der Autor hiermit wiederholt die eidesstattliche Versicherung abgeben, daß er entgegen allen Gerüchten, die über ihn kursierten, kein professionierter Detektiv ist, wenngleich er's durch eifrige Lektüre zu einer gewissen Meisterschaft im Aushorchen von Skandalgeschichten ungemein weit gebracht hat und ein etwas lockeres Gewissen in diesen Zeitläuften nicht als hinderlich im Fortkommen empfindet. Seine hanebüchenen Indiskretionen, für die er alle Betroffenen herzlich um Vergebung bittet, sind leider nur in unvollkommener Weise durch nachstehendes Schreiben zu zügeln versucht worden:

An den Schriftsteller Dr. Josef Winckler

Auf Ihren Antrag gestatten wir Ihnen für familiengeschichtliche Forschung die Benutzung der Urkunden und Akten des Stadtarchivs unter der Bedingung, daß Sie über Dinge, deren Bekanntwerden im öffentlichen Interesse nicht erwünscht sein würde, strengste Verschwiegenheit bewahren.

Der Magistrat der Stadt Münster

Katzenjammer

»Herr Gott von Bentheim – ist das ein Stumpfsinn in der Welt! Hätt' Gott mich statt Adam erschaffen – ich hätt' so viel Geschmack gehabt, bis auf den heutigen Tag durchzuschlafen, und der ganze Krempel existierte nicht!«

»Sie müssen sich irgendeine Pflicht auferlegen –« antwortete der Weinreisende.

»*Was* zum Deubel? Soll ich beim Erbsendöppen, Butterkernen total verblöden? Durchs Haus schreien wie ein Prumenkötter: Ist der Häcksel auch egal geschnitten? Das Schweinefutter gar? Lohnt sich Pflicht um *den* Trödelkram? Well sick för'n Pannekoken utgiw, sagt das Sprichwort, de wedd ok för'n Pannekoken upfretten – das einzige, was ich tu – ich reite wie der lebendige Satan umher!«

»Die Stadt Münster ist doch in der Nähe ...«

»Unglückseliger Mann, in was für hochbeinigen Zeiten leben Sie? Was ist denn in Münster los? Die Domglocke bammelt: ›Graute Bohnen in den Pott – graute Bohnen in den Pott!‹ Martini antwortet: ›De magg ick nich – de magg ick nich –!‹ Überwasserkirche aber ruft: ›Giw mi se män – giw mi se män – ick magg se woll!‹ – So klingt's das ganze Jahr über der ollen Steinkuhle!«

Der Reisende dachte ein wenig nach:

»Machen Sie denn nirgendwo Visiten?«

»Wohl gar Spielchen Pikett oder Tarock – Schälchen Stippmilch –? Die alte versimpelte Gräfin Murveldt quasselt über die moderne Literatüre und meint: ›Josef Annegarns Lebensgeschichte heiliger Kinder!‹ Die Herzogin Curswaren mahnt mich: ›Gott wird Sie noch strafen wegen Verschwendung – weil Sie mit dem Finger das Brötchen aushöhlen –!‹«

Der Weinreisende rieb sich die Backen:

»Na – was treiben Sie auch just Ihr Unwesen in einem Damenzirkel?«

»Meinen Sie, in den Familien sei's fideler? Augenverdrehende Prüderie der Eheweiber – als wenn sie noch vom Storch getreten würden! Trottel von Memmen! Wo blieb das Lebensstrotzen blutvollerer Zeiten: Weilen die Männer ziehen nach Kompostell – ihre Weiber sich legen auf Pumpernell? Ich begreif' den Heine, der vor Lebensverzweiflung nach kolossalen Lastern schreit, nur was Mutiges, Glanzvolles, Bestienhaftes – nur diese Muffigkeit aus den Knochen kriegen! Nicht alle Menschen mit dem Futtersack um den Hals herumlaufen sehen!«

Der Weinreisende rieb sich die derbe Nase, und sein wohlgespitztes Bäuchlein wackelte voll innerer Heiterkeit:

»Und doch ist die Stadt berühmt durch ihre traditionelle Geselligkeit – die Adelshöfe und Bürgergesellschaften sind eine Eigentümlichkeit Münsters – Sie müssen in einen regelrechten Klub eintreten, zum Beispiel Billardklub –«

»Gar wohl Zwei-Löwen-Klub? Darin wollte vor fast zwanzig Jahren der Richter Havichhorst einmal seinen Hut nicht abnehmen, das gab einen Klamau, der heute noch nicht vergessen ist in diesem Watertümpel –«

»Aber der Zivilklub?« bestand der Weinreisende.

»Dann nennen Sie doch gleich den Schmandklub! Ahnen Sie, was in diesen Kaschemmen für eine neungeschwänzte Borniertheit thront? Haben Sie gehört, was dort Tagesereignis? Wetten: ›Daß auf der Promenade mehr als zweitausend Bäume stehen?‹ ›Daß ein Küraß durch Putzen in fünfzehn Jahren zehn Pfund verliert?‹ ›Daß von der Coppenrathschen Buchhandlung bis zum Horsteberg nicht mehr als fünfundvierzig Häuser sind?‹ ›Daß der Paukenschläger des Kürassierregiments außer an den Steigbügeln befestigten Zügeln auch noch solche oberhalb des Pferdekopfes habe?‹ Der Enti Wellermann wettete mit Franz Dahme, ein mit Bier gefülltes Glas von Brüggemann auf dem Alten Steinweg bis zum dreieinhalb Kilometer vom Neutor gelegenen Nubbenberg zu tragen, ohne einen Tropfen zu verschütten – *das* ist jetzt Hallo in der ganzen Stadt! Denn er gewann hundert Bullenköppe, gleich zwölfhundert Glas Altbier!! Alle Pfeifen sind vor Verwunderung ausgegangen! Der

Bischof soll noch in der Sakristei gelacht haben! Der Zumbrock hat ein Aoltbeer-Leed gedichtet!«

Der Weinreisende öffnete sein Etui, einen neuen Patentkorkenzieher zu zeigen, aber der Baron dröhnte grimmiger:

»Jetzt hat sich noch ein Klub ›Heimatlos‹ gebildet, der wandert gar nur von Altbierkneipe zu Altbierkneipe, von Appels auf der Neubrückenstraße zu Pape auf der Breitgasse, von dem zu Franke auf der Lütkegasse, von dem zu Tillmann auf der Königstraße, dann zu Lepper und wieder zu Appels, zu Pape zurück –! Das ist Münster! Phäaken-Papen-Knaster-Kantaster-Paster-Stadt! Ja, in Münster ist es finster! Kuchen, drin die Rosinen fortgepickt sind! Eine abgestandene Brühe! Seit der Wiedertäuferzeit alles Leben ausgetobt: Überschwang, Leidenschaft, Tumult! Propheten in Zion! Vielweiberei! Dann Belagerung, Verzweiflung, Generalsturm und furchtbarste Metzelei, denn gerade die Kühnsten, die Lustigsten wie die Brünstigsten, die damals Temperament und Unternehmungsgeist besaßen, vom Taumel hingerissen, die Pfaffenherrschaft abschüttelnd, gerade diese, Münsters beste Jugend, die noch Schneid in den Knochen hatte, ward bis auf den letzten niedergemacht; ihre Weiber und Kinder wurden wie Vieh aus der Stadt in die Einöde getrieben – man vernahm nie mehr ein Sterbenswörtchen von ihnen! Seit *der* Stunde herrschen die Banausen, Duckmäuser, die Bierbölker, das schofle Gesinnungspack – jetzt muß man bekanntlich erst Scheffel Salz mit ihnen essen, bis man hinter ihren Charakter kommt!«

»Herr Baron, Sie urteilen zu scharf! Eine solide, brave, ehrliche Stadt, die –«

»In drei Donners Namen: zum Kuckuck mit allen Spießertugenden! Ich hör' in ganz Münster die Totenwürmer klopfen vor Stille. Selbst die einstige Hansatüchtigkeit ist erloschen. Wenn Gott auf die Stadt herabschaut, kriegt er vor Gähnen den Mund nicht mehr zu! Durch jenen Bischof Fürstenberg ist sie zur katholischen Hochburg des ganzen Westens geworden. Die Professoren der Universität werden nur aus reaktionär-westfälischen Jesuiten gewählt. Im Gegensatz zu Königsberg, Göttingen, Bonn mit ihren weltweiten Geistern verklausulierte sich Münster in dogmatische Schwerfälligkeit steifen Selbstgenügens. Sie wissen, schon sofort nach den Freiheitskriegen entstand hier eine Epoche, die im Schoß der katholischen Kirche nur Altbewährtes in strenger Tradition weiter hegte, und Gruber erzählt: ›Von allen Pilgern, die je nach Loretto gewallfahrtet, hat man keine eifrigeren Festgläubigen gesehen!‹ Damals ließ sich ja auch in Angelmodde der sogenannte Magus des Nordens, der Mystiker Hamann, nieder. Der einfältige Frömmler Graf Leopold von Stolberg zog mit seiner Gemahlin herüber und ward Konvertit. Nur der alternde Goethe der Gelassenheit, des freundlich verdämmernden Herzens, der Mümmelgreis, konnte sich hier bei uns wohlfühlen. In diese Atmosphäre von Nepotismus, Engbrüstigkeit, Betschwesterntum fuhr dann der scharfe Wind, der von Preußen kam. Damals wurde die Minoritenkirche protestantische Garnisonkirche, die Petrikirche Militärmagazin. Unbekümmert griff man in die Schwarzbrut mal hinein. Während in der Lambertikirche das Hochamt gefeiert wurde und der Chorknaben Vokalmusik aus dem Dom tönte, schmetterten paukende Parademärsche vom Prinzipalmarkt her, Kommandos fluchten die Bogen entlang. Die neuen Kürassiere trieben die wildeste Opposition und zügelten ihren Übermut nicht mit dem Weihwasserquast, daß die Münsteraner schließlich Quartier verweigerten und die Garnison mit Gewalt einlogiert werden mußte. Drei ostelbische Leutnants traktierten zwei Domherren mit Ohrfeigen, da sie ihre Aufnahme in den Adelsklub abgelehnt hatten. Jetzt aber hat der Pfaffe wieder die Oberhand gewonnen, und die dickste Klausur liegt finsterer denn je rundum. Ich möchte die ganze Garnison wieder aufwiegeln –«

»Haben denn die Liberalen keinen Einfluß mehr? Die Loge –?« Der Baron juckte beide Finger ins Ohr: *»Sanctus Spiritus!* Sittliche Läuterung, geistige Förderung, Begeisterung für die unvergänglichen Güter des Lebens, Gott verehren im Bilde des Weltbaumeisters – herrliche Statuten! Der dürre Leisetreter, der neunundsechzigjährige Wirkliche Geheimbde Rat Landtagsmarschall Exzellenz Graf Ignatz von Lundsberg-Valen, präsidiert beim Johannismahl – Meinungsverschiedenheiten werden durch Ballotage *per majora* gelöst – nachher sitzen sie in den Ecken und zoten! Schauderhafte Heuchelbande! Blücher hatte schon recht: ›Die ganze Brut in diesem Pfaffenlande taugt nicht!‹ Ja, wie der hier unbekümmert hauste – spielte, bis er gepfändet wurde! Lästerte und tobte, daß die Leute vor Aberglauben unheimliche Dinge witterten und oft auf der Straße warteten, ob der Teufel nicht leibhaft aus dem Schornstein führe! Ein Königreich für einen Kerl, der heute noch den Mut hat, in dieser Korona ein Atheist zu sein! Weinonkel, schaffen Sie Rat! Ich brenne durch! Ich geh auf die Reise nach Zythera!«

»Bestellen Sie ein Fuder Ingelheimer –« meinte der schlaue Fuchs.

Der Baron wurde ernster.

»Vielleicht wär' ja aus mir was anderes geworden, ich hab' schon Gefühl für Format; aber studieren durft' ich nicht aus Standeseinfalt und geistigem Hochmut. Politik und Militär sind dem Katholiken abgeschnitten. Ein Prumenkötter kann ich erst recht nicht sein. Jetzt züchte ich vor Langeweile mir Würmer in der Nase. Mäste mich mit Beschüte, Pumpernickel, als fütterte ich stumpfsinnig einen anderen, voll geladen wie Josephs Kornspeicher, aber die Ahnen revoltieren im Blut wie eine tolle Hammelherde, die keinen Ausgang findet – das Gewitter ist nah, da, muß sich entladen – wohin? Herrgott, wohin? Dies spukhafte Leben halt' ich nicht länger aus, alles ist da – ob ich schlafe bis Mittag oder früh aufspringe – alles ist immer da – unheimlich – aus unsichtbar quellendem Überfluß – ich privilegiertes Mastodon –

Aha – da kommt der Pastor, das ist eine naive Foliantenhaut –« flüsterte der Baron dem Weinreisenden ins Ohr.

Der alte Dorfpastor, der alle sechs Wochen mal nach dem Rechten sah, schlurfte heran, rückte das schwarze Samtkäppchen ein wenig vor, verneigte sich zum Besuch und nahm die Schniepel seiner Soutane säuberlich in den Schoß:

»Ich hörte dich mal wieder räsonieren, daß die Kamine dampfen –« und besänftigte: »Man muß Geduld haben und warten können! Wie sagt der Lebenskünstler Epiktet: ›Auch die Schafe speien ihren Fraß nicht vor den Hirten aus, sondern behalten ihn bei sich und wandeln's in Wolle und Milch –‹«

»Hochwürden – in mir gärt nur Drachenlauge – ich steck' bis zum Hals voll Gift –«

»Muß heraus, muß heraus –!« mahnte der Pastor.

»Heiraten Sie also, Herr Baron!« rief der Weinreisende plötzlich.

»Waaaaaaaaaaas?«

»Im Ernst! Eine schöne, kluge Frau – im Ernst! Daß Sie häusliches Glück kennenlernen, Einkehr, Besinnung, von den wilden, halsbrecherischen Ritten loskommen – ich reise weit umher auf den Landsitzen – ich finde Ihnen schon eine passende Partie –« Und der Weinreisende schrieb sich's wie einen Geschäftsauftrag ins Notizbuch.

»Sie wollen mir wohl eine anhängen wie dem armen Max von Spossen, der die scheußliche Draffel ehelichte?«

»Ich bin nicht näher unterrichtet«, sagte der Weinreisende.

»Die verweigerte sich wie ein störrisches Nadelöhr und gelobte eine sogenannte Josephsehe – sie blieb kinderlos bis auf ihren alten Tag! Diese veilchenäugigen Teekühe sollte man nur im engsten Bekanntenkreis heiraten – fri öwer den Mist, dann weeste, wo de bist – sagte der kluge Bauer!«

»Soll *ich* lieber eine auswählen?« ließ nun auch der gute Pastor nicht locker und legte sein Samtkäppchen unternehmend in den Schoß.

»Du lieber Himmel – Generalpleite! Dann fing's von vornherein mit der Klerisei an, das steckt in all unseren Baronessen wie die Finne in der Sau! Ich hab' pathologische Angst davor – als die Gallitzin den religiösen Rappel kriegte, ging sie aufs Land und schor sich kahl – meine Frau würde auch bald beide Domtüren einrennen und den dicken Christophorus anflehen, mich 'rumzukriegen –«

»Zu was denn 'rumkriegen?«

»Beichten, büßen, wallfahrten, Altäre pinseln und weiß der Teufel sonst noch! Aus Anstand gibt man schließlich nach oder kommt in den Suff – alle echten Kerle sind an ihren bigotten Quisseln kaputt gegangen, sie beherrschen mit den Pfaffen das

Land, Charakter auf jeden Fall futsch! Nur ein Narrenbeutel kann im sogenannten Sakrament der Ehe vernünftiger oder gar selig werden –«

»Du müßtest natürlich Kinder bekommen –« tat der Pastor etwas genierlich.

»Ich hab' noch mehr Angst vor *diesen* Kindern!«

»Ein geordnetes Familienleben führen –«

Der Baron schlug die langen Beine mit einem tiefen Rülpser ins Zimmer. Der Reisende lachte hell auf, aber der Pastor mahnte mit dem Finger, als drohe er noch immer dem Knaben: »Gisbert – Gisbert –«

»Heiraten Sie nur eine, die ich offeriere – Adjö!«

»Also – man reiche mir dies Eheweib!«

»Ich setz' sie Ihnen mit auf die Rechnung –« rief der joviale Weinonkel noch in der Tür, denn er wußte genau, wie man diese Landjunker behandeln mußte.

»Topp – zehn Fuder Hochzeitswein!«

Wilde Ritte

In Recklinghausen im »Deutschen Hof« saß eine honorige Stammtischgesellschaft in riesige Dampfwolken gehüllt, und nichts im Städtchen verriet, daß etwas Besonderes in der Luft liege oder doch irgendeine Sensation im Anzug sei. Der Rasierer seifte gerade einen grauhaarigen Kunden ein, der Pfarrer ging im Garten des Pastorats und schlug das Brevier auf, Pagina sieben, der Kreistierarzt kam von Herten die Chaussee gefahren und schrieb sich ins Notizbuch: »Geburt Kalb Müller« – da gab's im »Deutschen Hof« einen fürchterlichen Knall, als platze eine luftleere Kugel, und sausende Splitter schwirrten einen Strudel von Glas: jemand galoppierte quer durch die Spiegelscheiben! Die große aufgeklebte Goldtaler-Ehrenmedaille der Brauerei fuhr ihm wie ein Diskus unter die Achsel dahin! Schnaubend und schweißend parierte der Gaul, die blutende Nase dem Postmeister hinters Ohr. »Schnabus!« schnarrte eine Stimme, schallend klatschte eine Peitsche, während der Boden noch zitterte und die Wände im Kreise torkelten. Lähmung sperrte Zunge wie Ohr. Da brauste schon in Karriere der Reiter fort, man hörte in Intervallen nur die zwei Doppelhufschläge vom Pflaster, und datternd schlugen alle Stimmen mit dem Lärm der Herbeigestürzten in ein wirres Durcheinander der Entrüstung zusammen.

In Herten am selben Tage ließ der Auskultator Friedrichs seinen ältesten Sprößling taufen. Aus Ochtrup waren drei Tanten, ein Patenohm und ein Seminarschüler zur Stelle, und die Hebamme hob das Söhnchen bedächtig übers Taufbecken, indes die Meßjungen blinkende Laternen auf polierten Stangen hielten und der Pfarrer in Stola und weißem Rochett aus dem schwarzen Ritusbuch die lateinischen Gesetze hinmurmelte, darauf der Küster in ebensolcher Monotonie lateinisch respondierte. »Widersagst du dem Teufel in seiner Pracht?« fragte der Pfarrer das Knäblein. Das blinzelte mit rotzartem Rattenköpfchen in die Leere der Unendlichkeit und krallte die Fäustchen auf und zu. Der Taufpate, der Ohm, antwortete überzeugend im tiefen Baß an seiner Stelle: »Ich widersage –« und der Seminarist, ein geweckter blondhaariger Jüngling, dachte beim Klang dieser sonderbar erhabenen Worte: »So sind sie alle, Kaiser und Könige, Bettler und Sibyllen, getauft worden, seit tausend Jahren, und im Abend- wie im Morgenlande widersagt die Menschheit unaufhörlich dem Teufel und seiner Pracht –.« Schon donnerte der Kirchgang vom Gewölbe wider, eine große dunkle Masse verfinsterte den Bogen, und leibhaft erschien plötzlich mit funkelnden Augen hoch über allen Taufgästen der nickende Kopf eines Pferdes. Dies roch, erhitzt von dem Galopp, in der Kühle des Taufbeckens frische Labung und schnupperte und schob mit einem starken Ruck Hebamme, Täufling samt Spitzenkissen, Segensquasten und Ritualbuch zur Seite und sog mit lefzender Zunge das Weihwasser im Becken aus, während in der Kettenkinngrube das blanke Eisen klirrte, die Schwanzrübe den Schweif aufrichtete: von der Kruppe zur Fessel *eine* schaudernde Haut! So ungeheuerlich war's, daß die Gesellschaft noch keinen Laut gab, als der Bogen sich bereits schattenhaft verfinsterte und wieder das volle goldene Tageslicht mit warmem Schweigen über die Schwelle flutete.

Auch der Gerichtsvollzieher Wenzel dachte an nichts Besonderes, als er bei Dülmen unter den rottraubigen Vogelbeerbäumen dahinfuhr, indem er beide Hände durch das herabgeklappte Fenster steckte und die Zügel lässig in den Fingern schlenkerte. Seit er an Bronchialkatarrh litt, er litt stets an einer anderen Krankheit, pflegte er auch im Sommer das Halbverdeck hinter sich hochzuklappen und die Fenster mit den Lederscharnieren vorn dicht zu verrammeln, nur durch zwei runde Handlöcher seine Gegenwart verratend.
Er war ein gefürchteter Mann auf allen Höfen, und wer von ihm eine Marke an Truhe oder Laden geklebt bekam, der war »gewenzelt« worden. »Ick lot di wenzeln«, drohte der Gläubiger dem säumigen Zahler, und dieser antwortete: »Ick schlo den Hund daut!« Vater Wenzel aber war eine abgrundgütige Seele und litt mehr als seine Opfer unter der Wucht seines Amtes. Nichtsdestoweniger hatten dessen Ernst und Würde seinem Gesicht einen griesgrämigen Bulldoggenausdruck verliehen, dicke Tränensäcke unterpolsterten die Augen, die Nasenlöcher waren vom Schnupfen rötlich gefärbt.
Heut nun fuhr Herr Wenzel nach einer schweren Bauernpfändung still der Stadt zu. Sapperment! seine ganze Brust schütterte sich bis ins Zwerchfell: Ein kolossaler Gegenstand kreuzte schnurstracks vor den Scheiben sein Gesichtsfeld, daß sein Pferdchen die Ohren zurückschmiß – rams, bums, dröhnte es rechts im Graben auf. Er haschte noch just die Silhouette eines Widerristes, hörte stolpernd gestreckten Trab – sah er schon am hellen Tag Spukgestalten? Er klappte vor Schreck die Fenster nicht auf, schloß die Augen und zitterte kopfschüttelnd weiter.
Marijob! gingen wilde Ritte auf den neuen Eisenbahngleisen los, die vor kurzem erst gebaut waren. Es tauchte aus dem Busch und ritt gestreckt dicht vor der prustenden Lokomotive, daß Heizer und Maschinist jeden Moment die Hebel auf Stopp hielten, wenn die Puffer das Schwanzende berührten. Aber immer stob der geduckte Reiter mit Blitzesschnelle um einige Längen wieder voraus. An den rufenden Bauern auf dem Felde erkannten die Reisenden, daß vorn etwas Verwunderliches

vor sich ginge und neugierten aus dem juckenden Züglein rechts und links mit Dutzenden Hälsen gaffend hervor, Arme und Hände reckten sich – man hätte glauben können, als langgestrecktes Stachelschwein poltere das Züglein mit gesträubten Borsten durchs Land. Und als ein Maschinist aus dem Hannoverschen, der den Reiter noch nicht kannte, mit Kohlenbrocken fluchend nach vorn schmiß und ein Stück am Sattel zerplatzte, da prallte der die Zügel stramm, stieß den linken Sporn ein, flog in sausendem Bogen ab und tauchte in nächster Sekunde im Hirschsprung in gleicher Körperhöhe armdicht am Trittbrett empor und traktierte den Heizer auf seiner eigenen Lokomotive in vollster Fahrt dermaßen mit der Reitpeitsche, daß dieser, total verbiestert, keinen anderen Halt wußte, als wahnsinnig die Dampfpfeife zu ziehen, mithin es aussah, als schrie die dicke Lokomotive bei jedem Hieb schrill auf, wie wenn sie selber verprügelt würde.

Um diese Zeit fiel der Ritt bis Cloppenburg in Oldenburg in drei Tagen hin und zurück.

Da wollte der Graf Ostfalen ihn auf die Probe stellen und lud ihn zu einer Wagenfahrt ein. Hinter Hiddigsel ließ er den Viererzug losrennen, und die Gäule warfen ihre Bäuche voran, der Graf auf dem Bock knallte drein und wandte sich um zu seinem Gast, der im Fond des Wagens saß: »Sie haben doch keine Angst?« Er lockerte die Leine den Vorderpferden, und das Gefährt schoß mit verdoppelter Geschwindigkeit, daß keine Speiche mehr zu sehen war, und wandte sich wieder voll aufkeimender eigener Furcht um: »Mein Lieber, Sie haben doch keine Angst?« Da saß der Baron eingenickt im schaukelnden Polster, und dem Grafen, seine Blamage zu verbergen, blieb nichts anderes übrig, als das Letzte nun aus den Pferden herauszupeitschen, gesträubten Haares, bis plötzlich der Baron die Zügel an sich riß, halsbrecherisch den Grafen nach hinten klettern ließ, und jetzt ging die Fahrt erst los: er warf die vier Zügel aus der Hand, sprang aufrecht auf den Bock und knallte das führerlose Gespann wie einen Tornado über die Chaussee, die Kassione pfiff, das braune Sattelpferd feuerte hoch aus, das linke Stangenpferd strauchelte, der Graf schrie

»Hilfe!«, der Baron lachte: »Knie unters Kinn – wie'n Sack fallen lassen!«, ein staubender Knäuel polterte furchtbar, der Graf flog aus dem Fond, der Baron sprang wie ein schießender Hecht hoch vom Bock, und drei Pferde lagen reif für den Schinder. Ein Wunder, daß sie heil mit dem Leben davongekommen. Diese Fahrt wurde in ganz Westfalen bekannt und brachte dem Baron zuerst den Namen des »Tollen« ein.

Von nun an wurde jedem Gast im Pferdestall auf silbernem Tablett Sekt serviert:

»Dies ist nämlich mein Allerheiligstes!«

»Sie sollten sich auf einen Favoriten setzen und rite am Großen Rennen beteiligen, statt wie ein galoppierendes Ungeheuer herumzuklabastern –« schnarrte der Rittmeister von Boddenbrock vom Kürassierregiment, der mit dem Prinzen von Wuttschenstein, den Leutnants Freiherrn von Plattenberg, von Olterlein, von Grate und Bieda zur Schnitzeljagd gekommen war.

»Alles schon vorbereitet – zunächst aber wird ge – e – he – licht!« machte der Baron feierlicher.

Das gab ein Hallo, Staunen, Bezweifeln, der witzige Wuttschenstein schlug ein Kreuz: »Hals- und Beinbruch! Kinder, habt ihr denn eine Ahnung vom Bochumer Landrecht? Bedenkt, was im Archiv von Darfeld steht: ›Item ein Mann, der ein echtes Weib hatt und ihr an ihren ehefrauelichen Rechten nicht genug helffen kan, der soll sie einem Nachbarn bringen und könnte derselbe ihr dann nicht genug helffen, so soll er sie sacht auffnehmen und thun nicht weh und tragen sie über neun Erbzäune und setzen sanfft nieder und halten sie daselbst fünff Uhren langh und ruffen: ‚Hilfe! Hilfe!' daß ihm die Leute kommen und helffen und kan man ihr dennoch nichts helffen, so soll er sie wieder sacht auffnehmen und setzen sachte nieder und geben ihr ein neu Kleidt und einen Beutel mit Zehrgeldt und senden auff'n Jahrmarkt und kan man ihr alsdann nicht genug helffen, so helffen ihr nur thausend Düffel noch –!‹«

»Salü – so eine gönn' ich mir!« rief der Baron ins Gelächter der Kumpane.

»Main Chott, main Chott – hairate ihn nich, Sophie –« mahnte besorgt Mutter von Gutelager auf ihre Tochter ein – »ßo dumm ßei nich, er hat nich umßonst so rote Büffelsohren in sein Wappen! Bald ßchon wird er nich mehr auf dich hören und seine aignen Wege ziehn! Er ist so'n bratschiger Kerl – wie kannst du nur auscherechnet in dießen Mann dich verlieben – dessen Vorfahren efanchelisch waren?«

»Ach, Mutter –« die Tochter zerknüllte das Taschentüchlein in beiden Händen.

»Er wird ein richtiger Werries werden, wie der tolle Werries, von dem man nach hundert Jahren noch die wilden Streiche erzählt –« sprach die Mutter eifriger auf ihr schönes Töchterlein ein – »heirate lieber einen einfachen Offißier von Stand –«.

»Da liegt doch nichts drin, Mutter – daß – ich –«

»Main Chott – nix in?«

»Ach, Muttchen –« die Tochter preßte das Taschentüchlein vor die weinenden Augen.

»Wir haben es doch nich nötig, daß du auscherechnet dießen Patron cherade dir erwählst, der chakaine Nummer hat? Was hast du davon, ob du Chüter in Pommern, Hannover, Ostpreußen und Schleswich hast – wenn du nich mal Herr im eichnen Hause bist? Auch wir sind doch wahrlich nich arm – willst du nich mal nach Papenhausen bei Köln auf Besuch? Es ist deine erste Reise – ja?«

Die Tochter schüttelte den Kopf: »Das ist mir viel zu weit weg –«

Und die gnädige Mama erregte sich noch mehr: »Ja, es ist, wie es ist –« und stampfte mit dem Fuß auf: »Was ein dummes Dinch sich in den Kopf chesetzt hat, das sitzt –«

»Er hat mir geklagt, wie täglich ihm sein Essen anbrenne; die Wäsche chinge kaputt, auch daß die Haushälterin ihm überall mit dem Besen zwischen die Beine fahre, der richtige S-chrupp-teufel, und er nirchends ein Plätzchen mehr habe und deshalb eine Frau –«

»Da bist du doch nich beichewesen? Das ist ja chanich wahr!

Chlaub das doch nicht! Sophie! Das ist Papperlapapp! Er hat dir was forchemacht! Ich weiß doch chanich, wo alle meine Ermahnungen cheblieben sind? Sein Jungchesellentum chefällt ihm sehr gut! Chans chut! Chlaub deiner Mutter, und nur um eine ordnungsliebende Hausfrau zur Hand zu haben, zur Handarbeit, nach den Mädchen und nach der Hühnerfekel zu sehen – bist du mir viel zu chut dazu! Der muß einen enerchischen Hassebassen haben, nich so eine feine wie du!«

»Aber ich sehne mich doch so nach mainem Haushalt –«

Da setzte sich die Frau Baronin von Gutelager vor Verwunderung breit hin: »Blas mir auf den Kopf, nee, nee! – kanns du zu Hause nich arbeiten? Sich von vornherein als Magd dem Mannsvolk in die Ehe zu cheben, ist die achte Todsünde! Du kommst aus den Holzschuhen dann nicht mehr heraus! Du aber bist penibel erzochen – du hast doch eine eichene Chuwernante chehabt – du bist von der Welt chans und char bewahrt worden – du bist Gott sei Dank nich so eine Ottokolongen-Mamsell oder Fingerspitzentippse wie die Baronesse von Kniphausen – du bist ein chans solides Mädchen und darum mußt du auch einen chans soliden Mann haben! Und daß überhaupt erst so'n Weinreisender es chesagt hat und deine glückliche Ehe vermitteln will – – das paßt mir ßchon chans und char nich!«

»Aber ich – liebe – –«

»Es nutzt nix –!« plusterte die Mutter nun erbost sich auf – »du besserst ihn nich – es wird nur schlimmer mit ihm! Lieber schicke ich dich in Panßion als in diese Ehe!«

Und wurde doch unversehens weich, umarmte das schluchzende adlige Kind und strich ihm voll dunkler Sorge übers Flachshaar, das in einen milchhellen leuchtenden Helm mit seitlichen Ringellocken zusammengebunden war. Sie zupfte ihr am Halsbörtchen, indes ihr Töchterlein eigensinnig zupfend die große weiße Schürze mit selbstgehäkelten Spitzen lockerte, da ihr heiß wurde.

»Komm – wir wollen zußammen eine Wallfahrt nach Telgte machen, daß die liebe Mutter Chottes dir helf . . .«

So fuhren Mutter und Tochter am folgenden Morgen in geschlossenem Wagen auf die stille Landstraße hinaus durch die Vogelkirschbäume, die eine hochrot, die andere bleich und ernst, und beteten unterwegs einen Rosenkranz nach dem anderen. Es waren dies besondere Rosenkränze von seegrünen Perlen, welche die fromme Karoline, die jetzt im Kloster der Ewigen Anbetung fern zu Innsbruck weilte, einstmals von Rom aus einer Privataudienz des Papstes heimgebracht hatte, als Extradotation für sieben lange Pantoffelküsse mit einem Generalablaß bis ins siebte Familienglied (so spottete freilich nur der etwas liberale Onkel Wolff-Mutternich). Die Mutter vertraute wirkendem Heilssegen und empfing zum Schluß die Kommunion um »chnadenreiche Erweichung des Herzens maines unglücklichen Kindes«.

Das unglückliche Kind aber harrte aus mit sehnsuchtsglühenden Wangen und schwur, selbst dem Ansturm göttlicher Gnade einmal mit tapferer Verstocktheit standzuhalten.

Hieran ermesse man die blinde Bewunderung und das zitternde Erwarten der schweigsamen Baronesse, die sich das aufbegehrende Herz zersehnte in der unendlichen Stille vor den großen weißen Wolkenbildern der flimmernden Ebene, wo nur der Postbote einmal am Tag die weiten Sandwege pilgerte, sonst niemand.

Sie flocht ihre Zöpfe träumerischer um den Kopf. Es war ein sehr schönes, sehr schlankes, sehr blauäugiges, sehr distinguiertes Fräulein voll romantischen Sommerspuks, die Annettes Gedichte las und das Spinett spielte.

Die erfahrene Mutter aber fuhr heimlich zum Pastor nach Bullbergen und erkundigte sich; der rückte das schwarze Samtkäppchen ein wenig nach vorn, verneigte sich und nahm die Schniepel seiner Soutane säuberlich in den Schoß: »Er müßte ein geordnetes Familienleben führen – dann kriegen wir ihn schon herum! Dann hört dies Reiten von selber auf.«

Die Tochter erhielt, obwohl ihr Namenstag vorüber war, ein rosablümiges bauschiges Biedermeierkleid mit einer seidenen Schneppentaille, die in einem süßen Schnabel über ihr Bäuchlein vorn spitz hinablief.

Als bald darauf von Frau von Looz-Curswaren eine dringende

Einladung zum musikalischen Tee kam, erahnte sie gleich, daß hinter dieser Festivität mehr steckte, und also schob sie der Mutter gegenüber eine gleichgültige Ausfahrt vor und kutschierte mit bangem Entschluß selber hin.

Die Hochzeitsreise

Nach der hochoffiziellen, feierlichen Standeshochzeit im Martiniviertel zu Münster, wo der Gutelagerhof lag, folgte jene berühmte Hochzeitsreise.

»Ich hab' noch charnix von der Welt chesehen«, sagte die junge, schüchterne Frau und freute sich auf die weite Reise.

»Du sollst staunen, wie groß sie ist!« rief der Baron.

Und fuhr unter Hörnerschall und dröhnendem Salutschießen über die Neubrückenstraße hinaus und zeigte seiner jungen Frau die Stadt und sagte: »Damit du zuerst siehst, wie groß Münster ist!« Im Galopp stob das Gefährt mit vier Apfelschimmeln die Wallpromenade um die Stadt, hoch auf dem Bock Dachs, der neue Diener und Paradekutscher, an den kupfergrünen Domtürmen und getreppten Giebeln entlang, unter dem roten Dächergewirr im Abendschein, dann bogen sie die Telgter Straße hindurch bis Handorf, wo sie auf der Boniburg des Herrn von Hatzfeld abstiegen. Als Hochzeitsgeschenk bat er sich einen Papagei aus und hing ihn im Bauer an die Decke des Wagens. Die junge Frau fütterte ihn mit einem Zuckerklümpchen. Dann ging es langsam den Sandweg bis Havichshorst und über Kleinmann bis Gievebeck über Mecklenbeck bis Amelsbüren, wo sie die zweite Nacht verbrachten, und dort schenkte er ihr einen Kanarienvogel. Und sie schibbelte sich vor Gelächter. »Ja, wer mit dreißig Jahren schon gescheit ist, kann mit vierzig sterben!« rief der Baron, und sie schlug ihm mit dem Handschuh schalkhaft den Mund. Am Morgen ging es über Hiltrup nach Angelmodde und Rumphorst. Ja, schön ist die Welt! Groß ist die Welt! Und hier, in Lengerich, schenkte er ihr einen Buchfinken, der unterm linken Türfenster sein Kästchen bekam. Und sie lachte noch mehr: »Main Chott! Main Chott!«

Und in der Frühe ging's zickzack mitten übers Feld, daß die junge Frau verwundert den Kopf herausstreckte: »In welch eine wilde Gegend kommen wir doch jetzt, main S-chatz?« – »Ja, Münsterland ist groß!« schmunzelte der Baron, und sie fuhren über Nienberge und Roxel nach Albachten und landeten in Ottmarsbocholt zur dritten Nacht. Hier stiftete er ihr einen grasgrünen Zeisig, der unters rechte Wagenfenster kam. Und die junge Frau fand das wieder so köstlich wie drollig und lachte sich halb tot: »Nu sieh mal an – nu sieh mal an!«

Dann fuhren sie nach Davensberg und wieder einsame weite Sandwege durch Felder und Eichen, und sahen viele Kühe auf den Weiden. »Wie? – in Rinkerode sind wir schon?« staunte der Baron zum Fenster hinaus und schenkte dort eine Bachstelze, die übers Rückenfenster placiert wurde. Und wieder sehr weit fuhren sie im Bogen über Albersloh bis Wolbeck, und hier kamen zwei Fliegenschnäpper und eine Meise hinzu, so daß die junge Frau schon im ununterbrochenen Gezwitscher, Geflöte wie in einem Käfig des Gesanges durch die Landschaft fuhr und bereits über Kopfschmerzen klagte, aber der Baron ward übermütiger und immer glücklicher und voll Witz und voll sprudelnder Lustigkeit, und an jedem Postschalter und vor jeder Wirtschaft, wo das tirilierende Gefährt hielt, strömte neugierig jung und alt zusammen, daß sie sich beherrschte noch bis Telgte, wo ihm ein Starenpärchen schon an den Schlag gereicht wurde. Nun stieg ihr Argwohn auf, und sie kuschelte sich mit jähem Erröten hinter seine Schultern in den Seidenfond des Wagens: »Er hat sie vorher alle extra bestellt und spielt mir ßchon einen Schabernack – oh – oh!«

Aber sie schwieg und ließ sich im Bogen abermals weiter in die große unbekannte Welt kutschieren bis nach Greven, bis Altenberge, und da ward ihr plötzlich viel Schlimmeres zur vollen Gewißheit: daß der Baron sie schon viermal im Bogen nur rund um Münster gefahren hatte und ihre Hochzeitsreise also wie ein Narrenkreisel lief! Betäubt wußte sie schon gar nicht mehr, wieviel Getier in dem Wagen steckte: die Bachstelze wippte, die Nebelkrähe koraxte wild Krah-krah! Es flatterte, kuschelte, schnäbelte, Finken, Dohlen, Grünspecht, Zeisig und Meise lärm-

ten durcheinander, die Schwarzdrossel flötete, das Rotkehlchen klagte, das Goldammermännchen rief unverdrossen nach seinem Weibchen, und: »Himmel hilf mir!« in Havixbeck reichte er ihr öffentlich einen leibhaftigen, klappernden Storch in den Wagen und setzte ihn auf ihren Schoß! In gestreckter Karriere – die Schimmel warfen krippenselig die Kruppen jachternd in die Luft – in der piependen, flatternden Karosse sausten sie donnernd auf die Brücke, Lakaien und Kutscher sprangen an die Türen, Schachteln und Koffer abzuladen, und der Gemahl, groß, fürstlich, geleitete sie heraus, die, der Auflösung nahe, mit Tränen kämpfte. »Hier ist *dein* Nest – mein Turtelchen!«
So schaffte er seine junge Frau in der Vogelkutsche ins Schloß.

Flitterwochen

Sie schämte sich drei Tage und wollte zur Mutter zurück. Dann besänftigte er sie: »Du sollst alles jetzt doppelt genießen, was du bisher entbehrt hast!«
Und die in Münster so übermütig abgebrochene, gesteifte Hochzeit – nur die Adligen lassen sich auch im Dom trauen – wurde nun daheim auf Bullbergen nach eigenem Gepräge fortgesetzt. Der Baron hatte sich wie der Fürst Esterhazy aus Salzburg eigens ein Streichorchester verschrieben, das die Wochentage auf weißen Stühlen im Park konzertierte, aber es durfte dabei nicht gefaulenzt werden, obwohl die Mägde und Knechte hinten auf den Feldern Spaten und Harke stehen ließen und den leidenschaftlich wühlenden Saiten lauschten, bis hier und da zwischen Knickhecken ein Tänzchen aufwirbelte – mitten unter den gefleckten Kühen die Dirn beim Melken auf dem Dreibein im Takt die drallen Euter zupfte und den Kopf wiegte: »Muß i denn, muß i denn zum Städ-te-le 'naus – Städ-te-le 'naus, und du mein Schatz bleibst hier?« – »Juchhu!« hörte man plötzlich den Kuhjungen schreien und sah seine Mütze über die Bäume empor fliegen. Ewige Kirmesstimmung lag über dem sonnenwarmen Lande. Selbst auf der Chaussee blieben die fremden Fuhrwerke stehen; sie glaubten, eine große Volksmenge müsse

hinter den Büschen versammelt sein, und wenn sie durch die Hecke spähten, nur die Kapelle spielen sahen, dazu eine weißgekleidete junge Frau mit einem fein schwarz gerockten Mann allein auf der Terrasse – fuhren sie kopfschüttelnd weiter.

An den Abenden aber, aus der ganzen Nachbarschaft, paarten sich Knecht und Magd und tanzten »Widdewee« oder den »Siebensprung« und sangen dazu »Hackenspitzen eins-zwei-drei – morgen ist der Schuh entzwei!« Es waren oft so viele Teilnehmer versammelt, daß man rund um Schloß und Stallungen eine lange Kette bilden konnte.

»*Savoir vivre* – meinst du, liebes Fräuchen, ich sei umsonst so ein toller Knabe geworden? Wir Bomberge sind nur der gewaltsame Rückschlag, die brausende Reaktion des Blutes, in mir rumort der geknebelte Lebensgeist – Hoiho!« Und er stemmte sein jung Weiblein vor allen Spiegeln mitten im Saale hoch, daß sie in unendlicher Vertiefung sich widerspiegelten, als höben alle verstorbenen Bomberge jubelnd ihre Frauen auf und küßten sie in dieser Minute auf den Mund.

Die junge Frau aber war ganz schüchtern geworden: »Wenn du nur nicht char zu wild wirst – meine Mutter sagte –«

»Deine Mutter ist auch nur ein frommes Steißhühnchen – ich lechze nach Abenteuer und Kühnheit! Kann nicht fünfzig Jahre warten, bis ich verpufft bin und Haupt und Hintern sich gleichsehen –«

Die junge Frau zuckte zusammen: »Ich meine, wir müßten doch mehr chute Werke tun! Ein Vorfahr von mir hatte das sogenannte zweite Gesicht, von dem auch Annette von Droste spricht, das auch in Schottland vorkommen soll. Dieser Vorfahr sah einmal den Doktor auf einem Schimmel ins Haus reiten. Man lachte ihn aus, aber er bestand darauf. Da fiel bald beim Ernten ein Knecht aus der Bodenluke in die Gaffel, und der Junge reitet los, den Doktor zu holen. Er folgte ihm von Ort zu Ort; als er ihn endlich trifft, ist dessen Pferd zu müd', kein anderes ist zu finden, alle Bauern arbeiten im Feld. Da kommt ein Zicheuner mit einem weißen Pferd, es ist der einzige Schimmel der Gegend, und auf diesem reitet der Doktor ein. Ich bin auch oft so furchtsam – voll Ahnung –«

»Halsbeinbruch – zweites Gesicht?« wehrte der Baron: »Ich hab' nur ein Gesicht – das genügt für mich und dich! Werd' nur nicht so eine kleine westfälische Spökenkiekerin – ich muß dich noch mehr zerstreuen – Sonntag ist Schützenfest!«

Das ganze Dorf wurde eingeladen. Die edlen Salzburger spielten auf, die Bauern erschienen in ihren alten Trachten: lange Gehröcke, weiße Kniestrümpfe und Schnallenschuh; die Frauen in bunten Röcken mit Schultertüchern, goldgestickten Nirwelkappen und verschnürten Miedern. Der Baron wurde vom Schützenoberst, den Hauptleuten, dem alten König und der Fahne im Schloß abgeholt. Zwei Kompanien präsentierten die mit Blumensträußen geschmückten Flinten. Der Feldwebel rief die Namen der Teilnehmer aus dem Protokollbuch vor, der Hauptmann richtete grölend die Front der dicken Bäuche, der Adjutant bringt jetzt den funkelnagelneuen, schneeweißen Vogel und befestigt ihn auf der Stange.

Der Baron schoß nur aus einem Böller, und es gab jedesmal einen ungeheuren Knall und eine noch gefährlichere Rauchwolke. Der Adjutant mußte mit dem Säbel die Dorfjugend bändigen und im Zaum halten. Das ganze Dorf stank nach Pulver.

Der Baron holte den Vogel herab. Nun wurde er nach alter Bauernsitte aufgehoben, geschultert und gewippt: je zwei zu zwei bilden die Schützen eine lange Kette, und der neue König fliegt auf dem Bauch mit flatternden Rockschößen bei Tusch und Hurra von einer Handwelle zur anderen hoch durch die Luft, auf und nieder, bis er vorn angelangt ist. Er fühlte die gewaltige Bauernkraft mit Wonne ihn schleudern und rief: »Kinners – wat is dat 'nen anner Pläseer!«

Der Oberst kommandierte die weibliche Garde, und die Bauerndirnen warfen Wade wie Brust stramm an dem neuen König vorbei; die Schützen ordnen sich zur Parade, und der Dorfpolizist packt die Schleppe der neuen Königin.

Die Musik voraus mit dem Tambour hoch zu Roß, dann die Fahne mit den Hauptleuten und der neue König mit seiner jungen Gemahlin, so zogen sie zum Festzelt. Er führte sie hier auf einen bekränzten Sessel und stellte sich neben sie. Jetzt fand der große Fahnenschlag vor den Majestäten statt. Ein strammer Bursch schlägt zum Spiel der Musik an kurzer Stange eine breit flatternde Fahne kunstvoll im Bogen dicht um den Hals, um die Schulter, die Hüfte und jedes Bein, wechselt sie sausend knatternd wie ein ausgefächertes Pfauenrad wunderschön waagrecht in rollenden Bögen unter den Armen hindurch, schlägt sie wie Flügel auf und nieder und schwebt vor und zurück – es ist ein längst vergessener Brauch, der früher nur der Münsterschen Bäckergilde zustand. Darauf ponierte der Baron vier Fuder Hochzeitswein.

Schon wirbelten die Paare zum Schützentanz mit Trampeln und Händeklatschen, Juchhu und Pfiff, daß die Musik Mühe hatte mitzukommen: »Hopp, Mariänken, danz enmol –« »Kiek, segg de Katte, dor keek se in'n Pott –« »Kumm to mi, kumm to mi –!« In Wolken von Schweiß und Lärm.

Die junge Königin, übermüdet, zwischen Mitternacht und Morgen, grübelte: »Es cheht nicht weiter so – ich muß ihm dies Treiben abchewöhnen – alles langsam – nur Geduld –« und beschloß mit der Zärtlichkeit des unerfahrenen Gemütes klug zu handeln.

Die Bauern brachten auf einem Leiterwagen das Königspaar zum Schloß.

Auf dem Schloß wurde als Andenken ein kostbarer Sessel bewahrt, der sogenannte »Jérôme«, den der König »Immer Lustik« von Westfalen einst gebraucht haben sollte. Den ließ der Baron nun aus dem Saal tragen und sagte: »Hierin kann ich niemals Trübsal schwitzen – setz ihn, den Jérôme, als meinen Leibsessel an die Tafel!«

In diesen breit behaglichen Stuhl warf er sich nieder und nahm seine blonde Gemahlin aufs Knie.

Am Tage darauf machte der Dorfarzt Doktor Möller seinen Besuch, denn er rechnete auf baldige Geburt eines strammen Erben.

Wie der Kaplan geneppt wurde durch Fräulein Fiffi im Evakostüm

Das Haus war renoviert worden. In breiten Kübeln blühten Agaven auf den Rasen, und Postamente lauschten überall im Gebüsch umher, die Brücke wurde von zwei Löwen flankiert. Die junge Frau besaß einen roten Rokokosalon, und im mittleren Wohnzimmer mit der Treppe zur Terrasse harrte ein fabelhaft breiter Divan, so breit, daß man sich bequem auch quer darauflegen konnte. Er ward allgemein bewundert. Rechts im Erker hingen gepunzte und geschnittene Ledertapeten, links im Zimmer sieben flandrische Wandteppiche und drei neapolitanische Präsepien, im Jagdzimmer vor dem großen Marmorkamin stand ein prunkvoller Kredenztisch mit böhmischem Tuch, holländische Fayencen schimmerten überall auf den Borden. Behaglichkeit strömte vom Keller zum Boden.

Mutter Gutelager fuhr alle acht Tage mit einem vollbepackten Wagen vor und sah nach dem Rechten; die Mägde flutschten wie Schwalben, sobald ihre Nase nur in den Hof roch. »Blas mir doch auf den Kopf –« hatte sie jeden angefahren, der nicht parierte.

»Ja, wir haben beide ein neues Leben begonnen –« tätschelte der Baron seine Frau. »Jeder muß vermeiden, was die Voraussetzung dazu vereiteln könnte – laß auch mir meine Art –«

»Ich begreif dich wohl bald mehr – du bist char nicht so s-chlimm!« schmeichelte sie und wickelte ihr Ringelhaar.

»So –? Man muß sich gegenseitig nur nicht zu fest in die Kandare nehmen – lockeren Trab – Hindernisse nicht zu früh scheuen – vor allem sich vom Hafer ruhig stechenlassen –«

»Oh, ich versteh dich schon viel besser!«

»Dann sag mal, Schatz, fängst du so langsam an, dich hier heimisch zu fühlen?«

Sie umschlang ihn mit beiden Armen: »Gieschen – Gieschen – Bertchen –«

»Heut will ich mal groß und generös sein – wähl' dir, wonach dein Herz steht – sei's ein Reitpferd – eine eigene Jagdflinte –«

Sie sah ihn mit feucht-zärtlichen Taubenaugen an: »Gieschen –

darf ich wirklich meinen Lieblingswunsch chans leise dir zuflüstern?«

»Alles! Alles! Im voraus erfüllt!«

»Du ssollst –«

»'raus damit!«

»Geh, bitte, jeden Morchen mit mir zur Frühmesse –«

Der Baron spürte einen Keulenhieb bis in die Schädeldecke, ließ sich aber noch nichts merken, doch er wußte: »Es beginnt –!« Der neue Kaplan war es, der Zelot, der da täglich schon ins Haus schlich – Warte, du Bursche! Dir werden wir das Kasino räumen!

Nun hatte die junge Frau Baronin ein Kammerfräulein mitgebracht, Fiffi Lehmann aus Haselünne, ein gewitzigtes Ding, ein sauberes Persönchen, das bereits in Frankfurt gewesen war. Der Baron kneipte ihr die Backe, und Fiffi verstand. Sie kam jetzt etwas häufiger als nötig ins Zimmer und ließ ein silbernes Löffelchen geschickt fallen. Schnell bückte sich der Baron, die junge Frau strahlte über diese Höflichkeit ihres Mannes, und Fiffi strahlte auch.

»Das arme Ding hat unbedingt eine neue Taille nötig« – meinte abends der Baron – »bring ihr doch eine aus Münster mit!«

»Sehr chern – du bist wirklich ssehr chut.« ...

»Fiffi«, schmunzelte der Baron, »du scheinst ein helles Frauenzimmer und sollst hundert Taler haben, wenn du auf den Spaß eingehst.« Natürlich ging Fiffi darauf ein.

Wie nun der Kaplan am folgenden Donnerstag wie gewöhnlich gegen sechs Uhr nichts ahnend zum Schloß promenierte, hörte er plötzlich gellende Hilferufe vom Teich schallen. »Das ist der Kuhjunge!« durchschoß es den geistlichen Herrn, und er stürzte mitten über den Rasen an den Agavekübeln vorbei um die Trauerweide und sah – es war Fräulein Fiffi, die mit den Wellen rang! Sie hielt die Kehle noch eben aus dem Wasser und schrie gellend: »Hilfe, in Gottes Namen Hilfe!« Der Gottesmann konnte freilich nicht sehen oder übersah es in der Aufregung, daß sie nur geduckt im Wasser kniete und geschickt sich wie in der Badewanne bis ans Kinn unter dem Spiegel hielt. »Fassen Sie meinen Spazierstock! – Meinen Spazierstock!«

rief der Vertreter Gottes und streckte die Elfenbeinkrücke der offenbar in der Tiefe Versinkenden zu. Ja, er wagte sogar mit den Socken sich selber ins Wasser, sie faßte scheinbar aus großer Tiefe mit einer Hand vor, klammerte an und kroch langsam näher, vorsichtig, daß man nur bis zum Ellbogen sie sehe, und der Geistliche zog und sah mit Entsetzen, wie sie größer und größer aus dem Wasser aufwuchs, jetzt schon über die Brust, über den Nabel, die Hüften erschienen, und er wandte den Kopf wie Sankt Antonius vor der Versuchung und zog rückwärts kräftig nach. Indes stieg Fiffi wie weiland Venus Amathusia aus der Schaumflut hervor und hantelte sich immer näher längs des Stockes, bis sie plötzlich tat, als entglitte er, und haschte die langen Rockschöße der schwarzen Soutane, denn der Kaplan hatte sich, gewaltig ziehend, ganz krumm wie ein bockender Kater nach vorn gebogen, und also kam sie an seinen Schniepeln pudelnackt zum Vorschein: »Kaplan! Kaplan! Kaplan!« Verwirrt von Todesgefahr, wie der Kaplan verwirrt von der tollen Situation. Unter dem lärmenden Zulauf vieler Neugieriger, daß er mit Vehemenz fortstürzte, lief sie nackend an seinen Rockschößen hinter ihm her über den Rasen und schrie immer noch: »Kaplan! Kaplan!« – eine total konfuse Person.
Die Baronin, empört, bestand auf sofortige Entlassung. Der Baron auf Gerechtigkeit. Fiffi blieb und hieß die süße Wasserleiche. Die Baronin fuhr drei Wochen zur Mutter und war sehr unglücklich.
Der Kaplan verschwand wie ein Uelk[1] im Mauseloch.

Jean Matin

Das vornehme, exklusive Hotel war damals Gerbaulet, später König von England, Unter dem Bogen, wo die adligen Familien im Winter wochenlang abstiegen, den Festlichkeiten der Stadt beizuwohnen.
Aber neben diesem feudalen Haus hatte noch ein anderer merkwürdiger Mann ein intimeres Schlemmeretablissement eröffnet,

[1] Iltis (westfälisches Sprichwort)

der kaiserlich-königliche Hoflieferant, Koch und Kunstbäcker, *Dîner à part* zu jeder Tageszeit, holländische und französische Liqueure: Jean Matin.
Dieser dicke, stupsnasige, bewegliche kleine Mann war einstmals vom Fürsten von Düsterberg aus Paris mitgebracht worden und ging dann im Gefolge der kranken Gräfin Ostfalen, die an Brustkrebs litt, samt Dienerschaft, Arzt, Vikar nach Italien, um die homöopathische Küche zu führen. Auf diesen Reisen hatte er das Geheimnis aller Finessen lukullischer Leckermäulichkeit an den Quellen studiert und fummelte nun mit seinen dicken Fingern die köstlichsten Salate, die pikantesten Wildschweinsragouts, Omelettes und Stockwerke von buntem Schaum. Das weiße Käppchen mit devotem Bückling schmunzelnd in der Hand, empfing er mit dünn glucksendem Kastratenstimmchen seine Gäste in der Haustür und radebrechte ein originelles, im Singsang klimperndes Deutsch, darin er nur bei den Zahlen sich prinzipiell nie irrte.
So lecker die Pfännchen auch lockten, so freundlich sein Käppchen auch wedelte – das Unternehmen wollte nicht florieren, die Konkurrenz von Gerbaulet war zu groß. Hier ritt der Baron vor und stieg ab. Sofort erkannte Matin: »Aha, der ist's!« Und er servierte ihm eine getrüffelte Krammetsvogelpastete auf Mailänder Art, dazu einen schweren Burgunder. Der Baron knallte mit der Reitpeitsche, und Matin bücklingte vom Büfett heran und schnalzte: »Herrlich – nicht wahr, Monsieur le Baron?«
»Rätsel, daß Sie so allein hier Hof halten –«
»Man ist in Münster noch zu konservativ, um das neue Gute zu erkennen!«
»Stimmt! Sehr richtig! Alles schläft noch in Windeln der Vorurteile – aber es muß bald anders werden!«
»Wie denn – Monsieur le Baron?« lauerte Matin.
»Ich werde hier mein Kapitol gründen – morgen rücke ich mit dreißig Kürassieroffizieren an! Besonders der Oberst Boddenbrock ist ein wilder Gesell – sagen Sie zu allem *Dominus vobiscum*, dann werden auch wir mit dem Hausherrn sein!«
»Ich sag' noch extra: *et cum spiritu tuo* – Baron!«

»Mann, Sie haben Witz in der Hose! Sie sind nicht der letzte Likör Ihres Vaters gewesen!«
»Steh zu Diensten – *magnifique* – das sei ein Wort! Ich hab' in Tabernen, Kasinos, Spielsälen das Büfett geführt, ich kenne auch das große Leben! In meinem Etablissement könnten Amüsements geschehen wie bei keinem Wirt in ganz Münsterland!«
»Wissen Sie – ich muß lustige Gesellschaft haben, denn ich bin etwas – na, sagen wir: gemütsleidend geworden.«
Matin lächelte, als zergingen hundert Töpfe Gänseschmalz: »Sie sind doch der berühmte Parforcereiter?«
»Man jagt sich selber nur ins Roß hinein«, knurrte der Baron.
»Ich hab' mich immer schon gewundert, daß der Herr Baron von Bomberg, der auf Wagen mit Kuchenrädern fahren könnt', sich hinten verkriecht auf den Mist«, gestikulierte Matin mit Elan.
»Ich bin verehelicht, Mann!«
»Gerade deshalb: 'raus *parfaitement!* Man erzieht sich die Frauen am besten, indem man sie vernachlässigt.«
»Sie genialer Schaumlöffel! Bringen Sie die teuerste Pulle.«
Und der Baron fühlte blitzgrell: Kein Pantoffelheld – lieber auch an den Suff! Ich hab's ja prophezeit! Aber dann soll's mit Ekstase geschehen, daß den ungeborenen Kindlein schon die Ohren klingen! Gut – mag sie ihren Hausvikar kriegen, wonach ihr Herz schmachtet, die Altsche Gutelager mag noch grimmer bohren – ich flieg wie eine Motte aus dem Plunder ins höllische Licht!
Als die junge Frau von der Mutter zurückkehrte, da war's schon geschehen.
Da setzte auch sie ihren Kopf auf. Der Baron erklärte mit großer Geste: »Du hast jetzt weiter nichts mehr zu tun, als für Heringe zu sorgen!«
Da weinte sie im Jérôme: »Lieber Heiland!«
»Ich muß sie kurieren –!« blieb der Baron standhaft und fuhr mit pfeifenden Rossen hinaus. Matin trat bücklingend vor die Tür.
Matin hatte sein Glück gemacht. Gleich beim ersten Eröffnungs-

gelage wurden zum Scherbenglück alle Gläser und Flaschen zertrümmert. Die Förster von Bullbergen lieferten gratis das Wildbret. Der Baron stiftete eine Kuh, daß die Milch frisch zum Mokka bereit stehe. Ein Ober und zwei Pikkolo mußten engagiert werden. Dazu eine Büfettdame, die erste in Münster (die anderen waren nur Haustöchter) mit pompöser Frisur und geschminkten Backen. In den Hof kamen marmorne Göbelbecken. Von der Theke zum Keller wurde ein Paternosterzug gebrochen. Eine große Fahne wallte vor der Front. Die Kürassierkapelle spielte auf. Die Gäste mehrten sich.

Der Baron trug damals *à la mode* weite karierte Nankingbeinkleider, eine tiefausgeschnittene Weste mit schmalem knallrotem Schlips von einem halben Meter Länge, gelbe Glacés und hohen Zylinder. Der Schnurrbart flatterte spitzgezwirbelt in wehenden Zipfeln bis über die Schulter. Er war das Urbild des kühnen, unbekümmerten Grandseigneurs.

Hier also begann's!

Hier goß er den Bläsern zuerst Pullen Sekt in die dicke Tuba, daß diese dumpf aufsiedend, gurgelnd und spritzend in hüpfendem Klangschaum rumorte zwischen den quiekenden Flöten, die vor Gelächter sich knällten, und die Pauke schlug er selber, als poche der wilde Satan an die hallenden Tore Gottes. Die Gäste mehrten sich.

Hier fuhr er mit sieben Kürassieren in weißen Uniformen vor, und knapp an der Treppe drückte er auf einen Knopf, der Wagen teilte sich, und das ganze feudale Fuder rollte mit Hallo in den Straßenkot.

Hier entstand der zum Rhythmus von Trommeln und Trompeten die Nächte durchdröhnende monotone Rundgesang:

»Wu krieg wi't up? Wu krieg wi't up?«

Hier ritten sie auf den Stühlen säbelrasselnd durch alle Zimmer jene tollen Kavalkaden kreuz und quer, die Kellerstiegen hinab, wie Klabautergeister durch den ganzen Souterrain, die innere Wendeltreppe halsbrecherisch empor und rumorten als Polterkorso über den Dachboden.

Aber anläßlich der Mission vor Ostern kam ein Dominikaner im Dom auf dies Treiben zu sprechen und wetterte gegen solch

wüstes Beispiel, so daß Matin und seine Gäste einen vielbeachteten, stadtbekannten Rüffel bekamen. Dies war der erste öffentliche Tadel, der auf den Hauptsünder, den Anstifter, den Seelenverführer herabregnete.
Am folgenden Tage saß die Korona auch merklich kleinlauter, denn in der frommen Bischofstadt schleichen viel unterirdische Kanäle. Der Baron winkte Matin, die großen Kronleuchter auszudrehen und jedem nur eine bescheidene Kerze auf den Tisch zu stellen. Er sagte ernst: »Wir wollen Buße tun.« Das gab auch eine wirklich feierliche Runde, und aus der herrschenden Stimmung, aus vager Erinnerung an brennende Altarkerzen und kirchliche Feierlichkeit schien das Gespräch sich aus den Flammen der Kerzen würdig und still glühend zu nähren, jeder sah des anderen Gesicht wie in einer Prozession, besonders der lange weiße Bart des anwesenden Grafen Schmusing hing wie eine Kirchenfahne mit leisem Schwanken zwischen zwei hohen Wachslichtern – und der Vorabend des hohen Festes trat auf Sabbatflügeln unter sie. Wunderbare Begebenheiten gingen um, der alte Graf sprach von Katharina Emmerich in Dülmen. Da der Baron die phänomenale Predigt des Dominikaners wiedergeben wollte, erhob er sich und schmetterte Gewaltworte über die Köpfe der Lauschenden, und wie in einer plötzlichen Eingebung blies er die Kerze vor dem Grafen aus und sprach mit tiefer Baßstimme: »So – Graf Schmusing, löscht der Herr einst auch deine Seele –« und blies vor dem Nebenmann aus: »So – Oberst Boddenbrock, löscht der Herr auch deine Seele – auch dich, Leutnant von Plattenberg, kann der Herr plötzlich zu sich rufen!« – und blies dessen Licht aus. So der Reihe nach hauchte er Kerze für Kerze nieder, daß tiefes Schweigen die Geister umschattete, bis er zu seiner eigenen Kerze kam und mit gleichem Worte: »Auch du, Baron von Buldrig, kannst unvermutet abberufen werden –« sich selber ausblies. Nun, in der völligen Dunkelheit des Saales malte er die Rätsel des Todes und des Jenseits, zog die Grenze aller Erkenntnis wie einen eisernen Reifen um die Versammlung zusammen, schlug mit der Faust auf die Tischplatte und legte eines jener typischen Selbstbekenntnisse ab, die Skeptiker und Ironiker oft wie eine fegende

Reinigung überfallen, und verhieß die Erlösung aller durch Gottesliebe: »Christliche Seele, verzage nicht –« hub er lauter seine Stimme: »Denn so entzündet Gott dein erloschenes Licht wieder im Jenseits!« Und hub sein Bein, rieb ein Schwefelholz über und steckte also die Seele des Grafen wieder an. Schon im Schwung über das Hinterteil hatte der Graf die furchtbare Komik erkannt, aber im Hui! rieb der Baron abermals ein stinkendes Streichholz über seinen Batzen: »Verzage nicht, Oberst Boddenbrock, so entzündet der Herr auch deine Seele wieder – auch deine, Leutnant von Bieda – auch deine, Major von Stein – so – so – genau so –« überstrich er und hob dabei das Bein absichtlich, bis allen recht ruchbar wurde, wie Gott ihre Seelen im Jenseits an seiner heiligen Schwarte in Glut versetzte. Wasmaßen wüst schallendes Gelächter den Tisch der Buße überbrandete, der alte Graf aus dieser göttlichen Manipulation entfloh und der Baron auf die Tafel sprang:
»Licht! Licht! Kinder, wir sind der Welt zurückgegeben!«
Matin steckte alle Lampen eilends an. Der Bann war gefallen, und man beschloß eine Generaldemonstration. Der Baron kommandierte: »Zur Attacke!« Und zum rasenden Rhythmus der Musik, der schließlich in einen hackenden, stampfenden, atemlosen Galopp der Hörner explodierte, schmissen die Trunkenen mit brennenden Leuchtern, donnerten die Pullen in die Spiegel, Draperien, durch die Scheiben und die Leisten, daß ein babylonischer Splitterregen klirrend von den Plafonds niederrauschte, und rasierten mit den silbernen Sporen Büfett und Theken, drauf Gläser, Kristall, Tabletten, Schnäpse wie in wahnwitziger Hexenküche hüpften und tanzten. Matin hatte seinen fettesten Tag und dankte dem Pater.
Das war die letzte Miesepeterei der Korona!
Von jetzt an konzertierte das Kürassiertrompeterkorps unter dem dicken Stabstrompeter Fuß jeden Tag öffentlich zur Tafel, und schallendes Treiben blieb und herrschte bald Unter dem Bogen. Oben vom Giebel schaute ja Gottvater, in der Linken den Erdball mit der Rechten segnend: »Seid nur getrost! Nach diesen Tagen der Prüfung werden für euch wieder bessere, schönere anbrechen!« Und in der eisernen Wetterfahne funkelte

der goldene Pokal, denn der Goldschmiedemeister Laurentius Gryse hatte diesen prächtigen Frührenaissancebau einst für seine zahlreiche Familie errichtet, der nun an den kaiserlich-königlichen Hoflieferanten, Koch und Kunstbäcker gekommen war. Hier feierte auch kurz darauf der vereinigte Roggenmarkt- und Spiekerpeter sein diesjähriges Festessen. Und in dieses Essen ritt der Baron in der Stunde der Fidelität hoch zu Roß hinein, gerade als das stadtbekannte Unikum, der Zoologe und Theologe Landois, der mit allen Mitteln versuchte, sich und seinen neu zu gründenden zoologischen Garten populär zu machen, eine plattdeutsche Damenrede hielt:

»Kiek – dor kump noch dat Rostbäf, mine Härns!« wandte der geistesgegenwärtige Professor dem Tollkühnen sich zu.

»Guten Appetit!« schmetterte der, setzte beide Schenkel ein, sprang und ritt jene kunstvolle Volte mitten über die mächtige Eichentischplatte zwischen den Gedecken und Bestecken der Bruderschaft, ohne daß ein Salzfäßchen zerbrach.

Der Baron kneipte neben Landois mit und schob ihm, erkennend, die Brille von der Nase, hub mit zwei Fingern langsam das Lid und sah um Mitternacht dicht in die Augensterne hinein:

»Hör – Landois – wir beiden Kerle müssen einen Liebesbund schließen zur Vereselung der Welt –«

»*L'âne doit!* – der Esel muß!« erwiderte Landois lakonisch.

Der Baron schlug ein: »Dafür kriegen Sie meine Leiche zum Präparieren!«

»Üm de Affstammung von de Apen to bewisen?« lachte dieser.

»Affe und Esel! Das gibt ein brillantes Gespann! Ich werde Sie schon mitschleppen!«

»Twingen lot ick mi nich – segg de Rüe – dor soll he sick noh ne Flau kratzen, wo he nich bi konn und wochtede[1], bis he dran konn –«

»Ja, jede Torheit voll ausreifen lassen, aber nicht, bis wir grau und weise sind – mein Praktikus!«

»Jau, jau – wann iärst de Kopp aff iß, dann iß dat Achterveerdel nicht viel mähr wert!«

[1] wartete

»Ziehn Sie also rechts, ich links! Das ist redliche Teilung – auf halbpart die Welt zwischen uns!«

»Well verliert – den krigg de Düwel –!« schlug Landois die Lebenswette ein.

Auf diesem Spiekeressen fanden sich also die beiden Männer, die dem verflossenen Jahrhundert Westfalens ein originelles Gepräge geben sollten.

Die Einführung der jungen Frau

Mutter Gutelager flutterte mit flatterndem Kapotthut herein, es gab einen bösen Auftritt: »Ich verlanche, daß meine Tochter jetzt endlich in die Chesellschaft einchefühert wird! Du hast es ihr chleich versprochen und nichts gehalten! Statt dessen rumorst du mit den Offiziers bei Matin herum – main Chott, main Chott, welch ein Leben! Ich hab's ihr chleich chesagt, welch ein bratschiger Kerl du bist –!«

»Ich kann die Paperei nicht vertragen – jetzt hat sie schon ein Skapulier auf der Brust – –«

»Wie, wagst du zu verhöhnen, was ich meiner Tochter selbst checheben? Was soll sie denn tun, um sich zu helfen bei so 'n Mann?«

»Sie soll eine vernünftige Frau sein, mit freien Sinnen und gutem Humor, statt eine versimpelte Flenntrine zu werden –«

»Meinst du, wer so 'ne Hochzeitsreise tut wie du – da blas mir einer auf den Kopf, der ist ein ßehr ßchlechter Mensch, das ist zum Weinen –«

»Ihr habt bloß keinen Jux im Leib, das ist alles! Ich bin tausendmal besser als ihr alle zusammen!«

Da setzte sich Mutter Gutelager hin und faltete die Hände über den Schoß.

»Nu hör mal, nu wollen wir mal vernünftig reden, wie erfahrene und erwachsene Leute, nu muß mal Klarheit herrschen, nich wahr?«

Der Baron setzte sich zu seiner Schwiegermutter auf die breite, zweischläferige Chaiselongue. Sie griff seine Hand, streichelte

darüber und sprach sehr milde, wobei ihre kleinen Schweinsäugelchen mit den strohblonden Wimpern bescheiden zur Erde sahen. (Fiffi, die glaubte, es solle ihr wieder an den Kragen gehen, guckte, draußen auf den Hacken sitzend, vorsichtig durch die Pompons der Gardine.) Mutter Gutelager begann also:
»Mein seliger Mann hat mir auf dem Totenbette das Verßprechen abgenommen, über das Seelenheil meiner Kinder einst ihm Rechenßchaft zu cheben, und bei jeder Seelenmesse zu seinem Gedächtnis erforsche ich meine Seele, ob ich dies Verßprechen auch erfüllt hab', denn die Seelen der Kinder, sagt der heilige Franz von Sales, sind die Rechtfertichungen der Eltern –«
»Natürlich«, meinte der Baron.
»Deshalb mußt du doch einmal bechreifen, wenn ich atupri darauf besteh, daß Soffi eine ihrer Erziehunch würdige Stellunch erhält! Sie hat eine eichene Chuwernante chehabt und kann sich wohl benehmen! Warum hast du das chroße, ßchöne Palais in der Stadt? Du bist uns schuldig, alle diese Mißdeutungen, als ob ihr eine miserable Ehe führtet, zu zerstreuen, und dann hört dein Hassebassen von selbst auf, du kannst die Offiziers – es sind so viel Efanchelische darunter! – im Hui entbehren, wenn du nur bessere Üsanxen hast!«
»Natürlich!« sagte der Schwiegersohn.
»Also sind wir ja vollkommen einich?« staunte sie.
»Ja, natürlich!«
Mutter Gutelager griff zur Tafelglocke und rief durchs ganze Haus:
»Soffi – Soffiken, komm mal gau her!«
Die Tochter kam.
»Alles war ja bloß ein Irrtum, ein chans kleines Mißverständnis – ich hab's ja immer chesagt – chibb ihm ein Küßchen!«
Dabei drehte Mutter Gutelager sich ab.
Nun wurde gemeinsam sofort alles Nötige beraten.
»Wenn ich mitmache«, stellte der Baron sich breit vor den Kamin, »dann muß ich auch auf meine volle Rechnung kommen – sonst schwapp ich *a tempo* wieder zu meinen Spießgesellen ab!«
»Wir kommen dir entchechen!« versprach die Mutter.

»Und die Kürassiere sind auch dabei!«
»Mit strencher Auswahl!« Mutter Gutelager schüttelte den Finger.
»Ich lasse mich vor dem ganzen Lande nicht blamieren!« trumpfte die junge Frau auf, »meine Geduld ist zu End!«
»Meine Geduld auch«, muckste der Baron.
»Ghebbt euch 'n Küßchen, flink!« rief Mutter.
So begann jene große Reihe glänzender Kavalier- und Redoutenfeste im Bomberger Hof, in den Prunkräumen dieses herrlichen Stadthauses jene Folge von Festlichkeiten der westfälischen Aristokratie mit den münsterischen Kürassieroffizieren, die in damaliger Zeit nicht ihresgleichen hatten und mit denen höchstens die Malkastenfeste der Düsseldorfer Künstler wetteifern konnten. In Baumberger Sandstein zeigt dieser Adelshof die schönste Eingangspforte, die von vier durchgehenden hohen ionischen Säulen und antikem Dreiecksgiebel umrahmt wird. Im Innern tritt man durch die ovale Vorhalle auf geschwungenen Doppeltreppen gleich in den Festsaal, dessen verschwenderische Holz- und Stuckverzierungen an den großen Mittelsaal des königlichen Residenzschlosses erinnern. Die vier Ecken funkeln, mit langen Spiegeln abgeschrägt, in jeder Schmalwand muschelt eine Ofennische. Alle Seiten sind von kannelierten Pilastern gegliedert. Die Decke wuchtet in schwerster Kassettenteilung. Supraporten, von Akanthus und Lorbeer umwunden, zieren hoch ovale Gemäldemedaillons. Weißlackierte vergoldete Türen, reich geschnitzt, wie Gold und Weiß rundum, zärtlich und feierlich kühl. Auch das Spielzimmer ist ein ovaler Prachtraum, in schmalen Feldern rosa getönt, von weißen Rahmen mit goldenen Leisten eingefaßt. In den rechteckigen Supraporten Profilreliefs weiblicher Köpfe in schimmerndem Stuck auf blauem Grunde; Louis-Seize. Hier triumphiert in streng und fein gestimmten Tönen Lipper voll klassizistischer Reinheit über den großen Schlaun. Dem Festsaal ist eine weiträumige Veranda vorgelagert, die an den Garten stößt.
Der sogenannte kleinere Adel hatte keinen Zutritt zu diesen Räumen, so daß nur die Elite der Gesellschaft hier anzutreffen

war, etwa die Freiherren von Kotteler, Graf Schmusing-Tutenhausen, der unweit auf der Neubrückenstraße residierte, Graf Lundsberg von der Ägidistraße, Erbdroste Graf Fuschering, Freiherr von Popenhausen, von Hurkotten, von Windt, Freiherr von Körff, Freiherr von Kickerinck, Freiherr von Schorlemer-Ast, der Bauernkönig, Graf Golen, Graf Ostfalen, die Freiherren von der Recke, von Vancke, von Twackel, von Nagel-Doornick, von Gutelager-Heesen, Beverförde, die Draffels, Zurmühlen, die Plattenbergs, die Murveldter, Fürstenberge, Herzöge zu Cray, Arenberg – die Creme des Stadt- und Landadels zwischen Rhein und Weser gab sich hier ihr Stelldichein.
Am Vorabend dieses ersten Eröffnungsfestes klopfte der Baron wie ein guter Hausvater, der seine Einkäufe besorgt, bei Landois an: »He, oller Famulus – ich komme noch wichtige Einkäufe zu besorgen; morgen ist großer Adelsschmaus mit Tanzparade!«
»Da werden Sie keinen Affen nötig haben!« lachte Landois, »oder wollen Sie jemandem wieder einen Bären aufbinden?«
»Beides nicht! Um 's gleich zu verraten: ich benötige einige Schock ausgewachsener Flöhe – von Igel, Fledermaus, Eichhorn, Marder – die bissigste Sorte, die Sie haben!«
»Es kommt auf den Zweck an – ich kalkuliere, Sie wollen Unfug stiften?«
»Absolut nicht – nur die Unterhaltung beleben!«
»Dazu eignet sich nur *pulex irritans*, der gemeine Menschenfloh, Gattung Zweiflügler, ausgewachsene Männchen zwischen fünf bis acht Wochen –«
»Mit Larven oder Eiern ist mir nicht gedient – ich kann sie nicht erst großpäppeln – also bitte *pulex irritans*!«
Landois biß Brauen und Lippen und sann nach, der Handel war ihm recht zupaß. Er schritt, die Hände auf dem Rücken der Soutane verschränkt, auf dem nach schlichter Sitte katholischer Pastorate mit weißem Scheuersand bestreuten Fußboden hin und her. Der Baron bot für jeden Floh einen blanken Taler.
»Ja, dürfte ich noch in Waarendorf den Nönnchen Beichte hören, würd' ich von jeder zur Buße drei Prachtexemplare verlangen – jede bürgt mir für ein halb Dutzend!«

»Ich stellte gern Heuwagen zum Transport, nur her damit!«

»Ich will die Sache beschlafen – morgen gegen Mittag sind die Flöhe dort! Sie werden in meiner Schnupftabaksdose abgeliefert. Und zwar stecken je zehn in lauter kleinen Wattebäuschchen, darin sie mit etwas Chloroform betäubt liegen.«

»Merci!« . . . .

Gerade trat der Freiherr Conrad von Bomberg zu Blödenhorst aus dem Garten, der sein Doppelhaus mit der Besitzung des Barons verbindet, als letzter der Gäste in die vorgelagerte Veranda des Saales, als er durch die Scheiben bemerkte, wie sein Herr Vetter an der kerzenschimmernden Prunktafel des Festsaales große Honneurs machte und unterm Bückling der Gnädigsten Draffel etwas Weißes hinten ins Dekolleté fallen ließ! Er glaubte sich zunächst versehen zu haben, aber beim Handkuß der Frau von Lundsberg fiel abermals etwas Kleines, Weißes aus seinen gespitzten Fingern leicht schwebend wie ein Daunenfederlein in den pelzbordierten Ausschnitt zwischen den rosigen Schulterhügeln hinab. Ei – ei!! dachte der Vetter und schaute etwas blöd zu der Kassettendecke des Saales empor, als vermöge er nur in ihren Feldern den Sinn des Vorgangs zu enträtseln. Und während er wie stets etwas steif und schleppend und scheinbar von der Gesellschaft als Neuankömmling unbemerkt seinen reservierten Platz an der Tür zum Spielzimmer einnahm, sah er im Eckspiegel, daß der Diener, die warme silberne Platte mit Matins Vogelpastete neigend, der Gräfin Schmusing gleichfalls ein Flöckchen in den Spitzenschlitz ihrer Toilette fallen ließ. Donner und Doria!! durchzwickte es den Freiherrn, der im Gegensatz zum Vetter kein lockerer Zeisig war und streng auf Reputation und Subordination hielt. Schon bemerkte er, wie der jungen, wunderschönen Stalberg, die bei Plattenbergs zu Besuch weilte, gar zwei Bäuschchen auf einmal von dem infamen Schlingel hineinpraktiziert wurden; eins rollte gar vorn am Hals herab und verschwand wohl tief bis ans Näbelchen. Die süße Gräfin fuhr im Plaudern mit der Hand – daß ihr Ring einen weithin rötlichen Blitz sprühte – über die Schultern, als wische sie instinktiv etwas fort, doch das Wattekügelchen war schon verschwunden. Dachs servierte, flammend rot geworden, unsicher weiter. Und wütend, im Begriff ihm gleich den Arm wegzureißen, sah der Vetter schon seiner eigenen Nachbarin zur Linken, der alten würdigen Großmutter von Vancke, aus den Fingern des anderen Dieners ein Kügelchen in die hageren Ahnenschulterblätter taumeln! Jetzt war kein Zweifel mehr möglich, daß ein Komplott grassiere, eine Intrige oder ein offener Tischskandal, und im Überlegen, was zu tun sei, schabte er mit der einen Fußspitze am Hacken des anderen. Dann – hatte er's plötzlich schon vergessen und begann ein Gespräch über Rassenpferde.

Die Freifrau von Unruh, die aus dem Rheinlande stammte und daher als besonders fein erzogen galt, spürte nun auf einmal so spitz elfensüßes Gejuck, daß sie leichenblaß erschauerte. Aber sie duldete wie eine Marmorsäule. Fast gleichzeitig packte es die Gräfin Golen, und da sie bemerkte, daß vis-à-vis Frau von Draffel, starre Pupillen an den Teller geheftet, ganz heimlich und ganz leise – nur mit der Lupe vernehmbar – zuerst die rechte, dann die linke bloße Schulter ein wenig schief nach oben zuckte und jetzt schon deutlicher und jetzt gar nicht mehr zweifelhaft sich an der Tafel rekelte – da kam sie mit ihrer Überlegung nicht weiter und wäre am liebsten mit der Gabel sich direkt den Rückenstrang hinabgefahren, so schauderhaft zwickte es sie selber im Korsett, und vermeinte, ein freches Kitzeln (daß sie erschrocken sich nach jemandem hinten umschaute) in den Achseln zu fühlen und bog, stemmte beide Arme ungeniert auseinander auf die Tischkante: an jedem Härchen in den Achseln turnte und wippte es wie auf einer Bauernkirmes! Schon rann es ihr wie Quecksilber über die weiße Haut – als ob sie den Friesel bekäm – und lief die Waden hinab, daß die Zehen sich krümmten. Die Frau von Lundsberg aber drückte ihren Rücken energisch wie in alter Gewohnheit gegen die Stuhllehne, und die Herzogin von Cray knirschte vor Empörung: ist die Kammerzofe mal wieder zu nah gekommen? Morgen fliegt sie, unwiderruflich! Gräßlich litt die blonde Kickerinck, sie hätte am liebsten laut aufgeschrien vor Abscheu und Entsetzen: »Ich glaub', ich krieg' die Krätze!« und biß die Zähnchen wie eine Ratte aufeinander. Der Baronesse von Hooremann-Zudtwik aber blieb der Mund wie ein Scheunentor offen stehen! Sie schien eine Höllenvision zu schauen und stierte durch die Wände, die Decke, das Firmament. – Die Kavaliere merkten von alldem nichts und schwatzten und kauten und stießen an, indes ihre Damen, gefoltert von Bissen der aus Hunger und Betäubung erwachenden Geier, mit Erbleichen, Erröten einander Frätzchen und starre Masken schnitten, und nur die Urahnfrau von Vancke döppte seelenruhig den Daumen auf die kitzelnde Stelle breit. Die ungarische Herzogin gab Durchlaucht einen Wink, er verstand und legte herzend seinen Arm um ihre Taille: »Kinder, wie gemütlich ist's heut – gelt?« als plötzlich die Schmusing, scheinbar vor Lustigkeit angesteckt, ein so herzliches Temperament heuchelte, daß sie ob des Gekribbels in den Kleidern ungestört sich tüchtig mal schubbeln konnte. Da hielt ihr Nachbar sich für einen ausgepichten Witzbold und sieh: andere Damen schüttelten sich ebenfalls mit sehr feinem Instinkt für feine Bonmots und so voll echtem Amüsement, daß die gesamte Herrenwelt vor Entzücken über die eigene Witzigkeit lärmender und lustiger denn je einstimmte – sogar der knickebeinige Graf Murveldt verdarb die Pointen nicht mehr! – und ein über die Maßen wildes Zungengedresch entstand, darob der Baron am fröhlichsten als geschmeichelter Gastgeber die prächtig angeregte Tafel überlachte und selbst die servierenden Diener mitgerissen wurden, die oftmals aufhustend die Platten wie zum Trumpf der Pointen auf den Tisch niederpatzten und sich die Seiten halten mußten. Und es geschah das Unerhörte: gegen alle Etikette prosteten die gaudierten Herren bald auch ihnen zu, kniffen Augen und taten leutselig vertraut, würzten nun die Witze unwillkürlich, und ein unwahrscheinliches Quieken und dröhnendes Gelächter erfüllte schließlich den feinen weißen Stucksaal. »Herrschaften –!« erhub sich der lispelnde Freiherr Droste zu Sonden schon animiert zur Damenrede, welche in den gewichtigen Worten bestand: »Herrschaften, Schmollis den Damen! Sie allein beflügelten unseren Geist, daß er sprühte wie nie, solange wir Ahnen haben!« – »Ja, so entzückend famos glückte kein Fest bisher!« stimmten alle Damen ein. Und niemand der Herren ahnte, daß ihre sämtlichen Witzbomben statt mit Esprit nur gefüllt waren mit Juckpulver und daß die ganze Gesellschaft wie blinde Hühner statt der Weintrauben des Dionysos nur Cévadilles pickte, das heißt Läusekörner. Und nur Flohhatz trieb! Als aber die ungarische Fürstin ihrem Mann derbern Wink gab, verstand der gleich wieder und schlug ihr mit der flachen Hand eins klatschend auf die bezeichnete Stelle des Rückens, und dies war der Beginn des allgemeinen Armschunkelns, und die ganze Korona wiegte sich Arm in Arm wie auf hoher See schwankend um die hufeisenförmige Galatafel. Diesen günstigen Augenblick ergiff Frau von Lundsberg, gleichzeitig mit der Gnädigen von Draffel schnell zu verschwinden, fluchtartig, ein magisch Signal, daß die blonde Kickerinck, die wunderschöne Stalberg, drei, vier, acht Damen zugleich sich anschlossen. »Zum Tanz! Zum Tanz! Tusch! Tusch!« sprangen alle Kavaliere jetzt wie auf Kommando hoch, enthusiasmiert zum rauschenden Aufbruch der schönen Gewänder, die Geigen und Hoboen begannen, und die angeheiterten Tänzer raubten ihre Damen mit stürmischer Ritterlichkeit in Walzer und Schottisch und Polka und schleifende Polonäsen, wobei die Baroninnen, Freiherrinnen, Prinzessinnen und adligen Fräulein in gar seltsame Verrenkungen und Schwenkungen unversehens aus dezentem, vornehmem Rhythmus überschlugen und tobten sich in ein Hopsen und Hüpfen hinein, als spiegelten sie selber das Hüpfen und Hopsen der nun ganz toll gewordenen Flöhe in ihren Miedern und Röcken wider, die zwischen ihren Brüsten und Schultern ekstatischer zu den Hemden und Hosen hinabpurzelten.

Der Baron kugelte die Gartentreppe aus der Veranda hinab und hielt sich den Bauch ob dieses grotesken Anblicks, denn sogar die Großmama von Vancke drehte wie ein tanzender Holzlöffel und drückte sich an den trotteligen Sonden, daß dieser mit todernstem Gesicht arbeitete, nicht aus dem Takt zu fallen – und fand unten seinen betrunkenen Vetter. Der wurde bei der Erzählung der Tat wieder nüchtern, und sie beobachteten nun gemeinsam, wie in den Pausen die Damen unbemerkt in die Veranda schlüpften, dort sich wüst juckten mit den Lorgnetten, die Rücken auf- und niederfuhren, wo die alte Draffel von der

jungen Kotteler sich regelrecht lausen ließ und die Gräfin Golen mit spitzen Fingern der Wewelunghufen einen Floh am Leibe knappte und diese zum Dank sie wieder flohte und nur immer zwei zu zwei sich's vertrauten, ach! alle beflissen waren, ihre Blamage nur der intimsten Freundin nicht zu verhehlen. Das war so juxig zu schauen, daß der Vetter unten im Garten sich nicht enthalten konnte, bei jeder Dame zu konstatieren, welcher Floh er am liebsten sei und wo er's am pikantesten fände. Wollten sich just einigen auf die schlanke Kickerinck, die bis zum Boden hinauf zu flüchten schien, als sie die Ahnmutter Vancke zu ihrer Enkelin beruhigend mit Sibyllenweisheit sagen hörte: »Ach watt, Anna – better tähn dicke Flöe up'n Äs als enen kleenen in't Ohr!« Zurückstolpernd begegnete der Baron der süßen Gräfin Stalberg, die gepeinigt blind in seine Arme heranstürzte. »Was ist Ihnen, Gnädigste?« – »Oh – oh!« stöhnte sie und wagte nicht, den seidenen Rock zu heben. »Kommen Sie – kommen Sie –« komplimentierte der Baron hilfreich ins Kabinett: »Es ist Ihnen schlecht geworden –?« und dort hat er ihr die zierlichste Jagd in Gefilden vollbracht, wo seit alters her ein Bocksprung mehr Sinn hat als ein Flohsprung ... Tableau!
Allgemeine Begeisterung pries diesen Nimbus von Witz, Unterhaltung, Tanzfröhlichkeit als glückverheißenden Auftakt. Man bewunderte die schüchterne kleine Baronin als talentvolle Veranstalterin, niemand hätte ihr solchen Charme, so geschickt zu arrangieren, zugetraut. »Er hat sich sehr chebessert unter ihrem Einfluß –« triumphierte Mutter Gutelager. »Ich muß mir erst einen Fonds von Vertrauen erwerben –« bestätigte der Baron.

Landois baut den Zoologischen Garten weiter aus, Gründung der Zoologischen Abendgesellschaft usw.

Unterdessen ging Landois im Ausbau seines Zoologischen Gartens konsequent weiter. Er gründete den Westfälischen Verein für Vogelschutz, Geflügel- und Singvögelzucht, veranstaltete

große Tierausstellungen und kaufte auf eigene Rechnung jenes Grundstück, die sogenannte Insel, auf dem bald danach der Zoologische Garten errichtet werden sollte.
Von Botzlar her, wo Landois als junger Kaplan die Winterschule geleitet hatte, kannte er alle Tierstimmen, und so hörte man jetzt oft zur Überraschung der Passanten mitten auf dem Bürgersteig »Kuckuck« rufen, die Rohrdommel quarren, daß staunende Augen allgemach sich umdrehten und gewahrten, wie diese seltsamen Laute aus dem kleinen Geistlichen stammten, der so harmlos seines Weges schritt. Man schüttelte wohl den Kopf über den Tierstimmenimitator im Gottesgewand, flüsterte sich aber doch allenthalben zu: »Das ist der Landois, der den Zoologischen gründet –« – »Ach ja, was das werden mag –?«
Geheimnisvoll tauchte die Zeitungsnotiz auf, daß ein prächtiger Wiedehopf im Rathausgiebel niste, so daß hunderte Köpfe eifrig gaffend emporgerichtet standen, worauf eine ausführliche Erklärung Landois' folgte, die den Wiedehopf in eine gemeine Schwalbe verwandelte und eine lehrreiche Abhandlung über die einheimische Fauna anschloß.
Die muffige Gleichgültigkeit der Stadt stachelte ihn, noch listiger seine Harpunen auszuwerfen. Darum verfertigte er kindlich kunstvolle Schaustücke, Badeanstalten mit Fröschen als Springer und Schwimmer, eine automatische Eule, die eine Maus in den Fängen zerdrückte und dadurch Schmetterlinge zum Fliegen brachte, einen Miniaturelefanten, der über das Schreibpult stolzierte und mit dem Rüssel Staub wischte, eine Taube aus bemaltem Blech, die aus der Hand pickte, und viele ähnliche Schnurrpfeifereien. Er veröffentlichte merkwürdigste naturwissenschaftliche Abhandlungen, zum Beispiel »Der Hase in der Bibel«, hielt sensationelle Vorträge, gab ein Schulbuch heraus und stand schon im Ruf eines großen vielseitigen Genies. Diese verschiedensten Leimruten, die er legte, lockten immer mehr Zuhörer, Gönner und Freunde, denn er sprach auch über die ernsten Themata mit Witz und Humor, pfefferte sie mit plattdeutschen Zitaten. »Wiederkommen« – »Wiederkommen« – »Immer wiederkommen« – »Eintrittsgeld« und immer wieder »Eintrittsgeld« – hieß seine Devise. Mit beißendem Spott

alle Widersacher schonungslos überschüttend, ein Gemüts- und Gewaltmensch, lag er ununterbrochen auf Lauer und suchte nach tausend Mitteln und Wegen, Tier an Tier, Käfig an Käfig zusammenzubringen. Er schob als offizieller geistlicher Herr mit lustigen Kumpanen zechend von Altbierkneipe zu Altbierkneipe und suchte den Münsteraner dort in seiner Bärenhöhle auf. Hier brachte er's bald in Vertilgung zahlloser Gläser bis in die Morgenfrühe – er wußte, was Ansehen gab! – zu alles übertrumpfender Meisterschaft. Sein raffiniertes Skatspiel raffte tausende Mark für das Affenhaus, er scheute für die Affenkasse sogar Lotterie und Hasardspiel, Mogeln und die gewagtesten Wetten nicht. Wachsender Zugkraft erfreuten sich bald die gemeinsamen öffentlichen Exkursionen, den Sammeleifer anzuregen und jedem sein Spezialgebiet zuzuteilen. Da gab es einen »Raupenkäl«, einen »Fliegenkäl«, einen »Käferkäl«, eine »Spinnenmama«, eine »Schmetterlingsjungfer«, denn jegliches Getier mußte nach eigenen Methoden erst gesammelt, präpariert, zu Arten gesondert, in Rubriken gruppiert werden. Die Hose in den Stiefeln, eine Schäferschüppe zum Ausgraben in der Hand, schritt Landois inmitten seiner Schar durchs Land, belehrte über Tierlaute und Kräuter, der Wolken gleich wie der Sterne kundig, phantasierte und dozierte durcheinander und wußte schier alles wie Adam im Paradies. In den Wirtshäusern weit und breit schlugen diese Wanderungen Wurzel, und die Wirte tönten vom Lob des Zoologischen.

Man erzählt sich von solch einer Exkursion, die Landois allein unternahm, um die Fledermausarten an Ort und Stelle zu erforschen und deren Schlupfwinkel in alten Pütten, den tiefen Brunnen des Münsterlandes, auszukundschaften, wie er auf höchst originelle Weise dabei allein zu Werke ging und wie Petrus den Herrn vorm Hähnekrähen so seinen Glauben um eine Fledermaus preisgab. Man erzählte also: Er nahm einen kräftigen Jungen mit, der ihn an einem Strick hinablassen mußte, und der Professor schwebte überm Wasserspiegel wie ein Turmdachdecker hin und her, stemmte die Beine und bohrte mit dem Taschenmesser im Mörtel des Mauerrings, riß Büschel aus und schrie alle Augenblicke »Holte faste – süst dräih ick di

den Hals üm!« Vertieft in seine Entdeckungsarbeit, vergaß er Ort und Zeit und merkte erst am Knurren des Magens – die Schatten im Brunnen stiegen schon zu ihm herauf – daß es höchste Zeit zum Aufbruch war, ließ schnell in die Höhe haspeln und machte sich mit seinem Fledermausfamulus auf die Suche nach einem Imbiß. Sie pochten endlich eine Köttersfrau hervor:
»Nee, Här – Middag is längst vörbi!«
»Häww ji nich 'n Kümpken Stippmiälke!«
»Nee – de Koh is ok noch buten up'n Kamp –«
»'n Pannekoken –?«
»Dat durt to lang –«
»Häww ji denn nich 'n Schinken?«
»Jau, Här – dat woll –«
»Un 'ne guode Mettwuorst?«
»Jau, Här – men –« Die Frau drehte verlegen die Schürze.
»Wat dann – ick betahl baar!«
»Nee, Här – et is doch Friedag!«
»Ach watt, dumm Tüg, wat geiht mi dat an, ick sin jä en luthersken Pastor!«
»Ja, wenn dat iß, dann friättet mienswiägen drup loß!«
Und Landois ließ den Freitagsschinken sich trefflich munden.
Beim Herausnehmen des Nestes einer Wiegelwagel, dies ist ein Pirol, das er kunstvoll samt dem Gabelast herabholen wollte, brach der Ast, und der Forscher blieb mit den Rockschößen im Baumgezweig hängen wie eine schwarze Vogelscheuche und knöpfte geistesgegenwärtig den Rock noch im Hängen enger mit allen Knöpfen einzeln zu, das erbeutete Eiernest mit dem Munde festhaltend, wie Camoes schwimmend im Munde sein Lusiadenmanuskript rettete. Als die Wandergefährten ihn endlich befreiten, meinte er ärgerlich: »Datt de Mensken up de Erde ümmer den Kopp verlert – worüm häww ji mi nich de Gitarre 'rup schmetten, dat ick mi de Tid verdriwen konnt?« Er schlug dann vor, dies Bild auf eine Vereinsfahne sticken zu lassen, wie die Bruderschaft Sankt Georg führe.
Ein andermal mußte er einen Bandwurm haben. Wie ihn beschaffen? Er lief in die Krankenhäuser, aber es litt leider nie-

mand an dem seltenen Parasit. Er ging zu einigen Ärzten in die Sprechstunden. Vergebens. Da gab er selber ein Inserat auf, kostenlos nach neuer Methode jeden Bandwurm abtreiben zu können. Ein Bäuerlein aus Albachten, durch äußerst heftige Übelkeit und starkes Erbrechen bei gründlicher Abmagerung und Mattigkeit zu ihm getrieben, ließ auf ein prächtiges Exemplar schließen, das nach Aussage seines »Wirtes« acht Jahre alt sein mochte. Landois antwortete erfreut: »Hoffentlich is he tähn Meter lang (dann kann ick em gut bruken) un hätt auk 'nen schönen Kopp, dusend Glieder müett't dran sitten, Kettenglieder – anners doh ick't nich –!« Das Bäuerlein schauderte. »Ich giw twe blanke Dalers – du mäkst noch 'n gut Geschäft dorbi! Et kump nu alles drup an, dat wi em gut rut kriegt – ick kann em nich met n' Korkentrecker packen.« Dachte das Bäuerlein nun gleich befreit zu werden, so täuschte es sich, denn Landois traute seiner Diagnose noch nicht recht, befürchtete aber, daß ein Arzt ihm den Patienten wegschnappen und weniger auf den Wurm als den Mann achten würde. Daher behielt er sein Opfer ganz bei sich und verordnete erst eine große Diät, den Wurm zu schwächen. Der Patient konnte unterdessen spazierengehen und erzählte jedem Zuhörer, daß er 'n hel grot Dier im Leibe habe. Am fünften Mittag bekam er acht marinierte Heringe mit Altbier. Am folgenden Morgen, nüchtern, pumpte ihm Landois Farnkrautextrakt mit Rizinus ein, einen Schluck Kaffee hinterher, den Brechreiz zu lindern, nach einer halben Stunde wieder Farn mit Rizinus – und siehe: da kam's! Landois schüttete begeistert immer frisches Wasser nach und genoß die Genugtuung, eine sauber gewaschene Bandwurmmasse zärtlich durch die Finger gleiten zu sehen. Ein märchenhaft herrliches Exemplar!

So war er jeder Situation gewachsen, so kühn wie energisch, und entwarf eine dicke Medaille für besondere Auszeichnungen, im Knopfloch als Orden zu tragen. Er hatte auch das schöne Glück, daß der »Fliegenkäl« sich mit der »Schmetterlingsjungfer« verlobte, was eine stadtbekannte Geschichte war und Mütter wie Väter aufhorchen ließ. Der Verein wuchs.

Bei Matin ward der Spektakel immer toller.
Sobald der Fuchs die Leidenschaft des Barons erkannte, dem göttlichen Rausch seiner Weltzertrümmerungswut keine irdischen Schranken zu setzen, stellte er haufenweise Ramschwaren mit betrübtem Gesicht auf Tische und Fensterborde umher: »Euer Gnaden belieben dieses Erbstück nicht zu zertrümmern – belieben diese entzückende Rarität schonen zu wollen –« Und durfte sich der Gewißheit hingeben, daß gerade diese Erbstücke und Raritäten zuerst in den Orkus verschwanden. So legte er sich als Extradouceurs eine Kollektion kostbarsten Trödels zu.
Die adligen Damen nahmen sich der so offensichtlich hart geprüften jungen Frau doppelt an und besuchten sie eifrig zu Rat und Tat.
Die verwitwete Herzogin von Looz-Curswaren bewohnte nun den Gutelager Hof, der damals auch Gesellschaftshaus des hochadligen Billardklubs war. Die feingebildete Herzogin lebte früher in freundschaftlichen Beziehungen zu Annette von Droste-Hülshoff und hatte sich auch als Komponistin einen geachteten Namen gemacht. Neben der Literatur stand in dem schöngeistigen Salon der Herzogin die Pflege der Musik im Mittelpunkt der Geselligkeit und zog viele künstlerische Geister in ihren Bann. Sie war die münsterische Rahel Varnhagen. Da ging sie zum Adelsschuster Stumperich, ein Paar Plüschstiefel anmessen zu lassen, und in bloßen Strümpfen auf dem Schemel verkühlte sie sich leider und bekam mehr als nur den laufenden Schnupfen. Es war zudem auch in der Pflaumenzeit.
Schon hatte sie die Baronin heftig bearbeitet – der Baron nannte sie nur die Musikquissel –, die neue Krinolinenmode nicht mitzumachen, sondern sich eines anständigen Gewandes zu bedienen, und saß wieder vorn auf der Veranda: »Sorge doch bitte dafür, daß die Figur der Mondgöttin mit der nackten Brust dort aus dem Park kommt –«
Die junge Gräfin Clementine von Golen, die ein weißes Meßgewand für ihren Onkel, den Bischoff Ketteler, stickte, errötete

tiefer, und die Baronin antwortete niedergedrückt: »Ob ich das bei meinem Mann durchsetzen kann, scheint mir sehr fraglich!«
»Aber, Kind, die Hygiene schon erfordert, daß nicht überall die Luft so an den Leib kann!« Und sie stippte mit der Lorgnette auf den Halsausschnitt der Baronin: »Dies Kleid – nein, Sophie – wie kannst du nur? Direkt wie eine Person siehst du aus! Daß dein Mann bei solchem Anblick auf schlechte Gedanken kommt, ist nicht zu verwundern –«
Und sie trat mal eben ab.
Rückkehrend fuhr sie mit verdoppeltem Eifer fort: »Du weißt doch, daß ehrbare Kleider eigentlich schon zu den Selbstverständlichkeiten der Frau von Stand gehören? Diese neueste Mode ist impertinent, unfair, pöbelhaft! Da ich deine Ehe bei mir eingefädelt hab', fühl ich mich verantwortlich. Jawohl, du hast eine Anstandsdame noch sehr nötig! In meinem Alter kennt man Takt, hat Erfahrung! Geh mit gutem Beispiel doch voran – du stehst in exponierter Stellung – alle Schulterbändchen fort – die Achsel bedeckt – *en cœurchen* fort – Kapotthut mit Schleife eng unters Kinn! Soliden Tuchtaillenschnitt laß ich mir gefallen – aber dies Wippen, Wehen und Krachen in den Röcken, von Taft und Rips – diese Krinolinen, diese Reifröcke, das ist der gesitteten Frau unwürdig – wie mag es erst unten bei dir aussehen? Trägst du Wollsachen statt Seide? – Ich muß mich deiner mehr annehmen, unerfahrenes Kind, und dein natürliches Schamgefühl –«
Und trat abermals schnell ab.
Rückkehrend ereiferte sie sich: »Wenn der heilige Karl von Borromäus zeigt, daß schon der Tanz von den Kirchenvätern verdammt wird – wieviel mehr muß erst das Dekolleté ein Greuel vor Gott sein – denk dir, du hättest so unterm Kreuz gestanden und der liebe Heiland hätte dir mit seiner Dornenkrone von oben hineingeschaut – diese Schmach!«
Der Baron erhob sich hinter der spanischen Wand und holte vorsichtig mit Handschuh und Imkergitter einen Bienenkorb, den er umgestülpt ins Örtchen setzte und den Deckel darauf schloß.
»Das nächste Mal, meine liebe Freundin, erwarte ich, daß du

zugeknöpft mich empfängst und dies öffentliche Ärgernis an deinem Leibe mir ersparst –«
So hörte er rückkehrend die Curswaren noch reden und sah sie schon wieder eiligst verschwinden.
Kaum hatte er seinen Platz eingenommen, da fuhr die Baronin auf der Veranda entsetzt herum, die junge Gräfin Golen ließ das atlasweiße Meßgewand fallen, denn drinnen im Hause erscholl ein kreischend wilder »Hilferuf«, und die Musagetin, die Herzogin, Annettes Freundin, stürzte in den Garten hinaus und hielt mit den Händen die Röcke rückwärts schüttelnd von beiden Beinen krumm und hoch in die Höhe, verfolgt von einem sausenden Brummen und Summen, und sie, die gar keine Nuditäten sehen konnte, mußte den blanken Popo am hellichten Tage emporstrecken, und eine wimmelnde wütende Traube empörter Bienen hing daran ...
Der Baron wippte am Fenster die Daumen in der Westentasche und deklamierte:

»Lieber will ich schlechter werden,
als mich ennuyieren!«

Schon eilte Diener Dachs mit dem Gartenschlauch und hielt ihn der Dame hilfreich rauschend hinterdrein ...
»Mähr hätt[1] sick 'n Immenvolk wull nümmer in de Königin verdaohn[2] un an so verkährte Stelle söten Honig socht[3] –« bestätigte Landois naturwissenschaftlich, als er davon erfuhr.

Portier Aundropp

Der Portier Aundropp bei Gerbaulet, der später auf der Telgter Straße eine Metzgerei betrieb, war ein dicker Grobian. Als er aber noch in seiner Portieruniform am Türeingang stand, möchte man die prunkhaft marvortische Gestalt für einen Janitscharenhäuptling oder gar Ehrenmarschall halten, der im Vollgefühl seiner Würde lässig auf die *misera plebs* herabsah, die hier im Tageslärm die Straße kreuzte. Selbst wenn eines hono-

[1] Mehr hat sich – [2] getäuscht – [3] gesucht

rigen Gastes altbekanntes Weingesicht zu Gerbaulets Leckerbissen schwebte, tippte der Türhüter eben Daumen und Zeigefinger bis in die Schnurrbartgegend und schwenkte schon wieder im Bogen ab, als knipse er nur ein Läuschen in der Luft. Dabei schnarrte er den Namen des Ankömmlings. Wenn jedoch derselbe Gast aus den Räumen wieder hervortauchte, verstand's der Portier, mit gebieterischem Ruck die große behaarte Hand aufzuschleudern. Wofür freilich auch an hellem Tag dieser Opferobulus entrichtet werden mußte, hatte noch keiner ergrübelt. Selbst der eigentliche Zweck seiner Existenz schien zweifelhaft (wenngleich damals nur trübe Öllampen auf den Straßen blakten), denn niemand konnte diesen stadtbekannten Weinberg verfehlen, auch wenn der Portier nicht mit seiner bunten Stocklaterne schon von ferne ihn angezeigt hätte. Es sei denn, daß er bloß zur besonderen Feierlichkeit der Eingangspforte als bengalisches Schmuckstück dienen sollte, wie der Nobelgardist vor der Türe des Heiligen Vaters. Wie der Seraph vor dem Paradiese.

Der Graf von S. hatte vor Jahren in Weinlaune dem Ehrwürdigen wie einem Wandhalter die Zügel kurzerhand um den Nacken geworfen. Aundropp, der wußte, daß der erste Westfale aus einer Grobheit entstanden war, hatte dem Grafen öffentlich eine Backpfeife gegeben und hieß seitdem »Auchdropp«. Nie hatte sich jemand mehr eine Respektlosigkeit erlaubt. Nie war andererseits erlebt worden, daß er je einem Trunkenen heimgeleuchtet hätte. Er blieb das unerschütterliche Erzbild. Und wie es Gerichtsdiener gibt, die den Angeklagten mit furchtbarer Stimme hereinrufen, aufgepflanzt neben der Verhandlung den Respekt des Gerichtes erhöhen, indes ihr Gesicht einem unerbittlichen Gesetzbuch gleicht, so schaute auch der Türdiener von Jahr zu Jahr grimmiger und forderte mit lauterer Stimme die Namen der Ein- und Austretenden wie vor die Schranken des Kadi.

Da kam die Verordnung auf, daß alle Gefährte innerhalb des Weichbildes der Stadt ein Licht zu tragen hätten. Es gab viel böses Blut, denn dazumal sah man es noch als Luxus an.

Der Baron juckelte ohne Licht in die Stadt. Der Polizist bemerkte das schon am hellen Tag und wartete die Nacht ab, wie die Hyäne auf den Kadaver lauert. Es schien kein Entrinnen mehr möglich, denn der Kutscher kaute nur die karg glimmende Pfeife im Mund. Es wurde stockdunkel, kein Stern flimmerte über den dumpfen Giebeln. Kaum spärliches Öllicht flämmerte. Groß wie der Stern von Bethlehem leuchtete nur die bunte Lampe des Aundropp vor Gerbaulet.

»Anspannen!« dröhnte dessen Stimme, und der Kutscher schirrte die Pferde vor. Die Pickelhaube blitzte näher. Einige Gäste drängten neugierig im Flur, denn das Abenteuer war ruchbar geworden: »Baron von Bomberg –!« dröhnte Aundropp.

»Ich zahl keinen Deut –« fluchte der Baron und knöpfte die Stulpenhandschuhe. Seine kühne Silhouette glitt wie Mephisto längs der Wand. Er trat zum Portier.

»Lieber Aundropp – mein Licht funktioniert schlecht – wollen Sie nicht in den Wagen leuchten, daß wir den Docht anziehen?«

»Hm!« brummte unwirsch das Standbild.

»Oder geben Sie mir Ihre Laterne –« drängte der Baron hilfsbereit.

Sich von seiner großmächtigen Laterne trennen? das konnte Aundropp schon gar nicht; auch mochte er dunkel ahnen, es sei nicht klug, sie dem Baron anzuvertrauen –

»Oder am allerbesten steigen Sie eben selbst auf!« ermunterte bereits der Baron – »dann fällt Ihr Schein von oben und der Kutscher kann prüfen –«

Der Portier kletterte also vorsichtig mit selbstsicherer Würde auf den Bock und hielt die Stocklaterne senkrecht neben sich. – Im Hui! flogen die Pferde an, der Baron knallte ihnen um die Flanken, daß an kein Zaudern zu denken war, dem Polizist fiel der Bleistift aus dem Mund, denn das Mirakel geschah: Groß ragte der Herr Portier Aundropp in voller Gala steif auf dem Bock und fuhr also übertölpelt als lebendige Laterne durch das Gelächter der Umstehenden in die sausende Nacht hinaus.

Landois blitzte mit einem Rundschreiben zur Bildung einer Gesellschaft »Zoologischer Garten« bei den reichen Mäzenen der Stadt ab. Seit dieser Stunde schimpfte er: »So 'n Kommerzienrat is dat grötste Wunnerdier[1]: he es Rat verder[2] Klasse, hätt 'n Kronenorden diätter Klasse, föhrt twedder Klasse un is 'n Rindvieh erster Klasse!«
Die adeligen Herren hielten die Ohren noch steifer. Das sonderbare Unternehmen, der Schrulle eines komischen Gelehrten entsprungen, nutzte weder der Viehzucht noch der Landwirtschaft. Alle Mühen butterten nicht. Die Unkosten schwollen und wuchsen – es mußten neue Quellen angebohrt werden. Der Baron Bomberg aber verlangte, daß der ganze Zoologische Garten nach draußen auf seinen Hof gelegt würde, dann würde er schon für nötigen Klee und Samen und Löwenfutter sorgen! Der Elefant hätte überdies bei ihm Hausdienste zu tun, müsse zur Tafel die Drehorgel spielen und den Heuwagen ziehen! Die Affen hätten Livree zu tragen und so weiter.
Landois ergrimmte sich. Der Baron bockte: »Keinen Groschen ohne diese Bedingung!« Landois erbot sich, den Löwen Baron Buldrig zu taufen, er schlug vor, das Nilpferd mit seinem Wappen zu bemalen. Der Baron bestand darauf: »Der ganze Klimbim kommt zu mir – oder keinen Deut!«
Landois dachte: ‚Warte nur, Bursche!' und sann auf neue Mittel, sein Unternehmen populärer zu machen. Nun trug er ganz die Maske des Biedermannes, und pastoraljovial gab er Kinderfeste mit Ziehharmonikas für die Väter als Prämien. Aber plötzlich erschien er dann und trug Kümpkes Waldbeeren mit Zucker bestreut: »Wer zuerst sie 'runter hat – kriegt meine silberne Uhr!« Der Hallo der beschmierten Gesichter und weißen Sommeranzüge, das Schelten der überraschten Mütter löste sich bald in eine abenteuerliche Seehundsjagd im großen Wasserbassin, zu der »echte Eskimos« tanzten; es waren drei Zahntechniker aus Unna! Schon zeigte er als Preisrebus einen Hahn und einen Hund vereint im Käfig. Lösung: Der Hahn soll den Hund flöhen!

[1] Wundertier – [2] vierter

Wie schibbelten sich alle Mütter hinter ihren Strickstrümpfen, und die Kinder hingen in jubelnden Scharen an seinen patriarchalischen Rockschößen.
Nächsten Sonntag folgte ein Eselsrennen, bei dem Landois den Eseln Pfeffer in den Hintern streute, daß die Biester wie rasend galoppierten.
Den Schluß bildete »ein Sacklaufen für erwachsene Herren«. Da wurden prominente Persönlichkeiten mit Gewalt in den Sack gesteckt und stolperten um die »milchende Kuh« als Preis. Die Kuh, feierlich bekränzt, führte Landois selbst mit Trommeln und Pfeifen dem Gewinner zu. Er hielt eine pathetische Ansprache wie einem olympischen Sieger und überreichte die Kuh am Schwanz.
»Niem[1] se met!« – Im Moment aber, wo der Sieger die Kuh an den Schwanz griff, sie abzutreiben, hielt er den Schwanz in der Hand. Er war anatomisch kunstvoll von Landois amputiert und wieder angeleimt.
Zwischendurch erließ er Aufrufe, alle seltenen Tiere ihm einzusenden. Da passierte es, daß ein Bäuerlein in Angelmodde einen merkwürdigen Vogel mit langem Schnabel fing: »Den mott Landois förn nien Szologsken Gaoren hebben –[2]«, sagte er sich und sandte ihn säuberlich verpackt ein. Bald besuchte er den Garten und fragte nach seinem seltenen Exemplar. Niemand wußte davon. Er ging zu Landois hinein: »Wu is't met den Vuogel ut Angelmuodde?« – »Sehr gut, Schulte, dürfen Sie mehr schicken –« – »Wo is he denn?« – »Oh, er hat sehr gut geschmeckt – es war eine Schnepfe!« Das gab wieder ein Gelächter in der Stadt.
Dann folgte das große »Bärentatzenessen«, das aus gewöhnlichem Kalbsragout bestand und sich wochenlang wiederholte. Künstliche und natürliche Abnormitäten gingen dabei am Tisch herum, wie das vierbeinige Huhn (das heute noch im Museum steht) und ähnliche Monstrositäten; diese zeugten wieder pseudowissenschaftliche Scheingefechte wilder Dispute.
Zu diesem Bärentatzenessen kamen auch weiter hergereiste passionierte Gourmets, die solch eine Feinschmeckerei sich nicht

[1] nimm – [2] haben

entgehen lassen wollten und dann jedesmal einen mörderischen Reinfall erlebten. Sie mußten exorbitante Schweigegelder zahlen, denn Landois drohte mit der Publikation ihrer Namen in einer eigenen Gimpelliste, die am Zoologischen zur Belustigung der Bären angeschlagen würde. Einer der schlimmsten Geprüften aber war Matin, dem der Baron vorweisgemacht hatte, es befänden sich in Wahrheit vier Tatzen unter den Gedecken, die ohne Wissen aller Gäste in bestimmten Zwischenräumen mit aufgetragen würden. Es dürfe keine Silbe verpatzt werden. Denn wer von selbst, ahnungslos wie er sei, die Tatzen errate – sei's am Geruch, sei's am Geschmack –, der bekäme eine goldene Uhr! Diese Belohnung halte Landois zur allgemeinen Überraschung parat. Aber der schlaue Fuchs hätte für das letzte Essen, falls niemand die Tatzen erkannt habe, eine Portion davon einem Spießgesellen zugekartet, mithin die Uhr in der Familie bliebe! Es gelte nun, unter allen Umständen die Uhr herauszulotsen.

Matin schmunzelte überlegen, dies ginge freilich seiner Ehre zu nah, der wahrlich weniger pikante Dinge schon in Mailand, Livorno, Padua, Florenz und Paris herausgeschmeckt – als ob ein Bader sich nicht auf Seife verstehe!

Doch die Ahle hatte den Pfriem gerochen, und am folgenden Tag saß wirklich Matin in der Tafelrunde. Schon bald bewunderte man seinen trefflichen Appetit, und Landois war äußerst geschmeichelt, daß der Hofkoch und Hofkonditor immer wieder mit lachender Herzlichkeit eine Portion nach der anderen verlangte, da ihre Delikatesse schier unübertrefflich sei! Und so fraß Matin Abend für Abend wie ein ausgehungerter Drescher Kalbsragout auf Kalbsragout – der Baron verständigte Landois von der Ursache dieses Appetites! –, und Landois rief jetzt am Schluß jedes Mahles herausfordernd freundlich: »Bitte, Herr Matin ist noch nicht satt!« worauf dieser dann noch eine Schüssel vertilgte.

Aber er stieß und stieß auf die Tatzen nicht, sooft auch das Dämpflein seine Nase stutzig machte, so häufig beinah er ein Haar oder eine Kralle, einmal sogar eine richtige Fußsohle entdeckt hatte –, aber stets entpuppte sich's als Kalbsfuß und Kalbs-

rippenknorpel! Um den Ärmsten nicht in Grund und Boden zu frozzeln, spielte Landois in der letzten Speisung mit einem Helfershelfer die Komödie der echten Portion und reichte feierlich – seine eigene Uhr, die jener scheinheilig einsteckte!
Er mußte seine Gemeinde noch erziehen in der Gefolgschaft des Meisters und hielt sie erst locker in der Zange.
Ja, böse Wispermäuler behaupteten sogar, daß er selbst die Beichte in den Dienst des Zoologischen stelle, denn sein Beichtstuhl war Samstag für Samstag umlagert von Sündern aller Kategorien, da er bald bekannt war als Schnell-Gnadenspender, dessen geflügeltes Wort (auch im Beichtstuhl sprach er sein unverwüstlich drastisches Platt) jeden gleich empfing: »Wat –? Mähr is't nich? Dann bliw doch in Huse! Löpp de Koh auk forts in den Stall?«
Es gab einen kleinen Kirchenskandal, als herauskam, daß Landois statt des Breviers eine Geschichte der Zoologie, in schwarzes frommes Leder gebunden, in den Beichtstuhl mitgenommen hatte.

Das Weiberduell

Eine russische Gräfin Tscheykowsky, die für die Gleichstellung der Frau kämpfte, ein robustes Mannweib mongolischen Typus mit wallendem Tituskopf, reiste damals durch ganz Europa und warb für ihre Ideen. Sie hielt auch vorm westfälischen Adel im Bomberger Hof einen propagandistischen Vortrag, zu dem bei der Scheu aristokratischer Damen vor gesellschaftlicher Bloßstellung fast nur Herren erschienen waren, so daß die Gräfin, argwöhnisch, mit spitzer Zunge die Tyrannei der Ehegatten geißelte:
»Ich will nicht *ab ovo* beginnen, sondern gleich die Kardinalfrage ventilieren: Was berechtigt Mann, sein Weib als inferior zu betrachten? Ich muß für mein Deitsch um Nachsicht bitten, aber Sie sollen mir verstehen schon! Ist Weib nicht auch Ebenbild selbigen Gottes, der ist die absolute Vollkommenheit? Es gibt neben phisischen auch keinen stichhaltigen psichischen Unterschied, denn ist Seele Seele, wie Mensch ist Mensch! Alle

Leite sind es! Sie aber, Herrn, gebrauchen Ihre Frauen nur als Lustbarkeitslokale! Keinen anderen Ehrgeiz, als sie zu Plapperautomaten, Flatterapparaten, Brutmaschinen zu degradieren! Die Venusschaukel – das ist Ihr Weibsideal!«
Erster Zwischenruf: »Bravo!«
Im Glauben, dies gelte als Zustimmung, hob die Rednerin ihr trompetenhaftes Organ: »Männerfang! Laffenfang!«
Zweiter Zwischenruf: »Bravissimo!«
»Daher meine Generalforderung: modern aufgeklärtes Feminin! Wer ihrer Ehre tangiert, den weise sie energisch zu Schranken! Ohne Reserve! Denn es ist infame Lüge – nur Courage, meine Damen –, daß Frau jede Situation nicht genau beherrsche wie Mann, daß er an Selbstsicherheit, Selbstbehauptung überlegen sei – alles nur Erziehung! Glauben Sie, meine Herren Barone – ich selber wagte nicht auf gleiches Terrain Lebenskampf wie Sie? Oh, mehr wie Sie! Reise ich nicht allein von Land zu Land? Ich heirate nur nicht, weil alles bisherige Mann mir nicht gewachsen fühlte –«
Da antwortete Bomberg zum drittenmal im tiefen Baß: »Sie müssen den Riesen Morphi heiraten!« – Dieser russische ungeschlachte Riese war damals eine Jahrmarktserscheinung von bekannter Zugkraft.
Und nun erst begriff die streitbare Amazone im Gekicher und Gelächter den Sinn aller früheren Zurufe und verwandelte sich vor den Augen der Versammlung in eine Feuersäule: »Bin hier ich schutzlos, *messieurs? Mais non! Où sont les cavaliers?* Ist typisch für deitsches Herr, daß niemand für mich einsetzt? Nun, so wissen Sie, lachen Sie nur! – ich ziehe voll aus Lehre der Emanzipation Konsequenz – Herr Baron de Bomberg, ich fordere Ihnen öffentlich auf: sind Sie bereit auch zur Satisfaktion für beleidigte Dame der russischen Aristokratie?«
Der Baron schlug im Schweigen der allgemeinen Verblüffung sich schallend aufs Knie: *»Parole d'honneur* – auf Stricknadel und Besenstiel, faule Eier mit Petersilie –?«
Die Stimme vom Podium kreischte: »Wissen Sie, ich bin Pistolenschitzin und hab' in Ural Bären gejagt! Herr, diese Injurie kann nur mit Blut gesühnt werden!«

»Jawoll – mit kaltem Blut!«
»Auch dies als Roheit wollen Sie deitsches Lümmel der ersten Verfechterin weiblicher Gleichberechtigung, jahrtausendjährig schwersten Kampfes Weltgeschichte um soziale Erlösung, ins Gesicht schleudern? Erkennen Sie Naturrecht meiniges auf Genugtuung an?«
»Ich kann doch keinen Aal übers Knie brechen?« zuckte Bomberg die Achsel.
»Weigern mir Recht auf Satisfaktion wie simpelsten Mann?«
Der Baron erhob sich: »Das kommt sehr darauf an! Nach italienischem Duellgesetz mußten sich die Gegner auch die Fingernägel beschneiden, damit keiner mit einer natürlichen Waffe im Vorteil sei! Ich weiß aber nicht, meine Gnädige, ob ich in Anbetracht eines weiblichen Duells nicht nur diese Vorsicht hier erst verlangen muß – ehe ich mich Ihnen gleichberechtigt fühlen kann, sondern beantrage vorher auch, daß Sie Ihre künstlichen gefährlichen Zähne aus dem Rachen entfernen –«
»Woooos – –?« bleckte ihr prachtvolles Gebiß. Die Steppenhyäne flog herab. »Wollen Sie wagen, mit Witze mir zu verhöhnen?«
»Modeste Mignon, die Kälte in Rußland hat Ihre Zirbeldrüse eingefroren – –«
Weiter kam er nicht, denn schon prallte die Ohrfeige, die er hervorgelockt hatte, um die streitbare Dame unwiderruflich zum letzten und damit *ad absurdum* zu treiben.
Unter solcherart Tumult spielte er nun seinerseits den wilden Mann und schrie: »Machtlos! Machtlos! Absolut machtlos – was soll ich wirklich gegen eine Dame unternehmen? Bedenken Sie: Eine Dame? Gar nichts kann ich!« Und verneigte sich: »Gnädigste – ich bin impotent vor Ihnen!«
Die Russin mit großer Geste: »Betrachten Sie sich als gefordert, Feigling –«
Der Baron verneigte sich abermals.
Flüsternde Gruppen. Ernste Mienen. Heillose Affäre! Unbedingt geheimhalten.
Am folgenden Morgen Punkt sechs Uhr sollte das Duell im Erlenwäldchen des Parkes stattfinden. Die Herren erschienen

halb spöttisch im Zylinder, einige Damen im Schleier, fiebernd zwischen Entsetzen und Sensation. Feuchter Frühnebel silberte noch in der Kühle, aber die Spechte lärmten schon seitwärts in der Kiefernschonung. Die Russin, bleich, stolz, voll verbissenem Trotz, ganz ihrer Mission bewußt: als erste Vorkämpferin des gesamten Geschlechts im Duell die Konsequenz ihrer Lehre bekräftigend – ein Tag unabsehbarer Propaganda, denn es galt ihr gnadenlos gewiß, diesen Dummkopf zum heroischen Beispiel niederzuknallen – in der Tat nicht ohne phantastische Größe; und die Damen betrachteten die kühne, dunkelhaarige Schutzpatronin ihrer Gleichberechtigung wenn nicht mit Sympathie, so doch in stiller Bewunderung.

Doktor Möller wickelte zerstreut, übernächtig seinen Instrumentenkasten aus dem Futteral, mit dem er sonst nur Bauernwöchnerinnen Beistand leistete, und steckte das etwas schäbige Wachstuch in den Mantel. Die Sekundanten prüften die Pistolen, schritten die Entfernung ab: »Fünfzehn Schritte Abstand – Mensur *a tempo* –!«

Die Zeugen und Unparteiischen traten heran.

»Ich hab' nicht richtig verstanden – auf fünfzehn Meter Abstand?« stotterte der Baron wie angstverwirrt.

»Fünfzehn Meter Abstand – Mensur *a tempo* –!« kommandierten die Sekundanten. Die Zeugen und Unparteiischen traten näher. »Oder wünschen Gnädige noch weiteren Abstand –?« höhnte der Baron jetzt plötzlich.

»Mensur übers Schnupftuch!« schrie die Russin erbost.

»*Bon* –!« antwortete der Baron, und mit gemessener Verneigung, obwohl ihm als dem Provozierten der erste Schuß zustand, fügte er hinzu: »Ich überlasse Ihnen natürlich den ersten Schuß, denn Sie sind doch eine Dame!«

Fanatischer Blitz tödlichen Hasses sprühte aus den schwarzen Augen, da sie in dieser Courtoisie die stärkste Inferioritätserklärung ihres Geschlechts erblickte, und zischte blindwütig: »Prinzipiell – in diesem ganz besonderen Fall – *verlange* ich, daß Sie zuerst schießen!«

»Der erste Schuß sitzt –!« schnarrte der Baron nun pointiert, triumphierend. Sekundanten wie Unparteiische sahen gegen die

Regel des Duells hier spontan aus der weiblichen Psyche so viele Extravaganzen auftauchen, daß sie alles stillschweigend guthießen, und ließen nun beide die gegenüberstehenden Zipfel eines Schnupftuches anfassen, so daß die Kämpfenden von ihrer Barriere nur fünf Schritt entfernt standen. Duell unter schwerster Bedingung, bei dem unbedingt einer zur Strecke kommen mußte. Aber die Unbeherrschtheit der Russin vor der Situation, ohne die Entscheidung durch das Los anzurufen, hatte sie bereits als zweite Schützin gegen den kühleren Mann in größeren Nachteil gebracht.

Der Baron nahm jetzt das Monokel heraus, kniff das linke Auge und taxierte kalt, satanisch sein Opfer mit verächtlich vorgewölbter Unterlippe; das Weib parierte seinen glitzernden Monokelblick mit wogendem Busen, und ehe das Schußkommando erscholl, richtete schon Bomberg drohend sich auf.

»Los!«

Und hob die blanke Waffe furchtbar wider sie, und flitz! unversehens statt des Schusses ließ er eine Maus aus dem Ärmel auf sie hervorspringen: Die Amazone, zu Tod erschrocken, kreischte kreidebleich auf, ließ die Pistole fallen und sank wortlos in Ohnmacht.

»Dachs, trag die Leiche fort«, sprach gemessen der Sieger, »aber vergiß das Riechfläschchen nicht.«

Landois verzehrt alle Tiere zwischen Himmel und Erde und lehrt Weisheit des Lebens, verulkt den Baron

Zwei Pferde ziehen besser, dachte Landois und gründete kurzerhand zur Zoologischen Sektion noch einen Kunstverein, spielte hier Geige und deklamierte. Ein Harmonium, ein mit Wildschweinschwarten in vollem Borstenschmuck überzogenes Wildschweinkanapee für die Bierleichen wurde mit angeschafft. Herumziehenden Zigeunern handelte er einen Bären ab, der im Käfig noch tanzte, wenn er davor mit dem Teller klapperte – wobei er natürlich wieder Geld einsammelte. Als nun das hundertundachtzigjährige Krokodil im Liebeskampfe mit einem anderen verendete – Landois sagte, es sei schon lange »mannsdoll« auf ihn gewesen und hätte ihn immer begehrlicher angefletscht –, wurde sein Tod in brütender Julihitze fast vierzehn Tage dem Publikum verheimlicht, das immer noch ehrfürchtig dies vermeintlich schlafende Tier betrachtete, doch Landois ließ ein zehnpfündiges Schwanzstück Fleisch heraushauen und als Mockturtlesuppe für die Gesellschaft herrichten! Alle schauderten, aber er allein ließ es sich trefflich schmecken; schließlich probierte zögernd einer nach dem anderen, und die erste wirkliche Krokodilsuppe seit Anfang der Welt wurde in Westfalen ausgelöffelt. Ebenso radikal vertilgte der Professor mit Behagen einen verkrüppelten kranken Hasen, da er besorgte, seine Raubtiere könnten sich daran den Magen verderben. Und überhaupt alle Tiere, deren Fleisch der Präparator beim Ausstopfen herausnahm, Ibisse, Affen, Dachse und Igel, selbst Ratten und Schlangen wurden auf sein Betreiben von der lustigen Kunstgesellschaft gesotten und verzehrt unter Strömen Altbiers. Es gingen die abenteuerlichsten Gerüchte. Man behauptete: wenn die Anatomie es erlaubte, fielen sie bald noch über Menschenkotelette her!! Aber der lukullische Schlemmergipfel wurde im Herbst erreicht, wo an gewaltigen Tafeln tausende Paare im Freien enthäutete Frösche serviert wurden. Landois verstand mit Schere und Messer unter Assistenz seines Pedells, der die Froschzehen zu halten und dann abzuschneiden hatte, in kürzester Zeit Hunderte von Froschschenkelpaaren zu tranchieren und hübsch auf Schnüre zu reihen. Die Reste der Leiber flogen in das lärmend ihn umflatternde Entenvolk, bis es dick geschwollen, unmäßig nicht mehr japsen konnte und rülpsend und glucksend träg auf dem Wasser lag.

Zum Schauder aller Damen der Stadt brachte er's pro Mahlzeit auf vierhundertdreißig Frösche.

»Man muß ein bestimmtes Ziel haben –« sagte er zu Schorlemer-Alst, der ihn aufsuchte – »was ich von den Jesuiten gelernt habe, das ist der Begriff des *conus* –«

»Ich verstehe nicht –«

»*Conus* ist ein großes, trichterförmiges, nach innen gehöhltes

Schlüsselloch, so es am Jesuitenkloster, wo ich wohne, noch heut zu betrachten ist. Wie du auch heranschwankst, von rechts oder links, wenn du nur in die Gegend des Trichters tappst, gleitest du von selber ins richtige Loch. Das ist die große Lebensweisheit des *conus*. Es ist das Symbol des Jesuitenordens: Handle so, daß immer noch dein Schlüssel die Tür dreht! *Wie* – ist einerlei!«

»Sie sind der Richtige!« lachte Schorlemer, der als frommer Mann bekanntlich doch ein schlagfertig witziger Kopf war. Von diesem Tage an waren beide Freunde, und Schorlemer hat dem Zoologischen manchen wertvollen Dienst erwiesen. Zwar galt es höllisch auf der Hut zu sein, denn unbedenklich benutzte Landois nun jeden als Reklameobjekt.

Und auf einen saftigen Scherz fiel bald selbst der Baron herein. Landois hatte ihm feierlich angezeigt, daß ein Känguruhjunges geboren sei, dem er Pate stehen möchte. Der Baron stimmte zu. Landois antwortete, er möge mit dem Zuge auf dem Bahnhof eintreffen, da er auch Hagenbeck von Hamburg erwarte. Es sei ein mirakelhaftes Ereignis!

Tausende Menschen führte er dann noch aufs Glatteis, indem er in großer Auffahrt mit festlich gekleideten Herren in vielen Kutschen über den Prinzipalmarkt zum Bahnhof fuhr, wo eine hohe exotische Herrschaft zur Besichtigung des Zoologischen Gartens erwartet würde, der Münsters Ansehen schon in der halben Welt verbreitet hätte! Die guten Spießer glaubten es gern. Als nichtsahnend der Baron aus dem Portal trat, eilte Landois entblößten Hauptes mit tiefen Bücklingen ihm entgegen und nötigte den Überraschten zu seiner Ehrenseite in den Wagen mit den Worten: »Das größte Kamel ist angelangt–!« Das Publikum begriff die vertrackte Situation und huldigte mit lachendem Tücherschwenken. Der Baron fügte sich und schwur Rache: »Er soll mir nicht überkommen im Hallotria!«

Da die Hypnose damals die Köpfe verwirrte und ein prächtiges Lockmittel der Masse war, behauptete Landois, jeden hypnotisieren zu können.
Der Saal barst von Menschen. Weil alle ängstlich zurückhielten, meldete sich unter großem Hallo der Baron. Landois zögerte erst, aber die Stimme des Volkes rief: »De Baron hölt et ut! De hätt Courasche!« Also ermahnte er ihn, nicht mit den Gedanken abzuschweifen, gesammelt ernst zu verharren und willig sich seiner Führung zu überlassen, denn es handle sich um ein wissenschaftlich vollgültiges Phänomen.
Der Baron stolzierte nun zum Podium und plazierte sich auf einen Sessel. Landois strich sein Gesicht, hub das Lid und erklärte den atemlos Gespannten: »Er ist wegen des Alkohols ein äußerst schwieriges Medium, darum dauerte es länger – doch ich glaube, er befindet sich jetzt im Trancestadium. Er schläft.« Und wirklich überzeugten sich viele, wie der Baron offenen Mundes laut schnarchend auf dem Stuhle hing. Landois ließ sich eine Kartoffel reichen, hielt sie hoch und sprach fest: »Pflück den Apfel vom Baum –!« Der Baron tappte nach der Kartoffel. Alle Anwesenden staunten. Kühn hub sich der Professor: »Sie sehen, wie der Hypnotisierte nicht weiß, was er tut!« und wandte sich wieder an den Baron: »Nun beiß zur Belohnung in den Apfel!« Der Baron hieb die Zähne in die Kartoffel. Landois wand sie ihm aus den gekrallten Fingern.
»Jetzt bist du ein Hund –!« erhub er wichtiger dozierend die Stimme: »Wie spricht der Hund?« – »Wauwau!« schmetterte der Baron. »Schön, Karo – hier ist noch ein Hund–«, und Landois stellte einen Stuhl vor ihn. – »Wie tut der tapfere Karo?« Der Baron fuhr sofort mit fletschenden Zähnen auch auf den Stuhl los, aber anstatt, wie von Landois beabsichtigt, beißend und bellend drüber herzufallen, bückte der Baron sich tief und schnüffelte grinsend, mit beiden Händen wedelnd, unten zwischen den hinteren Stuhlbeinen herum . . . Die Zuschauer krümmten sich vor Gelächter. Landois warf sich in die Brust: »Meine Damen und Herren – psychisch höchst charak-

teristisches Experiment – verriet sich der Baron doch unbewußt – wir wollen aber jetzt erst die richtige Probe aufs Exempel machen!« Die Spannung wuchs ungeheuerlich.
Landois nahm eine Tasse Kaffee und flüsterte: »Verehrte Anwesende, der größte Beweis aber hypnotischer Willenlosigkeit wird darin liegen, daß mein Medium jetzt Kaffee statt Wein trinkt!« und kommandierte laut zu Bomberg: »Trink dies Glas Walporzheimer!« Der Baron nahm die Tasse, spitzte die Lippe, schmeckte, schlürfte mit so seligem Mund, übers ganze Gesicht verklärt und schmunzelnd, daß Landois nur mit äußerster Mühe: »Pst! pst!« die Situation rettete.
»Schluß, meine Herrschaften, es eilt! Sie sehen, der Hypnotisierte geht des eigenen Bewußtseins absolut verloren – dies ist das Typische! – und verwandelt sich wie Proteus nach dem Willen seines Meisters in jedes Ding! Es ist auch ein erschütternder Beweis der hohen Kraft, die der menschlichen Seele innewohnt, und legt überzeugend dar, wie sehr die Gottesleugner irren, welche das Vorhandensein der *anima* abstreiten! Aus der bannenden Gewalt des Hypnotiseurs spricht die Macht der Psyche! Mein Medium kennt weder sich selbst noch irgend etwas im Kreis, die Erinnerung ist ganz ausgeschaltet. Würde er zum Beispiel mich richtig erkennen, hätte er alles gehört. Aber er weiß nicht, wer ich bin – sonst würde er es offen sagen, da der Hypnotisierte stets die Wahrheit sagt!« Und donnerte siegesgewiß den Baron an: »Weißt du, wer ich bin?«
Da schlug dieser schalkhaft beide Augen klar auf: »De olle Supsack Landois!« . . . und putzte auch tüchtig erst die Nase, ehe er ging.

Der Pastor von Wolbeck

Der damalige Pastor von Wolbeck bei Münster war ein geselliger Geistlicher, aber etwas knauserig. Ein geschenktes Rebhuhn sättigte ihn mehr als ein gekaufter Hase. Und während des Hochamts lauschte er andächtiger auf den Klingelbeutel als auf die Schelle des Meßdieners. Seine kitzligste Stelle war deshalb nicht unter der Achsel, sondern am Beutel. Insbesondere

in betreff des wohlbestellten Weinkellers. Man hörte sein Schlürfen des Meßweins in der ganzen Kirche. Das ist ja der ländlichen Herren einziges Lebensbehagen, und sie könnten mehrstens weniger aus Rom als aus der berühmten Königstadt Kusavati stammen, die da angefüllt war von den zehn großen Lebensgeräuschen, deren lautester Ruf klang: »Esset und trinket!« So bildete denn auch bei unserem Pastor die leibliche Fülle seiner gewichtigen Erscheinung das Hauptmerkmal, über das er selber am wohlgefälligsten witzelte, wenn er die Daumen über den Bauch drehte und sagte: »Das ist die beste Nagelpflege.« An der Schnelligkeit des Rotierens konnte man alsdann den Grad seiner Sättigung ablesen.

Gerade als er nun eines Nachmittags die lange Pfeife anzünden wollte, sah er den Baron und seinen Rentei-Eleven Evers, so der Großonkel von mir gewesen ist und ihn als ausgezeichneter Schütze öfters zur Schnepfenjagd begleitete, spornstreichs auf sein Haus zukommen. Mit sachverständigem Blick hatte er sofort bemerkt, daß die Holster leer waren, und automatisch, ohne ein Wort zu verlieren, hing er die Pfeife an das von marianischen Jungfrauen gestickte Perlenband und eilte mit langen Schößen durch die Küche zum Hof, indessen er noch schnell den Finger auf den Mund legte: »Pst! Pst!« – um geräuschlos hinter einer kleinen Tür zu verschwinden, wo er geschickt mit einem Griff den inneren Riegel vorschob.

Dies war für die Haushälterin das Zeichen: »Gefahr ist im Verzug!« und sie wußte, daß der Herr Pastor dann nicht zu Hause war. Denn seit er auch im Schlafzimmer sich nicht mehr sicher fühlte, wo man ihn einmal im Bett ergatterte, hatte er diese Kriegslist vor unbequemer Überrumpelung ersonnen und mit durchschlagendem Erfolg öfters auch insofern angewandt, als er bei seiner gesegneten Hartleibigkeit jenen Ort zu keiner Tageszeit vergebens aufzusuchen brauchte, so daß auch eine längere Sitzung nie verlorene Liebesmüh gewesen war.

»Der Herr Pastor ist zur Krankenvisite –« bedauerte die gleichfalls sehr beleibte »Hushöllerske« schon im Flur den eintretenden Herren. – »Oh, das macht nichts – wie lange dauert der Zauber?« – »Vielleicht drei Stunden – er ist erst ein halbes

Stündchen fort –« stammelte die Matrone ihre gewohnte Ausrede. »Macht noch immer nichts –« besänftigte der Baron – »wir können warten!« – und schritt stracks an ihr vorbei ins wohlbekannte Wohnzimmer. Denn er traute dem Braten nicht, und richtig – da – an der Wand – er kannte seine Pappenheimer – ringelte noch gerade ein dünnes Rauchwölkchen aus dem Pfeifenmundstück. Nun wußte er genug. Urbehaglich nahm er breit Platz im Kanapee und beschloß eine tüchtige Lektion über das Lügen durch praktischen Moralunterricht. »Wenn er so lange noch wegbleibt – muß man was Solides trinken – bringen Sie, bitte, gleich zwei Flaschen – mit der Goldetikette, die wir zuletzt tranken!«
Schon langte er die Pfeife von der Wand: »Sieh mal an – sie ist noch nicht ausgebrannt – was der Pastor doch für guten Tabak haben muß!« – »Darauf legt er viel, Herr Baron –« stotterte die Matrone. Denn solange die Lüge nicht ihren Kopf verliert, lebt sie wie ein Bandwurm weiter. »Dann bringen Sie den ganzen Beutel nur mit – schlechtes Kraut ist Kirchhofstee –« Wohl oder übel mußte die Matrone in den Keller, nicht ohne zu versuchen, mit einem geschickten Sprung den Pastor schnell noch zu erreichen, um Order zu empfangen. Vergebens, denn der Begleiter des Barons stand am Hoffenster! »Main Chott – das kann ja nett werden für den hochwürdigsten Herrn Pastor« – krampfte ihr Herz zusammen – »Sechsundzwanßig Minuten war bisher die länchste Pause gewesen!«
Der Pastor anderseits, auf dem bewußten Örtchen, hörte die schwere Alte die Kellerstiegen hinabkrachen, und seine Daumen überm Bauch – die er auch bei dieser Gelegenheit drehte und die soeben im Begriff waren, sehr erfolgreich zu rotieren – hielten plötzlich inne, beide steif nach außen gedrückt, weil er meditierte: ›Folglich hätte ich auch in *persona ad locem* mich begeben können, anstatt auf dem Lokus zu sitzen, während die Canaillen meinen teuersten Wein saufen!‹ Aber es galt, die Ehre der Pastorate zu retten. So suchte er sich zu trösten mit der Illusion einer freiwilligen Buße für die doppelte Notlüge.
Schon nahm das Verhängnis einen katastrophalen Verlauf, die Pfropfenzieher gaben durchs offene Fenster infernalischen

Knall, wie das Salutschießen des Teufels aus Hohn über den Hereinfall, und er rächte sich gewiß für die vielen Weihwassertöpfchen im Hause und stachelte den Durst der Trinker hitzig an, die in wenigen Zügen ihre Pulle leerten. ›Der räudige Geizhammel –!‹ dachte der Baron und nötigte den Eleven. Dieser, die gute Gelegenheit mit dem Instinkt des harmlosen Gemütes nutzend, tat kräftig Bescheid.

Der Pastor aber bedauerte unterdessen, sein Brevier nicht mitgenommen zu haben, denn die Zeit wurde sauer, und das niederträchtige Klingeln der Gläser lockte ihn wie weiland Sankt Antonius das Zungengezischel der Versuchung. Aber er blieb standhaft.

Die Kneipenden ließen sich Butterbrote geben – der Baron holte selber den Geräucherten in der Küche aus dem Wiem und trug ihn wie eine Fahne auf der Gaffel ins Eßzimmer – der Pastor vermochte alles deutlich aus den Reden und dem Gepolter sich zusammenzureimen – auch der frische Stuten mußte dran – schwindelnden Sinnes sah er die volle dicke Butterwelle auf dem Teller vorbeigetragen – er saß und saß – die Brille des Bretts kniff und kniff – er hub sich (die Hose mit beiden Händen strüppend) und stand und spähte mit schief gehaltenem Kopf – wie ein Hahn vor dem Hühnerloch – durch das kleine Herzchen der Tür und beobachtete weiter. Die zweite Pulle knallte frecher los. Dicke Tabakswolken dufteten zu ihm herein, der teure, teure Kanaster! Und hatte der Pastor mit dem linken Auge genug gesehen und konnte es kaum noch ertragen, so nahm er das rechte Auge an das Herzchen und betrachtete unentwegt weiter. Der Baron holte jetzt sogar die Bibel vom Bord. Kaum bezähmte sich der Pfarrer: »Findet der Bube auf der letzten Seite die Bleistiftnotiz über den neuen Weinbestand – dann ist's zu Ende!!« Die Gräßlichkeit dieser Entdeckung just noch mit grellen Farben sich ausmalend, hörte er schrillend die Hausglocke zerren – »Jesus Maria, das sind vielleicht neue Gäste!?« Angstschwitzend vernahm er, daß es die Kollekte für den Peterspfennig sei, und die Haushälterin wollte in weiser Vorausahnung schon abwinken, als der Baron drinnen rief: »Der Pastor tröstet gerade einen kranken Mann – ich bin sein

Stellvertreter – so – geben Sie in seinem Namen zwanzig Mark, Fräulein Jordana –!« (Sonst gab der Pastor zwei Mark!) – Und des guten Renommees wegen mußte sie ein blankes Goldstück herausrücken. »Sie haben gewiß auch Durst vom Kollektieren? – Treten Sie doch ein!« hörte der Pastor die laute Stimme und sank vernichtet auf die Brille zurück. Der Baron aber dachte: ›Wo er auch steckt, ich locke ihn schon hervor!‹ Der Pastor aber schwur: ›Jetzt erst recht durchhalten, denn ich ließ es schon zu weit kommen! Anfangs, so nach fünf Minuten, hätte ich ja lachend hervortreten können: Kuckuck, da bin ich! Als wenn ich hätte Verstecken spielen wollen. Aber bei der vierten Flasche, nach zweiundvierzig Minuten, unter die Kollektanten des Ortes –? Zu spät! Durchhalten! Mut!‹
Die milde Weisheit der Natur hat aber dafür gesorgt, daß nirgendwo auf die Dauer ein Übermaß des Guten wie Bösen das Gleichgewicht der Welt stört und jedem nur sein Erträgliches zugemessen werde. Dies bezog sich freilich in unserem Falle nicht auf den Gemütszustand des Pfarrers, der Übermenschliches heroisch ertrug, sondern auf die Blase des Eleven, der, des Weines ungewohnt, mit heftigem Drange abseits zu treten sich genötigt sah und jählings den dumpf hinbrütenden Hausherrn auf seinen längst erkalteten Mogel-Eiern durch ungestümes Rasseln der Tür emporschreckte. So flüsterte er denn – hell geworden – dem Baron ins Ohr: »Er sitzt auf dem Abé!«
»Jordana! – Aha!« rief gerade der Baron, die Bibel des Pastors durchblätternd: »Da seh ich ja hinten das *dritte* Testament, das Reich der Liebe, wo der Wein in Strömen fließt – hier – bitte noch fünf Pullen Ingelheimer – drei Eltviller – damit es uns wohl ergehe in Kanaan! Auch den Heiligen-Geist-Schnaps nicht vergessen!« Die Herren der Kollekte erstaunten baß über des Pfarrers Weinberg und stiegen ihn fröhlich mit hinauf. Schließlich sang die ganze Gesellschaft am hellen Tag in der Pastorate: *»Gaudeamus igitur!«* Die hundertunddritte qualvolle Minute war verstrichen. Da erst fand der Pastor seinen Rosenkranz und begann standhaft zu beten.
Auf einmal trat der Baron zum Hof, und der Pastor hörte ihn

auf der Lokustür verdächtig kratzen. Er hielt mäuschenstill. Was mochte dies bedeuten? Die schrecklichste Ahnung wurde noch übertrumpft durch ein Schnappen der Gewehrhähne, und plötzlich ballernd krachte es, und die Pfannen flogen oben vom Dach des Häuschens! Der Pastor duckte sich krumm, aber der wohlgeformte Leib ließ eine beträchtlich tiefere Bückung nicht mehr zu, als er bereits einnahm. Noch immer verstand er nichts. Er begriff nur: Nun schießen sie auch noch in der Pastorate mit Jagdgewehren!!

»Donnerwetter – Evers – zielen Sie aber schlecht! Ich hab' den Kreis mit der Kreide doch groß genug auf die Tür gemalt!« hörte man den Baron: »Sie müssen täglich mehr üben!« – »Gleich ziele ich wohl besser« – hörte man die Stimme des Eleven. – »Hoffentlich läßt uns der Pastor noch ein Stündchen in Sicherheit, dann sind Sie vielleicht so weit, daß Sie endlich ein Hühnchen treffen können!« hörte man wieder den Baron: »Ich will Ihnen gleich eins vorkommen! Passen Sie auf, wie ich ziele!«

Eine Sekunde furchtbares Schweigen. Donnernd und prasselnd schlug dann eine volle Schrotladung in die obere Lokustür, rund um das Herzchen. Da aber hielt's der Pastor – sich freiwillig in Lebensgefahr begeben, ist Todsünde! – nicht mehr mit seinem Gewissen aus, und unter gewaltigem Ruck stieß er das Gatter seines Gefängnisses auf und kam bleich, verdattert zum Vorschein, mit der Linken die Hose haltend, in der Rechten den baumelnden Rosenkranz.

»*Mon dieu* –!« staunte Bomberg – »seht mal den frommen Mann!«

Die Gänsejäger

Bei Matin hatte der Baron einem durchreisenden Großfürsten im Rausch beide Beine grün anstreichen lassen und dann mit ihm weiter gekneipt, bis der arme Fürst, entsetzt erwachend, aus dem offenen Fenster geschrien, worauf der Stabsarzt Camman ihm »grüne Wasserpest« konstatierte. Um Haaresbreite hätte der üble Scherz eine russische Staatsaktion heraufbeschwo-

ren. – »Sie sehen, aus welchen Dingen Völkerschicksale entstehen –!« hatte der Baron geringschätzig dem Diplomaten geantwortet.
Nach diesem Streich verkehrte er eine Zeitlang mehr im Zweilöwenklub, wo er ein sehr reputierliches Ansehen genoß, und allwo die bürgerlichen Patrizier der Landeshauptstadt ihren Schoppen tranken.
Hier saß auch eine Tafelrunde, welche, mit beschränkter Schlüsselgewalt ausgerüstet, aus tiefstem Gemüt ersehnte, unbeaufsichtigt hier und da mal einen ganzen Tag und eine ganze Nacht vom ehelichen Leitseil loszukommen und sich den Erinnerungen ihres Junggesellenlebens widmen zu dürfen, und sie quälte darum den Großgrundherren und Besitzer ungezählter Jagden – (und sei's auch nur zum Schein!) –, zur Freiheit Nimrods sie einzuladen. Nur das erstemal müsse es »echt« sein, damit ihre Frauen die Fährte nicht röchen!
Der Baron haßte ganz besonders dieses Aasjägervolk, das sich mit Flinten nur anlog, die Treiber anschoß, das Wild lauflahm schoß, jedwede Jagd vergrämte, und knurrte: »Wer Hasen schießt, kann nicht auf die Saujagd gehen –«, allein er gab endlich nach, und alle sieben erhielten eine schriftliche Einladung, welche ihnen späterhin einen Urlaubszettel für süßeres Wildbret bedeuten sollte!
Und am winterklaren Januarmorgen koppelten die Sieben nun los, weidgerecht von ihren Gemahlinnen mit Büchse, Knappsack, Bruchmesser, Patronentasche, Mantel, Schals, Stiefeln und einem dicken Portemonnaie beladen; diesmal mußte die Jagd also wirklich bis übermorgen durchgehalten werden – dann mochte jeder den eroberten Feiertag genießen nach seiner Art! Prustend vor Gelächter, ihrer List bewußt, fuhren sie in die Baumberge und tafelten unter dem Ehrenvorsitz Bombergs, der zur Unterstützung ihrer Geldbörse und als gutes Omen für alle spätere Beute noch jedem zwei schwere Hasen als Präsent überreichte. Dann knallten sie nachmittags ihre Büchsen dreimal in die Luft, und die Jagd wurde beendet in einem jener wohlverschwiegenen westfälischen Landgasthäuser, welche mit Schinken, Schweinebraten, eingemachten Feldfrüchten und fri-

schem Grünkohl wie mit starken Bieren, gutem Rotwein und hundert Schnäpsen von Allerheiligen bis Ostern überladen sind. Erst in der Morgenfrühe fanden sich die Jäger in ihren Betten. Am hohen Mittag kamen die Sieben erfrischt und gerötet von den Anstrengungen der Jagd und dem Rumoren des kalten Wetters nach Hause, freundlich empfangen von ihren Frauen ob der ehrenvollen Jagdbekanntschaft und ihrer Schußtrophäen.
Aber das Erstaunen der Köchin war bald noch größer als der Stolz der Ehefrauen – denn in jedem Hasen stak ein ausgeblasenes, mit Talg ausgegossenes Gänseei!
Wenn auch der geschlossene Stammtisch sich schleunigst auflöste, keine Exkursion mehr gewagt wurde und die einzelnen Jäger Unterschlupf bei anderen Stammtischen suchten, so war doch lange Jahre im Zweilöwenklub die Gilde der »Gänsejäger« oder der »Ausgeblasenen« bekannt. Der letzte der sieben Nimrode starb erst 1910. Eines der ausgeblasenen Gänseeier hängt noch, von »Unbekannt« verehrt, im Löwenklub.

Die Auktion

Seinen eigentlichen Brut- und Schlupfwinkel hatte Landois im Stiegerschen Lokal mit den kleinen Stuben am alten Fischmarkt. Hier versammelte er den allernächsten Freundeskreis, mit dessen Ideen und geldlichen Kontributionen er fortan unbeirrt nach seinen Zielen wirtschaftete, auf den er sich in allen kommenden Stürmen verlassen konnte und dafür aus der Fundgrube eigener Weisheit und Phantasie zum besten gab.
Wie die Königin von Navarra einst an ihrem Hof von jedem Günstling eine Liebesgeschichte erzählen ließ und so das Heptameron entstand, so erfuhr auch Landois von dieser Runde allabendlich ein Döhnken, eine Schnurre, die sich allmählich um die Gestalt des »Frans Essink« zum unverfälschten Original des münsterschen Pfahlbürgers verdichteten, den unbewußt dies kleine Häuflein als eigenes Gesicht an sich trug.
Frans Essink ist aber kein reines Produkt der Fabulierungs-

kunst, er hat wirklich existiert, ein Verwandter Landois', der vielbeschriene Erbonkel. Aber der fromme Mann vermachte allen Dukatensegen der Kirche, also ging's dem Zoologischen verloren – Grund genug, mit unsterblichem Haß noch über den Tod hinaus ihn zu verfolgen und der Lächerlichkeit der Mit- und Nachwelt preiszugeben! Grund genug, die volle Rache auszubaden und ihm aufzuhalsen, was immer an beschränkter Schrulle und eigensinniger Kleinverständigkeit Gott jemals in münsterschen Sauertöpfen zusammengebraut hat. Mit Zins und Zinseszinsen schlug denn Landois auch vom Toten reichlich Kapital, hat der einfältige Ohm ihm aus dem Fegfeuer noch den Geldbeutel reichen müssen und wahrlich gezahlt!

In diesem Kreise der unentwegt Getreuen begann Landois nun seine eigentliche Raucherei zu entfalten, obzwar er früher das dampfende Kraut nicht vertragen konnte. Er brachte auch dieses Opfer zunächst aus reiner Geschäftsspekulation, der Unterhaltung wegen, der traulichen Nähe guter Zwiesprach, und hatte sich in der Wirkung nicht verrechnet. Es scheint dem Ahnungslosen oft nur wie Zufälligkeit, geringfügige Nebensächlichkeit, die jenes Fluidum geheimnisvoll wirkender Volkstümlichkeit zaubern, aber gerade darin webte und wirkte Landois mit dem untrüglichsten Instinkt. Wie die Attribute der Heiligen, der Insignien der Könige unterschätzte er nicht mythenbildende Macht der Embleme und wählte mit feinster Absichtlichkeit das Symbol behaglicher Spießerherrlichkeit – mit der langen Pfeife als Zepter regierte er ganz Münsterland! Es gab kein zweites Zeichen, in dem er siegreicher erscheinen konnte!

Darum rauchte er bald nicht nur im Kutschwagen, sogar während des Essens unter den einzelnen Gängen, zwischen Messer, Gabel und Löffel – immer schnell ein kleines Züglein, unzertrennlich von seiner weichselhölzernen Minerva. Er kaute das hörnerne Mundstück bis zum letzten Knoten fort, so daß er fast aus dem Rohr selber schmauchte, und es ward wahrlich kein appetitlicher Anblick. Die Lülle unten im Pfeifensaftsack goß er einfach unter den Tisch, und als Pfeifenstopfer gebrauchte er jeden Gegenstand, der ihm in die Finger geriet.

Ja, er sprang im Biergarten plötzlich auf, rannte einem Hahn mit großer Geschicklichkeit nach, rupfte die größte Feder aus dem Schwanz und reinigte in Gemütsruhe das Pfeifenknie. Nur mit List und Gewalt konnte die Tafelrunde jene abstrapazierte Rauchruine ihm abspenstig machen und durch eine neue ersetzen. Ja, man erzählt, daß Landois sie sogar auf eine Hochzeit nach Bochum und von dort zu einer Rheinreise mitnahm, und als auf dem Bochumer Bahnhof sein Gepäck verladen wurde, habe ein ehemals münsterischer Gepäckträger eine sehr lange Pfeife oben auf den Mantelsack verschnallt gesehen. Der gab sich sofort auf die Suche, entdeckte bald den kleinen Professor im Publikum und rief freudestrahlend: »Kiek, dat wuß ick glieks; äs ick düsse Piepe saog, dao gong et mi düör'n Kopp: dat iß gewisse Landois sine Piepe, nu sall he auk wull sölwst bold kuemmen!« Ohne seine Pfeife war er verraten und verkauft und fühlte sich verwaist. In jeder Rocktasche steckte ein Päckchen Gebrüder Wagner, *litera L.*
Eine geniale Idee ringelte aus dem Pfeifenkopf, er hielt wilde Reden voll Begeisterung und Bissigkeit, aber erst eine Stunde nach Mitternacht hatte er seine Gefolgschaft im Tabaksbeutel beisammen – daß sie ihm ein Kapital vorstreckte, dreihundertfünfundsechzig lange Pfeifen zu kaufen! Für jeden Tag eine! Es war eine Menge, die alle Wände der Stube in stengel-dichten Dschungel verwandelte. Dann bot er durch öffentlichen Ausverkauf dreihundertundfünfundsechzig prima Pfeifen feil! Eine Riesenwolke stieg auf und lagerte über der ganzen Stadt. Kaum die Domtürme ragten heraus. Das war noch nie seit Kolumbus dagewesen! Auf der Auktion liefen sämtliche Raucher der Stadt die Nasen krumm, und das kühnlich Bezweifelte ward Ereignis: mehrere Waschkörbe voll Pfeifen wurden losgeschlagen! Landois versicherte, daß er sich nur mit großer Wehmut von ihnen trennte, als wenn ein Organist alle Orgelpfeifen verkaufen müsse – jede schmecke vorzüglich, in vielen Jahren gewissenhaft durchprobt, bei guten Gelegenheiten einzeln mit Liebe erhandelt, es wären Geschenke berühmter Gelehrter darunter, er hätte nur die Mundstücke erneuern und Rohre wie Köpfe in der Leipziger Manufaktur auffrischen las-

sen – auf jeder stände in roter Farbe H. L. Man überzeugte sich kopfschüttelnd. Und da sämtliche Pfeifen vollkommen neu aussahen, also erstaunliche Pfeifen waren, und die Tischgenossenschaft schon eifrig bot, viele wohl auch den Ulk durchschauten, denn Landois gestand in ehrlicher Betrübtheit, er müsse schon zum Verkauf von Inventar schreiten dem Zoologischen zulieb – kurz: er erlöste fünf Mark pro Stück mehr als im Laden, eine Summe, die noch fehlte, ein Kamel anzuschaffen. Um noch auffälliger zu erscheinen, legte Landois seine später unsterblich gewordene originelle Zunfttracht sich an: hohen Zylinder zur langen Pfeife und bei schmutzigem Wetter blank gescheuerte Holzschuhe.

Wie Bomberg dem Hochmut des Adels eine Lektion gab

Im westfälischen Landtage hielt Harkort eine seiner großen Volksreden wider die Vorrechte des Adels. Der Graf Golen antwortete gereizt. Besonders eine Stelle seiner Rede erregte bösen Tumult, der berüchtigte Passus: »Der westfälische Adel steigt nicht ins Volk herab!«
Am folgenden Morgen hielt, in sechsspänniger großer Gala mit wehenden Federbüschen herangaloppierend, in funkelndem Silbergeschirr der Landauer des Barons vor dem Friseurladen der Hauptstraße. Er selber kutschierte in dottergelben Glacés hoch oben auf dem Bock an der Seite des Grooms. Dieser sprang ab und holte den Barbier. Schon sammelten sich Neugierige. Nach kurzem Wortwechsel erschien auch der Barbier mit einem Lehrjungen, der Seifenbecken und Pinsel feierlich dem Meister vorantrug und sich unten neben das Gefährt postierte. Der Meister aber kletterte mit einem mühsamen Schwung über das Trittbrett und stand bald droben breitbeinig auf der Deichsel vor dem Baron, der mit verschränkten Armen thronte. Und unten schlug der Junge Schaum mit dem Quast, den er mit tiefem Bückling dem Meister emporreichte. Dieser verneigte sich seinerseits droben vor dem Baron und begann ihm auf dem

Bock das Kinn zu bepinseln. Alle Fenster und Türen öffneten sich, Kopf an Kopf wuchs die Zuschauermenge, und unter deren gepfefferter Heiterkeit ward in erhabener Position der Baron hoch oben auf dem Bock, steif wie ein Pagode, vom Meister flockenwirbelnd eingeseift und kunstgerecht rasiert. Worauf der Rasierte lässig zwei Goldstücke aus spitzen Fingern in die ausgebreitete Schürze des Lehrlings hinabfallen ließ.
Doch Dachs ergriff nun ein mächtiges Krummhorn und stieß schmetternd Tusch. Dann wandte er sich zu den Zuschauern mit feierlicher Stimme: »Der westfälische Adel steigt nicht ins Volk herab!« Knatternd sauste die Equipage aus einer Woge von Gelächter davon.

Wie der Baron den Likörreisenden foppte

Selten nahm der Baron Geld in der Tasche mit. Er schrieb nur einen Bon für die Rentei, und der Rentmeister zahlte. So reiste er wie ein Krösus im Lande umher, und da jeder seine Schnurren kannte und sein Kredit »wie Münster fest« gegründet war, ging er überall glatt durch. Eines Tages aß er bei Vater Sieverding in Hiltrup hinterm Wirtshause, wo der schöne alte Baum steht und seine Zweige über den Tisch breitet. »Hier bleib ich, bis meine Bartspitzen um die Linde wachsen – noch eine Flasche, he!« Da fuhrwerkte ein Likör- und Weinreisender aus Telgte herein und gedachte, sich bei einem Speckpfannekuchen mit Kopfsalat gütlich zu tun. Schon auf dem Steinpatt hatte der Baron sein lärmendes Wesen gehört und beschloß, ihn zu ignorieren. Aber der Mensch saß bald neben ihm, strüppte die Röllchen über die fleischigen Hände ab, setzte sie vorsichtig wie Lampenzylinder auf den Tisch und rieb mit dem Taschentuch die dampfende Stirn:
»Erlauben Sie – woher mag diese Hitze kommen –?« Der Baron trommelte die Tischplatte und sah geradeaus. Der Reisende öffnete noch ein Kragenende, daß es wie ein Span abstand vom dicken Hals, und gurgelte lauter: »Man sollt' die Hitz nicht für möglich halten.« Bomberg sah stracks vorbei auf den Hühner-

hof und erinnerte sich, kürzlich von Landois gehört zu haben, wie ein Ei entstand: Während zwei Stunden unablässig langsam drehend, unter langsamen Drehungen in vierundzwanzig Stunden wächst die ovale Form, und dachte: Putzig, wieviel Eier mögen sich da in dem Hühnerhintern drehen? und lächelte. Der Reisende faßte dies als Ironie auf und blähte sich erbost: »Man hat's wirklich nicht leicht, bei diesen Wirten hier im Lande herumzufahren – schlechtes Geschäft!«

Der Baron lachte plötzlich laut auf.

Der Reisende schrie: »Wenn ich Sie geniere, setze ich mich anderswo – erlauben Sie, mein Name ist nämlich Möbstig!«

»Lieber Mann, ich stellte mir nur vor, welch ein Gefühl es für Sie wäre, wenn sich in Ihrem dicken Hinterviertel zwei Schock Eier drehten!«

Jetzt war es klar, daß hier wohl ein Irrer rede, der Reiseonkel machte eine mitleidige Miene und schwieg beklommen. Am Ende würde der Irre auch noch gewalttätig über ihn herfallen!

Schon fragte der Baron den alten Sieverding: »Was hab' ich zu zahlen?« Der Wirt nannte die Summe. Der Baron steckte sich erst mit einem Tausendmarkschein die Zigarre an, riß dann aus seinem Notizbuch eine Seite und schrieb den Bon und ging.

»Erlauben Sie, Wirt, was ist das für ein Kauz? Zahlt der mit Notizblättern?«

»Lassen Se den man laufen, der nimmt Ihnen für'n Bon das ganze Geschäft ab samt Pferd und Wagen und die Firma dazu, wenn er in Laune ist! Das ist ja der tolle Bomberg!«

»Mit dem wird jetzt kein Geschäft mehr zu machen sein«, bedauerte der Reiseonkel.

»Der trägt nichts nach! Tun Sie harmlos, er ist jetzt in Albersloh auf der Kirmes!«

Die lockende Aussicht, an diesen übergeschnappten Sonderling die ganze Ladung Likör auf einmal loszuschlagen, ließ ihn noch selbiger Stunde anspannen und gen Albersloh eilen. Bald traf er bei einem bekannten Wirt den Baron unter einem Haufen Kirmesbrüder. Er schlängelte sich mit lärmender Lustigkeit heran, als erkenne er den Baron nicht: »Meine Herren, erlauben Sie, die Gelegenheit ist günstig – mein Wagen hält vor der Tür – ich spendier' drei Pullen Likör, dazu zwei Pullen alten Münsterländer! Wat helpt dat schlechte Liäwen?« Also gingen Schnapsgläschen gleich in der Runde und wurden mit spitzen Fingern so lange gekippt, gewippt, daß die Fidelität stieg und der Baron sagte: »Na, auf ein paar Flaschen können wir zehn Mann nicht balancieren – geben Sie noch eine Runde?« Der Reiseonkel, sauersüß seine Rechnung überschlagend, dachte: Sei splendid, Möbstig, soll die erste Runde nicht verloren sein, muß die zweite folgen – und hofierte mit geheucheltem Edelsinn schließlich auch noch das Gesinde, die übrigen Gäste und den Wirt. Jedes aufsteigende Bedenken erstickte die Beruhigung: »Der Baron läßt sich gewiß nicht lumpen!« Der Leichtsinn des Schenkens kam mit dem Trunk über ihn, und er verteilte schließlich mit vollen Armen aus dem Schlund des Likörwagens. Der Baron animierte noch immer wacker, und Möbstig war unerschöpflich wie der gute Sankt Nikolaus auf der Dorfkirmes! Aber als der Vorrat zur Neige ging, überkam ihn plötzlich Ernüchterung, er überschlug den Schaden so auf gute zweihundert Taler, fuhr vor Schrecken herum und keuchte: »Herr Baron, nu wird's aber Zeit, daß Se bald mit 'nem Bong 'rausrücken!« »Natürlich –!« dampfte dieser – »Was kostet der ganze Krempel?« Der Dicke rieb die fleischigen Hände, schlug noch schnell ein Profitchen zu und strahlte: »Mit dem, was noch drinsteckt, dreihundertsechsundfünfzig Taler!« – »Mensch, Mann, Seele, Herr – ich will den ganzen Krempel, wie er dasteht – mit allem, was drauf und dran hängt – die ganze Karriole!« Ein Bäuerlein schrie: »Met dat magere Piärd is de Kaorn tosammen 'n Grösken wärt!« Der Dicke fuhr herum: »Aber erlauben Sie!« Schon schlug der Baron ein: »Topp – mit allem Anhängsel viertausend Taler!« – »Viktoria!« jauchzte der Reiseonkel, und der Baron schrieb einen Bon über die Summe: »Kaufpreis für Wagen, Inhalt und gesamten Zubehör!«

Jetzt mußte natürlich der Rest verpulvert werden, und der Reisende kannte keine Grenze seiner Großmütigkeit. Das Ende war, daß er hagelkreuzbombenvoll vom Stuhl fiel und der Baron sagte: »Ich will ihn heimfahren –« worauf man umständlich den

Koloß in den Likörwagen schob, leere Flaschen drauf häufte, den Kasten hinten fest zuschloß, daß er nicht herauspolterte. Der Baron bestieg den Bock und fuhr sein Opfer mit Hallo von der Kirmes fort.

Auf Bullbergen wurde der Wagen zu den anderen in die Remise verstaut, und auch Bomberg suchte sein Bett auf, selber wankend und schwankend. – Am folgenden Mittag erwachte der splendide Reiseonkel in der Düsterheit seines engen Gefängnisses und begann zu rumoren unter den klirrenden Pullen. Er trommelte vergebens mit den Fäusten. Schachmatt und hundsmiserabel schnarchte er wieder ein, und am späten Abend klopfte der Baron beim Delinquenten an: »He – Mann, schon nüchtern?« – »Ich verklage Sie, ich vergreife mich an Ihnen – lassen Sie mich 'raus!« – »Ta gueula – halt die Schnauze!« rief der Baron. – »Aber erlauben Sie!« tönte es aus dem Kasten, und die Flaschen klirrten, als erhöbe sich darin ein Mastodon aus einem Scherbenhügel. »Ich hab' den ganzen Wagen gekauft, mit allem, was drauf und dran hängt, und Sie gehören mit zum Inventar!« – »Das ist Betrug, das ist Übervorteilung!« – »Ich hab's schriftlich von Ihnen!« – »Und die Blamage –« – »Wird noch viel größer durch Ihren Prozeß – aber vorläufig füttere ich Sie noch ein paar Wochen wie einen wilden Köter im Hundeloch!« Das fuhr dem Dicken doch durch Mark und Bein, er mußte wahrhaftig jetzt aufs Tollste vorbereitet sein, und somit legt er sich vom Drohen aufs Bitten: »Na – annullieren wir den Kauf –« gab der Baron nach, »rücken Sie mir erst den Bon 'raus!« Nach einigem Zögern seufzte es drinnen: »Gut.« Der durch eigene Profitsucht Geplünderte fuhr belämmert auf Nimmerwiedersehen davon: »Wahrhaftig – dieser Mann ist mit zehntausend Hexenmeistern zur Schule gegangen!«

Die Moralpauke

Onkel von Hülshoff gedachte durch gütlich treuen Zuspruch die tolle Chaise des Barons auf ein geordnetes Geleise zu schieben und stieg in grünem Jagdanzug schon auf der Brücke aus, langte

ein unförmiges Bündel vom Wagen und stappte die Treppe empor, kurz und dick, wie er war, den Mutz schief im Mund, den Kragen geöffnet, just wie'n richtiger Bur nach guter westfälischer Landessitte an seinem Spazierstock überm Rücken in rot und weiß kariertem Bettzeug einen riesigen »Krintheweggen« schleppend, ein wagenradgroßes Kuchengebäck, wie man's zum »Kilmer«, zur Kindtaufe hier gewohnt ist. Er klopft mit der Pfeife dreimal laut an die Tür und rief: »He–! is niemand in Huse?« Dann warf er im Zimmer mit zwei Fingern die Schneuze zur Erde und sagte feierlich breitbeinig, das Kipp auf dem Kopf: »Ick wünsche hunnertdusend Johr!«
»Neunzig Jahre Kinderspott, hundert Jahre Gnad vor Gott –« sagte der Förster, der gerade Eierbier aufs Wohl des Täuflings trank. Der Baron aber nahm ihm den Krintheweggen vom Buckel: »Du alter Junggeselle hast wohl 'n bißchen Neid?« Onkel Hülshoff wehrte: »Viel Köppe, viele Sinne – segg de Düwel, dor hadd he ne Schufkor[1] vull Fröske – dorüm kin Strit!« Der Baron klappte schon sein Taschenmesser und schnitt vom riesigen Kuchen speichenlange Streifen heraus, die blank von der Hand gegessen werden müssen. Der Rentmeister hatte bereits einen Spitz und Doktor Müller auch. »Meine Frau will sicherlich eine hohe Kirchenleuchte aus ihm machen«, kaute der Baron, »daß er in violetten Strümpfen in den Himmel kommt – ich säh lieber, er würde solide Lederbuxen tragen!« – »Wahrscheinlich keines von beiden –« rülpste der Doktor übermüdet und quirlte den Eierschaum aus dem Glas. Da polterte schon der Pastor mit ausgestreckten Armen durch den Korridor heran: »Gratuliere, gratuliere – mit Gottes Hilfe ist nichts unmöglich!« Und dröhnend lachten die Herren alle zusammen durch den Saal, daß die gnädige Frau Wehmama erschrocken das rote Köpfchen ihres Erstlings mit Behutsamkeit an die Brüste tunkte und dalag wie in lauter Sahne und Zärtlichkeit. Frau Molderings, die Hebamme, ein ungeschlacht Mensch, strich Daumen und Zeigefinger ums Doppelkinn und dachte bei sich: ›'t Kind is to beduren[2] – de Vader is 'n Süper[3], de Frau is schmächtig!‹ Doch der gute Pastor drängte sie zur Seite und

[1] Schiebkarre – [2] bedauern – [3] Säufer

schmunzelte zur Frau Baronin mit tiefem Bückling: »Das heutige Evangelium lautet: Jesus speiste fünftausend Menschen –! Wenn das keine gute Vorbedeutung ist, will ich kein Schriftgelehrter sein, hahaha!«
Onkel Hülshoff aber durfte als Laie und Junggeselle nur eben bis vor die Tür und rief durch den Spalt: »Ick höre gerade, daß er zum Beispiel schon richtig abstehende Ohrkes hat – das deutet auf Intelligenz!« – »Goh[1] up 'n Hoff, oller Augur –« wetterte der Baron hinter ihm – »hör, wat de Höhner ropt un gackert: ran! ran! ran! ran! . . . er wird hoffentlich ein guter Hahn!« Aber Hattken Libbeth, die das alte Spitzenkleid, darin schon drei Generationen getauft wurden, aus der Truhe gekramt hatte, schubste alle Herren zurück: »Hier häd dat Mannsvolk nix to seggen –« und schloß die Tür.
Da schien die Situation günstig – der Baron strahlte in Stimmung – und Onkel Hülshoff zog ihn geheimnisvoll zur Seite: »Pst –! ich muß Sie dringend sprechen, ganz allein –«
»Ist das unbedingt jetzt erforderlich –?« fragte der Baron erstaunt.
»Ja – es eilt –«
Und sie gingen zum mittleren Zimmer, wo das Bild vom Alten Fritz über der breiten Chaiselongue hängt – eine Ziehharmonika auf dem Fensterbrett, und der Baron griff schon danach und wollte sie übers Knie ziehen, aber Onkel Hülshoff nahm sie ihm: »Nee –! nee –! sanft schon wieder ab und setzte sich zu ihm vor den Kamin, wo die kleinen Figürchen auf dem Boden stehen und rechts und links am Kamin selber die zwei Messingringe stecken, daran die großen Doggen gebunden wurden, daß sie gerade noch vom Tisch Backwerk fressen können, Pfoten auf die Kante gestülpt (was für jeden Besuch stets eine so wilde Erschreckung ist, wenn ihm das Essen vom Teller verschlungen wird) – hier also saßen sie.
Nun fing Onkel Hülshoff gleich vertraulich an, indem er den Baron vorn am Rock zupfte: »Sie müssen nich so 'n unwisen Kerl sein – hören Sie mal gut zu –«
»Hm –« machte der Baron.

[1] Geh

»Was hat es zum Beispiel für einen Zweck, die Pastöre immer zu ärgern? Und kürzlich die moge Geschichte mit dem Rasieren auf der Straße?«

»Hm –« machte der Baron.

»Sie müssen doch nich so 'n bantigen Windhund sein! Ist es denn wahr –« und Onkel Hülshoff sah sehr ernst zu Boden –, »daß auf alle Ihre Klosetts jetzt Spieluhren eingebaut sind, die beim Hinsetzen auf die Brille mit klingender Musik beginnen, daß jeder entsetzt in die Höh' fährt –«

»Bis ihm die Noten in die Hosen fallen! Wollen Sie mal Platz nehmen?«

»Um Gottes willen –! Und dann noch eins –«

»Erzählen Sie nur, erleichtern Sie nur Ihr Herz –«

»Die Gelage bei Matin ähneln schon mehr den Saufereien Neros! Wenn Sie noch intern blieben, aber Sie rauben dem Volk den Respekt vor uns!«

»Ja – ja – das kann wohl sein –«

»Sie müssen doch vernünftig sein! Wir erlauben uns ja auch ein aislich Späßchen, aber wie sich's ziemt – sind wir zum Beispiel Philister?«

»Keineswegs –!«

»Erfüllen wir nicht unsere Christenpflicht –?«

»Lieber Mann! Wenn der Klingelbeutel bei euch voll werden sollt', müßtet ihr ihn am Batzen tragen! Auf *keinem* Gebiet ist der Adel sich noch seiner Aufgabe bewußt, und selbst wo er wohltätig sein will, da knausert er nur mit seinem Pharisäertum nicht –«

»Sagen Sie mal ein Beispiel –«

»Nur im kleinsten, im alltäglichsten – wer von euch kennt die Pflicht des Reichtums? Anderen aus wahnwitzigem Überfluß mitzuteilen, daß die Beschämung für den Empfänger in Fröhlichkeit über den Spender verwandelt wird – das ist Kunst! Dem biederen Gastwirt Alex Kalvalge in Dülmen, dem das schöne Pony krepiert war, daß er bei den Gästen saß und weinte, dem so im Vorbeigehen eins in die Hand schlagen: Vatter, wenn du mi servierst, wat ick noch nie fritten häww, kriegste 'n Pferd! Aber es muß eine sinngemäße Zusammen-

stellung sein, nicht irgendeine dumme Willkür, muß ganz zueinander passen, auch im Geschmack, und doch noch nie dagewesen sein – korrigiere in fünf Minuten Gottes Weltordnung, Alex!«
»Und was gab der Mann –?« fragte gespannt Onkel Hülshoff.
»Sie erraten's doch nicht. Er setzte mir einen Hering gefüllt mit – Kaviar vor! Ist der geniale Einfall nicht ein Roß wert?«
Der alte Sittenkodex schwieg.
»Aber sehen Sie, was da auf allen Adelssitzen an geistigem Hochmut, an falscher Noblesse protzt! Wie man selbst im Klub Trinkgelder hinwirft! Schamlose Menschenerniedrigung! Dann wird's mir zu eklig, nur den Mantel anhelfen zu lassen, und da schmeiß ich denn einen Hundertmarkschein auf den Boden, wenn ich nur einen Schnaps getrunken hab'! Kapieren Sie das nicht?«
»Was soll das werden – du liebe Güte!« Onkel Hülshoff rang die Hände.
»Zum salbungsvollen Vorbild hab' ich leider zu viel Satire im Balg – aber es genügt vollkommen, das ist auch Moral, das ist Prädestination, das ist Gottesgnadentum in Privatbesitz: die Schiefheit der Weltachse in jedem Ding zu erkennen und auch vom Stiefelknecht mit dem Holzbock sich spazierenfahren zu lassen – wollen wir doch lustig sein!«
»Sie können oft zu böse entgleisen in Ihrem Lustigsein, selbst im ernstesten Kreis; bitte, vermeiden Sie doch, daß jedesmal so peinlicher Eklat entsteht – es gibt doch zum Beispiel eine Grenze! Deshalb bin ich heute an Ihrem Glückstage zu Ihnen gepilgert, als Freund, guter Freund, versuchen Sie zunächst mal im engeren Kreise sich zu beherrschen und hören erst ruhig zu – Sie sind doch nicht der Reifste an Erfahrung! – und beherzigen genau, was da von Welt und Leben gesagt wird. Kommen Sie fleißiger in den Klub – übernehmen Sie ein Amt darin, zum Beispiel die Fürsorge für Kreide der Billardstangen oder –«
Der Baron kitzelte sich in die Handfläche:
»Wenn sie alle steif sitzen, von ihrer Nichtigkeit wichtig, keiner ein Wort zuviel wagt, alle reputierlich vor ihren Frauen, vor ihren Mägden Halbgötter, vor den Kuhjungen Durchlauchte,

Euer Gnaden vorm Pastor – und sind nicht mehr als Vogelscheuchen: ist's da nicht eine himmlische Augenweide, großschnäuzerische Reden über sich selber zu halten?«
»Das begreif ich nicht –«
»Sie werden's auch nie begreifen, daß nach der Legende Zoroaster schon während seiner Geburt gelacht hat – das ist sinnvoller wie der ganze Zimt der Welt!«
»Gelacht –? Bei der Geburt –?«
»Sie haben ja keine Ahnung, Onkel Kiekindewelt – wenn nur gelacht wird – über mich, über Sie oder über die anderen, was verschlägt's? Wenn nur ein Stündlein der ewige Ticktack der versimpelten Weltuhr nicht gehört wird! Meinen Sie – *entre nous* – ich merkte es nicht, wenn der dicke Matin, dieser Hofkoch und Hofkonditor, seinen baufälligen Ofen, für den niemand einen Deut gäb – ich merkte nicht, wie der Patron schon gleichsam zufällig einen Hammer hineinlegt, als hab' der Schmied ihn vergessen, und scheinheilig versichert: ›Dieser prächtige Ofen ist mein wertvollstes Familienstück, ich lasse nur eben den Rost ausklopfen – hoffentlich heizt er noch treu meinen Enkeln –!‹ Dann lauert die Stülpnase den ganzen Abend, ob ich nicht beim Saufen das Rasen auf den Leib krieg', und zuletzt tu ich ihm den Gefallen und hau' den ganzen Krempel mit Juchheißa in zehntausend Stück! Dann hat der tolle Buldrig mal wieder sich betölpeln lassen – he? Und der miesgrämige Hofkoch verbringt eine glückselige Nacht, vielleicht wird ein gutes Kind gezeugt – das halbe Kirchspiel lacht, und alle Pantoffeln klappern: ›Habt 'r schon gehört? Wißt 'r schon?‹ Man muß eben drüber stehn –«
»Das kann ich nicht – so weit bin –«
»Das glaub ich, Alterchen! Aber ist es nicht diebisch, so hinter die Würde und Wahrhaftigkeit der Welt zu sehen? Beim Zertrümmern eines pompösen Kristalltrödels, der sich Pariser Lüster nennt, alle ängstlichen Pfennigseelen ehrfürchtig gruseln lassen? Gierigen Schacherern zeigen: Kein Ding in der Welt hat Wert – hört mal, wie fein gleich der große Spiegel dort klingt, wenn ich ihn kaputt schmeiß? Denn jedes Mittel ist mir recht, den Spießer zu ärgern!«

»Ärgert der Spießer Sie denn so sehr –?«
»Oh, Sie ärgern mich gar nicht –« sprach der Baron mit Doppelsinn.
»Doch – Sie müssen voller Bosheit sein –!«
»Möppken, Sie ahnen ja gar nicht, wieviel Juvivallera in mir steckt – ich bin das verliebteste Gemüt, der menschlichste Mensch! Ich las von Napoleon, daß er mal vor Weltzärtlichkeit seinen Sekretär aufs Knie setzte und ihm die Bäckchen tätschelte – versteh ich, versteh ich, kann ich gut verstehen – Onkel Hülshoff, Sie prächtige Phäakenseele, kommen Sie her auf mein Knie – ich muß Sie doch gleich regelrecht wie 'n süß Mädchen liebhaben – Sie – Sie –«
Jäh eilte Onkel Hülshoff, gespenstig erschreckt, mit hochgeschlagenem Kragen hinaus.

Die erste Bahnstation

Damals hielt die Bahn nur an den Hauptknotenpunkten und wichtigeren Städten; kleinere ländliche Stationen waren noch wenige eingerichtet. Der Baron aber zog einfach jedesmal in der Nähe von Bullbergen die Notleine, zahlte dreißig Em. Strafe und ging pfeifend querfeldein: »Ich will doch mal sehen, wer es länger aushält, der Fiskus oder ich!« Es hatte darob in der Handelskammer schon eine peinliche Anfrage gegeben, und auch der Münsterische »Merkur« entrüstete sich. Das nutzte aber wenig; der Baron zog weiter nach Belieben die Bremse, ließ den ganzen Zug für sich halten, stieg gemächlich aus, zahlte und ging mit den Händen in den Hosentaschen davon.
Dies hatten sich bald allerhand Mitfahrer zunutze gemacht, die genau aufpaßten, an welchen Tagen der Baron zu fahren pflegte, und stoben alsdann wie auf Verabredung aus allen Coupés heraus. Denn die nächste Station in dieser Gegend war Dülmen, und wer nicht in dessen Weichbild wohnte, konnte den Zug nicht benutzen. Man kannte bald diesen Bauern und jenen, die dann billig mit einer Perronkarte von Münster zurückfuhren, und selbst der reiche Schulten Vader fragte den Baron ungeniert

auf der Straße: »Treckt Ji morgen de Bremse –?« Und als der Baron gar den Expreß von Hannover, mit dem Salonwagen des Herzogs von Cumberland, darin Höchstderselbe samt Gemahlin tafelte, prompt mitten in sausender Fahrt auf offener Strecke halten ließ, daß Entsetzen Zugführer wie Reisemarschall ergriff und den Herzog fast der Schlag traf in Erwartung eines Attentats – da trat der übermütige Schloßherr von Bullbergen sogar nur eben ab und verrichtete seine Notdurft an der nächsten Telegraphenstange, stieg wieder ein und fuhr bis Dülmen mit, wo sein Wagen schon wartete.

Der Eisenbahndirektionspräsident war machtlos; er raste; er sah seine Karriere vernichtet und konnte sich des Spottes nicht erwehren, wenn der Baron maliziös ihm zuprostete: »Stramm stehen!« Die Staatsräson verlor von Fall zu Fall mehr an Autorität: denn das unheimliche Phänomen des urplötzlich stillstehenden Zuges, das jedesmal unter den Reisenden je nach Temperament oder Tempo der Eile schallendes Hallo oder empörten Spektakel hervorrief, ging wie ein Gespenst nun in Dutzenden Eingaben, Gutachten, Protokollierungen durch alle Instanzenwege, bis der Amtsschimmel sich müde hinlegte, das Rennen aufgab und die Bahnverwaltung in aller Stille kleine Brötchen backte und Bullbergen eine Station präsentierte. Dies war die kleinste Station in ganz Münsterland, und selbst Mükken und Mistkäfer hätten mitfahren müssen, um hier Fahrgäste vorzutäuschen. Die Gemeinde jedoch beschloß, ihrem »Wohltäter« einen feierlichen Fackelzug zu bringen.

Als nun der erste offizielle Zug hielt, war der Baron mit einer Musikkapelle anwesend. Alle in Zylinder, Gehrock, weißen Hosen. Unter dreimaligem »Hoch!« wurde der Lokomotive ein Eichenkranz um den Schornstein geworfen, schmetternd setzten die Hörner an, unterm Trumtrumtrum! der großen Trommel ward von Dachs, in roter Weste dienernd, den überraschten Gästen ein Willkommenstrunk geboten, draußen winkte freie Tafel, über Bierfässer gelegte Planken luden als Sitze, und es dauerte nicht lange, so stiegen alle mit eins fröhlich aus, Lieder, Hurrarufe wechselten ohne Ende, die Kapelle strich einen flotten Walzer, und schließlich tanzte der Zug wie auf einer Dorfkirmes um den Zug, bis selbst Schaffner und Führer beschwipst auf den Trittbrettern und unter den Rädern lagen. Ja, so blieb diesen bösen Tag die wichtigste Verkehrsader im Westfalenland lahmgelegt, und selbst der Kaiser von China hätte mit sämtlichen Mandarinen aussteigen und zu Fuß nach Peking weitergehen müssen.

Dachs

Wer war eigentlich Dachs?
Die einen sagen, von Haus aus Feuerwerker; die anderen meinen, ein verbummelter Student.
Keines von beiden stimmt. Er war ein westfälischer Bauernjunge aus Anröchte, der wußte, was er wollte.
Dieser neue Diener Philipp Hessels war bald schon durch das Beispiel seines Herrn ein waschechter subalterner Lebemann, der sich durch nichts in seinen Allüren und Manieren mehr unterschied und schnell ein niedliches Embonpoint ansetzte.
Keineswegs, zu seiner Ehre sei's erzählt, von Haus aus ein solch durchtriebener Schwerenöter – ganz im Gegenteil, ein recht harmloses Jüngelchen! Bevor der Baron ihn fest anstellte, fiel er noch auf folgende Intelligenzprobe. Er hatte gerade zwei französische Maulesel für die Kinder gekauft und trug dem getreuen Diener die Pflege der Tiere auf: »Sie verstehen noch wenig Deutsch, sind aber außerordentlich intelligente südländische Geschöpfe – deshalb mußt du beim Füttern sie erst artig fragen: *Voulez-vous* Haferkiste?«
Nun legten sich alle heimlich auf Lauer. Der Herr Diener kam und fragte wie vorgeschrieben: »Wullewu Haferkiste?« – »J – a!« brüllte der Esel beim Wittern des Hafers. Unmäßiges Gelächter antwortete aus allen Ecken des Stalles, und der Gefoppte wurde nur aus Gnade und Barmherzigkeit behalten. Aber er war helle geworden und schwur: »Mich sollt ihr nicht zum zweiten mit dem Dummbeutel schlagen!«
Bald schon hatte der dreiste Schlingel ein Verhältnis mit der

Gouvernante angefangen, dessen Folgen zutage traten. Die Gouvernante raufte sich das Haar, lief in allen Zimmern herum und begriff sich selber nicht, wie sie diesem Imitator eines Grandseigneurs das Venusgärtchen öffnen konnte, und eines Abends, in passender Stunde, bekannte er hilflos dem Baron sein Malheur.

Teufelswild fuhr der Baron auf: »Du Höhlenbär – du Weiberdachs – dich will ich ausräuchern! Erbärmlicher Troglodyt! Hast du nicht genug Platz im Hause? Ich bring dich zur Anzeige, marsch!«

Gedrückt schlich der Diener umher und grübelte, wie ihr zu helfen sei und was ihm passieren möge. Zerstreut und übernächtig magerte er ab.

Denn der Baron hatte ihn wirklich verklagt.

Bei der Staatsanwaltschaft lief Anzeige wegen Diebstahls des *jus primae noctis* ein. Dies war umständlich juristisch begründet und gab ein peinlich vermerktes Aufsehen in Münster. Zu der Vorladung des Dieners erhielt denn auch der Baron ein Strafmandat. Aber seit dieser Affäre hieß der Diener »Dachs«.

Statt der Gouvernante sollte nun ein Lehrer genommen werden, und die Baronin sah endlich ihren Wunsch in Erfüllung gehen: einen Hausvikar! Der Baron tobte: »Je höher die Weihwassernäpfchen in allen Zimmern steigen – desto höher schwillt von unten der Wein in den Flaschen nach! Merk' dir das!« Aber sie bestand darauf und erhoffte sich einen starken Bundesgenossen – so kam also Hausvikar Depenbrock. Dieser geistliche Herr von etwa vierzig Jahren hatte wegen Kränklichkeit seine dörfliche Rektoratsschule aufgeben müssen und dann im ehemaligen, von einsamen Wäldern und Teichen umgebenen Nonnenstift Vinnenberg für die umliegenden Bauernhöfe des Sonntags in der alten Klosterkirche die Messe gelesen, dort auf der däftigen Pfründe sich wieder erholt, ohne den Husten vollkommen verloren zu haben, und war so in seiner Muße auf Reusen und Angeln verfallen, so daß er als großer Fischer vor dem Herrn die Nönnchen verließ und den Aalen und Karpfen mit meisterhafter List nachstellte. Dies war seine einzige Passion.

Morgens gab er den Söhnen nun Latein am Steintisch draußen unter der Rotbuche, nachmittags hatte er frei und gehörte durchaus zur Familie. Wahrlich aber ward es ihm nicht leicht gemacht, sich hier einzufügen.

»Glauben Sie mir –« belehrte ihn der Baron – »mit den Posaunen von Jericho will ich Hosianna blasen, daß wenigstens die alte, hierarchische Zeit zum Teufel ist! Dieser widerliche Wechselbalg aus Aberwitz, Dummheit, Gewalt und falscher Inbrunst! Ich selber wär' längst, vom Satan besessen, auf dem Domplatz zu Münster – wo der Marterschrei des Knipperdolling noch an den Mauern hallt – unterm Gebimmel der Pfaffen kastriert worden! Aber man sagt wohl: Welch' ein einheitlich Weltbild überwölbte diese herrliche Zeit – welch' eine Fülle von Domen ist damals aufgetürmt worden als Inbegriff ihres Gottesmutes – ahnen Sie, Herr Vikarius, wieviel tückische Erbschleicherei dabei war? Wieviel arme Unschuldige der Gotteslästerei angeklagt wurden, damit die Kirche ihr Erbteil säckelte? Welch' fürchterlicher Zwang des Massenwahns Zünfte und Gesellen in kirchlichen Frondienst bannte, in dumpf kläglicher Kleinkrämerei ihr Dienstdasein zu verschleißen, um einige armselige Stüber an Klöster und Domänen zu verschachern? Betzwang, Bußzwang, Opferzwang – Heuchelei! Heuchelei! Heuchelei! Der ganze gepriesene Wunderglaube war nur ein öffentlicher Weiberklatsch, eine abergläubige Schmach, eine sazerdotale Wichtigtuerei lächerlichster Ignoranz, ein Konzilienfirlefanz fanatischer Hochmutsprotzen –! Welch' schauderhafter Aberwitz entfesselte nicht niedrigste Blutinstinkte der Bestie im Menschen auf das Heidenköpfen und den Türkentotschlag – zur hysterischen Treibjagd auf diese sonnenvollen Naturkinder Mohammeds?! Denken Sie auch an den Kinderkreuzzug! Ludwig IX., dieser von Bouillon, Kaiser Rotbart und wie die größenwahnsinnigen, wundersüchtigen Narren alle hießen, die mit ihrer Bekehrungsroheit den Aufstieg der Welt zu Menschenwürde und Freiheit um Jahrtausende gehemmt haben! Erst vor hundertfünfzig Jahren erlosch der Scheiterhaufen in Westfalen! Im Armsündersäckchen wurde die Asche der letzten Hexe verscharrt. Dreihundert Jahre saßen sie in Hexenkellern, Waden und Schienbeine in Beinschrauben zu breiigem Blutfleisch zerquetscht. In Daumenschrauben emporgerenkt mit Steingewichten an den Füßen. Auf balkenschwarzen Aufzügen an nach hinten gebundenen Händen mit entsetzlich krachenden Körpern wippend. Nicht Pest, Krieg und Hungerseuchen haben Millionen Deutsche gräßlicher zuschanden gebracht als dieser erzdumme heimtückische Hexenwahn; Kindlein, Greise, Säuglinge, Jungfrauen! Das sind die wahren Märtyrer des Christentums! Zwei Stunden lang hing die schöne edle Frau Anne, die Apothekerin in Osnabrück, an den Daumenschrauben, bis Wahnsinnsschmerz die Lüge des Bekenntnisses auspreßte! In welcher Litanei steht sie? Ein einziger Richter in Geseke hat fünfhundert Menschen zu Tode gefoltert! In welchem Schandbuch steht er? In Lüdinghausen, Höxter, Dülmen, Ahlen – überall flammte dämonische Verrücktheit! Das fraß in den verwüsteten Gefühlen weiter bis auf den heutigen Tag, denn das ganze Land schwärt noch voll Gespensterfurcht, brütet voll Aberglaube – mich ekelt vor goldgefaßten Knochen und Haaren! Rätsel, wie diese Sonnenfinsternis der Vernunft sich immer noch hält!«

»Herr Baron – Sie lästern – wie soll ich's ausdrücken – daß – daß – daß – Ihr Schutzengel weinen muß –« sagte der fromme Vikar.

»Reichen Sie ihm mein Schnupftuch, Hochwürden – ich kann dem jungen Mann nicht helfen!«

»Sprechen wir von anderen Dingen, sonst muß ich Sie, so leid es mir täte, bald wieder verlassen –«

»Na – trinken wir denn eine bessere Pulle. Dachs! Dachs! Dachs! – bring Sekt!«

Da dieser aber, der vor der Türe sich stets das gleiche Quantum genehmigte, eingeschlummert über der Lehne hing, knallte der Baron um Mitternacht eine Pistole ab:

»Ja, Hausvikar, eine Klingel hilft da nicht –« erklärte er dem nervös Erschrockenen.

Als dann Dachs zum Vorschein kam, kommandierte der Baron: »Zähne halb offen, Kopf zurück, Augen zu – los!« Und Dachs lachte dann aus tiefer Brust und mußte es trillerndfein verklingen lassen, vom wundervoll dröhnenden »O« in »Ihiihi!«

»Der Mann ist nämlich ein Lachgenie!« erklärte der Baron – »das ist eine größere Begabung als Messe lesen!«
Der Vikar, sein inneres Gleichgewicht zu stärken, suchte deshalb öfters den Ortspfarrer auf, der ihn in die Stille der Wiesen und Felder beim Fischfang begleitete und sagte: »Sie müssen nicht alles so wörtlich nehmen – das ist die gottsucherische Unruhe in ihm – wenn Sie's nur verstehen, ihn richtig anzupacken! Bleiben Sie um Gottes willen dort. Der Most wird schon verschäumen!« ...
Und der Pastor ward selber bald ein guter Zunftgenosse und ein leidenschaftlicher Fischjäger wie der Vikar, freilich nur mit der Angel.

Johann Strauß

Wo der Walzerkönig, an Höfen und Theatern herumreisend, sich in den schlanken Hüften wiegte und mit langen bleichen Händen durch den Haarwald fuhr, da fing Zauberei und Magie an und stieß er die Herzen in Besessenheit.
Denn er war nicht mehr bloß Primgeiger, der mit dem Geigenbogen wie frühere Dirigenten aufs Pult schlug, oder einer, der mit der Notenrolle kommandierte – er gehörte zu der neueren, eleganten Schule der geräuschlos Dirigierenden mit dem Taktstock, die vielerorts eine unerhörte Sensation war! *Chi va piano, va sano* –; er aber, mit dem feinen Sinn des Vollblutmusikers, wuchs aus faszinierender Dämonie gebändigter Ruhe langsam siegesgewiß empor zu schwelgerischer Lyrik, zartester Schwärmerei und griff selber zur Geige nur an bestimmten Momenten, um dann atemraubend hinzureißen, und kannte keinen Widerstand zwischen Erde und Sonne.
Dem Baron wurde nun hinterbracht, daß Strauß geäußert hätte: »Ja, wenn *ich* geige, tanzen selbst die Küken in den Eiern mit –!«
Also gedachte der Baron dem Musiker einen Tort anzutun und lud ihn samt seiner Kapelle zu einer großen musikalischen Soiree. Johann Strauß sagte zu und wurde mit seinen Getreuen auf zwei Jagdwagen abgeholt, das ganze Schloß erstrahlte be-

reits in Glanz. Der Baron geleitete die Herren aber zunächst in einen kleinen Alkoven, dort einen stärkenden Imbiß zu nehmen, Kaviar mit Toast und Sekt, damit sie feuriger loslegen könnten. Stimmengesumm und Gewoge der großen festlichen Gesellschaft drang ringsum durch alle Türen. Diener liefen die Treppen auf und nieder. »Sie werden ein Ihrer würdiges Publikum hier beisammenfinden –!« spannte der Gastgeber die Erwartung seiner Wiener Gäste – und führte sie dann persönlich aufs Podium, das durch einen schweren Vorhang vom Saale getrennt war. Während die Kapelle hier ihre Instrumente stimmte, schwoll Stuhlrücken, Kommen und Gehen der Zuhörer immer noch an, viele schienen keinen Platz mehr zu finden, und hochtönende Namen schwirrten. Der Baron im Frack, sichtlich erregt von der nahenden Veranstaltung, unterhielt sich im Flüstertone mit dem Geschmeichelten und erklärte, wie mühsam umständlich das Kleinste vorbereitet sei: »Auf daß der Eindruck noch faszinierender wirkt, werden Ihre Zuhörer gleich in abgedämpftem Lichte sitzen –!«

Dann endlich gab er das Klingelzeichen, die Lüster erloschen, der Vorhang rauschte auf – – Totenstille.

Die Musiker, im märchenhaft blendenden Glanz von dreihundert Kerzen, begannen als Ouvertüre mit dem Zigeunerbaron. Strauß wiegte sich dezent in den schlanken Hüften und kräuselte gemessen mit den langen bleichen Händen – dirigierend – durch den Haarschopf. Seines Erfolges bewußt, gerierte er sich herablassend, gnädig, kaum lächelnd, sehr beherrscht, sehr abwesenden Hochmuts.

Das Orchester aber geriet schon langsam in Furore. Johann Strauß, der Walzerkönig, dämpfte nur, nüancierte, riß jäh feurig erglühend ab und verneigte sich ...

Keine Hand wagte Applaus. Gebannt starrte der überfüllte Saal. Dies schien bereits höchster Triumph und, beglückt von Erwartung, hob er den Taktstock abermals, fuhr sich größer durch die gelockerte Mähne, wuchs, räusperte sich, instruierte, intonierte, klopfte und: die Geigen fluteten los: »Fledermaus ...«

Als kaiserlich-königlicher Hofballmusikdirektor, dessen Tanz-

orchester Allerhöchste Hoheiten enthusiasmiert, kannte er kein Lampenfieber, sah wohlgefällig die Hand in der weißen Manschette steigen, sinken, und es huschte nicht der Schatten einer bösen Ahnung durch sein Gemüt; er zerschmolz in Kontakt und prächtigster Laune, blühende Wellen von Klang schlingend und schleudernd, und verneigte sich abermals.
Totenstille. Reih' an Reih' erstarrt, versteint. Die berühmte Stecknadel wäre wie ein Balken zu hören gewesen. Strauß zwinkte, voll unerklärlicher Unsicherheit, und lugte diskret und sah die vornehme Versammlung im gedämpften Saal: vorn übereinandergeschlagen Bein an Bein in Lackstiefeln und Goldkäferschühchen, tiefe gepuderte Brüste, diamantenfunkelnde Arme, gesteifte Hemden zu Fracks in langen Reihen, ordengeschmückte Uniformen dazwischen, Gelehrtenköpfe mit schlohweißem Haar; ja, längs den Wänden in ergriffen versunkenen Haltungen standen sie, dort auf den Fensterbänken saßen sie, in den geöffneten Türen Kopf an Kopf ...
Ha! packte es ihn unheimlich plötzlich wie ein Schwindelanfall: »Was ist das? – zu blasiert? Ihr Krautjunker? Landpomeranzen? Krieg ich euch träge Westfalenseelen nicht mehr 'rum? Zieh ich nicht mehr? Wartet nur, um die Füße sollt ihr mir winseln vor Tollheit!« Und holte sein nie versagendes Bravourstück, seinen Weltschlager, mit dem er die Teufel selig geigt: »An der schönen blauen Donau ...« Und fächerte langsam sein Seidentuch über die Schulter und setzte sich selber die Stradivari in Pose unters Kinn und holte mit aus. Und der Maestro gebärdete sich in musikalischer Verzückung, quoll, schmolz, und Wohllaut rann in Strömen, das Orchester spielte sich selber überwogend in einen hinrauschenden Rhythmus, vom Maestro angesteckt, der sank in die Knie, kroch in sich wie ein Zwerg, wieder anschwellend zum zehehüpfenden Riesen mit tausend Leben in Armen und Händen, unter seltsamsten Gebärden webend und wabernd in der Luft göttliche Wollust-Musik – – und jetzt – – noch eine Note – jetzt – dann – gewohnt, daß Applaus wie eine Bombe über sie hereinplatzte – – –
Totenstille. Niemand regte sich. Ja – das war Protest! Das ist

Obstruktion! Canaillen –!!! Und seiner Sinne nicht mehr Herr, krümmte Strauß die hohe Hand keuchend über die Augen, alle Musiker sprangen auf und – – auf einmal, in ungeheurer Erkenntnis – vorstürzend – – gewahrten sie: daß sie eineinhalb Stunden bis zur völligen physischen Erschöpfung und Raserei, in heißen Schweiß gebadet, vor einem Panoptikum sich verschwendet hatten, vor lauter ausgestopften Attrappen, vor Strohmännern und -damen, Phantomen, bemaltem Gips, Pappe und Latte ...

Den Fiedelbogen in der Faust stürmte der genarrte Walzerkönig auf den Entree und die Treppen hin durchs Haus und sah unbegreiflich gleichgültig, als wäre nichts geschehen, die Dienerschaft überall ihre gewohnte Beschäftigung verrichten, Sofas klopfen, Fenster putzen, und herrschte eine Magd, die grinsend ihren Eimer vorübertrug, schäumend vor Wut an: »Wo steckt der Baron –?«

»Der Herr Baron mit Familie ist schon vor eineinhalb Stunden zur Stadt in den Zirkus gefahren ...« [1]

Streiche, die Prümer erzählt

Nun folgten all die Streiche, die jenen bunten Legendenkranz über ganz Westfalen gewoben haben.

So erzählt Karl Prümer mit moralisierendem Ton:

»Wenn die Menschen unfähig sind, sich nützlich zu beschäftigen, werden sie leicht Flitzenfänger. Dieses alte Wort traf auch auf den tollen Baron zu, denn fast sein halbes Leben hatte er, mangels nützlicher Tätigkeit, mit tollen Streichen verbracht, von denen einige eine ›Ruhestörung des Staatsanwalts‹ zur Folge hatten, so daß der Baron imstande war, eine mäßige Stube ganz mit Strafverfügungen bekleben zu lassen.

Zu seinen Alltagsstreichen gehörte es, daß er den einen oder

[1] Die Witwe Johann Strauß', die letzte der drei Gattinnen des Walzerkönigs, erklärte, daß an dieser Anekdote kein wahres Wort sei. Aber sie lebt im Lande und tut dem Ruhm des Toten keinen Abbruch. Darum durfte sie nicht verschwiegen werden.

anderen, der ihm gerade in den Weg kam, willig machte, eine Strecke Wegs mit ihm in seinem Jagdwagen oder Landauer zu fahren.

Die Sache sah für den Eingeladenen unverfänglich genug aus, und deshalb ließen sich auch viele überreden, der Einladung Folge zu leisten und die Fahrt mitzumachen. Aber wie ging es dabei zu!

Auf einmal hieß es: die Pferde gehen durch! Und nun flog das Gefährt über den Weg wie ein Schnellzug, aber nicht etwa geraden Wegs, sondern womöglich über Haufen von Chausseesteinen und durch tiefe Gräben, so daß die geängstigten Leute nicht anders glaubten, als daß sie Hals und Beine brechen würden und ihr letztes Stündlein gekommen wäre. Auch flogen wohl die Leute in hohem Bogen aus dem Wagen und fanden sich im Graben oder im Runkelrübenfeld wieder.

Solche verrückten Fahrten hatten Hunderte mit dem Baron gemacht. Keiner von ihnen vergaß sie im ganzen Leben, denn eine Anzahl von Mitfahrenden hatte sich auch ein Glied gebrochen, trug aber ihr Leid möglichst verschwiegen, um nicht noch genarrt zu werden. Selbstredend mußte der Baron den Schaden bezahlen.

Der Baron selbst kam meist mit einem blauen Auge davon und schien es mit dem Scherzwort zu halten: Kinder und Bezechte haben ihren Engel, denn bei derartigen tollen Fahrten hatte der Baron in der Regel schon einen über den Durst getrunken.

Bei einer Ausfahrt traf er auch einmal einen biederen Orgeldreher, der am Wege stand und den etwas harthörigen Dörflern vorspielte.

»Spielmann«, sagte der Baron zu ihm, »komm mit und setz dich neben mich auf den Bock! Wenn du dann fleißig spielst, sollst du mehr verdienen, als wenn du noch in zehn Dörfern den Orgelkasten drehst!«

Der Orgeldreher war es zufrieden. Mit des Barons Hilfe kam der Orgelkasten auf den Bock, und der Orgeldreher kletterte nach, dem zuletzt der Baron folgte.

Die blondhaarigen Dorfkinder standen dabei und sperrten vor Verwunderung den Mund auf, während die Dorfspitze das Gefährt kläffend umsprangen, bis ihnen der Baron mit einem

Peitschenhieb, der die Nase traf, einen empfindlichen Respekt einflößte.

Alsbald ging die Fahrt los.

»Nun spiel«, begann der Baron. Und der Orgeldreher fragte bescheiden: »Welches Stück wünschen Sie?« – »Wie kann ich wissen, was du auf dem Programm hast, zähl mal auf.« – »›Druck nicht so, druck nicht so, es kommt 'ne Zeit wird's wieder froh‹, ›Leise flehen meine Lieder‹, ›Mag der Himmel dir vergeben‹, und noch die Ouvertüre aus der Oper: ›O Hannes, wat 'n Haut?‹«

»Das ist ja mehr als reichlich! Gut denn, orgel' los: ›Druck nicht so, druck nicht so –‹« Kaum aber hatte der Spielmann losgedreht, als auch der Baron schon zu schreien anfing: »Halt, halt auf, Kerl, du stößt mir ja beim Orgeldrehen unters Kinn, ich will mich gleich an die andere Seite setzen; sonst fliegen mir noch die Zähne daher!«

Und alsbald kletterte der Baron vom Wagen und an der anderen Seite wieder drauf, nachdem ihm der Spielmann Platz gemacht hatte.

Alsbald mußte dieser weiterspielen, und dabei lachte der Baron mit dem ganzen Gesicht. Als das Stück zu Ende war, sagte er: »Das war schön, wirklich schön, Kerl, so apart habe ich das Stück noch nicht spielen hören. Nun aber halt dich mal ein wenig fest, wir wollen eine Wegstrecke die Pferde galoppieren lassen, damit ich rascher zur Stadt komme!«

Mit diesen Worten schlug der Baron auch schon auf die Pferde. Und nun raste das Gefährt durch dick und dünn, daß die Bäume am Wege an zu tanzen fingen. »Halt, halt! Herr Baron, halten Sie auf!« schrie der Orgeldreher in seiner Todesangst – »ich fliege gleich mitsamt meiner Orgel in den Graben, halt, halt!« – »Ach was, Kerl, sei doch kein Frosch, halt dich fest, und dann spiel uns noch einen auf«, entgegnete gelassen der Baron, der immer mehr auf die Pferde einhieb. »Spielen, spielen?« schrie der Orgeldreher, »nicht um eine Million, ich will den Hals nicht brechen und noch die Orgel verlieren! Die kostet hundert Taler, noch drei Jahre muß ich abbezahlen! Halt, sage ich, Baron, halt!«

»Sei nur stille, ich kauf' dir die ganze Orgel ab, aber du mußt Vernunft annehmen und hübsch tun, was ich wünsche!«

»Ach Gott, Herr Baron – – halt, halt, ich stürze, Baron, da fliegt mein Handschuh her, die Orgel stößt vor den Bauch! Halt! Halt! meine Mütze muß ich wieder haben!« – »Laß deine Mütze nur liegen, ich kaufe dir in der Stadt eine neue. Wegen der dummen Mütze kann ich doch die Pferde nicht einhalten!«

»Aber ich will auch den Hals nicht zerbrechen, Baron!«

»Das sollst du auch nicht!«

Und weiter rasten die Pferde. Und als der Baron schon die Stadtmauern sehen konnte, sagte er gelassen zu dem Orgeldreher: »Nun gib acht, fortab sollen die Gäule langsam gehen, damit auch wir uns ausruhen können. Aber wenn wir in die Stadt kommen, mußt du gewaltig spielen! Willst du das?«

»Ach, Herr Baron, das möchte ich wohl, aber was sollen die Leute dazu sagen?«

»Was gehen uns die Leute an, dummer Kerl!«

»Aber 's ist doch eine schenierliche Sach', 's Stadtvolk wird uns doch reineweg für toll gewordene Affen halten!«

»Laß es uns zum Teufel halten für Ziegenböcke! Das soll einerlei sein! Über Kleinigkeiten muß man erhaben sein!«

»Ja, ja, Herr Baron . . . Am Ende packt mich die Polizei beim Kragen!«

»Ach was! Ich bezahl! Wenn du nicht willst, steig ab, orgele für Pfennige, bis du deine Orgel selbst abbezahlen kannst.«

Das mochte nun der geängstigte Spielmann auch nicht, und nach einiger Überlegung sagte er: »Gut, so will ich es wagen.«

»Wenn du klug bist, Kerl.«

Und nach kurzer Zeit kamen die beiden in die Stadt, und der Orgeldreher, der sich inzwischen mühselig und beladen in sein Schicksal ergeben hatte, fragte ängstlich: »Was soll ich spielen, Herr Baron?«

»Bleib nur bei deinem alten Dessauer: ›Druck nicht so, druck nicht so, es kommt 'ne Zeit wird's wieder froh!‹«

Als der Wagen nun eben die Stadtpforte erreicht hatte, drehte der Spielmann die Orgel. Schon ging der Spektakel los. Die

Leute blieben auf der Straße stehen, rissen die Fenster auf, johlten, schrien.
Und bald hatten die beiden eine große Schar Straßenjungen hinter sich: »Hurra, der tolle Baron ist da!« – »Horig, horig, horig ist die Katz, und wenn die Katz nicht horig wär, fing sie keine Mäuse mehr, horig, horig, horig ist die Katz!«
Zuletzt wurde der Lärm so groß, daß die Polizei einschritt.
Die beiden stiegen im ersten Gasthof der Stadt aus. Und noch lange blieb das radaulustige junge Volk vor den Fenstern und versuchte in die Gaststube hineinzuschauen, bis der Hausknecht mit dem Besenstiel kam und die Neugierigen in die Flucht jagte.
Der Orgeldreher bekam tüchtig zu essen und dazu eine Flasche Champagner, mußte aber während des Mittagsmahls der Herrschaften die Orgel drehen und spielen: »Wir gehn kappewiddewitt, wir gehn kapott!« »Mag der Himmel dir vergeben!« Schließlich wurden aber auch die Gäste das Spiel leid und drohten, den Baron aus dem Fenster zu schmeißen, wenn er dem Orgelspiel keinen Einhalt täte. Nun trat endlich erlösende Ruhe ein. Der Orgeldreher erhielt gute Belohnung und der Baron fünf Taler Strafe wegen wiederholten groben Unfugs. Damit war auch diese Sache erledigt. –
Der Haus- und Hofkapellmeister des Barons hieß Fränzchen, war übrigens ein Künstler von Gottes Gnaden.
Den befahl der Baron häufig zu sich aufs Schloß, wo er mit seiner Kapelle reichlich musizieren mußte, wobei es in der Regel mehr zu trinken als zu essen gab.
Und am Ende hatten sich der Baron und die Musikanten gründlich die Nase begossen. Das Finale war meist, daß der Baron seinem verehrten Kapellmeister sein allerhöchstes Wohlwollen bekundete, ihm zum Abschied die Hand reichte und ihm hinterrücks den Zylinderhut einschlug. Diese Abschiedsszene war aber der Kapellmeister so gewohnt, daß er schon vorher in seiner Wohnung gewöhnlich folgende Rechnung schrieb:
»12 Musikanten à 2 Taler macht 24 Taler, für den Kapellmeister 4 Taler, einen Zylinderhut eingeschlagen ebenfalls 4 Taler, macht in Summa 32 Taler.«

Der Baron zahlte an Fränzchen mindestens fünfzig Zylinder, dabei hatte der lange Zeit nur einen einzigen Zylinder gehabt und ihn immer wieder aufbügeln lassen, so daß der Hut stets für neu durchging.

Übrigens erlitt Fränzchen auch mancherlei Schaden, den ihm der Baron im Übermut zufügte. Dafür rächte sich der Geschädigte dann dadurch, daß er seiner Kapelle sogenannte stumme Musiker einschob, denen er ein Taschentuch in die Trompete stieß, so daß jene nur dicke Backen zu machen hatten, ohne daß irgendein Ton aus dem Instrument kam. Dadurch sparte Fränzchen wesentlich an Lohn.

Als er eines Tages wieder mal im Schloß war und die Kapelle dort konzertierte und sich tüchtig die Leber begossen hatte, fuhr der letzte diesjährige Erntewagen, der »Hackelmai«, bekränzt auf den Hof.

Als dies der Baron aus dem Fenster sah, rief er hinunter: »Die Pferde sollen nicht ausgespannt werden!« Und zu Fränzchen: »Gerade ist das letzte Fuder auf den Hof gefahren, das Gesinde muß Erntefest feiern, wie das von alters her Brauch. Helft mit, es soll Euer Schaden nicht sein!«

»Herr Baron, aber was soll ich dabei machen?«

»Ihr steigt mit den Musikanten aufs beladene Fuder und spielt einen lustigen 'runter! Die Leute mußten sich in der Ernte tüchtig plagen und sollen auch ihren Jokus kriegen!«

»So etwas macht mir selbst noch Spaß«, gab Fränzchen zur Antwort, »aber wie kommen wir auf das Fuder? Wir sind allesamt diesen Abend nicht mehr so ganz sicher auf den Beinen!«

»Macht nichts! Ich laß' eine Leiter holen.«

Gesagt – getan.

Und vorsichtig und unbeholfen kletterten ein Musikant nach dem anderen hinauf, Fränzchen stieg hinterher.

Alsbald wurde die Leiter entfernt, der Baron stellte sich neben das Fuder und deklamierte:

»Droben stehet die Kapelle, schauet still ins Tal hinab – Nun, Fränzchen, wollen wir aber den Hirtenknaben ruhig singen lassen und uns selber eins aufspielen!«

»Ein Erntedankfestlied?«

»Ach, Kerl, spiel das erste beste Dankfestlied, zum Beispiel: O Hannes, wat 'n Haut!«

»Das ist mir auch ein schönes Erntedankfestlied«, spottete Fränzchen und ließ drauflosspielen.

Derweil stand der Baron unten am Wagen und schlug mit der Reitpeitsche den Takt dazu.

Und Musikanten und Knechte und Mägde sangen lauthals: »O Hannes, wat 'n Haut! De Haut, de het 'n Daler kost't, 'n Daler kost't, 'n Daler kost't! O Hannes, wat 'n Haut!«

Und nach dieser Melodie mußten Knechte und Mägde einen »Schottischen« tanzen, bis ein Paar nach dem anderen Purzelbaum schlug.

Als der Baron solches sah, hub er an: »Jetzt ist es Zeit, daß Knechte und Mägde auf die Dehle gehen und Nachfeier halten!« Und dem Fuhrknecht tuschelte er zu: »Fahre los, was das Zeug will, laß die Musikanten schreien, immer weiter, hast du verstanden?«

»Jawohl, Herr Baron!«

Und der Knecht hieb auf die Pferde und jagte durch den Waldweg, durch Buschwerk der Bäume und Sträucher.

Der schwere Erntewagen schaukelte hin und her, wie ein Schiff auf den Wellen, und die Musikanten, schon längst nicht mehr fest auf den Beinen, fluchten wie die Teufel Zetermordio.

Fränzchen lag sofort auf dem Bauch und versuchte vergebens sich aufzurichten und rief: »Baron, macht keine Dummheiten, laßt halten, ich komme mein Lebtag nicht wieder zum Schloß!« Umsonst. Kaum hatte er sich wieder halb aufgerichtet, als er auch schon auf den Rücken stürzte und die Beine wie zwei Ausrufungszeichen in die Luft streckte. Auf einmal sauste der Brummbaß vom Wagen, ein paar Violinen folgten. Nach einer Weile hörte man ein lautes Geschrei, Fränzchen rutschte über seinen Zylinder vom Wagen und fiel in einen Froschtümpel. Nun bekamen's die mutigsten Musikanten mit der heillosen Angst. Zwei von ihnen schnappten Baumäste und hingen daran wie die Affen. Andere klammerten sich fest am Bindebaum und brüllten: »Hilfe! Hilfe!«

Zuletzt war das wüste Geschrei selbst dem Knecht zu arg, und

er ließ halten. Diesen Augenblick benutzten die Geängstigten und plumpsten 'runter und suchten das Weite.
Fränzchen hatte sich das Hinterviertel verrenkt und einen steifen Buckel bekommen. Die Musikanten, welche hoch an den Ästen hingen, waren teils durch Aufzüge und Kniewellen mit großer Not von den Bäumen gekommen, hatten sich dabei Röcke und Hosen zerrissen, und der Violinengroßvater, der Brummbaß, und auch anderes Spielzeug lag geborsten und verdorben am Boden.
Der Baron durfte für diesen dummen Spaß über dreihundert Taler bezahlen, und Fränzchen flutterte wie eine Rohrdommel und gelobte, daß er im Leben niemals wieder hier Musik machen wolle! Er mußte drei Wochen das Bett hüten.
Als der Baron später sah, daß Fränzchen humpelte, sagte er: »Kommt, seid wieder gut, ich lasse Euch auch mit dem feinsten Staatswagen nach Hause fahren!« Aber Fränzchen schaute ihn höllisch von der Seite an und entgegnete: »Ihr könnt mich mit Eurem ganzen Jagdwagen über den Hintern fahren!«
Da lachte dieser: »So lauft zu!« Und Fränzchen zeigte ihm noch ganz respektlos die Schwarte und ging seiner Wege. Das war – »des Sängers Fluch«. – –
Aber ein Musikantenherz ist ein leichtfertig Ding.
Noch im gleichen Herbst folgte er der lockenden Einladung wieder und machte mit seiner Kapelle ein »Jagdrennen« von ganz absonderlicher Art mit, die vom Baron zur Spezialität ausgebildet war.
Am Nachmittag hatte Franz mit seiner Kapelle im Schloß gewaltig konzertiert. Die Weinpullen lagen haufenweise umher, und die Köpfe glühten heiß.
Da ließ der Baron Sessel und Stühle bringen und alle Jagdhunde in den Saal führen. Der Baron setzte sich zuerst quer auf den Stuhl, die Stuhllehne vor der Brust, und die Musikanten Sessel an Sessel hinter ihm. Die Klarinette intonierte: »So leben wir, so leben wir alle Tage!« Und nun jagte der Trupp mit fürchterlichem Höllengepolter durch den Saal. Die Hunde bellten und heulten, als käme der wilde Jäger Hackelbernd selbst dahergefahren. »Hopp, Galopp!« kommandierte der

Baron immer wieder von neuem. Stuhlbeine, Lehnen brachen ab, und zuletzt lag die ganze Gesellschaft auf der Erde dösig und schwindelig durcheinander. Damit war das verrückte Jagdrennen zu Ende, und der Baron ließ noch auf einem Waldhorn die Jagd abblasen.

Im ganzen Lande und darüber hinaus war schon bekannt, daß der tolle Baron, wenn er mal etliche über den Durst getrunken hatte, mit Vorliebe alles kurz und klein schlug. Bei derartigen Gelegenheiten ließ er bisweilen eine ganze Batterie Champagnerflaschen vorsichtig »in Reih' und Glied« stellen, kommandierte: »Richtet euch!« nahm seinen Stock als Pferd zwischen die Beine, »ritt die Front ab« und schlug zuletzt allen Flaschen die Hälse ab, so daß der Champagner daherfloß. Auch eine Heldentat von ihm!

Diese blinde Zerstörungswut des Barons wurde mit der Zeit von allen Wirten ringsum weidlich ausgenutzt.

Einmal hatte er durch Splitter auch die Wirtin verletzt, und der Wirt lamentierte.

»Setz deine Frau mit auf die Rechnung!« rief der Baron.

Eines anderen Tages ließ er sich einen schönen Apfelschimmel satteln und ritt nach Münster, während ihm sein Reitknecht das Geleit auf dem zweijährigen Fohlen des Apfelschimmels gab.

Und als die beiden gemächlich des Weges zur Stadt ritten, holten sie einen Schornsteinfeger ein. Gleich bot ihm der Baron freundlich Tageszeit: »Wohin des Weges?« – »Zurück nach Münster, Herr Baron, ich hab' im Dorf gefegt!« – »Was, du kennst mich, Mensch?« – »Nun, wer wird denn den – na, bald hätte ich etwas gesagt – ja, ich kenne Sie, Herr Baron.« – »Also du hast gefegt, dann sollst du wohl rechtschaffen müde sein!« – »Das können Sie mir glauben, Herr Baron!« – »Kannst du auch reiten?« – »Ich habe bei den Husaren gedient!« – »Das ist ja auch meine Truppe!« – »Dachs«, sagte darauf der Baron zu seinem Reitknecht, »steig ab und laß den armen Schornsteinfeger auch mal reiten!« – »O Herr, nein, wie sähe das aus, ein Schornsteinfeger zu Pferde!« wehrte der Schwarze ab. »Dummer Kerl, mach keine Umstände, besser demütig geritten, als hochmütig gegangen!«

Zu guter Letzt ließ sich dann auch der Schwarze überreden, stieg auf, und Dachs mußte den Weg zu Fuß nach Münster machen.
Der Baron ritt vorauf und der Schornsteinfeger hinterher. Als nun das sonderbare Paar in die Nähe von Münster kam, wollte der Schornsteinfeger absteigen, um nicht durch die Straßen der Stadt reiten zu müssen. Da aber schlug der Baron seinem Gaul die Sporen, der griff tüchtig aus, und behend jagte das Fohlen mit seinem Reiter wie toll hinter dem Mutterpferde her.
Immer wilder wurde der Ritt, und als die beiden durch die Stadtpforte jagten, rief der Baron lauthals: »Hilfe, Hilfe, der Teufel ist hinter mir!« Nach solchem Geschrei rissen zahlreiche fromme Pohlbürger der Stadt die Fenster auf. Und als sie den Schwarzen hinter dem Baron herjagen sahen, beteten viele ein Stoßgebet, bekreuzigten sich und schlugen die Fenster zu.
Hunderte von Menschen wurden durch das Geschrei beängstigt. Und dafür bekam der Baron wieder eine gehörige Geldstrafe, und der Schornsteinfeger gelobte in die tiefste Seele hinein, daß er nie wieder mit solchem Tunichtgut ausreiten wolle, und schämte sich bis über die Maßen, wenn in der Stadt mal wieder die Rede auf diesen Teufelsritt kam. –
Dann war im Zoologischen Garten eine Jagdausstellung und durch den zoologischen Professor eine Schenke für die Zeit der Ausstellung eingerichtet; dahin kam auch der tolle Baron und genehmigte sich eine Pulle nach der anderen. Als er nun mit der Zeit einen Aberwitzigen am Ohr hatte, wollte er im Übermut dem Professor die Pulle vor den Kopf schmeißen. Allein dieser merkte die Absicht, bückte sich schleunigst und rannte mit dem Kopfe dem Tollen vor den Bauch, so daß er auf den Rücken kugelte. Der Professor aber wies kaltblütig auf ihn hin: »Da liegt die Blüte des westfälischen Adels!«
Der Baron hat Landois diese Berennung seiner Vorderfront keineswegs verübelt, sondern ihm noch ein prächtiges Trinkhorn zum ewigen Andenken an seine Besiegung und Niederlage verehrt.
Daß es solch lockeren Vögeln nicht an toller Gesellschaft fehlte, ist wohl begreiflich. Und das abenteuerlichste Volk sprach bei ihm vor. Durchziehende Musikanten hatten wochenlang Frei-

bier und Freiquartier, Zigeuner mit buntem Weibergesindel wurden durch ihn zur wahren Landplage, da Bärenführer und Seilkünstler, Wahrsager und Zirkusreiter die Zwischenzeit von Jahrmarkt und Kirmes bei ihm in lustiger Obhut waren und sogar überwinterten. Sie trugen seinen Ruf bis nach Mähren und Spanien. Ein Schnelläufer mit klingelnden Schnabelschuhen wurde einmal von ihm engagiert, zwischen Münster und Bullbergen Briefträger zu spielen.
Wer weiß, was alles wahr und was gelogen ist?
Er war ein wilder Tausendsassa und Tunichtgut.

Landois inszeniert den Zeitungskatzenkrieg
Das Gänseessen

Mittlerweile hatte Landois einen Zeitungskrieg entfesselt zwischen Katzenliebhabern und Katzenfeinden und gleichzeitig einen großen Antikatzenverein gegründet, dessen Satzungen sogar im »Westfälischen Merkur« veröffentlicht wurden. Zwar bestand dieser furchtbare Verein ausschließlich nur in seinem Kopfe, aber die Fiktion wurde mit Absicht aufrechterhalten, daß eine entsetzliche Katzenschlächterei begonnen habe. Ein empörter Kampf entbrannte, der sogar bis in amerikanische Zeitungen schlug. Die Raubvögel des Zoologischen Gartens feierten kropfwohlige Masttage, denn zahlreiche tote Katzen wurden wirklich eingeliefert. Mit neunzig abgeschnittenen Schwänzen schmückte Landois die Schützenfahne seiner Abendgesellschaft. (Noch bis zu seinem Tode, Jahr für Jahr, veröffentlichte er fortan in jedem März einen ausführlichen Vereinsbericht mit Erfindungen furchtbarer Katzenfallen, mit neuen, praktischen Methoden zur Vergiftung und so weiter, und spickte diese Lügenberichte schauerlich mit Zahlen über eingelieferte Angorakatzen, Wildkatzen, Nubische Katzen, Katzen aus der ganzen Welt, so daß immer aufs neue Proteste und Kundgebungen mitleidiger Seelen aufbrandeten.) Es hagelte Verwünschungen, die Staatsobrigkeit wurde von erbitterten Katzenliebhaberinnen bestürmt, und der geriebene Fuchs dampfte schmunzelnd seine Pfeife über die Düpierung der gesamten Menschheit und die famose Reklame. Er zog seinen großen grobleinenen Geldbeutel, der mit einer mehrere Meter langen Kordel umwickelt war (und nichts schien umständlicher, als wenn Landois selbst bezahlen mußte), und legte ihn offen zum Trumpf auf den Schreibtisch: »Ende van den Monat is he stoppenvull von all de Dalers, de de Lüde betahlt, wel mine dauten Katten bekiken willt!«

Zu Martini veranstaltete er das erste historische Gänseessen. Landois hatte sich einen weißen und einen schwarzen Wollhandschuh angezogen. Schon diese absonderliche Handbekleidung erregte in hohem Maße Heiterkeit und Neugierde der Zuschauer und entfesselte eine präludierende Lachsalve, als er dem liberalen Professor Spricker mit der weißen Rechten die Hand drückte und dem Teufelsprofessor Bautz pathetisch die linke Schwarze gab. Dann hielt er folgende Rede:

»Verehrte Festgenossen! Der Alkohol, bescheiden genossen, ja – er ist des Menschengeschlechtes guter Genius! (Bei diesen Worten hebt er bekräftigend die Hand mit dem weißen Handschuh in die Höhe.) Wir wissen alle, daß jeder Tüchtige gesunde Leidenschaft besitzen muß, denn ohne Leidenschaft ist kein Großes vollbracht in der Welt! Aber wir müssen ihrer Herr bleiben; überwindet uns der Alkohol, sinken wir auf die Nachtseite des Lebens! (Die Hand mit dem schwarzen Handschuh erscheint.) Die Numismatik kann nun das Verdienst für sich in Anspruch nehmen, im ersten Buch Moses 23, 16 – ich spreche jetzt als Theologe – die vierhundert Säckel Silber, wofür Abraham von Ephron einen Acker kaufte, um die teure Sara zu begraben, dahin ausgerechnet zu haben, daß viertausendzweihundert chaldäische Bitterschnäpse dran saßen – ich bitte mich in der Exegese dieser für die Alkoholfrage in der Bibel höchst wichtigen Stellen nicht zu stören (er erhebt die schwarze Hand) – und diese viertausendzweihundert nachsündflutlichen Bitterschnäpse sind nach neuester Forschung sogar als Liköre erkannt worden (er hob schmunzelnd die weiße Hand) – mithin besagter Ephron seine Tage in freundlicher Stimmung hätte verbringen können! Aber Ephron begann trotz der Warnung des

Melchisedek einen Schnapsschmuggel, der sich nachweislich bis Ninive erstreckte und viel zum Niedergang dieses Gemeinwesens beitrug (die schwarze Hand). Auch Esau fiel ihm zum Opfer, besonders an Sonntagnachmittagen. Ahnen Sie etwas bei des seligen Jakob Himmelsleiter? Sie hatten alle so merkwürdige Erscheinungen! Ich will keine Verleumdung aussprechen – aber höchst verdächtig!!! Tatsache ist, daß nur dem Alkohol Joseph es verdankte, daß seine Brüder ihn verkauften – im Suff! (die schwarze Hand) – aber wenn Hiob auf seinem Komposthaufen nicht hie und da ein halbes Likörchen sich genehmigt hätte (die weiße Hand) – wer weiß? Auch die Ägypter soffen, daß sie bekanntlich nicht nur weiße Mäuse, sondern selbst Heuschrecken, Schnacken, Frösche sahen (die schwarze Hand). Der Tanz um das goldene Kalb –? O jemine! Die Kundschafter mit der dicken Traube –? O jemine! Das Manna und die Wachtel –? Kinder, Kinder! Nee! Nee! es wird immer schlimmer! Schließlich beteten die Juden ihre Spazierstöcke an, die sie für Schlangen hielten! Balaam hörte schon die Eselin sprechen! Kore, Datan und Abiron –? wüste Schnapsrandalen! Die Trankopfer nahmen immer zu! Dreiundzwanzigtausend Mann wurden erschlagen! Fluch des Alkohols! Selbst Moses konnte sich nicht mehr beherrschen und warf die Gesetzestafeln kaputt, wie wir heute im Rausch noch Tassen und Teller zerschmeißen! Die Wolke über der Bundeslade? Blauer Dunst! Sündenböcke über Sündenböcke! Nachher sahen sie schon beim Trompetenspielen die Mauern von Jericho umfallen – ja, ja, wer hätte selbst nichts Ähnliches erlebt? Ein Trost bleibt Ruths Liebe zu ihrer Schwiegermutter, wenn – nicht auch hier etwas anderes mitspricht! Die merkwürdige Sache mit den Fackeln an den Fuchsschwänzen, die das Feindeslager zur Kapitulation brachte – sie hatten einen Wüsten auf der Lampe! Es ist sonst unbegreifbar! Die Einweihung des Tempels – wie mag es dabei zugegangen sein? Davids Verlodderung mit zehntausend Kebsweibern, Naboths Weinberg – man muß staunen, staunen! Elias' Raben –? wenn es nur keine Heringe gewesen sind!! Ja, ja! Selbst die Patriarchen waren keine Kostverächter; allerdings von Samuel ist nichts Nachteiliges bekannt – Gott sei Dank! Von David ist sogar Lobendes berichtet! Goliath dagegen war der erste Quartalsäufer in Reinkultur! *Delirium tremens!!* (Die schwarze Hand blieb lange in der Luft.) Und Saul soll auch nicht der beste Junge gewesen sein! Heli trank sehr wenig (die weiße Hand winkte freundlich). Elisäus schon mehr; sein schrecklicher Jähzorn, der die Bären über die Straßenjungen hetzte, entsprang sechsunddreißig Bittern, wenn wir nicht annehmen wollen zu seinen Gunsten, daß er sich selber die Bären aufgebunden hat! Aber der arme Jonas hätte ohne Likör im kalten Walfischmagen es nicht lange ausgehalten! (Weißer Handschuh.) Tobias dagegen ist ein furchtbar warnendes Opfer, es heißt von ihm: Er verschenkte nach und nach sein ganzes Vermögen – woran, brauch' ich wohl nicht zu sagen? – Eines Tages kam er vom Begraben der Toten – was der Schlingel seiner Frau nicht vorlog! – müde heim und legte sich an die Wand und schlief – natürlich an die Wand! – schlief immer an der Wand –! (schwarzer Handschuh) – da fiel ihm aus dem Schwalbenneste warmer Kot in die Augen, daß er erblindete – (schwarze Hand) . . . Selbstverständlich, wer mit offenen Augen schläft, es ist alles klar! Die sogenannten Rufenden in der Wüste – wer waren sie anders als hagelvoll Besoffene? Die Greise, so die keusche Susanna begaunern wollten – so boshaft ist der Greis nur im Alkohol! Die Jünglinge im Feuerofen – so standhaft ist der Jüngling nur im Alkohol! Daniel in der Löwengrube – die Weisheitssprüche Salomons – alles erscheint in neuem Lichte; man muß nur unvoreingenommen das alttestamentliche Kleinstadtleben betrachten! Der Alkohol mußte bei so primitiven Leuten eine entscheidende Bedeutung erhalten! Die Bibel ist das Lexikon der wechselnden guten wie schlechten Eigenschaften des Suffs (er zog den schwarzen an die rechte Hand, den weißen Handschuh an die linke). Dies Übermaß ist auch der Grund, weshalb der neuzeitliche Israelit den Alkohol meidet – die Kinder Israels sind durchgesoffen! Ihr Katzenjammer treibt sie noch heute durch die ganze Welt! Der Alkohol war unter ihnen so sprichwörtlich geworden, daß ohne Beleidigung Gabriel im Neuen Testament Maria noch das Kompliment machen konnte: ›Der heilige Geist wird über dich kommen!‹ Er meinte

damit Karmelitergeist, das heißt einen Willkommtrunk! Selbst Jesus, auf der Hochzeit, tat am Wein sein erstes Wunder. Man muß die Volkspsyche fein packen! Darum machte er auch die freundliche Konzession: Nicht vom Brote allein lebt der Mensch. Diese historische Untersuchung der guten und schlechten Seiten des Alkohols zeigt (beide Handschuhe), daß wir dem Alkohol schließlich doch das Christentum verdanken und damit die *ewige* Seligkeit!
Persönlich füge ich hinzu: Die Taufe ist das dringlichste erste Symbol für den neugeborenen Menschen: keinen Alkohol mehr! Wasser über den Kopf, daß du ewig nüchtern bleibst! Amen.«
Weil das alles mit so viel Witz und Keckkeit der Bewegungen dahergepfeffert kam und schmetternde Fröhlichkeit der Zuhörer ihn immer lustiger unterbrach, kniff selbst die anwesende Geistlichkeit ein weinsäuerlich Lächeln über diese Parodie auf ihr Kontobuch . . . besonders als Landois zur Abschwächung seiner Rodomontade beide Handschuhe ernst schweigend auszog und resigniert in die Brusttasche steckte mit der zerknirschten Versicherung: »Ick bin dat nackte Laster! – Prost!«
Das Hauptessen begann, und die Musik intonierte die neunte Sinfonie. An der Stelle: »O Freunde, nicht diese Töne –« erschien Landois mit seiner Gans im Arm. Als diese trojanisch zu sprechen begann – Landois kniff sie am Bauch –, setzte er pathetisch ein: »Nein, Freunde, erst diese Töne!« Und darauf sang er auf dem Stuhl stehend:

»Gans, du schöner Götterfunken,
Tochter aus Elysium,
Wir betreten, noch nicht trunken,
Himmlische, dein Heiligtum!
Deine Bande binden wieder,
Was die Mode streng geteilt,
Stöcker, Itzig werden Brüder,
Wo dein sanfter Flügel weilt!
Wem der hohe Wurf gelungen,
Gänserich zur Gans zu sein,
Wer 'ne holde Gans errungen,
Stimm in unsern Jubel ein!«

Beim gemütlichen Teil hagelte es fortwährend, laut über die ganze Tafel dozierend, aus Landois' Munde Anzüglichkeiten: »Bei allen Gänsen währt eine einmal geschlossene Ehe auf Lebenszeit, oft sogar vierzig Jahre!« – »Wo Hausgänse massenhaft auftreten, können sie Schaden anrichten!« – »Macht ein polterndes Getöse beim Niederlassen!« – »Jung eingefangen wird auch die wilde Gans sehr zahm, bleibt aber immer argwöhnisch!« – »Das Fleisch alter Gänse ist hart und zäh!« – »Kopf, Hinterhals, Wange und Kehle weiß und zierlich, aber die Unterseite dunkel gefleckt!« – »Die Bastarde sollen sehr fett werden!« (Hier scholl minutenlanges Gelächter, denn die sogenannten drei dicken Domsäulen waren auch zugegen.)

Zum Schluß tanzte Landois zum erstenmal im geistlichen Schniepel öffentlich mit und heimste im Zylinder eigenhändig ein: »Ich bitte für einen hungrigen Bären um ein kleines Douceur –« – »Mein gnädiges Fräulein, der Storch läßt Sie rufen –« – »Sie bekommen Ihren Spezialaffen, mein Herr –« – »Ein Rhinozeros fehlt noch – bitte, Herr Rat!« – »Wollen Sie das Kamel dankbar sehen, Frau Pastor, bezahlen Sie für Ihren Mann –«

Als er von diesem Feste heimfahren wollte und die Tür des Wagens sich nicht öffnen ließ, mußten mehrere Herren der Tischgesellschaft anfassen und den zentnerschweren Philosophen hoch über die Tür weg in die Kutsche heben; in mächtige Pfeifenwolken gehüllt, fröhlich wie ein Schneekönig fuhr er davon.

Die Prozesseure

Zwei Bauern in Bullbergen prozessierten einer Hecke wegen, die jeder für sich allein scheren wollte, ins siebte Jahr. Sooft sie vom Termin kamen, fuhren sie kreidiger auf: »Min Avkat hätt düttmol dinen Avkat obers de Wahrhet seggt – ick gewinn doch!« Und zahlten aufs neue die blanken Kälbertaler, daß der Mond sich hinters Haus versteckte, um nicht laut aufzulachen. Aber den beiden Prozeßbauern lachte das Herz nicht mit. Die Weiber keiften einander über die Hecke alle Unflätigkeiten zu,

die je auf dem Mist gewachsen waren. Zuletzt schlug einer seinen Apfelbaum um, weil die Bienen des anderen daran Honig stahlen und er weder mit Fluchen noch Peitschenhieben es hindern konnte. Nun war Polen offen: Zum Grimm fuhr der Spott! Wie glühende Igel hausten beide in ihrem Timphöken zusammen.
Da versuchte der andere es auf ganz schlaue Art – ging zum Advokaten des Gegners, bot das Doppelte und legte einen Schwartenmagen samt zwölf Mettwürsten darauf, wenn er fortan auch seine Sache verträte. Der Gegner möge sich einen neuen wählen! Aber der Advokat lehnte ab: Denn um »Recht muß doch Recht bleiben« gingen die Prozesse ihren Gang wie Sonne und Mond am Himmel. Als der Gegner diesen Filoustreich erfuhr, triumphierte er noch besessener: »Min Avkat seggt 't dinen Avkat noch duller äs vörher!« Und beim nächsten Termin hackten denn auch beide Advokaten sich die Augen aus vor Eifer und Zorn. Siegesgewiß stampften beide Parteien den weiten Winterweg nach Haus; ihre Sache war in guten Händen! Aber sie gönnten sich weder einen Schnaps noch einen Prüm mehr – die Kosten des Prozesses fraßen an ihrer Geizleber.
»*Magnum bonum* – alle Katzen laufen nur sechzig Tage trächtig, dies Janhagelspack wirft in sieben Jahren nicht« wetterte der Baron. – »Ich will den Teufel aus der Hecke nehmen!«
In der Nacht ließ er die Hecke heimlich ausroden und spurlos abtransportieren.
Die Bauern erkannten sofort an dem Streich: »Dat hätt de Bomberg makt!« Pfiffig lächelte der eine, denn er dachte daran, daß eine Hecke gut fünf Jahre wachsen muß, bis man sie wieder scheren kann, und freute sich, daß der Prozeß nun bis dahin ruhen dürfe.
Aber der andere rannte fuchsteufelswild aufs Schloß und tobte, daß der Baron die Hecke sofort wieder pflanzen müsse –!
»Du bist der Richtige –« klopfte der Baron wie Salomon in der Bibel ihm auf die Schulter: »Du hast sie einst gepflanzt und du darfst sie allein scheren! Ich spreche morgen mit dem Richter, und heute setzen wir eine neue Hecke –«.

Damals schlug gerade der ungarische Zauberkünstler Bosko die erste Exzentriktrommel Europas als »Hofkünstler des Fürsten von Siam, Träger des tasmanischen Löwenordens, der die Ehre hatte, vor hohen, höchsten und allerhöchsten Herrschaften der Welt, vor Ebenbürtigen und Unebenbürtigen, vor Weisen und Kaffern seine physikalisch-chemisch-mechanisch-supernaturalistischen Experimente vorzuführen, der Don Juan an Genialität, Cagliostro an Phänomenalität übertrifft, der einen Herrenzylinder in einen Lampenzylinder verwandelt, einen Säugling in einen Schirm und auf der Spitze dieses Schirmes einen Ochsen balanciert! Er bittet um ein unwiederbringliches letztes Benefiz und Ihre gütige Rekommandation in Freundes- und Bekanntenkreisen!« Abend für Abend strömten die Massen zu seinen Vorstellungen, der Hexenmeister ließ sie nicht los, und Landois litt unter schärfster Konkurrenz. Endlich gedachte er, mit ihm um die Palme zu ringen, wer der Klügere sei! Es wurde ausgemacht, der solle siegen, der ein münsterisches Marktweib so begaukeln könne, daß es volle zehn Sekunden lang baff vor Verblüffung das Maul hielte! Denn diese Spezies verfügt über ein unerschöpfliches Schnellschimpflexikon und blättert darin mit einer Fixigkeit, die den Zungenschlag des Höllenhundes beschämt. Der Baron schloß sich als dritter Kontrahent der Wette an.

Also schlenderten sie den Bogen entlang, ein passendes Opfer auszusuchen. Richtig, drüben an der Rathausecke hockte eine!

Landois wagte den ersten Angriff. Er kniff die Augen klein und hielt den rechten Daumen überm Nabel, wie immer, wenn er haarscharf beobachtete und auf Raub ging.

Jetzt galt's! Und er riß seinen Spazierstock unter dem Arm weg und stieß ihn vor aller Augen mitten in den ganzen großen Haufen Quark hinein – zog ihn – langsam – bedächtig – wieder – hervor – und – probierte – an – der Zwinge –: »Brr – sur!«

Die Verblüffung des Weibes war in der Tat gewaltig, aber nach genau viereinhalb Sekunden (Baron und Bosko prüften abseits auf ihren Uhren nach) legte sie los, Herrin der Situation: »Du

Pokäs! Du Drömelpott! Du Siergenköddel! Du Schmandbort! Du Schaopdier! Du Gaffeltange! Du Gaitlink! Du Buschkenbengel! Du Bullenmiälke! Du Püsterich! Du Pimpelbüel! Du unwise Schmachtlappen! Kohstärt van Käl, dat de bis! Düwelspissert!« Und fuchtelte geil voll Wut auf ihn ein, ins Hochdeutsch schrill überkreischend: »Er hat mich in den Quark gesteckt!« Landois suchte sein Heil in der Flucht und hörte noch hinter sich: »Du Himphamp! Du dumme Kaffschriwer! Du latinske Pöttker!« Die Wette war für ihn in Ewigkeit verloren.

Schon trat Bosko freundlich an die Alte heran: »Lassen Sie doch den Krakeel – ich hab' nur wenig Zeit – ich möcht' aber gern das ganze Körbchen mit Eiern dort!« Die Alte, von dem guten Handel gelockt, lobte gleich im selben Atem die Frische der Eier, und Bosko winkte einen Jungen herbei: »Komm, du kannst sie wohl tragen helfen – vorher möcht' ich aber ein paar Eier prüfen, denn es handelt sich um einen Geburtstagskuchen.« Von dieser Sekunde an galt's! Während er nun ein Ei überm Daumen vorsichtig knickte, fiel ein blankes Goldstück heraus! Doch er tat, als sähe er nichts, und öffnete langsam ein zweites Ei, die gleiche Wundererscheinung: ein Goldstück fiel in den Korb! Nun griff er das dritte und wollte es döppen, da aber hatte die Frau schon ihr Gleichgewicht wieder: »De Eier bliwt hier! De Eier bliwt mi!« – und warf ihr Kopftuch über den Korb. Bosko, verärgert, daß ihr Schweigen nur so kurz gedauert, protestierte: »Ich behalte sie, ich verlange sie!« Aber das Weib knuffelte ihre Röcke noch über den Korb und setzte sich selber darauf. Bosko suchte sie herabzuzerren, sie schrie aus Leibeskräften wie eine erboste Glucke, und der Zauberer stampfte wütend: »Erst hatten Sie mit dem anderen Krach – jetzt wollen Sie mich foppen – Rabenaas, her mit den Eiern!« Der Markt lief um die seltsame Szene zusammen, als plötzlich die Hökerin über ihre eigenen Eier herfiel und hui! eines nach dem anderen zerschlug, mit Nase und Finger hineinwühlte, verwirrter, erboster, verzweifelter, mithin jeder ihr rätselhaftes Gebaren für wildgewordene Weibswut hielt und Gelächter die Hexe so in Tollheit brachte, daß sie sich über und über besudelte und schließlich den Spottenden mit triefendem Korbe zu Leibe rückte.

»Das war ja der Zauberer Bosko, der Sie nasgeführt hat –« sprach nun der Baron begütigend auf sie ein. – »Sie haben ja jetzt so großen Schaden, daß sie klug geworden sind, ich will Ihnen aus Mitleid auch alle Butter da abkaufen – kosten sämtliche Rollen dasselbe Geld?« »Jau, lewe Här –!« stammelte sie noch atemlos. »Leider sind aber einige größer, andere kleiner – nehmen Sie nur selbst mal zwei Rollen in die Hände und wiegen – aber nicht in den Dreck fallen lassen – bitt schön!« Und packte der Frau in jede Hand eine dicke Butterrolle, griff schnell mit zwei Fingern ihr an die Nase, daß sie Luft schnappte, und im selben Moment spuckte er ein saftiges Prüm Kautabak durchs offene Maul mitten in den Hals und ging seelenruhig mit der Uhr in der Hand davon . . .

Er zählte genau, und es währte viele lange, lange Sekunden, während sie vollkommen sprachberaubt dastand, bis sie die Butter umständlich aus den Händen gebettet hatte, mit dem Daumen das Prüm aus den Backen holte und selbst dann noch kein Sterbenswort mehr fand.

»Ich glaub', ich komm' dem Landois über –«, schmunzelte der Baron – »nur Geduld!«

Die gefährliche Hose

Freitags kamen die Flickschneider. Der dürre Meister und drei Gesellen strichen, Elle und Bügeleisen unter der Achsel, wie frierende Spinnen durch den Nebel heran, kobolzten auf den Tisch und saßen mit untergeschlagenen Beinen überm Nähhut. Sie bekamen stets Buchweizenspeckpfannkuchen zu Stippmilch oder Grießsuppe; dat hölt de Seele in de Holsken.

Wilberdings Vater ging bereits an die sechzig Jahre mit Gesellen gegen viereinhalb Silbergroschen und die Kost auf den Bauernhöfen herum und, da sie täglich in Morgen- oder Abenddämmerstunde einsam weite Wege zurücklegen mußten, wo aus Krüppelkiefern am Kolk der Ziegenmelker schnurrt oder die Nachtschwalbe mit geisterleisem Fluge spinnt und liebestoll wie eine Hexe klatscht, in den Schmielen der Heidehase duckt und plötzlich aufgescheucht davongaloppiert – der unheimliche Waldkauz durch die stockdunkle stille Schneise wie der Teufelsbock meckert – selbst im hellen Mondschein kann ein kleiner runder Hut aus dem Ährenfeld tauchen und rufen: »Verdwollen – verdwollen!« [1] Doch wenn man sich umsieht, ist alles wieder fort, und man stolpert in eine Kreuzotter, die überm Wege liegt – mögen sie spotten: »Schneider sind ängstliche Leut!« – es liegt nur am Handwerk. Wer hübsch bei der Lampe sitzt, wenn's überm weiten Moor schwefelgelb dunkelt, der braucht an nichts zu glauben, als was er in den Büchern sieht.

»Wilberding – nähen Sie eine Hose von neun Ellen, festgenäht – können Sie das?«

Verwundert legte der Meister den nassen Lappen weg. Er wagte nicht, nach dem Grund zu fragen. Die Gesellen glotzten ihn so dumm an, daß er sagte: »Worüm nich, Här Rentmeister –?«

Wilberding pflegte zu sagen: ›En echt Hemd mott sebben[2] Pund wegen[3], so vull von Flicken mott man örwer[4] einander dragen – in de Napoleontid was dat so – jede Generation mott einmal so in Flicken gohn, denn jede Generation mott enmol Scharpie plücken, Krieg is un bliw.‹ Und der Geiz der Bauern vermehrte noch seine Ehrfurcht vor Tuch und Leinen, so daß seine Spezialität darin bestand, ohne ein Schnippelchen alle Reste restlos zu verbrauchen. Darum beraubte diese Verschwendung – neun Ellen für eine Hose! – ihn zunächst jeder anderen Überlegung.

Also nähte der Meister mit seinen Gesellen viele Rollen aneinander und machte eine Hose von neun Ellen, mit ganz engen Beinen.

»Dat mott'n spindeldürrn Kärl sin –« brummte ein Geselle beim Festnähen der Knöpfe. Der Meister sagte nichts. Als die Hose abgeliefert war, brachte der Rentmeister den Auftrag, jetzt noch einen Rock zu nähen von fünf Ellen Länge, die Ärmel aber nur einen halben Meter, doch die Weite des Rockes müsse so groß sein, daß ein Ochse darin sich umwenden könne –

---

[1] verschollen – [2] sieben – [3] wiegen – [4] über

Kopfschüttelnd gingen die vier wieder an die Arbeit – der jüngste Geselle lachte –
Da bestellte der Rentmeister: »Lieber Wilberding – es tut mir leid – aber die Hose passe nicht – Ihr müßt sie nur ein bißchen nach oben weiter nähen –«
»Woför is düt Werks denn –?«
Der Rentmeister zuckte die Achseln, sah durchs Fenster zum Mond und meinte nachdenklich: »Das darf nicht bekannt sein – auch Ihr dürft kein Sterbenswörtchen davon sagen. Ihr bekommt jeder zwei Taler blank extra auf den Tisch.« –
»So graute Lüde[1] giw't ja gar nich –« lachte der jüngste Naseweis, der noch kaum aus der Lehre war.
»Lüde brukt dat auk nich to sin –« meinte der Meister nach einer langen Pause vieldeutig auf dem Heimwege, und alle schwiegen tief.
Sie nähten und flickten wie immer, Manchesterhosen, Leinwandkittel, Kattunhemden.
Unvermittelt fragte der zweite Geselle dazwischen: »Worum bloß die Ärmkes[2] so kleen wörn – –?«
»Dat is schrecklich –« antwortete der Meister in sich hinein und bügelte, daß der Dampf von den nassen Lappen stieg.
»De Anzug is obers doch genau affpaßt – dat stimmt«, knurrte der erste Geselle auf dem Heimweg, »niegen Ellen lange Been, fiew Ellen Rock, dat is so graut as an den Kiärktorn[3] de Schallfensters – de Mann kann ja an de Klocken griepen!«[4]
»Dat is slimm –« antwortete der Meister in sich hinein. Aber es passierte nichts. Das war es ja eben! Wenn nur ein Wink gefolgt wäre! Gar nichts Bestimmtes konnte man sagen. Niemand, den man durch die Blume im Schloß fragte, hatte eine Ahnung. Ein so großer Schrank war auch nirgends im Hause!
Also mußte der Anzug nach draußen gekommen sein. Der Meister spähte aufmerksam über die Heide. Die Wolkenbilder waren wunderlich, der Wind pfiff in den Föhren, daß sie knarrten und klapperten.
»De Baron hätt vull Sünden up'n Puckel – he moßde[5] det graute Kleed maken loten – –«

[1] Leute – [2] Ärmchen – [3] Kirchturm – [4] An die Glocke greifen – [5] mußte

»Kann wull sin –«
»De Düwel sidd drin!«
»'n Spook!« [1]
»Of man dat bichten [2] mott?«
»De twe Dahlers bint Sündengeld.« –
Am folgenden Freitag lag der Anzug als riesiger Haufen in der Schneiderstube, und der Baron kam selbst herein:
»Ihr seid schon sechzig Jahre bei uns, Meister – ich denke, daß Ihr die vielen Wohltaten zu vergelten wißt, fleißig arbeitet und Euch nach nichts erkundigt und stillschweigt – selbst in der Beichte.«
Zögernd, neugierig und gruselnd machten sie sich an die Arbeit. Unten waren die langen Hosenenden mit Lehm beschmutzt, zerrissen, und der Hosenboden roch nach Schwefel.
Der Meister schlug ein Kreuz. Als sie aber an den kurzen Ärmeln Blutspuren sahen, war's vorbei mit ihrer Beherrschung. Der Meister kämpfte den schwersten Widerstreit seines Lebens zwischen Gott und der Hölle, und da er ausrechnete, daß sechzig Jahre näher dem Grabe als der Wiege lägen, entschied er sich für sein Seelenheil, wickelte den Rosenkranz ums Handgelenk und hielt sich nur noch damit auf, einige abgerissene Knopflöcher flüchtig zu steppen, während die Gesellen die gefährlichen Stellen in Angriff nehmen mußten. Als diese das Bügeleisen durch den Hosenboden strichen, zischte dieser verdächtig gelb und roch infernalisch.
Keiner sprach ein Wort. Auf dem Heimweg begann der Meister: »Et is – wu et is – ick bliew nu in Huse – kine twintig Perde kriegt mi an düsse Buxe!«
»Sallt wi [3] se dör dat Moor dragen no'n Pastor? datt he se äs unnersöch?« [4]
»Un met Wihwater utsegnet –?«
»De brengt se doch nich in de Kiärke –?« [5]
Am folgenden Tag schrieb der Meister den einzigen Brief seines Lebens und kündigte seinen und der Gesellen Dienst auf –
Als er am Morgen dann die Türe öffnete, fuhr er mit allen Gesellen schreiend zurück, denn die Hose hing über den Dach-

[1] Spuk – [2] beichten – [3] Sollen wir – [4] untersucht – [5] Kirche

first seines Hauses gespreitzt, ein Bein zur Straße, ein Bein zum Garten, und die Jacke mit den kurzen Ärmeln stak hoch in die Luft, ohne Kopf ... als riesige Vogelscheuche ritt sie auf dem Giebel!
Da wußte mein Meisterlein, daß er sechzig Jahre dort aus und ein gehen konnte und doch noch auf seinen alten Tag ein Narr geworden war.

Immer noch ein Tänzchen

In diesem Jahre kriegte der Baron die Tanzwut. Auf allen Kirmessen fuhr er mit Dachs herum, fein gewichst und aufgedonnert, und tanzte mit den drallen Bauerndirnen, bis ihnen die Zöpfe wie gedroschen von den Köpfen hingen.
Anfangs argwöhnten die Bauernburschen, der adlige Lebemann ginge auf Liebesabenteuer, aber diese reine Leidenschaft des Tanzes sprach sich schnell herum, und da er der Kapelle ponierte, an Ausdauer allen imponierte, wandelten sich bald Mißtrauen und Spott in Respekt und Zutrauen.
Aber Dachs verstand nicht; er saß wie ein roter Livreewanst vorn in der Wirtsstube und soff sich voll, die Puste ging ihm bei der ersten Runde aus.
Der Baron führte alte verschollene Volkstänze wieder ein, bei denen die Tänzer vor jeder Umdrehung schrille Pfiffe ausstießen, so daß die Tanzdehle schon von weitem gellte und lärmte. Je lauter, desto schöner. Beim »Wustemisowillickdi« mußten sogar die vortanzenden Paare Holzschuhe von den Füßen in die Luft werfen. Auch der »Gösepatt« und der »Schusterdreh« tauchten hier zuerst wieder auf. Bald zeigte sich, welch unbändige Tanzlust im Volke steckte, denn die Säle wurden brechend voll. Der Baron – der um Haupteslänge fast alle Paare überragte – Hut auf dem Kopf, Zigarre im Mund, die Rechte hoch gestemmt mit dem linken Arm seiner Partnerin, wich auch einer Keilerei nicht aus und schlug mit, als gälte es, Dämonen mit Stühlen aus der Luft zu hauen. Die Dorfpastöre, die sonst nach alter Gewohnheit öfters auf den Tanzböden ihrer

Pfarrkinder bei einer Freipulle jovial lächelnd den guten Ballvater spielten, blieben jetzt immer mehr fort und nahmen ein Ärgernis. Aber der Baron kaufte in Ochtrup ein großes, schneeweißes Tanzzelt, das abends von Lampions erleuchtet wurde, auf jeder Wiese aufgeschlagen werden konnte und von Kirmes zu Kirmes wanderte. Hier spielte auf einer Tribüne nur Fränzken Giesenkirchens Orchester, besonders die Mazurka. Ein Preis für den ausdauerndsten Tänzer ging wie eine Schützenkönigskette in der ganzen Gegend um.
Einen Kapitalstreich, der bis hoch ins Oldenburgische belacht worden ist, leistete der Baron sich auf der Herbstkirmes, in Albachten war's. Da hatte er eine stramme, etwas kurze Dirn, die flog wie eine Dreschmaschine – dicke Mädchen tanzen gut, wenn sie erst in Schwung sind! –, und als er just mit ihr in vollstem Schuß war, dahinsausend an der Zeltwand, plötzlich wollte sie nicht mehr, sei es, daß sie sich schlapp fühlte oder seine langen Bartspitzen sie kitzelten, sei es, daß sie ihren Jungen entdeckt haben mochte, sei es auch, daß dieser ihr ein Warnungs- oder Eifersuchtszeichen gegeben: sie stoppte. Der Baron schnauzte: »Voran!« und packte die Hüften rundum. Aber die Dirn rangierte aus. Kurzerhand kehrte er nun im Saal sie kopfheister, klatschte mit der flachen Hand schallend über den blankesten Körperteil, kuppte sie wieder rauschend um auf die Beine und tanzte im Galopp weiter in den dicksten Trubel hinein ...

Der Teufelsprofessor Bautz

Die Baronin verfiel immer mehr frommer Manie. An allen Enden des Hauses ließ sie kleine Weihwassernäpfchen aufhängen; von Skrupeln gepeinigt um die Seele ihres Mannes, im Hochmut der Frommen wandelte sie tief mit der Nase im Mantel herum. Ja, auch der Hausvikar ward ihr entfremdet, er schien allen guten Einfluß verloren zu haben, und sie suchte nach neuen Seelenfreunden.
Sie wurde ganz dömelig, wie der Westfale sagt.
Eines Abends traf der Baron wieder den Professor Bautz bei

ihr, jenen Fanatiker, der damals über die Hölle aufsehenerregende Untersuchungen verfaßt hatte. Das Kerzenlicht der Lüster schimmerte von seidenen Tapeten; die Bilder in den Goldrahmen blickten aus dem Halbdunkel des Kamins, der mollig flackerte, an den hohen Fenstern suselte der Gartenwind, ein guter Tropfen stand auf dem Tisch, und der Baron begriff heute erst recht gar nicht, wie aus der ruhigen Selbstverständlichkeit der Dinge ein Mensch so gräßlich hinterweltliche Konsequenzen zu ziehen vermöge, lehnte behaglich im »Jérôme« und nahm den Teckel auf den Schoß. Der Professor saß mit unerbittlich verkniffenem Mund und dozierte, grausam sich weidend:
»Mein Buch, die Hölle, erschien mit Genehmigung des bischöflichen Ordinariats zu Mainz. Nach Balmes ist es freilich nicht leicht – in *bestimmter* Weise die Schrecken der Hölle zu schildern. Aber gegen Wahnwitzige, gegen moderne Sadduzäer zu disputieren, die nicht an die Hölle glauben, ist lächerlich! – Ich frage nur mit Jesaias: Wer von euch vermag in zehrendem Feuer zu wohnen?« –
Der Professor sah sich herausfordernd um.
»Ich will systematisch das Wichtigste Ihnen erklären und beginne. Der lutherische Prediger Johann Brenz glaubte, die Hölle sei überall! Der heilige Chrysostomus verwirft mit Recht diese Spekulationen. Ich glaube, daß die Vulkane die Schlote der Hölle sind – nicht auf Mars und Mond, Unsinn! – abschreckender wirkt das Beispiel ihrer Glut aus dem Erdinnern selber! Alle ehrlichen Exegeten und Geologen können nun sehr einfach berechnen am Druck der Erdlagerungen, wie heiß sie sein muß. Den hochmütigen Sündern ziemt sich auch der tiefste Fall! Also, nach der Logik, muß die Hölle im tiefsten Erdinnern sein! Da nun die Erde ein Ball ist und jeder gleich weit von der Hölle entfernt sein muß, befindet sie sich logisch im Erdkern, im Zentrum. Ich verlege das Fegefeuer in die Nähe der Hölle, damit es die gehörige Temperatur bewahrt und den Verdammten selbst eine Qual des Neides ist. Da nach der Auferstehung das Fegefeuer bekanntlich erlischt, scheint es auch am praktischsten, daß es dann einfach mit der Hölle verschmilzt und deren

Glut für die Ewigkeit noch erhöht! Die Art des Feuers ist die gleiche, nur die Temperatur ist verschieden. Daß die Hölle ewig ist, wird jedem Denkenden klar, da sie sonst absolut keinen Zweck hätte! Ich will nicht eingreifen in den gelehrten Disput, ob der heidnische Kaiser Trajan, der einer Witwe große Wohltaten erwies, dadurch aus der Hölle erlöst sei. Ich bin nicht dafür! Das bestrafte Geschöpf kann sich doch nicht beklagen, da seine Vernunft es warnte. Fällt es durch eigene Schuld, trage es die Folge, denn der ewige Gott wird durch sie ewig beleidigt, und ergo muß die Strafe ewig sein!«

Der Baron schloß die Augen, um besser hinhören zu können. Bautz zündete seine Pfeife aufs neue an und fuhr fort: »*Also* – betrachten wir die unbeschreibliche Bosheit der Sünden, fordert schon Vernunft: nur Feuer! Denn von allen schmerzerregenden Agenzien dürfte keines so qualvoll sein. Kam Feuer nicht über Sodoma und Gomorrha, die Söhne Aarons? Nicht selten hat sich auch ereignet, daß die Teufel in ihren Leibern Schwefel aufwiesen! Viele Visionen sahen grellen Schein. Die Schrift nennt den Ort Tophet. Sie nennt sogar die Brennmaterialien: Holz, Stoppel, Werg, Schwefel – den schauerlichsten Brennstoff geben freilich die Verdammten selber! Hat Gott nicht durch den Hauch die Hölle entfacht? Das bedeutet *echte* Glut! Doch hat Höllenfeuer Proprietäten, die irdischem Feuer fehlen. Zum Beispiel nur wenig Licht, löscht nicht, brennt, aber verbrennt nicht; das ist sehr wichtig. Vom Standpunkt der Naturwissenschaft läßt sich annehmen, daß ewiger Kreislauf gewisser chemischer Prozesse (kraft göttlicher Mithilfe gewisser unterirdischer Materien) mit Sauerstoff und anderen Gasen stattfindet. Auch kann es schlechthin Gas sein, vielleicht ein Gemenge uns noch unbekannter Gase, deren chemischen Prozeß Gott selber überwacht. Wärme ist schwingende Bewegung der Moleküle, eine Art Bewegung des Stoffes. Übergang der Wärme von einem Körper zum anderen erscheint als einfache Mitteilung der Bewegung. Kann Folge eines mechanischen Effektes, eines chemischen Vorganges sein. Gott kann also alle Verdammten so schütteln, daß einfach Feuer entsteht! Der Prophet sagt: Und der Engel faßte den Drachen, die alte Schlange, welche ist

Teufel und Satan, und fesselte ihn auf tausend Jahre! Also die Hölle ist eine Art von Gefängnis mit Riegeln, Toren, Fußringen. Auch müssen die Verdammten an das Feuer gefesselt sein, damit sie nicht entwischen. Diese Fesselung läßt ein Plus und Minus zu, bemerkt Billnart, je nach Länge der Kette. Auch Kälte kommt zur Abwechslung in Betracht, schmerzhafte Würmer, materielle Fäulnis, Zersetzung, Sausen der Ohren vom Toben des Flammenmeeres, Geheul der Verdammten, Flüche, tränenloses Weinen, denn im inkorruptiblen Körper findet eine Säfteabsonderung nicht mehr statt, da die Drüsen zu schnell austrocknen, die Nerven nicht mehr leiten. Giftige Atmosphäre, Hunger, Durst – weil die Leiber dafür präpariert wurden –, Gestank, weil alle übereinander liegen, ohne Ausblick, in dichten Massen.«

Und er hub atemholend, warnend, die günstige Stunde nutzend, dem Baron ins Gewissen zu reden, seine Stimme zu der furchtbaren Beteuerung:

»Die Hölle ist ergo die absolute Höchstnorm des gerechten Feuers!«

Da endlich nahm der Baron den schlafenden Teckel vom Schoß und hielt dessen Schwanz ins Kaminfeuer.

»Unmensch – Unhold – Scheusal –!« kreischte die Baronin totenbleich: »Bist du besessen?« Und wie von einer Tarantel gestochen heisterte der Theologe auf: »Das geht ja über jeden Begriff!«

Ruhig kuschelte der Baron das wimmernde Tier wieder auf den Schoß: »Ahnt ihr jetzt, was ihr aus Gott gemacht habt, wenn ihr nicht mal ertragen könnt, wie nur ein Dackel den Schwanz verbrennt?«

Gespräche mit dem Pastor über den Himmel

Der Höllenprofessor Bautz betrat seit dieser Abfuhr nicht mehr das Haus, und die Frau Baronin wandte sich jetzt an den alten Ortspfarrer, doch wieder fleißiger sie aufzusuchen wie damals, als er noch Dienstag und Freitag abends beim Hausvikar

zu ernster Zwiesprache erschienen war. Der lag hustend wochenlang zu Bett.
Der gute Pastor, verantwortlich für jede Seele seiner Gemeinde, glaubte eine sträfliche Leichtfertigkeit seinerseits konstatieren zu müssen und trat nicht ohne Besorgnis den schweren Gang an. Nur mußte es diplomatisch eingefädelt werden, sonst würde der verstockte Sünder den Braten riechen und kalt vorübergehen lassen. Also warf der Pastor seine Angel eines Tages in den Schloßteich und suchte nicht nur einen kleinen Steckling zu fangen. Der Baron sah ihn vom Fenster aus sitzen: »Warum hat er seine Jakobsleiter wieder an mein Haus gestellt –?« ... und ließ ihn zwei Wochen vergeblich angeln. Denn er merkte bald, daß an dieser Stelle das Angeln nur symbolisch war. Überhörte auch, daß die Baronin schon mehrere Male gerufen hatte: »Ei – guten Tag, Herr Pastor – will's nicht klappen?« und die alte Stimme hatte geruhsam geantwortet: »Ich hab' Zeit!« Nein, so 'n alter Mann hat nicht viel Zeit mehr, durchschoß es den Baron, und in einer leichten Rührung, denn nichts attackierte ihn wie Beharrlichkeit, lud er den Seelenmakler (bei dieser Titulatur zuckte die Frau Baronin stets so schön vor Gottesfurcht!) zu einem Schwatzestündlein ins Vestibül.
Die Baronin hatte unterdessen auch den Rentmeister, den Lehrer und den Förster geheim verständigt, daß sie zum geselligen Zirkel sich vereinigen möchten – an Labung des Leibes würde es nicht fehlen –, der ihren Mann von den Abenteuern und Kürassieren fernhalte. Das ließ sich schön an, und sie röstete Toast und legte Lachs mit Ei und Kapern drauf.
Zweimal in der Woche kam nun der Dorfpastor zum Gläschen Wein. Prompt fanden sich auch die anderen, und sie räucherten wahrlich nicht mit Weihrauch die Erde aus! Der Pfarrer, der vorm Trunke stets sein Gewissen durch weise Sprüche erst beschwichtigen mußte, wiegte das graue Haupt: »Ja – ja – wie sagte doch Epiktet: ›Quält dich Durst, nimm einen Schluck kaltes Wasser, spuck es wieder aus und sag's niemand. Aber es hilft!‹«
»Er verschweigt wohlgemerkt, ob man ähnlich auch mit Wein verfahren soll –!« warf der Baron ein.

Der Pfarrer schmunzelte: »Freilich, freilich!«
»*Ergo bibamus* –!« rief der Baron. Und also begannen sie guter Dinge, sogen kräftig an den silberbeschlagenen Meerschaumpfeifen und stopften aus der großen blauen Vase inmitten des Tisches nach.
Aber der Pastor mußte doch auf den Hauptzweck seines Besuches langsam hinweisen und sagte: »Es gab schon in uralter Zeit ein ganzes Volk, das Abstinenz übte, das alkoholfreie Volk der Nechabiten, die mehr noch als Israel waren –!«
»Sie sind ein gelehrter Erzpriester, ein Summus Pfiffikus, aber ich schließe sicherer mit dem Bierdeckel als mit dem Sargdeckel mir die Nase. Wer weiß, was nachher kommt?« knurrte der Baron.
»Ja, es ist ungewiß –!« bemerkte der Rentmeister, der sich innerlich überlegen zeigen wollte – »ob's dort eine Rente gibt?«
»Man soll getrost die Zukunft Gott und der Weinflasche überlassen –« trommelte der Baron die Tischplatte.
Der Pastor schüttelte den Kopf: »Wir ulken über die heiligsten Dinge!«
»Gott ist ja gar nicht so 'n Tränenpeter –« protestierte der Baron – »wie ihr Pfaffen ihm selber vorweismachen wollt! Ihr tut immer so, als sei er ein alter, verkniesterter Junggeselle, der Zucker hat oder keine Frau mitkriegen konnte – Proste Mahlzeit! Der weiß genau, was er will! Lassen Sie das heilige Drillingspaar man laufen –«
»Nicht so respektlos, Herr Baron –!«
»Ich spreche aus innerster Erleuchtung –!«
»Aus Besessenheit!!«
»Meinen Sie, Christus würde, falls er hier vorbeikäme, meinen Teufel austreiben? Der ließe ihn hübsch mir in der Wampe drin und sagte: ›Er soll wie der Juxteufel in der Jahrmarktsflasche steigen und tanzen – das Leben ist doch ernst genug!‹ Unglück aller Wege; jetzt ist auch die Viehseuche wieder im Land; bald gibt's neuen Krieg –«
Da hielt der Pastor die Stimmung für günstig und sagte: »Herr Baron, Sie wissen ja, daß der Blitz in die Dorfkirche gefahren ist –« – »*Bon*«, unterbrach ihn der Baron, »ich gebe

nix; wenn Gott nicht mal seine eigene Firma in Ordnung halten kann, laß er gefälligst sehen, wie er eine neue Hypothek bekommt!«

»Die Bauern lassen ihren Herrn in der Kirche verhungern«, antwortete ernst der Pastor – »sie sind zu geizig, nur ein Altartuch zu stiften, wenn Sie nicht mit gutem Beispiel vorangehen –«

»Gutes Beispiel? Stifte ich, heißt es, nun brauchen wir nichts mehr zu geben – stifte ich nicht, so müssen sie halt selber zahlen. Was ist nun das Gott Wohlgefälligere?«

Der Pfarrer sann nach.

»Überhaupt – Himmel? Stellen Sie sich Landois im Himmel vor – mit Flügeln–« Man lächelte. »Mit der Pfeife Halleluja dirigierend!« Man lächelte noch mehr. »Oder ol Varndirks Vader –?« Man lachte laut. Denn ol Varndirks Vader war wegen seiner Winde dorfbekannt, wenn er knappend und knallend in der Schenke saß.

»Sie vergessen, daß wir verklärten Leibes –!« warf der Pastor eifrig ein.

»Verklärt?« machte der Baron gedehnt. »Bitte erklären –«

»Aller Gebrechen ledig – aller Laster frei –! Jung und ewig lächelnd –«

»Apropos –« der Baron sog einen Augenblick schweigend an der Pfeife und stellte sie in die Ecke: »Was ist alsdann das Wiedersehen, von dem ihr Zeloten so viel Rede macht? Denke ich an meine Großmutter, mit dem altersverfalteten heiligen Gesicht, mit der Warze links unten am Kinn, der weltabgeschiedenen Güte – grade so ist sie uns Kindern im Gedächtnis, so ist sie unsere alte Oma, nicht anders – und sie selber? Sie freilich möchte nicht als gebrechliches Weiblein die Ewigkeit durchsitzen, auch sie möchte jung und gesundherrlich sein – und ist dann unsere liebe Großmutter nicht mehr, nur eine fremde, glattschöne Wachspuppe . . . *Wir* also sehen sie nicht wieder! Ihre Mutter aber, die sie nur als Kind kannte, was sind der jene rührende Alterswarze und die Fältchen der Ehrfurcht? Die möchte sie ja nur als Kind wieder haben, und als Kind will die Großmutter wieder nicht, bloß als Jungfrau – das ist nur ein Beispiel, wie verwachsen mit Irdischkeit wir alle sind, in den geheimnisvoll traurig süßen Ring der Zeitflucht gebannt und geformt eben vom Schicksal *unserer Tage*, daß es ein *wirkliches* Wiedersehen *nicht* gibt in tieferer Bedeutung; nur ein blöd fremdes Sichanstarren in veränderter Himmelspose, aber nicht, was Herzensvertrautheit, Blutsverbundenheit, Elternheimat und Kindesliebe ist ... Das geht alles aus! Kiste zu. Leben *ex*, *silentium*.«

»Zwar – ja – gewiß wohl – aber unsäglich süßer muß jenes *höhere* Wiedersehen in Gott sein –«

»Lieber Pastor, das können wir uns ja gar nicht vorstellen. Nach dem, was wir hier Glück nennen, kann es nicht bemessen werden! Also hat es keinen Sinn für uns. Gott müßte auch einen schlechten Geschmack haben.«

»Was bleibt dem Volk?«

»Möglichst gesund das einmalige Sonnenkringelchen Leben zu genießen; das ist genug!«

»Dann wär' ja die Schöpfung sinnlos?«

»Ist der Himmel nicht genau so sinnlos in Ihrem Sinn, selbst wenn er existierte? Denn ich bewies Ihnen schon, daß er unser Glück ewigen Beisammenseins nicht kennt, und Gottesglück? Kennt und besitzt er die Seele nicht schon früher? Fehlte ihm aber zur Vollkommenheit noch unser Glückseligwerden, so ist er eben nicht vollkommen und damit kein Gott. Nein, der Himmel ist Utopie ...«

»Es ist zwölf Uhr, Mitternacht. Wir müssen aufbrechen –« drängte der Pfarrer unsicher.

Der Frau Baronin schickte er ein Billettchen, daß der Zirkel aufgehoben werden müsse, er selber könne beim Baron keine Besserung konstatieren, und dieser verführe im Gegenteil auch noch den Lehrer und den Förster, die doch einfache Gemüter seien, zu Skepsis und Häresie.

Wieder gab es eine große Eheszene, aber der Baron verschwor sich um des lieben Friedens willen zu einer trügerischen Heuchelei – aber dieser Schelm, dieser Weiberohrenbläser, seine Stunde würde schon kommen!

Und sie war näher, als dieser ahnte.

Die Baronin aber glaubte an die gute Einwirkung und schritt zu neuer Attacke.
»Herr Philipp –« sagte sie kühner und sanfter als sonst zu Dachs – »Sie sind ein Trinker geworden –«
»Waas? Iche?« machte Dachs große Augen.
»Jawohl – Ihre Seele steckt chanz im Wein –«
»Dann lassen Se man den Korken drauf –« schnarrte Dachs.
»Sie haben schon chanz den unglückseligen Ton des Herrn Barons angenommen – was waren Sie früher doch für ein feiner Mann –«
»Ja, ja – man verkommt so 'n bißchen in so 'ner Familie –« bedauerte Dachs anscheinend aufrichtig.
»Ich wünsche, daß Sie nach Telgte wallfahrten – Chottes Mühlen mahlen langsam – aber ich fühle, daß ich nie vergebens ging –«
Dachs kannte die Freigebigkeit der gnädigen Frau, auch hoffte er auf eine Abwechslung, und so sagte er denn zu.
Abends beim Souper fragte der Baron: »Wo steckt mein Leibfuchs?«
»Herr Philipp ist auf die Wallfahrt nach Telgte –« sagte die Baronin, sanft triumphierend.
Der Gemahl stach mit dem Messer einen Teller entzwei: »Da brat mir einer einen Storch –! Was will dies Luder die Allerheiligste belästigen?«
»Er soll vom Trunke mit Chottes Chnade geheilt werden!«
»Du willst ihn wohl als meinen Vorläufer an den Jordan senden?«
»Ich kann diese rote Nase nicht mehr ertragen – es chokiert mich, solch ein Antlitz immer vor mir zu sehen –«
»Na – wenn der auch die rote Nasencouleur forthaben will, der vergißt doch beim Gebet die gewünschte Farbe anzugeben, und da verleiht man höheren Orts mangels besonderen Wunsches dann einfach die Kirchenfarbe, und die ist . . . blau –«
»Gisbert! Schon wieder ein Rückfall?«
»Du sollst sehen, das Jüngelchen kommt blau zurück –«
»Wann endlich mag Chottes Chnade dich erweichen –?« seufzte sie tiefst.

»Ach –« kaute ihr hartgesottener Gespons – »mit der Gnade Gottes ist's ähnlich, als wenn man einem Teckel Butter auf die Nase schmiert. Er schielt sich schief danach und hopst und schnappt in der Luft herum und weiß nicht, daß sie ihm selber schön auf der Nase steckt! Man lamentiert um Gottes Segen und begreift nicht, daß man ihn längst hat, wenn man nur ein Kerl ist –«

»Daß du immer die heilichsten Dinche mit trivialen Exempeln besudeln mußt –«

»Ich bin kein Dichter –«

Man schnitt ein ersprießlicheres Thema an. Und der Baron erzählte, daß Landois in seiner Kunstfertigkeit schon so weit sei, daß er mit Schere, Stäbchen und Leimpinsel richtige Vogelnester bauen könne und jetzt den lieben Gott übertroffen habe, denn seit Jahrhunderten gelte der Nestbau der Vögel als ein unbegreifliches Wunderwerk.

»Aber er kann keine Junche hineinlegen –!« bestand die Baronin.

Der Baron schwieg, geschlagen von ihrer Logik. Am folgenden Abend kam Dachs nüchtern und fromm heim. Die Baronin hub den Kopf und handelte die Gnade Gottes nicht billig ein. Der Baron aber ward noch argwöhnischer: »Hat sie sich auch hinter diesen Erzheuchler gesteckt? Fängt die Simpelei hier schon an? Es wird brenzlich! Aber ich kauf' ihr den Dachs um einige Taler teurer ab, daß er bis in die Stiefelsohlen nach Kognak stinkt!«

Der angelnde Pastor

Der Pastor berief sich beim Angeln auf den heiligen Petrus und verband gleich das Praktische mit dem Schönen, indem er zur Beschaulichkeit, am Ufer des Kleuterbachs sitzend, Brevier betete, bis er mitten in der Betrachtung plötzlich durch die Leine aufgerüttelt wurde, die Stirne ob der Störung runzelte und doch liebevoll gespannt niederlauschte.

»*Justitia et pax osculatae sunt* – Gerechtigkeit und Frieden küssen sich –« Da biß rasend ein fetter Aal. »Sapperment!«

schrie der Pastor und fort war er. Ein neuer Köder an die Angel, das Buch aufgeklappt, weiter. Und wollte gerade: »O wunderbar milder Gott« murmeln – da hackte im selben Moment ein Barsch fest, und das Biest zog toll vor Schmerz, blutend unterm Wasser, aber der Pastor hielt die Rute mit beiden Händen: »Warte, du Bursche!« und schaute ihm wohlwollend in die erschreckten Augen, aber jupp! riß das Opfer sich abermals los. Er ringelte einen neuen Wurm der Länge nach mit Daumen und Zeigefinger auf die Angelspitze. Das Abendrot flimmerte durch die Erlenbüsche auf dem ruhigen Wasserspiegel, die Amsel flötete in der wohligen Einsamkeit, und er duselte allmählich ein – ob das Wasser – die Angel – das Gebetbuch – kraus sind die Wege Gottes – er träumte von Sankt Antonius, der den Fischen predigte, und lächelte und nickte von der Jakobsleiter ins irdische Dasein befriedigt hinab.

Entschlummert sah ihn der Baron bei der Angel sitzen. Spornstreichs kehrte er um, griff einen fetten Hahn und blies ihm das Licht aus. Dann kroch er zur Angel und praktizierte sie samt dem Wurm so in den Schnabel, daß der Angelzinken oben am Nasenloch des Schnabels hervorguckte. Er rupfte noch einige Federn aus und streute sie am Boden wild umher.

Was der Pastor für ein Gesicht gemacht, als er beim Erwachen statt eines Fisches einen kapitalen Hahn an der Angel fand, hat er wohlweislich verschwiegen, nicht aber seine Pfiffigkeit. Denn er erzählte die Geschichte flugs rund (der Baron sorgte noch mehr für Verbreitung), so daß er schnell in den Ruf kam, weniger aufs Kirchenlatein als aufs Jägerlatein sich zu verstehen. Bei der nächsten Dekanatsversammlung ward er vom Dechant mit den Worten empfangen: »Herr Konfrater, Ihre tolle Aufschneiderei mißkreditiert Ihr Ansehen – daß Sie eine Ziege an der Angel gefangen haben wollen« – »Was, – eine Ziege?« rief der Pastor erstaunt. »So wird leider allgemein erzählt – Sie Flunkerpott!« rief der Pfarrer des Nachbarsprengels. Der Pastor warf sich für seine gekränkte geistliche Ehre in die Brust und beteuerte mit Vehemenz: »Meine Herren – die eilmäulige Fama hat wie stets übertrieben – ein Ziegenbock war es nicht, aber –« er stockte. »Was denn –?« – »Es war ein

Hahn!« Schallendes Gelächter. »Meine Haushälterin kann's bezeugen!« Die geistlichen Herren kannten ihren soliden treuen wahrhaftigen Kollegen auf einmal nicht wieder, und einige warfen sich bedeutsame Blicke zu. Aber der Pastor geriet in heilige Wut, daß man so offensichtlich ihn anzuzweifeln wagte, und sprach ein spitziges Wort, worauf der Dechant abwinkte und die Sache ohne weiteres Hänseln erledigt schien.

Aber schon am folgenden Morgen kniff die Haushälterin ein regensaures Gesicht, und beim Auftragen der Mittagssuppe platzte ihre Entrüstung los: »Die Blagen rufen mich nach: wie smeckt der Waterhahn?« – »Das ist doch zu toll –« horchte der Pfarrer auf. – »Ich werde bei der nächsten Kinderlehre die dumme Sache endlich in Ordnung bringen.«

Nach Tisch grub er aber doch den Hahnenkopf wieder aus und fand auch noch deutliche Spuren der Angel. Er schickte ihn zu Landois. Landois witterte Schabernack und sandte ihn zurück mit dem Gutachten: »Großhirnnerv getroffen, so daß sofort Schlagfluß eintrat.« Der Pastor zeigte dies Testimonium selbst dem Baron und beklagte sich bitter; der ödete ihn aber noch unverschämter an und behauptete: »Die ganze Gemeinde sagt – das nächste Mal angelten Sie den Kirchturmhahn!« Da stampfte der Pfarrer spinnewütig ohne Gruß hinaus.

Bei der nächsten Sonntagspredigt räusperte er zum Beginn und sprach nach gemessener Pause: »Was jene besagte Angelegenheit betrifft, von der ein unnötig müßiges Aufsehen gemacht wird, so warne ich dringend die Gemeinde, sich noch fernerhin zu versündigen wider den Diener Gottes durch üble Nachrede. Ich werde im Beichtstuhl sie strengstens ahnden – und erkläre vor allen Anwesenden angesichts des Hochaltars« (und er hub seine Stimme zu lautem Baß): Ich habe einen Hahn mit der Angel gefangen! Hier ist der Kopf!« Und zeigte ihn vor den staunenden Augen. So lange die Kirche in Bullbergen steht, seit Menschengedenken ist noch niemals während des Hochamts so allgemein geschmunzelt worden, und man hörte deutlich Schulten Vader kopfschüttelnd antworten: »Dat makt he mi nich wies –«

Mittwochs lag ein Brief des Generalvikariats vor, worin um

Aufklärung gebeten wurde und ob es der Wahrheit entspräche, daß er während des Hochamts in der Kirche einen Hahnenkopf gezeigt hätte?

Darauf unterfertigte der Pfarrer ein Schreiben, das sich des schuldigen Respekts nicht enthielt, aber mit grober Deutlichkeit den Effektivbestand schilderte. Nach fünf Tagen wurde er, der kein Auge mehr schloß, zum Bischof nach Münster bestellt.

Der Pfarrer, so mit Herzklopfen, wohlpräpariert, aufrecht im Bewußtsein seiner Unschuld am folgenden Vormittag das Vikariat betrat, war gerührt wie überrascht, nur sehr freundlich lächelnden Mienen zu begegnen. Denn der gute Generalvikar hinterm grünen Tisch nickte und nickte, winkte ab und drückte ihm die Hand: »Wir haben das Kloster schon benachrichtigt – machen Sie mal erst Exerzitien im Kloster Blyembeck – damit das Geschwätz einschläft.«

Da gingen dem Pfarrer sämtliche Kirchenlichter auf; er begriff natürlich mit seinem gesunden Verstande sofort die wahre Bedeutung der Exerzitien und prankte wie ein Löwe für sein Recht und erklärte, ob es denn vielleicht ein größer Wunder sei, einen Hahn mit der Angel zu fangen, als daß die Mutter Gottes in Telgte nicken könne?

»Ich nehme zu Ihrer Entschuldigung an, daß Ihnen dieser unehrerbietige Vergleich nur in der Erregung Ihres krankhaften Zustandes entfahren ist!«

»Wenn ich mich in krankhaftem Zustande befinde, so leidet der Klerus der ganzen Diözese an meiner Verrücktheit!« donnerte sein Bauerntemperament los.

»Herr Konfrater –«

»Herr –!«

»Ihre Anglerleidenschaft –!«

»Bitte sehr –!«

Der vielerfahrene Prälat lenkte ein und meinte: »Na – so erzählen Sie denn mal genau den Hergang.«

Und mit der wilden Gesprächigkeit eines jeden, der unerwartet sich noch gerechtfertigt hofft, malte der Pfarrer haarklein alle Einzelheiten der Affäre aus – zeigte sogar Landois' Attest – und bestätigte mit diesen Details nicht so sehr die traurige

Gewißheit seiner geistigen Umnachtung als in dem kurialen Diplomaten die Überzeugung, daß hier von dritter Hand eine Büberei vorliege, und so fragte er mit aufprustender Heiterkeit:

»Waren die Federn denn trocken oder naß?«

»Sie waren trocken –« stotterte der Pfarrer.

»Kind Gottes – das ist ja der Kern der ganzen bösen Geschichte – wenn Ihnen der Teufel hier keinen Streich gespielt hat – sind Sie denn nie auf den Gedanken verfallen, daß hier vielleicht ein anderer –?«

»Bomberg!« platzte plötzlich Erleuchtung dem Pfarrer auf. – »Natürlich – niemand anders!«

So wär beinah aus kleinen Ursachen ein großes Malheur entstanden.

Die Baronin aber gelobte: »Ich wende mich jetzt an den Pastor in Dülmen, der ist ein kluger Herr; von dem ahnt er nichts! Auch muß hier bald wieder Firmung sein, daß der Heilige Geist über das Dorf kommt – vielleicht überschattet er seine arme Seele –«

Wie echter Bauerngeiz ihn übertölpelt

Was ein richtiges Schweineschlachten ist, das wissen aber nur die wenigsten.

Erst wird Tage vorher bestimmt, wann der Termin sei. Dann läßt ein ordentlicher Bauer das Schwein noch einmal gründlich im Hof austummeln. Genau zur bestimmten Stunde erscheint der Metzger in Schurz und hochgekrempelten Ärmeln, der lange, spitze Wetzstein baumelt wie ein unheimlicher Rattensterz an seiner Linken, und Kinder, Knechte jagen es in alle Ecken, daß sein Blut in Wallung kommt, und fangen das grunzende Borstentier, einer an den Zitzen, der andere an dem Schwanz, der dritte am Hinterbein, indes der vierte einen Strick darumgeschlungen hat und die Beute so triumphierend hinausgetrieben wird. Dann wirft man es auf die Seite, der Metzgergeselle packt fester in die Ohren, während der Meister das Knie auf die Brust stemmt und der Knecht das oben zappelnde andere Hinterbein hält. Erst kitzelt – was 'n richtiger Metzger ist – nochmals mit dem geschärften Messer den Hals, daß wonniges Grunzen und selig betörtes Schaudern die feiste Bestie überläuft, und plötzlich drückt er mit gewaltigem Stich das haarscharfe furchtbare Messer bis oben ans braune Heftende durch die weichwibbelnde Kehle tief ins Herz. Quiekendes, markerschütterndes, wahnsinniges Geschrei gurgelt und rast auf, daß alle Kinder im Kreise gruseln und die Hausfrau, die gerade in Umständen ist, ihr Küchenfenster schließen läßt. Aber die Magd kniet schon drall hin und hält die breite schwarze Pfannkuchenpfanne unter die Halswunde und rührt das hinabströmende, frisch und wild widerlich riechende Blut, damit es nicht gerinne. Ist die Pfanne schwappend voll der purpurnen Lache, wird eine blankgeputzte Möhre wie ein verschließender Keil in die Wunde gesteckt. Das Schwein quiekt unverändert fort – bis die Pfanne in den Kessel entleert ist. So wird diese drei-, vier-, sechsmal vollgestrudelt, und der Knecht hält ein Vorder- und ein Hinterbein in drehender Bewegung, damit das Blut sich nicht staue und gehörig abfließe. Das jammervolle Wehgeschrei stumpft mehr und mehr ab, wie das zuckende Tier nach völligem Blutverlust verröchelt und eine fahle, trockene Farbe kriegt. Nun wird aus dem Kaffeekessel zischendes Wasser unter weißen Dampfwolken darübergegossen, und der Metzger schuppt mit dem geschärften offenen Rande eines Kuhhorns die gelösten Borsten von der Schwarte ab. Die Hinterbeine befestigt er mit dem Krummstock, dem Querholz, durch die Fersensehnen auf die Leiter, richtet sie mit zwei Mann hoch und öffnet nun das kopfunter herabhängende Tier in der Bauchnaht mit lautlos schlitzendem Messer und stumpfkrachendem Beilhieb. Der Spirlstock wird in die geöffneten rosenroten Seiten der Brust geklemmt und spreizt die Rippen wie Faßdauben weit auseinander. Also paradiert es nun mit seinem ganz hohlen Leib bis ins Innerste aufgebrochen und erkaltet. Die einzelnen Glieder zucken nicht mehr, willenlos schlottert das Schwänzchen im Winde, von Kinderhand berührt wappelt jede Rippe wie Ast und Laub am Baum, aus der

Schnauze nur tröpfelt es noch lange in den Eimer. Die breiten Lappenohren starren senkrecht tief. Das Auge glotzt blöd halboffen. Es ist tot. Und die Nachbarn kommen zum »Schweinepriesen«, begutachten und kriegen ein Schnäpschen, wohl auch eine frischgestopfte Mettwurst vom Küchentisch, denn Frau und Mägde spülen und schaben und sieden schon mit nackten Armen die knusprigen »Schräwen«, die bei der Schmalzbereitung übrigbleiben, auf Pumpernickel mit Salz zum Imbiß gereicht, und backen Pannhas und Puschkebrot.
Das ganze Haus riecht bis in den Garten nach frischem Fleisch. Jede Minute setzt die alte gutmütige Katze, plötzlich tückisch geworden, durchs Fenster herein und entwischt wieder, und der Hund stöbert, schnuppert, Vorderpfoten auf die Bank, mit quellend flackendem Auge. Bis zu den Ratten in den Kellertiefen ist alles in Aufruhr und Lüsternheit, und doppelt wird Bottich und Faß mit Deckel und schweren Basaltsteinen verschlossen. Wohl auch der Pfarrer bekommt abends eine feucht verdeckte Schüssel mit schönem Gruß von der Frau. Dies war das sogenannte »Paterstückchen«, die leckere Karbonade, davon man erst Suppe kocht und es dann zu Äpfeln und Birnen brät.
Niemand vermißt, ob im Stall eine Sau von den andern verschwunden ist. Das Geraufe und Gerunzel an den Trögen rumort unbekümmert weiter, der Viehkessel quirlt seinen breiigen Sud wie an allen Tagen, die Magd kämmt sich morgens und abends das Haar vorm Spiegel. Bis das ganze, große, oft trächtig gewesene Tier unbemerkt von den Hausbewohnern zu den Früchten von Feldern und Bäumen mitverzehrt wurde und schon ein anderes Mastexemplar, das ruhig rundend währenddem sich herangepolstert hat, aus der Suhle des Hocks auf die grausige Leiter gestemmt wird, dieselbe Leiter, von der man Birnen und Pflaumen pflückt und worauf der Hahn zur Sonne kräht.
Es ist alles so einfach, natürlich im alten Gang der Uhren und Instinkte, und auch der schwarze Sarg, in dem die Mutter durchs große Dielentor mit unruhig in den Morgen brennenden Lichtern hinausgetragen wird, unterbricht nicht das kleinste Keimen in Hof und Beet, wie selbst die Geburt nur ein Mäulchen

mehr an Krippe und Gabel setzt . . . Das alles ist in engem Umkreis beschlossen, in dem nie eine Änderung eintritt; das ist die Stärke des Bauerntums.

Kam nun der Baron zu Weßling Bur' gerade, als der ein Schwein geschlachtet hatte. Stolperte mit seinen naß sappenden Jagdstiefeln, die Spielhahnfeder am Hut, herein. Tupfte den Zeigefinger in den Speck, hielt ihn in die Sonne, kniff 's Auge und sprach bedächtig:

»Trichinen –?«

Ol Weßlings Vader nahm die Birkenholzdose aus der Tasche, klopfte dran, klappte auf und fingerte ein Prischen.

»Trichinen –!«

Ol Weßlings Vader nahm gleich nochmals eine Prise. Seit Menschengedenken nahm er die zweite Prise so kurz hintereinander.

»Trichinen –!« sagte der Baron zum drittenmal und wischte den Finger umständlich an der Hose ab.

Ol Weßlings Vader war so über die Maßen sparsam, daß er sonntags stets als letzter zur Kirche kam und als erster wieder ging – bis man endlich die verwunderliche Entdeckung machte: er zog jedesmal vorm Dorf die Stiefel aus und kam und ging barfuß, seit fünfundvierzig Jahren! Obschon es nun jeder kannte, hielt er doch noch daran fest. Darum gedachte der Baron, ihm diesen Riesenschlag zu versetzen, der tausendjährige Ordnung zerriß. Darum auch warf ihn diese Aussicht, das ganze Schwein sei kaputt, innerlich so durcheinander, daß er die zweite Prise nahm, bevor die erste verdaut war, und sagte:

»Dann verkop ick dat Swin no Mönster –«

»Dort wird es sofort untersucht!«

Schweigen.

»Dann verkop ick 't no Coesfeld –«

»Auch dort wird's untersucht!«

»Ok in Hamm?«

»In jeder Stadt!«

»Wat is dor to maken?«

»Nichts!«

»Dörf denn kin Mensk dervön etten –?«

»Nee –«
Schweigen.
Ol Weßlings Vader beroch das Schwein, strich mit der flachen Hand über den Schinken, hub zärtlich die Schnauze und sagte: »Dan frett ick 't alleene!«
Der Baron sah, daß er hier nichts erreichen konnte, und klopfte dem Alten auf die Schulter:
»Vader – Ji bint de erste Kärl, der mi örwertrumpft hätt – et is'n lecker Biggen[1] – nu gewt mi ok 'n Schnaps för 't Swinepriesen –!«

Das Tafelservice

In Hannover kehrte der Baron in einem Prachthotel ein. Der welfische Königshof erhielt zahlreichen Besuch vom britischen Hochadel, auch noble Ausländer fanden sich hier ein. Deshalb war nach damaliger Mode mit viel Brimborium die französische Küche eingeführt worden. Der Besitzer hatte zur Reklame noch die Neuigkeit getroffen, das Trinkgeld gleich auf die Speisen zu berechnen. Es sollte alles extrafein sein. Der Baron aber fuchste sich über »Mamsell« und »Madam«, wie der Hausbursche »Portier« hieß, der Wirt »Garçon« rief und der Garçon: »Bitte zur Table d'hote!«
So setzte er sich an die gedeckte Tafel und sah auf der Speisekarte wieder lauter fremdländische Namen. Sogar der Rheinwein hieß *Vin du Rhin!* »Kellner – brengt mi doch 'n ollen Klaoren!« brummte er. Der Kellner überhörte diskret. Die Suppe wurde aufgetragen.
»Wat is Hammel *à la* Soubise –?« hörte man wieder die rustikale Stimme fragen. Man lächelte im Kreis. »Kellner –!« quarrte es lauter: »Kann ick för Soubise nich Schweinepepper kriegen?« Der aber neigte den Scheitel in das Schmunzeln der Korona – einige Damen kräuseln die Lippen indigniert – und sagte herablassend über die Schultern des ländlichen Gastes: »Wir können beim Diner keine Spezialwünsche akzeptieren –«
»Obers wat de Bur nicht kennt, dat frett he doch nich –«

[1] Schwein

»Dann müssen Sie eine – eine – Kneipe aufsuchen – wenn Ihnen das Menü nicht konveniert –«

»Bint wi dann in Hannover of in Paris, Männeken?« Der Ober zuckte die Achseln.

Zum Schluß rief der Baron: »Betahlen!« Der Erhabene reichte die Rechnung. »Bloß twe Dahlers –?« meinte der Gast – zieht geringschätzig den Beutel, zahlt und legt feierlich einen neuen Hundertmarkschein als Trinkgeld drauf.

»Bitte – Service ist eingeschlossen, mein Herr –!« stotterte der Ober geblendet.

»Wat – sall ick dat Servis ok noch mitnehmen? De Krempel is mi to lästig!« meint der Bauer, greift Löffel, Messer, Gabel, Teller und schmeißt sie vor den Augen des Erschreckten klirrend zum Fenster hinaus auf die offene Straße, daß der verblüfften Tafelgesellschaft eine wiehernde Heiterkeit sich bemächtigt, der Wirt hinzustürzt, der Bauer aber gelassen sagt: »De Baron von Bomberg kürt[1] Dütsk in Dütskland –!« Und ging.

Die Reise nach Hamburg

Was steht im Holz und schreit / Und flucht und prophezeit / Und keiner kann ihm wehren? – so fragt ein Vers des westfälischen Rätselliedes. Ja, der Pastor von Dülmen stand schreiend in der hölzernen Kanzel, welche, aus *einem* Eichenbaumstück gehauen, seit Jahrhunderten Gottes Wort ausgestrahlt hatte, er schrie, fluchte und prophezeite dreifachen und neunfachen Fluch ob der Verderbnis der heutigen Zeit! Den Baron, der auf eine Extrabitte seiner Frau gerade diesen Sonntag zur Messe nach Dülmen gefahren war, wollte es bedünken, als wenn der tapfere Gottesanwalt besonders nach ihm ziele, insbesondere bei den Kraft- und Saftstellen der Predigt. Er überschnupperte die Fährte und blinzelte nach seiner Frau – trau, schau, wem?! – Die saß, verdächtig gottergeben in Gottes Wort, und zehn Minuten später stieg das volle Licht der Erkenntnis: der rauhe und sinnige Eiferer kam sachte über den Sündenpol Berlin auf

[1] spricht

Hamburg, und nun regnete es Hiebe auf die Verführungen der Großstädte, es schauerte Verwünschungen auf die Brutnester des Trunks und der sündhaften Liebe, Beschwörungen blitzten über Seeschiffahrt, Matrosen und Sankt Pauli, das ein Geschwür sei am Namen des heiligen Apostels, und Diesseitsflüche und Jenseitsdrohungen donnerten über die erschreckten Bauern hinweg gegen die Menschen, welche »Haus und Hof verließen und ihr Vergnügen in der Großstadt suchten, statt in der Heimat«, und brausten gegen die »Eheleute, welche in dem Taumel ihre Frauen vergessen«!
Bomberg saß unerschüttert in seinem Stuhl und betrachtete den Streiter wie eine Fliege, die nicht müde wird. Er wußte genug. Er war vor kurzem vierzehn Tage in Hamburg gewesen und zum Mißfallen seiner Gattin körperlich und seelisch verplustert heimgekommen. Sie und dieser hatten hier wieder einen Pakt geschlossen! Er saß da, sah den Redner aufmerksam an und überdachte das gute Sprichwort: Es ist das beste an der Fliege, daß sie keine Hufeisen hat.
Die Rede dünte ab. Die Gläubigen steckten die Köpfe zusammen zur Generalkritik.
»So hätt he us düftig wittelt«, sagte draußen Große-Busboom, der größte Bauer. »Vader« – ängstete sein Weib – »et stött mi so, dat he usen Anton meinde, de no de Großstadt Mönster trocken is –«
Bomberg aber schüttelte leutselig dem Pfarrer die Hand und schwur, daß ihn die Predigt wunderbar ergriffen habe; zugleich lud er ihn drei Tage später zu sich ein.
Richtig, am Mittwoch hält das Gespann beim Pfarrer und holt ihn ab; die Freifrau ist laut, herzlich und still dankbar, der Baron die fleischgewordene Güte. Es gibt Kaffee und Schnäpse, Abendessen und Bowle. Der Pfarrer will fort, Bomberg hält ihn fest und trinkt ihm zu, es kommen Weine aller Gaue und Länder – bis der Pfarrer, nur des leichten Meßweins gewohnt, so sinnlos selig ist wie ein verzückter Mulla im Koran.
Bomberg übertrifft den Hausherrn an Menschenliebe und fährt den des heiligen wie menschlichen Geistes beraubten Seelenhirten persönlich nach Dülmen.

Es war gegen drei Uhr morgens. Der Schnellzug von Köln kam mit Höllenaugen heran. Im Galopp an die Bahn! Bomberg stopft den Pastor in den Schnellzug und empfiehlt dem Schaffner, seinen Freund schlafen zu lassen, aber ihn in Hamburg-Dammtor zu wecken.
Gegen sechs Uhr morgens fand sich der Kanzelredner in Hamburg-Dammtor. An seinem Hals hing ein Bindfaden, daran die Fahrkarte baumelte, in der Tasche stak ein blanker Taler, darum gewickelt ein Formular.
Der Pastor setzte sich betäubt und begrifflos vor dem Bahnhof auf eine Bank und las langsam das Schriftstück; es war ein frankiertes Telegrammformular mit diesem Inhalt: »Bomberg Bullbergen. Bitte höflichst gegen Sündenfall drahtlichen Vorschuß. N.«
Der tapfere Pastor hungerte einen Tag und erwehrte sich auf seiner Bank am Wall eine Nacht aller Zumutungen, dann ließ er seufzend das Telegramm abgehen.
Umgehend kam das Geld. Doch als der Pastor in Dülmen ankam, stand Bomberg auf dem Bahnsteig und grüßte ihn höflich: »Herzlich willkommen, Herr Pastor, in der Heimat! Sie werden uns jetzt sicher von der Verderbnis Hamburgs erzählen – ja, ja, probieren geht über studieren –!« Der Pastor drückt sich wortlos in die Pfarre.
Noch nach Jahren, wenn Bomberg den weißgewordenen Pfarrer traf, klopfte er ihm freundlich auf die Schulter und sagte lieb: »Nun erzählen Sie mir doch mal ein bißchen von Hamburg.«
»Ich bitt Ju, Bomberg«, erwiderte dann stets der Pastor leise – »ick bitt Ju bi Peter un Paul – holt de Mule!«

Die Schlachtenwette

Wilhelm I. setzte aus seinem Einkommen jedes Jahr eine Million Mark aus, um verschuldete tüchtige Offiziere vor der Verabschiedung zu retten – niemand hat wohl an dieser Pulle so kräftig gesogen wie der tüchtigste aller Generale, welche die Westfalen gehabt haben – *Göben;* dieser lange hagere Mensch

mit dunklen, brillenbewehrten Augen hatte in sich eine Unbändigkeit, welche er im Frieden in Trunk und Spiel austobte, und seine Offiziere mußten Nächte durch mit ihm Pool halten.
Kurz vor Kriegsausbruch des Jahres 1866 war Göben eine schlimme Nacht mit Bomberg am Werk gewesen, und als der Morgen kam, war Göben säckelleer, auf Jahre bankerott. »Ich will Ihnen einen Vorschlag machen«, sagte Bomberg; »wissen Sie, der Westfälische ist altösterreichisch und neupreußisch, das Herz ist geteilt. Für jede Schlacht, die Sie verlieren, streiche ich Ihnen als Tröstung dreitausend Taler; für jede gewonnene Schlacht zahlen *Sie* dreitausend Taler, bis alles glatt ist – denn siegen Sie, so sind Sie auch zahlungsfähig!« Göben hatte nicht viel zu überlegen und nahm an. Eine Woche später ging Manteuffel bei Altona mit dreißigtausend Mann über die Elbe, und der Krieg begann. Göben hatte unter Falkenstein, später unter Manteuffel die glänzende dreizehnte Division und siegte sich durch Mitteldeutschland den Main herauf über Dermbach, Wiesenthal, Kissingen, Aschaffenburg, Laufach, Tauberbischofsheim bis Würzburg – aber nach jedem Gefechtsabend rückte er nach seiner Art an der Brille und kratzte sich hinter der Kappe und sprach dabei die geheimnisvollen Worte:

Bomberg, klingt's dir in die Ohr'n?
Au, dreitausend sind verlor'n!

Das kam später auf Umwegen auch zu den Ohren eines anderen, nämlich *König Wilhelms*, der Göben ausfragte: Göben mußte beichten, und der König zahlte die Ehrenschuld, aber Göben kam so um eine Kriegsdotation.
Vier Jahre später flackerte die Kriegsgefahr im Westen auf. Am Tage der Mobilmachung raste Bomberg vierspännig nach Münster, geht zu Göben und sagt: »Ich biete Revanche an!« Trunk und Spiel beginnen, und Bomberg verliert kolossal; spät hörten sie auf, und Bomberg sagt: »Hör'n Sie, für jeden Sieg, den Sie herausbringen, zahl ich doppelt; wenn wir den Krieg verlieren, ist meine Schuld erledigt.« Göben bekam zwei Tage später das achte Korps, und wieder geht sein Siegeszug los: Saarbrücken,

Metz, Bapaume, Sankt Quentin. An jedem Schlacht- und Gefechtsabend schlägt Göben jubelnd auf seine Tasche und sagt:

Bomberg, ist dir noch geheuer?
Diese Geschichte wird dir teuer!

Nach der Schlacht bei St. Quentin beglückwünschte ihn König Wilhelm und fragte: »Na, Göben, haben Sie wieder eine Wette auf Niederlage?« Göben rückte mit dem angenehmen Vertrag heraus. »Sehr gut«, antwortete der König, »*dies*mal war die Wette von Ihnen richtig, und ich billige sie! Was Sie aber von Bomberg bekommen, werde ich doppelt für Sie als *Dotation* beantragen!« So kam Göben 1871 an seine Kriegsdotation. Seit 1871 war Göben schuldenfrei.

Erstes Intermezzo

Warum soll nicht auch der Dichter selber zu Worte kommen, wenn alle anderen erzählen dürfen in diesem Kreis? –
Also, Till Eulenspiegel warf seinen Ranzen hinter der Hecke ab, schneuzte dreimal und sagte: »Wir wollen sehen, wer der Gescheitere ist! Mond und Sonne bilden das große Glückszeichen, *Fortuna major*, sagt der gelehrte Mann – und ich hab' schon Scharfrichter nasgeführt. Also los!«
Mit eins ging er stracks hinauf und sagte: »Ich möcht' mit Euer Gnaden zu Abend essen –«
Des war der Baron zufrieden, der gerade um gute Gesellschaft verlegen war, und gedachte: Auf einen lustigen Kumpan setzt selbst der Teufel einen Kreuzer!
Also aß er mit Till Eulenspiegel zu Abend. Der erzählte weder Abenteuer, noch verriet er sich sonst, denn er hoffte einen großen Schnapp zu tun, weil er gleich beim ersten Blick gewahr geworden: dieser Mann schneidet mir ein Paar Hosen aus der eigenen Haut, wenn ich ihm nicht zuvorkomme!
Bei Tisch nun erregten zwei schöne kristallene Kompottkumpen seine Begier, und er konnte die Augen nicht von ihrem Blinken lassen. Die wären unter Brüdern gewiß zehn Scheffel Pfeffer

wert! Der Baron bemerkte sein Augenspiel und zeigte höflich auf die Schüsseln mit Verneigung: »Bitte, nehmen Sie doch! –« Da konnte Eulenspiegel nicht lassen, schnell zu antworten: »Darf ich auch etwas Kompott dazu?« Jetzt merkte der Baron, daß es ein Schelm war, ließ sich aber nichts merken und sagte: »Natürlich – weil Sie so witzig sind, sollen beide Ihnen auch gehören!« Und lachte behaglich.
Till Eulenspiegel stellte die beiden durch List eroberten Schüsseln nun vor seinen Teller und freute sich des Besitzes, indes der Baron mit ihm weiter speiste. Und als sie fertig waren, sagte der Baron: »Heben wir also die Tafel auf –« Da überkam Eulenspiegel abermals seine Schalksnatur, flugs packte er an und hob die Tafel auf. Schon rollten die gewonnenen Kristallgeschirre auf den Boden und zerbrachen.
Zu spät merkte er, wie jener ihm gewachsen war. Eulenspiegel biß sich ein Wärzchen von der Zunge, aber der Baron tat wieder harmlos, lachte und sagte: »Jetzt wollen wir eine silbergezipfelte Pulle trinken –«
»Das ist herrlich –« schnalzte der Gast – »darf ich die Gläser schon hinsetzen?«
»Jawohl – aber nicht wieder kaputtschmeißen –« stichelte der Baron. Und höflich seinerseits ging der Schalk an den Schrank: »Ist's einerlei – welche?« Der Baron dachte, er wolle besonders schöne wählen, und antwortete darum lächelnd: »Aber bitte sehr –«
Da nahm jener ein kleines Nähhutgläschen für den Baron, sich selber aber einen großen Kelch und hatte so die ganze Flasche für sich allein. Bange machen gilt nicht –! lauerte der Baron und mischte die Karten.
»Passe –«
»Atout –«
»Passe –«
»Pick Aß –«
Und der andere mußte ihm Bescheid tun, und es mundete dem trefflich. »Wollen wir eine andere Flasche –?« fragte er endlich: »Mein Durst ist zu groß –« – »Aber bitte sehr!« spottete nun sein Visavis. Jetzt nahm der Baron schnell eine Flasche Sirup,

goß sich den Nähhut voll und dem Partner den Kelch voll und stieß an: »Fiduzit!« Der mußte also Bescheid tun mit Sirup und verzog das Gesicht und brummte mürrisch:
»Wir sitzen zu ungleich im Spiel –«
»Wieso –?« triumphierte jetzt der Baron.
Da brach ihm der Pfiffikus schmunzelnd ein Stuhlbein ab und erwiderte: »Sie saßen auf vier Stuhlbeinen und zwei eigenen Beinen – ich aber hatte eins übergeschlagen!«
Der Baron hielt sich mit knapper Mühe balancierend auf drei Stuhlbeinen, und der dreiste Schlingel mischte mit Würde die Karten.
›Ich krieg dich auch noch, warte nur‹ – spekulierte der Baron auf dem Dreibein, und sie spielten Pinke-pinke, meine Tante – deine Tante, und plötzlich rief er vom wackelnden Dreibein:
»Halt – Sie mogeln!«
»Ich verdecke nichts!«
»Sie bekommen doch nicht zwei Stiche hintereinander?«
»Jawohl!«
»Sollen Sie haben –!« Auf sprang der Baron vom wippenden Stuhl und rückte ihm mit dem Rapier zu Leibe: »Nichts verdecken!«
Der Fremde, überlistet, rannte um den Spieltisch dreimal und schrie: »Freundschaft – jetzt stehen wir *pari*, das Spiel ist aus... ich bin Till Eulenspiegel!«
»Willkommen, Herr Vetter, die Masken weg –« rief der Baron und streckte beide Hände aus: »Ich ahnte es!«
Jetzt setzten sie sich richtig hin, und Till Eulenspiegel legte nachdenklich die Stirn auf die Hand. »Ich bin wahrlich nicht nur der Hanswurst, wie man schwatzt –«
»Weiß – weiß –«
»Ich lauf' durch die Welt, weil die Welt mir unter den Sohlen brennt –«
»Ich sitz' am Fleck und steck' überall doch den Leuten die Welt an –«
»Ja – Sie sind mir wohl über, Meister Baron –«
»Das fragt sich sehr, lieber Till! Meine Streiche spielen nur in einer anderen Gesellschaft. Jeder auf seine Art. Ihr Witz ist

unsterblich geworden – Sie haben einen größeren Namen, als wenn Sie der Eidam des Kaisers wären – Ich? Na, was bin ich?«

»Sprechen Sie ganz offen – wir sind unter uns –«

»Herrgott von Bentheim – sollt' ich hier wie 'n Prumenkötter durchs Haus toben, den Mägden die Milchtöten um die Kutteln schmeißen, ob der Häcksel auch egal geschnitten wird, die Runkeln gar sind? Ist *das* Pflicht, die ein Leben lohnt? Da verschwende ich lieber – denn an mir hat Gott doch die Pointe verkorkst!«

»Sachte – sachte –« schmunzelte Eulenspiegel.

»Vielleicht wär' ich ja ganz was anderes geworden! Lernen aber durfte ich nicht aus Standesversimpelung. Jetzt züchte ich vor Langeweile mir Würmer in der Nase – fresse und saufe immer mehr Pumpernickel, Rehbraten, Rostbraten, Schinken, Beschüten, Eier, Champagner in mich hinein, vollgeladen wie Josephs Kornspeicher, die Ahnen revoltieren im Blut wie eine tolle Hammelherde, die keinen Ausweg findet – das Gewitter ist nah, da, muß sich entladen – wohin? – Gott, wohin? – dies spukhafte Dasein halte ich nicht länger aus – tue nichts, der Tisch ist immer gedeckt – alles ist da – ob ich schlafe bis in den Mittag, früh aufspring' – alles ist immer da – unheimlich – aus unsichtbar quellendem Überfluß – so sitz' ich hier wie ein Sperber, der unter Grimassen sein Gewölle wieder hervorwürgt –«

Till Eulenspiegel kehrte beide Rocktaschen um und lachte:

»Sie sollten es machen wie ich, der sein Leben nicht durchs Nadelöhr ziehen wollte – alles hinschmeißen und als Kunde auf die Walze gehen – dann sind Sie bald lustig wie eine Vogelscheuche!«

»Dazu fehlt mir wahrhaftig die Kraft –« meinte der Baron, tief nachdenklich gestimmt.

»Alle großen Weltverächter entäußerten sich jeden Besitzes, der inneren Freiheit wegen –«

»Armut ist häßlich – Armut macht schäbig – Armut –«

»Armut ist so süß, daß Engel und Heilige gar nichts besitzen wollen –! Ja, Sie sind doch noch viel kleiner als ich: Adieu!«

Schon umarmte er den Baron zum Abschied und küßte ihn, und

zu spät merkte dieser, daß Eulenspiegel ihm dabei die goldene Uhr stibitzt hatte.
Der Baron grübelte in seinem Sessel über die dunkle Tragikomödie jedes Schicksals – der eine verschwendet aus Reichtum – der andere stiehlt aus Armut und sind so im Tiefsten doch Brüder . . .
Der Vikar aber sagte: »Haben Sie nicht wohl geträumt, mein Lieber, oder wollen Sie ein Spökenkieker werden?«

Wie der Pater ein Mädchen zum Kloster schiebt

Ein biederer, ob seiner guten Einfalt bekannter Franziskaner sprach auf Bullbergen um eine Dotation vor. Der Baron dachte nach: »Wie wär's mit einem fetten Schwein, Herr Pater?« Der braune Kuttenmann schob die Hände in die Ärmel und rieb sich: »Ein ganzes Antoniussweinken –?« – »Könnt Ihr dafür tausend Jahr Fegfeuer absolvieren?« Der Mann Gottes wiegte den kahlgeschorenen Kopf: »Wenngleich Gott in Betracht eines solchen Geschenkes item nicht mit seiner Gnade –« –»An gewissen kurzen Gebeten hängen doch genau abgezählte Ablaßtage, zum Beispiel ›Jesus Barmherzigkeit‹ bringt hundert Tage Ablaß, ›Jesus Maria‹ fünfundzwanzig Tage, die Erweckung von ›Glaube, Hoffnung, Liebe‹ rentiert sich gar mit sieben Jahren –« – »Gewiß, aber es sind Normen für die ganze katholische Christenheit –« –»Verstehe, Mindesttarife, Gebührenordnung nennen's die Ärzte –! Verstehe –! Aber könnte man nicht beim Papst nachfragen, wie hoch ein dreihundertundfünfzig Pfund schweres Schwein nach der Ablaßtabelle taxiert würde? Das ist für 'n Landwirt eine plausible Sache – eine neue Naturalienabgabe – ich meine das ganz im Ernst – pfundweise – zum Beispiel ein Ferkel von zehn Kilo könnte auf dreißig Tage Ablaß gesetzt werden. Ein Buchweizenspeckpfannkuchen aber auf höchstens ein Viertelstündchen Linderung! Die Opfer des alten Bundes hatten ja letzten Endes denselben Sinn –«
»Die Frage ist delikat –!« – »Das glaube ich!« lachte der Baron, der den Pater nun für ein Weilchen allein ließ.

Nun lebte auf Bullbergen eine Magd, die, wie so oft auf dem Lande, als nachgeborener Spätling eines trunksüchtigen Kötters kleinverständig war und, sooft sie gehänselt auf Scherze hereinfiel, doch mit der Gutmütigkeit dieser Schwachbegabten ihr Gleichgewicht stets wieder in blödes Lächeln vermengte. Zu dieser Magd ging der Baron und trichterte ihr ein: »Libbett, du moßt ut Buße för dine Sünde twe Dage in't Kloster; de Poter schuw di sülwst in 'n Sack, dann merkt niemand dine Sünden; sidd still drin un lot alles mit di geschehen – verstehst du?«
Sie nickte mit runden, wimperlosen Augen.
»Du kummst dann gliks no dinen Dod in 'n Himmel!« Unbestimmtes Lächeln spitzte ihre dicken Lippen.
Darauf steckte der Baron sie stracks in einen Sack, band ihn zu und dachte voll Narretei: Sorte bi Sorte – segg de Düwel – dor packt he sick en Schuornsteenfiäger – und sagte laut: »Datt du fien still bliwst – bete sachte för di!«
Die Magd bewegte sich nicht.
Der Baron stieg zum Pater wieder empor: »Wir haben Ihnen ein zweihundertpfündiges Schwein ausgewählt. Wie kriegen wir's nun zum Kloster? Die Leute sind von der Erntearbeit übermüdet – würden Sie im Dunkeln es selber auf der Schubkarre fahren, guter Diener des Franziskus?«
»Natürlich! Herrlich! Nur – wie bleibt's denn liegen?«
»Wir binden es in einen Sack, lassen es zappeln nach Herzenslust!«
Und zwei Knechte hoben den mondrunden Sack, darin es sich breitwuchtig bewegte, auf die Schubkarre und banden ein Seil dem Mädchen just über das Hinterteil, das der Rücken der Sau schien.
Der Pater halfterte und schob los. Es war eine Last, daß die Beine ihm zitterten. Ein Gewitter zog durch die Heide und überraschte ihn mit prasselndem Schauer, der die Wege erweichte und bis zu den Knöcheln ihn einsenkte, aber das Schwein gab keinen Laut. Nur manchmal, wenn die Karre seitwärts zu kippen drohte, ruckte es im Sack und stöhnte. Beim Ausruhen setzte sich der Pater ein Viertelstündchen auf die weiche Schwarte des Tieres, die ihm die feuchte Kutte wohlig

durchwärmte. Er streichelte mit der frommen Hand darüber hin und schmunzelte: »Warte nur ein Weilchen, liebes Geschöpf – bald sind wir da –«, und die Magd drinnen vernahm es mit tiefer Tröstlichkeit und hielt weiter geduldig aus.
Als sie abermals rasteten und der Franziskaner ihr auf dem Hintern saß und sagte: »Gutes, braves Wesen, wir werden es kurz und schmerzlos machen –«, da gelobte die Magd im Sack, alles geschehen zu lassen, was auch käme, und kratzte sich, glücklich über die Schmeichelei des Herrn Paters. Und wenn er hier ohne Umstände das Seil losgeknotet und im Heidekraut ihr ein Pförtnerglöckchen geläutet hätte, würde sie zur Buße auch dazu wohl mit Andacht und Ergebenheit stillgehalten haben! Als aber der Pater sie durch die Klosterpforte geschoben, sah er niemanden mehr wach, und somit schubste er die Karre hundemüd in die Waschküche.
Sehr bald schon, in Herrgottsfrühe, öffnete der Bruder Glöckner, schlug Licht und gewahrte schlafmüd und traumstaunend die ungewohnte Fuhre, drin er's vernehmlich seufzen hörte, denn die Zeit mochte der Eingepferchten zu lang und beschwerlich fallen. Neugierig tastete er über die Sackleinwand und hielt erschaudernd etwas in der Hand, das zwei atmenden Kegelkugeln glich, so groß ungefähr mußten die Hügel sein, und fühlte darauf zwei seltsam härtere, knospenhafte Spitzen als wie zwei Kastanienknospen, die ebenfalls atmeten, und er fummelte mit den Fingern daran und zupfte sie etwas, daß es brunstvoll drinnen aufstöhnte, und er öffnete ganz konsterniert das Bündel und sah – einen blond-wirren Haarschopf, dessen Zopfsterz ölig fett emporgedreht war – also ein Weib! Heiß und jäh fuhr ihm Schrecken durch die Glieder: sollte ein Pater heimtückisch in Sünden gefallen sein und im Sack versteckt sich eine Buhlin ins Kloster geschmuggelt haben? So sagte er nichts, fassungsloser noch als zuvor, grübelnd, beinahe schon halbtot vor Kummer über solch weltlich Elend. Er forschte nur, welcher Pater als letzter ins Kloster gekommen wäre? Gerade diesem Pater hätte er's niemals zugetraut! Schweren Herzens ging er zum Prior hinauf. Der aber erbleichte wie Kalk. Er zitierte den Verdächtigen und fragte nach vielen

Umschweifen: »Konfrater – was habt Ihr gestern so spät ins Kloster gefahren?« Erfreut rief der Pater: »Was sehr Liebes!« Trauriger senkte der Prior sein Haupt ob dieser Frechheit und dachte: ›Der böse Feind ist leibhaft eingefahren, daß er verstockten Herzens vor seinem geistlichen Oberen zu leugnen sich erdreistet?‹ Der Fall schien ihm so furchtbar, wider Gelübde und Regel, daß er den Pater unter milden Worten tränenerstickter Ermahnung zum Abte mitgehen hieß. Aber der Pater gewahrte nichts von der inneren Zerknirschung, und in froher Erwartung eines hohen Lobes schritt er stolzen Hauptes einher. Er mußte vor der Türe lange warten. Drinnen wurde leise verhandelt. Dann öffnete der Pater Superior mit tief gesenkten Augen. Der Abt stand wie eine Säule:
»Was hast du mitgebracht?«
Da merkte unser Pater, daß etwas nicht stimmen möge und vielleicht jemand ihn verleumdet habe – daher entgegnete er mit fester Stimme: »Ja – was *sehr* Leckeres!«
»Komm –!« gebot der Abt, empört über diese doppelsinnige Antwort, und schritt voraus. In der Waschküche, bebend und zitternd, zeigte er voll Herzklopfen auf den gespannten Sack, der sich gerade sehr heftig bewegte. Kaum brachte er die Frage noch über die Lippen: »Geliebter Bruder – was ist doch drinnen?« Siegesgewiß, mit lauter Stimme antwortete der Ahnungslose: »Was sollte denn drinnen sein?« Und er zögerte nähertreten. »Öffne!« kollerte nun der Prior. Der Pater griff an den Sack: »Jetzt heraus mit der Sau!« Gleichzeitig brüllte der Prior: »Wie nennst du sie?« – »Ja, wir wollen sie gleich schlachten und die Schinken räuchern!« Aber im selben Augenblick tobte es im Sack mit kreischender Wildheit auf und stemmte sich gegen die Umhüllung: »Lot mi ut! Lot mi ut!« Dem Pater entschwirrte vor Schreck die Sandale vom Strumpf, der Prior schlug die Hände über die Glatze zusammen: eine wütende, röckeflatternde Furie sprengte schon in Todesangst ihr sackleinenes Gefängnis, rannte alle Patres zur Seite und entfloh.
Der Pater Bruder starrte fassungslos. Der Abt aber klopfte ihm auf die Kapuze: »Sollte dich der Teufel genarrt haben, daß er unterwegs das Schwein in ein Frauenzimmer verhexte?« Denn

er wußte genug, als er hörte, der Baron von Bomberg habe dies Geschenk gegeben.
Einige sagen, das Kloster sei Karthaus in Dülmen, die anderen behaupten, es wären die Franziskaner am Hörster Tor in Münster gewesen. Landois hat im »Frans Essink« die Geschichte später umgebogen.

Wie Matin genasführt wurde

Der Wirt Matin in Münster wurde immer runder und wohlhabender. Alle Althändler hatten ihn zum festen Kunden, der sämtliche Raritäten abnahm, die in den Weltvernichtungsstunden in seinem Schlemmerlokal zertrümmert wurden. Er führte einen kleinen silbernen Bleistift und notierte gleich auf die Manschetten. Die gemütliche Stülpnase mit der Kastratenstimme hatte am Ende ihre Seele ganz in den Beutel getan, ihre altfranzösisch sparsame, leckere kleine Rentnerseele, und er hätte sich jede Rechnung auf beiden Ohren tätowieren lassen, sofern sie nur bezahlt worden wäre!
Mit der Zeit stellte sich auch eine größere Vertrautheit zu seinen Gästen ein, und oft saß er mit dem weißen Konditorkäppchen unter den funkelnden Kürassierhelmen und krähte mit. –
In solcher Stunde klopfte einstmals Bomberg ihm auf die runde Schulter: »Lieber Likörpapa – Sie pusten ja wie der glühende Baal –«
»*Mon dieu!* Ist das eine Hitze!«
»Ihnen treibt noch der Süden im Leibe, wie die Sonne in der Pomeranze steckt; Sie müssen für Abkühlung sorgen, sonst kippt Sie ein Schlaganfall auf der Höhe Ihres Ruhms –«
Der Rosige rollte die glasigen Augen, da er aber nicht abbrechen mochte, trank er weiter »Schmollis« und »Skol« und »Fiduzit« und »Ganzen«, »Halbteil«, »Prost Blume«, »Salü«, »Gesundheit« . . .
Und glühte wie der geheizte Vollmond aus der Gewitterwolke.
»Jetzt sind Sie aber betrunken, Vater Matin –!«

»I nein – gewiß nicht, Monsieur le Baron –«
»Doch! Sorgen Sie für Abkühlung!«
»Wie denn sollt' ich –?«
»Ich gieß Ihnen Wasser über –«
Die ganze Korona platzte los: »Ja, ja, Jean Matin muß getauft werden, das ist alter Brauch, wenn die Mitternachtslinie überschritten ist!«
Aber der wollte nicht.
»Wenn ich Ihnen zehn Eimer Wasser übergießen darf – zahle ich für den Jokus tausend Taler kurant! Kann's moralisch nicht länger verantworten, Sie so dampfen zu sehen!«
Matin überschlug, daß zehn Eimer Wasser den irdischen Tod nicht bedeuten und ein Anzug schneller zu trocknen ist als ein Fell und – tausend Taler –??? Schon rief er: »Spaß soll sein!«
Was war hier nicht alles schon vom Stapel gelaufen? Da konnte man sich eigentlich gar nicht mehr blamieren! Nur die Fenster dicht zu und die Frau ins Bett! Ob zehn Eimer hintereinander oder zusammen in einer Badewanne – das soll sich wohl egal stehen! Courage, Jean! Das ist pro Eimer hundert Taler!
»Erst binden Sie Ihren Windfang, die Hose, fest –« rief der Baron – »daß es nicht die edeln Teile trifft!«
Also mußte er sich in den Flur stellen, und der Baron goß wie ein verrückter Bademeister beim Rundtanz der Kumpane ihm einen Eimer Wasser nach dem anderen über den Kopf, daß er katzbuckelnd nüchtern wurde und sich kläglich possierlich schüttelte, triefend aus Ärmeln, Hosenboden und Taschen wie ein Seegespenst.
Die ganze Runde zählte johlend die Eimer mit.
Als aber der neunte Eimer ihm voll übers Gesicht geklatscht war, schnappte er kaum noch Luft und dachte: ›Jetzt hört die Faxerei auf – lacht nur, Verdienst ist Verdienst –!‹
Doch feierlich stellte der Baron den zehnten Eimer voll schwappend vor ihm hin und sagte: »So – den letzten kriegt Ihr nächstens mal – jetzt bin ich zu müde –«
Das war aber ein Mordsspaß, Trampeln und Hallo!
Schon schrie der Gefoppte blindlings: »Geben Sie mir den letzten Eimer – bitte noch einen Eimer!«

»Nich in die Lamäng! –« lachte der Baron.
»Ich will, daß Sie mich naßgießen!« stachelte ihn schrill keifend der Spott zu hellster Wut. Er hub selbst den Eimer und reichte ihn dem Baron.
»Über den Zeitpunkt haben wir nichts ausgemacht, Vater Matin«, wehrte dieser standhaft – »ich bin wirklich zu müde – haben Sie doch Nachsicht mit mir –«
Da lief der Kunstbäcker und Koch mit dem Eimer gar hinter ihm her, weinerlich mit der Fistelstimme kreischend: »Ich bitt' ihn über, *allons*, bitte ihn schön über, *monsieur* –«, und der wilde Oberst Boddenbrock griff auch erbarmend zu: »Da haste ihn!« und stülpte prasselnd den letzten Eimer dem verwirrten Wirt über beide Backen.
So hatte er in seiner Geldgier die zehn Eimer weg und doch die Wette verloren.
Alle Offiziere wurden verpflichtet, über sein Malheur Stillschweigen zu wahren, und viele behaupten, das Ganze sei eine dumme Verleumdung.

Levin Schücking

Als Levin Schücking längst von der Meersburg zurückgekehrt war und in Pyrmont wohnte, streifte er nochmals durch das malerische und romantische Westfalen und besah die alten Stätten, die er einst mit Freiligrath geschildert hatte.
Zu Bullbergen traf er im Walde den Baron und hielt ihn, der schlicht und unauffällig gekleidet war, für einen Jäger oder Förster des Gutes. Sie kamen bald ins Gespräch.
»Vom Baron erzählt man ja immer tollere Streiche –« horchte Schücking aus.
»Je weniger man sich kümmert um die Welt, desto mehr kümmert diese sich um uns –« wehrte der Baron.
»Man darf sie aber auch nicht herausfordern wollen –«
»Was sie als Provokation empfindet, ist meist nur ihr eigen Spiegelbild –«
»Da haben Sie oft recht –«

»Glauben Sie, der Baron sei in Wirklichkeit das blöde Luder, wie der Pöbel oben und unten meist ihn sieht?«

»Wissen Sie, ich dränge mich nicht vor – aber psychologisch interessiert mich natürlich nur der Mensch! Was der Baron als Standesherr, Edelmann, Magnat oder Kürassieroffizier ist, und weiß Gott was sonst noch alles vorstellt, das die Leute so wichtig nehmen und worüber gerade die vielen Döhnkes im Schwange sind – das scheint mir höchst nebensächlich. Ich hab' mein Lebtag genug mit Adligen verkehrt – so war ich mal Erzieher des Erbprinzen Wrede – der Mensch, der leidende, fröhliche Mensch, der unter all dem Klunker steckt, der zieht mich wie die Sonne das Wasser!«

»Soo –?« machte der Baron gedehnt.

»Ja, ich möchte schon mal unauffällig in ihn hineinleuchten, wenn er sich unerkannt wüßte.«

»Sie würden sehr wahrscheinlich auch nichts Besonderes an ihm entdecken, wenn Sie nicht vorher genau wüßten: Aha – er ist's!« Schücking lächelte: »Mein Lieber – der Dichter von ›Frauen und Rätsel‹ spürte den innersten Verschlingungen unseres Trieblebens genugsam nach! Steckt wirklich eine Persönlichkeit in ihm, wenn einer es röche, so riech ich es! Ein paar originelle Einfälle tun's nicht – Suff und Allotria, Selbstgenügen an Reiten und Jagen, Poltern und Spektakeln, eine krankhafte Sucht, von sich reden zu machen durch Absonderlichkeiten, da eine echte Leistung das nicht vermag –, es täuscht kein Argument darüber hinweg, daß dieser vielleicht geistreiche Mann letzten Endes Zeit und Geld sinnlos vertut!«

»Könnte nicht vielmehr die Persönlichkeit so stark in ihm sein, daß aus ihrem Widerstreit gegen die jetzige Welt dies Getriebe sich erklärte?«

»Gegen bloße Konvention äußerlich banaler Verhältnisse so sensationell anzurennen, ist geschmacklos! Das lohnte nicht diesen tollen Elan. Das Ursprüngliche in ihm kann nicht stark ausgeprägt sein!«

»Das Ursprüngliche in der Adelskaste, das Spezifische dieses Standes ist gerade der sogenannte Kastengeist, der Hausspuk, der *Genius loci*, das sogenannte blaue Blut! Das ist sein Ei, daraus er immer wieder hervorkriecht wie eine ganz bestimmte Züchtung, die längst ja auch körperliche Merkmale trieb – wie sollte da die Psyche nicht mitverwandelt sein? Dies ist ja gerade das Lustige an der Sache, daß der Adlige – na, sagen wir, nur Standesattrappe ist! Spukhaft hinausgehoben aus der lebenden Gemeinschaft!«

»Ich lernte auch differenzierte feine Köpfe unter ihnen kennen – und will Ihnen nur gestehen« – Schücking strich seinen eitlen Vollbart –, »daß ich der langjährige Freund der Annette von Droste-Hülshoff bin, ihr getreuer Mitarbeiter und Lebensbegleiter – mein Name ist nämlich Levin Schücking!«

»Freut mich –! Ehrt mich –! Kenne Ihre Bücher –« meinte der Baron nachdenklicher – »im Innersten glauben Sie etwa bürgerlicher Aristokrat zu sein – scheint mir wenigstens so –, denn Sie geißelten stets nur die Donquichoterien des Adels, griffen niemals ihn selber an – Sie kennen ihn eben nicht! Blieben viel zu äußerlich im Milieu stecken, drangen nicht zum Kern – Sie können den Menschen im Adel nur verstehen, wenn Sie ihn ganz vom Barometer des Adels ablesen!«

»Sie unterschätzen doch wohl, verehrter Herr Förster, die Kraft der Persönlichkeit – so kann sie von keinem Stande vergewaltigt werden! Ich hab' immer das Milieu nur als Rahmen, aber nie als das Primäre, das Bestimmende abkonterfeit!«

»Das ist es ja eben! Ich glaub', daß dieser Bomberg nur als Adelstyp zu begreifen ist – wenn sich's überhaupt lohnt, dieser skurrilen Menschensorte noch nachzugehen. Weil er aber wohl als Persönlichkeit mehr ist als der durchschnittliche Adlige, deshalb ist er just mehr Adliger und verkörpert seine spezifischen Standeseigenschaften, die sonst übertüncht von Konvention verblassen, gesteigert bis zur Übertriebenheit! Das Persönliche am Adel aber ist das Gattunghafte, das Mandarinenhafte, das Unpersönliche, um paradox zu reden! Weil dieser Bomberg dies potentiell repräsentiert, schlagen des heutigen Adels Eigenschaften so kraß und grell aus ihm hervor: Radau, Unruhe, Gewaltsamkeit, Schwadronage, Vitalität bis zur Groteske, Größenwahn wie Zerknirschung – er lebt wie eine aufgedunsene Tierheit in verspäteter Periode! Das ist seine Tragikomik!«

»Ich bedaure doch unendlich, den Baron nicht sprechen zu können – von Mensch zu Mensch verständen wir uns gleich –«

»Ich glaube, daß Ihnen doch immer der Baron dazwischen steht –«

»Das überlassen Sie gefälligst meiner Psychologie!«

Da lüftete der Förster seinen Hut und lächelte:

»Sie haben die ganze Zeit mit dem Menschen gesprochen und ihn nicht erkannt – ihr Poeten seid keinen Deut besser. Adieu!«

Wie der Baron dem hochwürdigsten Herrn Bischof einen infamen Streich spielt

Auf seiner Diözesanfirmungsreise kam also der hochwürdigste Herr Bischof von Münster über Bullbergen. Der Pfarrer hatte schon Wochen vorher mit den Schulkindern in der Kirche geübt, wobei er Knaben und Mädchen der Reihe nach an der Kommunionbank jenen leichten Backenstreich verabfolgte, den sie in artiger Haltung voll Ergebenheit des Hauptes zu empfangen hatten, denn dieser Backenstreich bei dem Sakrament der Firmung ist Symbol, alles Ungemach der Erde mit der Kraft des Geistes zu ertragen. Ehrenpforten wimpelten auf den Straßen, an langen Abenden von Knechten und Mägden bei Gesang und Ziehharmonika aus Hülskrappen und Moos gewunden, hoch oben schaukelten Girlanden wie raschelnde Luftschlangen mit bunten Willkommschildern. Lustig grüne Birkenbäumchen verwandelten die staubige Chaussee in lauschige Heckengänge, wobei der Dorfschmied Ruß Luks die Bolzen so gründlich bearbeitet hatte, daß der Zuspruch der Flasche ihn über den Tag der Firmung hinaus in mächtigem Rausch auf die Tenne warf. Der fromme Buchbinder Kappel aber hatte seine Hausfront blau und weiß gewiddelt, Türen und Fenster mit Papierrosen umwunden und schuf aus Kieselsteinchen, Siegellackstückchen, Bohnen und Knickern ein wundervolles Mosaikbild, in dessen Mitte die heilige Agathe aus Nippes stand. Alle Dorfbewohner hatten zudem die Gärten hinter den Häusern fein geharkt, die Hecken beschnitten, das Unkraut gejätet,

als könne überall der Blick des hohen Herrn hinfallen oder Gott selber zu Besuch über die Äcker kommen.
Seiden spannte sich der Himmel, Lerchen im Überfluß. Der Kirchturmhahn, frisch vergoldet, funkelnd wie der Stern zu Bethlehem. Böige Frühlingswinde in festlichen Büschen. Mächtiges Getrappel – die Bauern holten auf gestriegelten Gäulen in dröhnender Kavalkade die Kalesche des Bischofs ab, der bereits durch die feine Stimme fernster Detonationen – im Nachbarort bullerten die Böller – unsichtbar angemeldet wurde, und wenn man über die Au noch hinaus aufs Feld ging, vernahm man schon leises Glockengeläute, in das zur selben Sekunde die eigenen Dorfglocken in vollem Chor einstimmen würden, sobald die Jungen oben am Brandfenster des Turmes – das Fernrohr seit Stunden vor die glühende Backe geklemmt – an der Gemeindegrenze die Staubwolke der Nachbarschaft umkehren und die eigene Schar den Bischofswagen empfangen sähen. Die ganz Klugen berechneten, die tickende Bauernuhr auf der schwieligen Balle, wann dies Ereignis Tatsache werden müßte, und beobachteten den Wolkenzug wie Schiffer den Sturm im Mastkorbe. Der Windmüller hatte sogar die Mühle auslaufen lassen, obwohl es wochentags war, und nirgendwo auf den Gebreiten sah man eine Seele. Es fehlten selbst die Bauern mit ihren achtzig Jahren, die auch an höchsten Festtagen in Muße die Orte langjähriger Mühe behaglich schmauchend betrachten, von verschollenen Grenzsteinen, Hagelschlag und guten Ernten erzählen. Es fehlten auch auf den schlängelnden Seitenwegen zu den Höfen die Kutschen mit den Weibsbildern, denn auf den Gäulen ritten die Söhne und Gatten, und so war das Frauenvolk schon im Morgendämmern aufgebrochen, um zeitig in die gepfropfte Kirche zu gelangen. Ja, es fehlten selbst die weidenden Kühe in den Kämpen zwischen den Wallhecken, denn kein Hüter war aufzutreiben und kein Vieh sollte an profane Alltagssorge erinnern. Man sah nur die stillen Engel in der Luft ziehen – wie die ganz lahmen Großmütterchen den Kleinsten, die noch nicht mitdurften, erzählten –, weil auch sie alle zur Kirche mußten, dem denkwürdigen Akte beizuwohnen, der in manchen Gemeinden nur alle zehn oder dreißig Jahre stattfinden kann.

Auf Schloß Bullbergen knackte das Fett in den Pfannen, denn die schönsten Brätlein schmorten für die bischöfliche Gnade; ein Lamm, das sinnvollste Gleichnis für das Geheimnis des Herrn, war geschlachtet, obgleich der Baron behauptet hatte, es müßten Tauben gebraten werden, denn in Gestalt der Taube sei der Heilige Geist herabgekommen! Aber Fräulein Mimmi liebte das Rupfen nicht, und so mußte das Lämmlein dran glauben. Nur ein etwas buckliges, evangelisches Mädchen quirlte ruhig am Küchenfenster schon seit zwei Stunden feinsten Schaum in großer Schale für die Tafelsoße, ein evangelisches Mädchen brauchte ja nicht mit in die Kirche; krachend warf sie eine Hucke Buchenscheite vor dem glühenden Herd ab, der schier schmelzen wollte vor Eifer, und zwanzig Torten waren eigens aus Münster gekommen, mit feuchten, weißen Tüchern verdeckt, mit kirchlichen Emblemen überzuckert, und vom Steinpatt zum Flur lagen rote Läufer mit Georginen und Schilf bestreut, Damast- und Samtdecken hingen über Balkone und Brücken, Palmen in Kübeln flankierten die Einfahrt und verbargen die Wirtschaftsgebäude – der lärmende Schrutenstall war eigens abgebrochen und in den Petersilienhof getragen worden –, aus der Rumpelkammer hatten sich die Hellebarden und alten Pluderhosen hervorgewagt, die Lanzen der Kreuzritter, und zwei Knechte standen bereits seit mehreren Stunden rechts und links unterm Torbogen im bunten Wams, auf ellenlange Flamberge gestützt, als wage der leibhaftige Gottseibeiuns einen heimtückischen Überfall heute.
»Wenn he mi ankick, dann segg ick: ›mein Jesus, Barmherzigkeit‹, un ick komm hunnert Dage äher ut dat Fiägefür äß du –« behauptete der lütte Dreschjunge zur Viehmagd, die sich unwirsch umkehrte: »He kann mi den Buckel 'ruprutsken – he is män jüst so'n Mensk äß ick!« Als aber im selben Augenblick nun plötzlich die Dorfglocken einsetzten – der Bischof hatte die Gemarkung erreicht –, da schauerte sie zusammen und bekreuzigte sich insgeheim und stob zur Kirche.
Bald roch das ganze Dorf süß nach Weihrauch durch die Büsche. Dann wurde der große Segen gesprochen, endlich ging die feierliche Handlung langsam zu Ende.

Der Baron empfing den Bischof vor dem Schloß im Frack und sah aus wie ein regierender Fürst. In weißen Handschuhen öffnete er selbst den Wagenschlag und lud den Bischof als Gast ins Haus. Der Bischof lüpfte nur eben sein violettes Käppchen, aber es sah graziös aus, bevor er sein langes Gewand raffte und mit blanken Schnallenschuhen aus dem Wagen stieg. Alles kniete in den schilfbewachsenen Gräben und betete eifrig die Lauretanische Litanei, indes der Episkopus rechts und links segnete. Da hub im Schloßhof mit närrisch hellem Gebimmel die Hausglocke ihr heftigstes Geläut an, das aber so dünn klang wie nie vordem, denn hinter den Scheunen krachten alle Katzenköpfe zugleich, daß bläulicher Dampf stinkend hervorquoll und schreiende Hühner auf die Dächer emporpolterten.

Der Baron schritt an der Seite des Bischofs die roten Läufer hinan und verschwand zwischen den weißgekleideten Ehrenjungfern mit ihm im Portal, gefolgt vom Pastor, drei Kaplanen, dem Hausvikar (der stärker als sonst hustete), dem Amtmann, dem Rentmeister, dem Arzt und dem gesamten Kirchenvorstand – *mulier taceat in ecclesia.* Das Volk verlief sich. Die Mahlzeit begann. Und der Bischof nahm hier das Käppchen vom Haupte, und der Baron sagte sehr freundlich: »Das ist schön, daß Sie Ihr Zerevis abnehmen –!«, worauf der Bischof lächelte: »Man nennt dies Käppchen *Soli Deo*, weil der Pastor es nur vor Gott lüftet –« »Ach so.« Und der Bischof, angestrengt vom Amt, nahm Platz, sich gütlich zu tun, denn er hatte Durst und Appetit. Und der Baron sprach feierlich vorm Mahle, indes der Bischof, der Pastor und er die Gläser huben: »Diese drei Gläser sind wie ein Glockengeläute abgestimmt – *D, E* und *Fis* klingen klar und deutlich an! Und als Nebentöne treten Oberoktave, Oberquinte, Oberterz und Unteroktave fein hervor, aber sie schwingen nur mit, nachdem die Kelche schnell ausgetrunken sind, daß die Spannung des Weins vom Glase in *einem* Zug sich löst. – Prosit!« Und der Bischof, dies Wunderwerk der Glasbläserei zu erproben, trank in gutem Glauben in einem Zuge aus, und es klang beim Zusammenstoß klar und schön – der Baron lauschte entzückt, und auch der Vikar, den Hausherrn nicht bloßzustellen, tat, als höre er Quint und Terz, während der Bischof noch zögerte im Urteil. Nun mußte es öfters wiederholt werden, da alle Gäste vom Kirchenvorstand es neugierig hören wollten, und so schlürfte der Bischof, nicht unhöflich zu erscheinen, mit Pastor und Baron wohl mehr, als er gewohnt.

Man lernte sich näher kennen. Gegen drei Uhr gab es Mokka. Die Gesellschaft promenierte im Garten, besah die Gewächshäuser, den alten Baumbestand; der Amtmann nahm schnell an entlegener Stelle sein neues Gebiß heraus, das er extra zu diesem Fest anfertigen ließ und das ihn höllisch drückte, aber an einem Boskett wartete das bucklige Dienstmädchen mit einem tiefen Knicks und bat um den Segen, wenn sie auch man bloß evangelisch sei! Es war ein denkwürdiger Augenblick. Der dritte Kaplan zerdrückte ein Tränlein. Ja, ja, im Münsterland – da lebten auch gute Protestanten.

Nach der großen Vesper- und Abendandacht hatte man endlich Ruhe. Man plauderte jetzt vertrauter durcheinander und disputierte auch einmal – temperiert! – über irgendeine Begebenheit, immer so, daß aus Miene und Haltung stets das Bewußtsein des Außerordentlichen sprang und jedes Wort gleichsam in Salböl zerflossen jede Deutung übrigließ, Seine Eminenz stets mit dem leisesten Nicken schon recht behielt und auch der Apotheker so geschickt sein rechthaberisches Wesen bemeisterte und feinfühlig wurde, als wenn er selber *in persona* auf seiner Präzisionswaage läge. Der gute Pfarrer vollends hing an den Lippen seines Oberhirten, der direkt von den Aposteln stammte, daß er die Lammrippchen sehr ungeschickt pudelte und die Aprikosen vorübergehen ließ. Die Frau Baronin speiste nur kurz mit und erhob sich taktvoll. Die Stimmung wuchs.

Der Baron verschwand nur für einige Minuten, und ein Dienstmädchen trug eilends einen Gegenstand über den Korridor. Aber es fiel nicht weiter auf, und man saß noch beim Wein bis nachts halb zwölf. Der Hausvikar wartete voll Behagen, ob Seine Eminenz nicht die Libation aufhebe und sie also diesmal über die Mitternacht hinaus gemütlich sitzenbleiben dürften, denn es war sehr heiß gewesen am Tage, aber der Hochwürdigste sah pünktlich trotz trefflichster Laune auf die Uhr und gab das Zei-

chen: »Meine Herren – Sie wissen – wir müssen zur morgigen Messe einen nüchternen Magen behalten –!« und erhob sich.
Die Stühle rückten (und einen Moment war die Situation penibel, denn zumindest die Laien unter der Gesellschaft wußten nicht, ob sie rund um den Tisch niederknien und den Segen erhalten müßten, wie es ja bei jedem Erscheinen und Abtreten des Bischofs zu geschehen pflegt), doch der Baron reichte ihm schon leger die Hand: »Wünsche Eurer Eminenz *meinen* Segen zur Nacht!« und öffnete selber die Flügeltür.
A tempo klingelte es draußen, und der Bischof sah, wie zwei rot berockte Meßjungen ihm heftig läutend Klingeling! stramm voraufschritten zu seinem Appartement, und folgte ihnen schon unwillkürlich, sei es aus alter Gewohnheit, sei es voll gutmütigen Taktes, mit einem Schmunzeln um die schmalen Priesterlippen, diese seltsame, offenbar wohlgemeinte Ehrung nicht zur Groteske zu mißkreditieren.
Doch als der hochwürdigste Herr die Tür zu seinem Appartement von den Jungens aufgerissen sah, verlor er fast seine sazerdotale Selbstbeherrschung wieder, als er mitten im Gemach, vor dem aufgedeckten Himmelbett, auf dem Fußboden ein großes weißes Damasttischtuch ausgebreitet sah wie ein Altartuch und darauf ein silbernes Nachtgeschirr und zu beiden Seiten in großen schweren silbernen Leuchtern zwei brennende Wachskerzen. Hoch von der Decke aber hing ein Schild mit der Aufschrift: »Kommt her zu mir alle, die ihr mühselig und beladen seid, ich will euch erquicken!«
Stramm wurde die Tür von den Meßjungen hinter ihm ins Schloß geschlagen.
Aber die Prüfung war noch nicht zu Ende. Nun folgte jener vielbelachte Streich, wie der Baron den Bischof von Münster beinahe zu den lila Strümpfen auf den Pflaumenbaum gelockt hätte. Man sollte ja annehmen, daß der Bischof schon klug geworden wäre, und das war er auch zweifelsohne, aber doch nicht klug genug, um hier sein Kirchenlicht heil von der Epistelseite auf die Evangelienseite zu bringen. Alle Weisheit der *Philosophia ecclesiae* schützte ihn nicht. Und wenn er den Erzengel Gabriel als Kammerdiener bei sich gehabt hätte.

Also Seine Eminenz placierten Dero Insignien auf den Nachttisch und streiften das irdische Gewand ab und legten sich sehr benommen ins gewaltige Napoleonsbett, schlossen aber kein Auge und suchten alles umher zu vergessen.
Da öffneten schon leise, wie alles still geworden, die Meßjungen die Tür, guckten in den Topf und tippten mit den kirchlichen Leuchteranzündern die Kerze aus. Der Bischof stellte sich schlafend, er war machtlos.
In der Morgenfrühe durchfuhr Eminenz ein höllischer Schreck, als justament die apostolischen Strümpfe fehlten, die er wie stets über die Stuhllehne gehängt hatte, und ein zweites Paar im Koffer nicht vorhanden war. Wie der Bischof noch grübelte, wohin sie entschwunden sein möchten, fiel sein Blick durchs Fenster auf den Pflaumenbaum, und er sah wahrhaftig die lila Firmungssocken beide hoch im Baum, das heißt ein schwarzer Vogel – Petrus – war just damit beschäftigt, sie in Stücke zu fetzen, und schrie aus Leibeskräften: »Gleich gibt's Buttermilch!«
Er begriff sofort, daß der Rabe sie entführt hatte, und zweifelte, ob er als Seelenhirt in die Bäume klettern könnte, die heiligen Utensilien zu retten, und rang hilflos die Hände am Fensterbord – der Hof war still – sollte er's wagen? – doch da flog das Biest mit der Beute davon. Der Bischof zog seine geistlichen Gewänder über und schritt mit bloßen Füßen im Zimmer auf und nieder: »Was bin ich ohne meine Strümpfe? Was könnte ich ohne sie?« Er bat den Heiligen Geist um eine Erleuchtung, sah zweimal durchs Schlüsselloch, bemerkte draußen niemand, schwitzte vor Zorn und Erregung, und plötzlich fiel ihm die fromme Dame des Hauses ein. Er klingelte diskret nach ihr und flüsterte lange mit ihr am Türspalt. Die Baronin suchte in allen Truhen und Koffern und fand endlich unter Ballschuhen, Fächern und Karnevalskostümen zwei hell-lila Strümpfe aus ihrer Mädchenzeit, die sie dem Bischof durch den Türspalt hereinlangte.
So mußten denn Eminenz unter dem Pontifikalgewande zwei richtige hohe Damenstrümpfe tragen und sie mit seidenen Bändchen übers Knie zusammenschleifen.
Der Hausvikar ließ sich eilends melden und teilte mit, daß das

bucklige evangelische Dienstmädchen heulend in der Küche säße, denn sie hätte ja nicht gewußt, welch eine Sünde sie verbrochen habe ... mit dem Tischtuch ... auch das mit den ... mit den Kerzen ... der Baron hätte es ihr aufgetragen, und die dummen Jungen könne man auch nicht ... (und bekam einen sehr heftigen Hustenanfall).

Der Bischof trat von einem Bein aufs andere, die ungewohnten Strumpfbänder kniffen ihn, aber er sagte nichts und bestand bei Exkommunikation darauf, daß der Baron sich persönlich entschuldige. Der Vikar versprach es himmelhoch. Er wolle ihm noch ganz anders die Leviten lesen und führte seinen Vorgesetzten mit vielen Komplimenten zunächst einmal in die Hauskapelle, die Frühmesse zu lesen. Das würde ihn vielleicht etwas beruhigen.

Beim *Dominus vobiscum* sah der Bischof denn auch den Baron in tiefster Andacht versunken und war beinahe schon etwas milder gestimmt über den zerknirschten Sünder, und beim *Orate fratres* mußte er an die Gemeinschaft aller Sterblichen vor Gott denken, und beim *Memento* fiel ihm die Verfolgung der Kirche seit tausend Jahren ein, wie sie immer siegreich über Tod und Untergang sich behauptete, und beim *Domine non sum dignus* hatte er fast bereits vergeben und sang zum Schluß mit schallend hingezogen schöner Stimme: *Ite, missa est!*

Vielleicht mochte er auch dunkel ahnen, daß die beste Taktik gegen Lächerlichkeit der Humor sei. Gleich empfing ihn der Baron am offenen Frühstückszimmer, unten im Hof klirrte schon die Reiterkavalkade, die ihren Bischof weitergeleiten wollte, und alles schien so heiter frischer Stimmung – sichtlich waren nur wenige eingeweiht! –, daß der Kirchenfürst Gnade vor Recht walten ließ und nur den Zeigefinger warnend hub.

Als er sich aber am Kopf der Tafel behaglich in den großen Ohrenstuhl niederließ, da ertönte täuschend ähnlich jenes elementare tiefe Geräusch, dessen Ton in anständiger Gesellschaft nicht gehört werden soll, so daß der Ahnungslose mit purpurnem Erröten vor der Dame des Hauses verging – während der Baron schon rosig jovial abwinkte: »Sie sind wohl nicht aufs Töpfchen gegangen? Prost!«, und der Bischof, verwirrt, machte nur eine ganz kleine Bewegung, und abermals, lauter tönte das sonore miserable Geräusch, und da merkte er erst, daß er jetzt ein Opfer des pupenden Stuhls geworden war, und fuhr auf, indes der Hausvikar ihm mit offenen Armen vor Entsetzen entgegenstürmte: »Wer ahnte, daß der Mechanismus nicht abgestellt war?« Aber diesmal war es genug, nüchtern, wie er kam, eilte der Bischof hinaus, daß man unter den flatternden Kirchengewändern seine lila Strümpfe von den Waden gerutscht sah, und geriet auf dem Gang vis-à-vis zum Abort, und in einer blinden Ideenassoziation schlüpfte er schamflammend hinein. Er sank auch nieder, und wie er kaum sich gesetzt auf die mit blauem Samt gepolsterte Brille, da begann drinnen die Spieluhr mit trillernder Neckischkeit: »Siehste wohl, da kimmt er ...!« Der Bischof reckte den Hals wie ein Kuckuck und glaubte, von draußen töne Musik, und schaute in den Schlund hinab, ob da vielleicht eine Lucke offen stehe, und setzte sich beruhigt wieder auf die Brille, und da schmetterte die Spieluhr: »Es ist bestimmt in Gottes Rat, daß man vom liebsten, was man hat, muß scheiden ...«

Und rannte total perplex ins leere Frühstückszimmer zurück. Ha! sah er, wie sein schöner Bischofshut als Kaffeemütze über der Kanne auf dem Tisch stand! »Ist hier denn alles verhext?« taumelte er über dies neue Dessin und riß den Hut herunter und nahm ihn unter den Arm, und man sah ihn so ohne Begleitung die Treppe hinabflüchten, und er erreichte knapp den Wagen, bevor ihm die Hosen abschossen ...

Da nahm Gott Vater droben vor Erstaunen wohl die Brille ab ... (Ob es der Bischof Johann Brinkmann selber oder der Weihbischof gewesen ist, der die spitze Nase hatte, wie die Überlieferung sagt, wird gleichfalls die philologische Doktorarbeit bei Professor Schwering nachweisen. Wir können sie als Kommentar überhaupt nicht genug empfehlen.)

Im Kriege 1870/71 focht das westfälische Korps bekanntlich unter dem Korpsführer *von Zastrow.* Von Zastrow war, als der Krieg losbrach, schon über siebzig Jahre, aber da König Wilhelm und Moltke ebenfalls über siebzig zählten, so ließen sie die Generale altern. Von Zastrow war ein bärtiger Haudegen der alten Schule; da sein begabter Stabschef von Unger und die Divisionsgenerale sorgten, daß alles klappte und keine Schlappe eintrat, so ließ man dem alten Zastrow die Ehre während des ganzen Krieges. Von Zastrow war ein Sonderling, sein Spitzname bei den Offizieren war Sarastro; Sarastros Intimus und Berater war sein Koch *Heinrich,* der ihn auch im Feldzug begleitete. Heinrich führte auch die Korrespondenz mit der gnädigen Frau Exzellenz; kam ein Brief von ihr im Felde an, so öffnete ihn Heinrich, schlug die Hacken zusammen und meldete:
»Exzellenz, die gnädige Frau hat geschrieben.«
»So, so – was schreibt se denn?«
»Sie läßt Exzellenz grüßen!«
»So, so. Schreib ihr, ich lass' sie auch grüßen!«
Ruhmgekrönt kam Zastrow zurück und nahm sein Korps wieder in schneidige Disziplin. Nun diente unter ihm der Herrenreiter von Spiegel, und Bomberg wollte ihn im Großen Preis von Buldern gern auf seinen Favorit setzen, da schlug Zastrow den Urlaub ab. Bomberg läßt anspannen, fährt nach Münster zu Zastrow, versucht erst vergeblich den Reiter loszueisen und ladet dann Zastrow zu einer *»Siegesfeier«* nach Buldern ein. Zastrow nimmt an und erscheint.
Im großen Saal des Schlosses ist königliches Mahl, am Schlusse öffnet sich der Vorhang, und ein gemischter Chor singt Mozarts herrliche Sarastro-Weise aus der Zauberflöte:

»Es lebe Zastrow. Zastrow soll leben!
Er ist es, dem wir mit Freuden ergeben.
Stets möge er des Lebens als Tapfrer sich freun –
er ist unser Abgott, dem alle sich weihn!«

Exzellenz verneigte sich geschmeichelt.
Und jetzt erschien Bomberg selber in der Maske Zastrows und sang mit seinem mächtigen Baß die gewaltige Antwort des Zauberers:

»In diesen heil'gen Hallen
kennt man die Rache nicht,
und ist ein Mensch gefallen,
führt Liebe ihn zur Pflicht
und bringet ihn mit starker Hand
vergnügt und froh ins bess're Land!«

Tosender Beifall. Klatschen der ganzen Tafel.
Und dann sang er mit einiger Abänderung die zweite Strophe:

»In diesen heil'gen Mauern,
Wo Mensch den Menschen liebt,
kann *hartes Herz nicht dauern*
und gern man Urlaub gibt!
Wenn solche Lieder nicht mehr ziehn,
da gebt es auf, euch zu bemühn!«

Zastrow war sehr gerührt: »Mein lieber Bomberg«, sagte er, »daß Sie reiten und saufen können, das wußte ich, aber daß Sie so schön *dichten* und *komponieren* können, das war mir neu. – Na, der Junge soll seinen Urlaub kriegen!«
»Ich stell meine Talente oft unter den Scheffel, Exzellenz«, schmunzelte der Baron: »Aber ich arbeite eben an einer neuen Oper: die Narrenflöte!«

Die Jagdverpachtung

Die alte schöne Fasanenjagd sollte neu verpachtet werden. Als gefährlichste Reflektanten kamen ein Konsistorialrat, der ein ebenso leidenschaftlicher Anhänger Nimrods wie Luthers war, und ein Domänenrat in Betracht. Letzterer galt als hitziger Katholik, zumal der Kulturkampf seinen Schatten vorauswarf. Diese beiden mußten ausgeschieden werden, und der Baron gedachte sie gegeneinander auszuspielen.

Also beredete er mit ihnen ohne deren Vorwissen einen gemeinsamen Treffpunkt, um zum Termin zu reiten.
Prompt gesellten die drei sich auf einer Schneise am unteren Kleuterbach, mit höflicher Reserviertheit und doch gespannt in Erwartung erster persönlicher Bekanntschaft, und ritten der Versteigerung entgegen. Der Baron in der Mitte. Schweigen.
So *peu à peu* begann er, den gelehrten Herren Rechnung tragend (er hatte sich vorher präpariert), von Fasanen im allgemeinen – die Deduktion schien ihm hier die praktische Philosophie! –, und bemerkte, daß der Edelfasan von den Küsten des Kaspischen Meeres stammte und durch die Argonauten nach Griechenland gebracht wurde. In der klassischen Literatur erscheine er nicht vor Aristophanes ... Schweigen ... Nach Ägypten kam er aus Medien, und unter Ptolemäus wurde er bereits als Leckerbissen in Alexandria gezüchtet ... Schweigen ... Die Römer und Karl der Große mästeten ihn mit besonderer Vorliebe. »Auch auf der Tafel Luthers –« Der Baron hob seine Stimme und log bedächtig hinzu: »Die berühmten Tischgespräche sind bei Fasanenbraten entstanden –«
Da konnte der Domänenrat die sarkastisch halblaut gemurmelte Bemerkung doch nicht unterdrücken:
»Man riecht auch heute noch den Hautgout dran –«
Der Konsistorialrat wippte etwas im Sattel.
»Meine Herren, wir dürfen uns nicht versäumen – trapp, trapp!« rief der Baron, und die drei Reiter schlugen eine schnellere Gangart an.
Aber der Konsistorialrat grübelte im Bart, und unvermittelt platzte er los:
»Auf dem Konzil zu Trient soll der Papst am Fasan fast erstickt sein – es war der dreiundvierzigste Gang!«
Dies war schon die zweite bissige Bemerkung.
»Voran, meine Herren – versäumen wir nicht über theologischen Gesprächen den Termin!« peitschte der Baron und fühlte, wie die beiden Kampfhähne durch diese gewaltsame Behinderung ihres Disputs erst recht in Harnisch gerieten, indem er die Giftblüte ihres Zorns knapp vor der Reife abköpfte.
Und nach beredtem Galopp ... währenddessen die Gegner zu

neuen Hieben wettrüsteten ... reizte er beide zugleich mit der Herausforderung:
»Daß die beiden christlichen Konfessionen sich immer noch borniert ans Leder wollen, anstatt die Konsistorialhosen und Bischofsmützen zusammenzuschmeißen und auf mittlerer Konfektion sich zu einigen! Du lieber Himmel, es ist doch sonnenklar, was Christus zum Beispiel mit der Buße gemeint hat –«
»Natürlich!« schrie der Katholik.
»Was ist natürlich?« schrie der Protestant.
»Zunächst, Kinder –« rief der Baron – »laßt uns diesen Bach hinaufreiten, wir schneiden dann anderthalb Wegstunden ab –« und tänzelte schon mit dem Gaul ins seichte Gewässer und lachte: »Voraus das Konsistorium – am Schwanz der Jesuit!« Und gedachte sie durch diese Trennung noch zu lauterem Disput zu stacheln, denn er wußte: in der Temperatur der Stimme liegt's! Und meinte nebenbei:
»Hat jemand der frommen Herrschaften überhaupt die Bibel bei sich?«
»Ich!« rief vorn der Konsistorialrat.
›Richtig kalkuliert –!‹ schmunzelte der Baron: ›Nun haben sie nur *einen* Text‹, und rief:
»Her damit –!« Er blätterte auf dem Sattelknopf: »Laßt uns gleich vorn mal prüfen« – und buchstabierte: »Ein eklatantes Beispiel Pagina sechs, Mose zwei bis drei: Von diesem Baume sollst du nicht essen, denn welches Tages du davon issest, wirst du des Todes sterben –«
»Ergo –« unterbrach der Domänenrat aus dem Hintergrund: »Bitte aber stets wörtlich interpretieren – bei Luther bin ich vor willkürlichen Textverdrehungen nie sicher – ihr Protestanten legt ja schon bei Erschaffung der Welt eure eigene Elle an – wie denken Sie also über diesen Passus?«
»Ich denke –« sprach der Mann vorn auf dem Pferd und drehte den Kopf scharf zur Seite – »daß dies nur Sinnbild ist sozusagen – he?«
Mit einem Satz war der katholische Eiferer beim evangelischen Eiferer: »Also – Fabel sagen Sie?«

»Sie nehmen natürlich auch die ganze Schöpfungsgeschichte buchstäblich, was? Lesen die Bibel wie 'n Kalender?«
»Weichen Sie nicht aus – disputieren wir objektiv – was forderte Gott von Adam im Paradiese?«
»Der Apfel ist doch wirklich nur Symbol – wirklich nur –!«
»Deuten *Sie*! Was gebot Gott?«
Ihre Pferde spritzten im Wasser, daß es rauschte. Und als die Kavallerie Gottes just ins hitzigste Gefecht geraten, schliefte der Baron heimlich über eine Wiese seitwärts, im Rücken der Herren, aus dem Bach davon ...
Langsamer glitschten die Pferde, strampelnd auf den Kieseln, und dann hielten sie mitten im Bach inne, denn der Konsistorialrat hatte stramme Haltung genommen, und was er mit den Armen in der Luft dozierte, das hielt er unwillkürlich unten mit den Beinen fest, so daß der Gaul stand. Der Katholik seinerseits wehrte entschieden, und beim Parieren kann man erst recht nicht reiten, und so hielt auch er die Zügel steif. Auch mußten sie öfters gemeinsam in das kleine Buch schauen – dazu klemmt man die Brille über – und die Finger akkurat auf den Text legen – dann warfen beide die bebrillten Köpfe scharf zurück, und die Logik stritt mit der Exegese – das geht erst recht nicht im Galopp! –
»Freundschaft – ich hatte mich aus dem Bibelstaub gemacht – das hielt selbst mein Pferd nicht aus!« empfing sie später der Baron.
»Aber ich bestehe auf meiner Interpretation –« protestierte gerade noch der Konsistorialrat, und der Ökonomierat antwortete: »Man muß die Gnade der Erleuchtung haben –«
»Wenn ich auch eine Meinung sagen darf, den Streit vielleicht zu schlichten – worum handelt sich's meine Herren?«
»Wir bitten darum –«
»Pagina sechs, Mose zwei bis drei –«
»Nu denn – Gott als weiser Vater verbot vom Baum zu essen – weil – no ja – einfach, weil halt das Obst noch nicht reif war! Addio!« Und ritt fort.
Da erst merkten die beiden, daß die Jagd um ein Spottgeld bereits angesteigert war.

»Ach, Här Baron, wat sin ick 'n bedröwt Fraumensk –« klagte die Köttersfrau ihr Leid, als der Baron auf der Jagd zum Wassertrinken ihr Haus betrat. – »Min Mann is alle Dage besoppen!« – »Wie kommt der Kerl dazu?« – »He segg: De Baron süpp ok!« – »Wenn ich in die Hölle komme, muß er denn mit?« – »Un dann slött he mi, Här Baron – un slött alles kapott und segg: De Baron slött ok alles kapott!«
»Ja, ja, alle Welt hätt ehre Pine und jede hätt de sine – de Mannslüd sind manges[1] wunnerlick, das is wohr, leve Frau –« sagte der Baron nachdenklich – »Wann so 'n Quartalssüper sine Tur krigg, dann helpt kin Wihwater, he sidd mit der Nierse[2] achter den Alkohol, äß de Rüe[3] achter 't Wild, dat sidd[4] drin.« – »Jo, jo, Här Baron, dat is wohr.« – »Is de Drunk in 'n Manne, is de Verstand in de Kanne, sagt das Sprichwort . . .« – Un dorbi waß Hinnerk so 'n wisen[5] Kerl, ick dachde al, ick woll up Wallfahrt mit em gohn –« – »Um Gottes willen, auf der Wallfahrt schießt der Durst erst recht ins Unkraut, hier 'n Schnäpschen – dort 'n Schnäpschen – dat helpt bi 't Beten, seggt de Köster – nee – nee – beim Wallfahrten ist manche Jungfrau schon dicke geworden – dat helpt hier nich – wann kümp he trügge?«[6] – »He kümp so um tähn Uhr ut 't Wärtshus.« – »Gut – hör zu – sag ihm: Du hättest den Pastor gerufen – der käm gleich zu ihm – für alles andere laß mich sorgen – stell eine Schubkarre hinter die Tür und laß die Lampen aus.«
Der Baron kehrte gegen Abend zurück und hörte den Trinker bald in der Küche randalen und schreien: »Wat will de Pastor bi mi? Bliew mi met den Pastor ut'n Huse –!« Bum, srr –! schmiß er ein Geschirr an die Wand und schlug wie ein Sack lang über die Tischplatte. Der Baron drückte den Hut tiefer in die Stirn, straffte den Mantel um die Schulter, zog schweigend den Schnarchenden an den Beinen fort, schleifte ihn auf die Schubkarre und band einen Kuhstrick darüber; dann schob er los.
»Wa – ? – Wat is dat?« stöhnte der Besoffene. »Ruhe!« brüllte der Baron ihn an und rüttelte die Karre.

[1] manchmal – [2] Nase – [3] Hund – [4] sitzt – [5] klugen – [6] kommt zurück

»Kinners, Kinners – wat is los?« – »Ruhe da!« brüllte der Baron und hieb ihm eins über den Rücken.
Der Gerüttelte vermochte sich nicht zu wehren, rieb die Augen, starrte ins Dunkel, fühlte sich gefahren und schrie: »Wohen? – Wohen?« – »Nach Maria-Veen!« rief der Baron in tiefem Baß. »Hu Gutt – hu Gutt[1] – well bis du denn?« – »Ich bin der Pastor!« wetterte der Baron. »Hu Gutt – hu Gutt – Herr Pastor – lot mi noch eenmol loß!« – »Fort nach Maria-Veen, zur Trinkerheilanstalt!« Der Baron schob durchs Gestrüpp im Galopp voran. Da fing der Ernüchterte, vor Schreck und Schwere seiner Glieder nicht fähig, weinerlich zu bitten und zu winseln an. »Nein, daß die ganze Gemeinde deine Schande nicht merkt, schieb ich selbst in der Nacht dich fort!« Der Trunkenbold stöhnte lallend: »Gnade, Gnade!« – »Es ist zu spät! Fort nach Maria-Veen, Schweinehund!« – »Wu lang mott ick denn dor bliewen?« lallte der Trunkene. »Sieben Jahre!« – »Hu Gutt – hu Gutt – sibben Johre?« – »Bei Wasser und Brot den ganzen Tag schuften – auch Prügel gibt's noch!« – »O lewe Här Pastor, ich schwöre beim allerheiligsten Herzen Jesu: nie mehr einen Tropfen«, heulte der Besoffene. »Amen! Sonst komm ich wieder!« donnerte der Baron, damit kippte er ihn mit der Karre um in den Graben, ließ ihn mitten im dunklen Wald liegen und ging heim.

Der Urmensch von Bullbergen

Nach einem fröhlichen Ritt durch die münsterischen Wiesen hatte Landois in langen Reiterstiefeln Messe gelesen und war daraufhin seines Priesteramtes für verlustig erklärt worden. Jetzt zog sich selbst der Höllenforscher Professor Bautz ganz von ihm zurück. Landois aber ließ aus der abgerundeten Soutane vorn einen Schlips herausschneiden, so daß sein gedrungener Hals prall aus dem breiten Umschlagkragen hervortauchte. Sonst blieb alles beim alten. Nur die Abstammung des Menschen vom Affen schien irgendwie neue Beweisgründe er-

[1] Hu Gott

fahren zu haben, denn er dozierte verdächtiger denn je über dies scharfstachelige Thema. Professor Bautz machte immer größere Bogen um ihn.

»Man muß zwei solche Zierden und Leuchten der Wissenschaft wieder versöhnen!« sagte der Baron ...

So pochte denn ein Bäuerlein bald an Landois' Tür, oder ein Knecht mochte es gewesen sein, der ihn heimlich sprechen wollte. Landois meinte bedauernd: »Ick draw kine Bichte mähr hören – wat wuß du?«

»Ick häw ne olle Lehmkuhle für Ziegelstene, und wu ick düsse Dage an 't Buddeln bin, dor krieg ick faken so 'n Knocken un noch so'n Knocken – dor dachde ick, de Professers sammelt dat –«

Landois besah sich den Fund; es waren offenbar Fußknochen und Schienbeine eines sehr starken Mannes.

»Wu dep liggt de Knocken?«

»So wat an achtähn Foot –«

»Wann kann ick kommen?«

»Morgen elf Uhr –«

Dann ging das Bäuerlein zu Professor Bautz und sagte: »De Landois segg, dat wör de Apenmensk – is dat woahr?« – »Da muß ich doch mitkommen und selbst nachsehen – ja, morgen elf Uhr bin auch ich dort!« Er dachte im geheimen: Ist das so was Ähnliches, so lass' ich den gefährlichen Fund verschwinden – besser ist besser –!

Richtig trafen sich beide Rivalen an der Stelle. Sieh – stutzte Landois – die Sache hat sich rund gesprochen? »Ja, ja«, schmunzelte Bautz, »man muß früher aufstehen, wenn man der heiligen Theologie ein Schnippchen schlagen will!«

Keiner räumte das Feld, und der Ziegelbauer grub vorsichtig weiter aus. In der scharf abfallenden Lehmschicht kamen nacheinander die Oberschenkel, dann das Becken zum Vorschein. Nach Stunden gelang es, den Brustkorb zu bergen und jedes Knöchelchen zu sammeln, man hatte zweifellos einen wertvollen Übergang vom Pithekanthropus zum Diluvialmenschen gefunden – nach Landois' triumphierendem Schmunzeln.

›Abwarten –!‹ dachte der Höllenprofessor.

Ha – endlich – da hatte man den Kopf, von Lehm ganz umhüllt; man grub zu dritt Stunden herum, daß ja kein Krümelchen zerfiele – jetzt galt's! Und als sie mit Vorsicht ihn heraushuben ... ha ... an dem Kopf saßen zwei riesige Hörner!
Am Grubenrand oben erschien zugleich Bombergs Gesicht und begrüßte freundlich die zwei Gelehrten. »Nicht wahr – ein großartiger Fund, das ist tatsächlich eine meiner ergiebigsten Lehmgruben!«
»Jo, wie hewwt düftig schuftet –!« schnaufte das Bäuerlein.
»Zu diesem bedeutenden Tag der Wissenschaft herzlichsten Glückwunsch, meine Herren! Jetzt muß ich Ihrer Fachwissenschaft überlassen, ob das nach Landois der Urmensch ist, noch halb Tier – oder ob's der Teufel ist, Klasse drei B, der ja nach Professor Bautz in einer mittleren Lehmschicht über der Hölle wohl beim Herabholen eines Sünders verschüttet wurde?«
Landois stülpte seinen großen struppigen Zylinder auf das schweißbedeckte Haupt, setzte sich in die Kutsche und fuhr ab – er war vollkommen im Bilde.
Professor Bautz aber, der den weiten Weg zu Fuß gehen mußte, zögerte noch, überdenkend, ob dieser Fall – hypothetisch – aus dem glühenden Plasma – dann wäre er allerdings durch ein großes Naturereignis – vielleicht durch die Sündflut selber überrascht und hier wohl erstickt – die langen Hörner schließen nicht ohne Wahrscheinlichkeit auf Klasse – – ?
»Dat sind richtige Ossenhöhne [1] –« hörte er da den Bauern bedächtig sagen: »Met Liem an den Kopp festmaket –«

Die schwere Verliebtheit in die schöne Freiin von Bl.

Die junge schöne Freiin von Bl. war in Rom bei einem hohen geistlichen Vetter drei Jahre zu Besuch gewesen und schneite jetzt aus der großen Welt zurück voll *charme* und Leidenschaft in Haltung, Mienenspiel, Timbre der Stimme, wie Feinheit und künstlerischer Bildung des Geschmacks und Verstandes. Sie

[1] Ochsenhörner

trug auch als erste Dame eine Turnüre und wippte wie ein seidenkrachender Pfau auf ihren hohen, geschweiften Schnürstiefeln, die vorn eine vergoldete Quaste hatten.

Das Temperament des Barons, sein Treiben und Toben rissen sie hin und machten sie lüstern auf nähere Bekanntschaft. Auch pflegte sie die Miniaturenmalerei, die ehemals ein reizvoll geistreiches Spiel adliger Damen gewesen, dann aber in Vergessenheit geraten war. Daher bat sie, ihn porträtieren zu dürfen. Er lehnte barsch ab: »Ich bin kein Frätzchen für Ihre Porzellanmanufaktur!« ...

Okuli – dann kommen sie – am ersten Ostertage ging der Baron auf den Schnepfenstrich. Die Holster warm gepackt. So übernachtete er in der Pirschhütte mit Dachs. Die Drossel schlug schon im Walddämmer dem Tag entgegen. Grillen und Mücken summten noch nicht. Keine Fledermaus huschte. Nur eine Nachtschwalbe stieß gelle Pfiffe und klatschte gespenstig mit den schmalen Flügeln. Dann blieb es sehr lange weltabgeschieden stumm. Drüben im stockfinsteren Tann begannen zwei Käuze zu lachen und zu heulen: »Kiuwitt, kiuwitt –.« Wie das wilde Geschrei fliegender Katzen klang es durchs Mark in der großen Totenstille. Und näher klatschte die Nachtschwalbe, als schlüge die Peitsche Hackelbernds an einen Baumstamm. Es sauste stoßweise und jäh und kalt durch die Wipfel, und dann blieb alles stumm wie vorher. Obwohl der Baron doch ein passionierter Jäger war, erlebte er diese erste Schnepfenjagd voll schauriger Blutsunruh und verwunderte sich über das geheimnisvoll erregende Treiben der Waldnacht, die er früher nie so beachtet haben mochte. Abgrundeinsam konnte man sich fühlen inmitten der eigenen Heimat.

»Tirröh!« rief plötzlich Dachs, und schon torkelte der Vogel mit dem spitzen Gesicht dicht an ihm vorbei. Bumm! – die Flinte riß Funken – fehl. Die Schnepfe konnte ihren Liebestanz weiterführen. Aber bald schon hörten sie wieder das heimliche Murken und Puitzen des verliebten Schnepfenmännchens – stststoooack – das Herz klopft schneller – noch ist nichts im Krickelkrackel des Gezweiges zu erspähen. Die Sterne schienen höher und kleiner. Sie duckten und warteten. Das erste Zwielicht fahlte. »Gleich links muß sie sitzen –« flüsterte Dachs. »Tirröh!« rief er plötzlich selber und schoß abermals. Vorbei. Dachs schimpfte: »Das wird mir zu dumm–!« »Ich krieg keine an den Galgen«, jammerte der Baron verbissen. Er schlug fröstelnd die Arme unter die Achseln und hantelte in der Luft. Wohlig rieselte es in den erstarrten Gliedern, und behutsam schlichen sie in eine andere Richtung. Da schoß der Baron zum drittenmal in den Baum, und Dachs knurrte: »So schieß ick och zwischen die Beene durch –« Der Baron schwieg und empfand plötzlich diesen vertrauten Ton als Arroganz; während er noch darüber grübelte, ob er überempfindlich geworden sei – schoß Dachs ihm die folgende Schnepfe vor der Nase weg. Der Hühnerhund apportierte dem Baron, der schmiß die Beute in den Busch. Einsilbig kehrten sie um. In dampfendem Gold strahlte die junge Ostersonne, daß die Jäger selber leuchteten zwischen dem tröpfelnden Gezweig, und ein Stier brüllte irgendwo wie ein wilder Gott.

Seine Frau schleppte ihn zu einem Wohltätigkeitsbasar. Da traf er die Freiin wieder. Ihre Brauen standen wie Triumphbögen. Sie wippte wie ein seidenkrachender Pfau, und an ihren hohen Stiefeln baumelten die Goldquasten, als sie die Beine übereinanderschlug. Und lachte ihn plötzlich voll an. Jäh überkam's ihn. Er erschrak. Er wußte alles. Nie hatte ihn die Leidenschaft der Liebe gepackt unter all diesen sanften, blonden, folgsamen Frauen – die aber war anders! Die war mehr! Die war, endlich, die Vollnatur! Doch er wehrte sich; seine Selbstherrlichkeit litt es nicht, er traute dem Zauber nicht – Liebe? So ward er ungelenker, als er wollte, warf ein Wort zu schwer, ein anderes zu leicht, behauptete dort, was er verneinen wollte, verstieg sich hier zu Lächerlichkeiten – sie wippte mit den hohen Stiefeln und lächelte.

Er ritt durch die Heide, seine Leidenschaft verbrannte ihn. Er trug schon ihre Billetdoux unterm Rock. Der die Liebe verschmähte, den folterte sie mit Herzklopfen und rotem Kopf. »Daß mich noch so die Blume juckt!« räsonierte er mit sich selber – »Wer von Weibern sich regieren läßt, ist ein Kujon – sagt der Alte Fritz. Denk an das Weiberduell!« Und höhnte:

»Im Mittelalter hätt' ich ihr wie Ferdinand von Oer einen Eisenring um den Hals geworfen – her, ins Bett!« Und sah sie mit ihren wippenden Stiefeln vor sich her über die Heide gehen. Er blieb auf den Fersen, jagte hinterdrein. Sie ging, ohne umzuschauen. Schwups! drehte er ab und sprengte fort und hielt die Hand über die Augen. Hinten stieg Haarrauch. Stille. Spuk?
Er beschloß, eilends seine fernsten Besitzungen aufzusuchen, auch den evangelischen, den reformierten Zweig, Verbindungen wieder anzuknüpfen. Und reiste ab. Er sah in Schleswig-Holstein vor tiefen Horizonten in graudunstigen Weiten Gut Gommelgard. Unerwartet traf er ein. Der Rentmeister war in Schwerin. Er schritt wie durch ein fremdes Besitztum. Nie vordem war er hier. In der Nacht quälte ihn der volle Mondschein durchs offene Fenster. Er reiste gleich ab. Er sah in der kieferdunklen Mark, wo Einsamkeit noch abgeschiedener ihn überfiel, seine Güter Bronn, Zotzke und ging mit den Pächtern auf Jagd. Es kam ihm sinnlos vor, hier für andere Tiere zu schießen. In Groß-Commin angelte er. Zu Hause hatte er nie eine Rute angerührt. Warum hier? Das alte Gutshaus wuchs wie ein halb geborstener Berg in der Dämmerung. Auf den Bodenkammern kletterte er unter Renaissancetruhen, ausrangierten Möbeln vieler Brautgeschlechter, Empireschränken mit vermorschten Läden voll Mottenfraß und verschollenen Uniformresten. Fand ein verblichenes Ahnenbild und betrachtete es. Wehmut schmolz ihn. Vergänglichkeit, Sinnlosigkeit. Was ist Besitz? Was war ihm das Stammschloß, der seine Kindheit hinten im Münsterland verlebte, nur aus den Abrechnungen der Rentei flüchtig bekannt mit Erträgnissen von Ar und Morgen – gleichgültige Menschen hantierten auch hier auf seinem Boden, wohnten in seinen Zimmern, lachten und litten ihre Schicksale. Warum kramte er hier wie ein Trödler und wollte hier Friede suchen, wo nichts ihn anriß, verband und verflocht? Er hakte im Vätersaal ein Dutzend Elchgeweihe von den Wänden, denn der Alp des Mordes so vieler großer Tiere überfiel ihn. Er reiste ab. In Basekow saß er in der grabstummen Bibliothek. Blätterte in Alben, sah verliebte Vignetten, Blumen aus Haar in Glasrahmen, silberne Hochzeitskränze, Geschlechterschicksal furcht-

bar und drohend. Floh nach Ostpreußen zu Jung- und Neuschloß, Gordaunen, Dührings und Brölost mit den Tausenden Morgen von Forsten, die in geschlossenen Komplexen wuchteten, wie rauschend grüner Granit unvergänglich. Hörte den wiehernden Schrei großer Raubvögel. Sah polnische Arbeiter seinen Rocksaum küssen. Sah sie beichten mit dem Gesicht im Schoß des Geistlichen, der vorm Altar saß. Ein erschossener Förster wurde begraben. Fand uralte Cousinen, scheu wie Klosterfrauen? Überall mit Mißtrauen empfangen. Warum kam der? Was will der hier? Er reiste bis Kassel zurück nach Drasberg. Atmete berauscht den tanzenden Strom der Stadt, mitbrandend in Theater, Zirkus, Parade. Stieg die Wasserterrassen empor bis zur Grotte der Springbrunnscherze. Schloß sich einen Morgen mit einer Dirne ins Hotel ein. Ging ohne Gruß und fuhr ab. Besuchte zwischen grünen Bergangern und Weserbergen in Bodenwerder des alten Münchhausen bäuerliche Fachwerkwohnung mit dem langen Dach und stieg den Berggarten empor, über ausgetretene Stufen durch Büsche zum Gartenhäuschen, wo dermaleinst der unruhvoll phantastische Geist die wunderbaren Abenteuer zum besten gab. Es ist überliefert, daß er hier manche Tage nachdenksam verharrte. Beim westfälischen Halle suchte er noch das verlassen in Heiden und Wäldern versteckte Schloß Tatenhausen auf, Steindom in kleinem Meer, das man durch eine gewaltige Allee von Linden erreicht. Welch ein Edelsitz! Und das verfallende Schloß Holtfeld, ein blühendes Grab, ein rattenwimmelnder Bau mit ein paar alten Tagelöhnern, und erwachte in schwefelgelber Gewitterstunde. Daß solch eine Versunkenheit in unsere Zeit noch herüberragt! Dann trieb's ihn sehnsuchtsvoller zurück: ›Sie reitet mich wie eine tolle Amazone durchs Land –!‹ Sein Bart war unterdessen gewachsen, zwei Anzüge fehlten. Er konnte sich nicht entsinnen. Wenn ich tot wäre, änderte auch hier sich kaum etwas! Zwecklos, sinnlos. Nur die Hunde heulten an ihm empor. Die Baronin schwieg. Er sank in brakige Erinnerungen. Jedes Peitschenknallen auf der Chaussee schreckte ihn auf. Die Pfeife schmeckte schmod. Er meinte, die Mägde kiksterten und tuschelten, und fuhr dazwischen wie eine Saufeder.

Auf einmal meldete sie sich zu Besuch. Er zitterte. Der Zenit kreiste kupferrot funkelnd um den Turm, wo er heimlich stand und sie erwartete. Endlich entdeckte er ihren Wagen im Fernrohr und labte sich mit einem süßen Gruseln am wiedergefundenen Anblick, wie sie größer und deutlicher in die Linse hineinwuchs, ohne daß er nur Knistern eines Haares vernahm; es war wie eine Vision. Er suchte ihre Bewegungen zu enträtseln, je näher sie kam, ihr Zupfen und Spiegeln – sie hielt die Hand über die Augen und starrte zum Turm, auf ihn, sein Herz stand . . . er taumelte mit rasenden Pulsen, beim Rollen der Räder, dem hallenden Hufschlag und duckte hinunter.

Als er merkte, daß er bald sich verraten, ließ er mit wahrer Wollust alles Vertuschen fallen, unbekümmert, letzter Wahrhaftigkeit gewohnt; wie ein Waldhorn schlug die volle Melodie der Liebe an und durchklang das ganze Haus.

Sie blieb drei, fünf Tage, zwölf Tage. Der Schatten ihrer Wimper hing wie eine Wolke auf ihm, die ihn erdrückte – ihr leisestes Lächeln riß ihn wie eine Sonne, die ihn berückte. Er hielt ihr die Staffelei. Er saß stundenlang bewegungslos als Modell. Er schoß ihr zum Motiv einen Bussard aus der Luft mit der Pistole. Verging vor Begehr, Überschwengliches zu vollbringen. Ließ ihre Pferde mit Sekt waschen. Alles atmete sie. Alles berührte sie. Mit rauschendem Gefieder stieg Entzücken von ihr auf, was sie auch tat, was sie auch sagte. Er sah nicht, wie seine Frau versteinerte zu Leid. Er füllte seinen Bauch wie einen Mastochsen, aber sein Auge nicht mit ihr. Er wollte Gewalt in sich stauen. Verjüngt, erfindungsreich wie je. Dachs mußte hundertmal zur Stadt und polterte im Souterrain: »Wenn dat Schwin man ut 'n Huse wör!« Der Vikar wich den Promenierenden im Park schon von weitem aus, vertiefter in sein Brevier. Schulten Vader nieschierte über die Hecke und sah, wie der Baron einmal hinter ihrem Rücken sich schnell neigte und die Turnüre der Fremden küßte. Er schüttelte den Kopf: »Wat mott düsse Verliebtheit för 'ne Krankheit sin –! Gott Dank, datt wi Burslüe dat nich kennt! Wat sall dat Scharwenzeln? Wel hätt Tid dorto? Un man so 'n schmächtig Ding is se un hätt 'nen Holsken[1] off en Fürchörwken[2] achter sick, datt et klüchtig utsütt![3] De smet[4] icke u de Hielendöhr[5]: ›Goh up 'n Wiem,[6] du Wippstert![7]‹«

Abend für Abend spielte Fränzkens Kapelle wieder auf dem Hof und brachte Ständchen unter ihrem Fenster. Die Holde dankte den Musikanten und ließ sich weiter nichts merken. Die Baronin mit äußerster Höflichkeit wie eine liebe Freundin umtänzelnd. Die fand nicht die Kraft zur Abwehr.

Aber am folgenden Abend sah sie durch den Türspalt, wie die schöne Rivalin ihren Mann vor sich liegen hatte, und er küßte mit einer taumelnden Gier ihre Füße. Und die Kokette fand dies so drollig wie süß und hielt die Stiefelchen mit gewölbtem Spann ihm blank und schlank unter die Nase: »Kusch – mein Liebeshündchen, spiel mit der Quaste!« Und der Baron schnappte wie ein toller Kater nach der Quaste . . . In Liebesekstase sind wir alle Affen, durchsiedete es ihn, Augen zu! Augen zu! tief ringelt uns allen die Geschlechtsbestie im Blut, und er fühlte eine kindisch lustvoll geheime Schaurigkeit.

Als die Baronin dies Amüsement überraschte, meinte sie in leibhaftigen Wahnsinn zu schauen, schämte sich zu Tode, schlich davon in die Hauskapelle und hielt eine siebentägige Herz-Jesu-Andacht. Ihr Gemahl wedelte hinter der Fremden her, tänzelte als Windhund ihrer Launen, sann auf unmögliche Weise, seine Leidenschaft immer neu zu beweisen, teils durch die Blume, teils mit offenbarstem Liebesantrag.

»Ich kann Hitze vertragen wie ein Dackel hinterm Ofen – aber dies hält kein Satan aus –« tollte der Baron – »ich werd' noch ein Weiberknecht wie Samson –!« Aber auf mehr Intimitäten ließ das pikante Dämchen sich nicht ein. Hütete sich, ganz aufs Glatteis zu gehen. Tauschte Billetdoux. Ihr passiver Widerstand stachelte ihn zu immer hitzigeren Huldigungen.

Und auf einmal taumelte sie in seine Arme.

Am Abend, nicht seiner Sinne Herr, trat er endlich zu ihr herein. Sie lächelte ihm entgegen vom Bettrand und wartete. Da löschte er schnell die Lampe und zog die zärtlich sich Sträu-

[1] Holzschuh – [2] Feuerstäbchen – [3] seltsam aussieht – [4] schmiß
[5] Dielentür – [6] Hühnerleiter – [7] Bachstelze

bende mit schauernder Hast im Dunkel aus, umtastete ihren Leib mit den Mulden seiner Hände, und sie häkelte selber, hingegeben wehrend, wo ein Bändchen zerreißen könnte. Ihr Parfüm, das aus den Kleidern aufstieg, begann das Zimmer berauschend zu füllen. So trug er sie, tausend Adern voll schäumenden Purpurs, die allerseligste Süße der Welt, ins große, weiche Napoleonbett. Aber als er nach vielen inbrünstig wogenden Umarmungen über die festgeschmiegten Knie niederglitt, begann sie plötzlich halblaut zu beten: »Heilige Mutter Gottes Maria –« Er zuckte zusammen und versank gleich wieder in ihre hingebenden, markaussaugenden Küsse, doch als er abermals niederglitt, gleich tönte die Stimme in der Dunkelheit: »O du Gnade Gottes, welche hinwegnimmt die Sünden der Welt – Christus, höre mich, erbarme dich!« Er zuckte noch befremdeter zusammen. Klang uralter Kinderworte stieß und ergriff ihn, und während er ihren ganzen Leib fühlte, faltete sie ihre zitternd flatternden Hände vor sein Gesicht; wie in der Todesstunde klang das! Wie bei einem Schiffsuntergang! Einem Erdbeben! »Bitte – bitte – alle ihr Heiligen – Jesus – Barmherzigkeit – errettet mich –« Schweiß brach ihm plötzlich aus: »Bin ich denn ein Raubtier, das Sie vergewaltigen will –?« Und stammelte und pulste doch ganz in Süßigkeit göttlicher Menschenwonne. Er streichelte sie wie aus strömend sich öffnenden Sphären. Aber sie hörte nicht mehr, kniff nur zähneklappernd blind bebende Knie, mit grauenhaft furchtbaren Worten der Litanei und des Rosenkranzes.
»Bigottes Quisselweib! Lüsterne Gedankendirnen! Ihr dummen Maulhuren!« Von Ekel gewürgt, mythisch erschüttert, tappte er zur Tür, und fast schon im Zuknallen – wie eine Entschuldigung, hörte er's flüstern: »So hat's uns die ehrwürdige Mère im Kloster angeraten, wenn die Seele in Gefahr ist –« Aber er hatte genug.
Hochmütig, ohne Gruß, die Lippe gewölbt im Gefühl ihrer tapferen Unschuld, fuhr sie am Morgen ab. Mit schlanken Beinen im rieselnden Gewand, das durchsichtig in der Frühsonne schien; die letzte Biegung ihrer Knöchel riß ihn fast um. Sein Stolz, sein Hohn trotzt ihr nach:

»Ein bißchen läßliche Sünde, halbes Schleckern, viertel Courage – nie voll und ganz – so sind alle Weiber hier!«
Eine neue Periode der berüchtigtsten Radau- und Polterfeste begann.
Die Dame des Hauses war auch zeitig wieder auf Reisen geschickt worden unter allerhand schönen Vorwänden, auch der Rentmeister hatte gerade seinen jährlichen Urlaub; die Einladungen waren geheim vom Baron selber durchgeschmuggelt worden, nur das geschäftige Tapezieren, Vergolden, Lackieren, Bordieren schien schon verräterisch; aber es ging nicht weiter, es mußte ausgetobt werden! Und die Lieferanten aus Münster, Coesfeld, Dorsten, Ahaus waren genau auf Tag und Stunde bestellt, so daß gleichzeitig mit den Dogcarts und Pferden von allen Himmelsrichtungen eilende Stafetten Tortentürme, Pasteten und Eis herantransportierten. Jetzt ging es los!
Das Klavier wurde von einem Zimmer, wenn dessen Tohuwabohu zu toll geworden, ins andere getragen und wanderte so durch die ganze Flucht, bis die Beine zerbrochen waren und es am Boden mit den Füßen gespielt wurde, daß die ältesten Ratten und ehrwürdigsten Schnaken glaubten, das Jüngste Gericht sei angebrochen. Die Kürassiere zogen im Hemd durchs Schloß, rasten mit Säbeln in den Tapeten, traten die Türen ein.
Dann stiegen sie in die Schwemme, wo die grüne Linsendecke und die Nesseln fortgeharkt waren, das Wasser nicht höher als bis zu den Hüften ging, und balgten sich mit unflätigem Klatschen auf dralles Fleisch wie Hippokampen unter ungeheurem Grölen und Jux. »Higitthigitt –« ekelten sich die Mägde und kicherten doch hinter den Bettvorhängen, während die Knechte mit Mitgefühl des Baldowerns gedämpft: »Feste drupp!« riefen und viele Dorfbewohner die Hecken durchlusterten, der Vikar am halbgeöffneten Fenster seiner Klause stand und betrübt das Haupt schüttelte.
Es soll hier aber nicht unterlassen werden, mit allem Nachdruck des getreuen Chronisten Fakta zu berichtigen, die vornehmlich im Kapitel dreizehn des »Frans Essink« von Landois in willkürlicher Weise und zum Ärgernis aller Wahrheitsfreunde entstellt, übertrieben oder doch unziemlich ausgeschmückt sind.

Es war ja schlimm, aber so schlimm doch nicht! Hauptsächlich entspricht es nicht den Tatsachen, daß der Baron, der hier »Här von Bullrig« genannt wird, bei der tollen Polonaise jener Dortmunder Musikanten mit einer Reitpeitsche den hochwürdigen Herrn Kaplan selber zu Boden geschlagen und auch seine Frau Gemahlin niedergeschwippt habe, daß sie auf den Vieren samt Rentmeister, Großknecht, Köchin, Kutscher, Küster und Hofjäger: *»Grand Pas de deux! traversez!«* allen Gästen voran unter die Tische, hinter den Ofen und durch die Ställe gekrochen seien, vermischt mit Jagdhunden, Windhunden, Bulldoggen und Bracken. (Den Indizienbeweis, daß die Frau Baronin ortsabwesend gewesen ist, um einer ausschweifenden Legendenbildung vorzubeugen, wird mit genauen Daten die philologische Doktorarbeit beim Professor Schwering in Münster ebenfalls baldigst zusammenstellen.)
Nach diesem Kommentar kehren wir in die Korona zurück, deren Spektakel wir als Ausfluß der unglücklichen Liebschaft des Barons erkannten. In der zwölften Nacht erst wandelte ihn das heulende Elend an, und er vergoß einen Strom von Tränen. Da erklärte er, sich beruhigend, er habe soeben die traurige Nachricht erhalten, daß sein leiblicher Oheim im Mecklenburgischen, das Stammhaupt der Familie, in die Dreschmaschine geraten sei und gräßlichen Tod erwarte. Schon begann der Oberst Boddenbrock leise zu tröpfeln vor Suff und Rührung, und aus Subordination und guter Erziehung schloß sich Prinz Wutschenstein feuchten Auges an, und es ward stiller im Saal vor lauter Mitgefühl. Der Baron begann die Tugenden des braven Mannes zu preisen und im Gegensatz dazu sein unverdient bitteres Leid, und je mehr sie tranken, desto elender wurde der bedauernswerte, liebe Anverwandte und hatte alle Qualen eines in die Dreschmaschine Geratenen über sich ergehen zu lassen, die der Major von Stein, der einmal mit dem Pferde gestürzt war, sachkundig ausmalte, so daß mit vorgerückter Stunde der Gram in immer größeren Quantitäten betäubt werden mußte, die Traurigkeit der Herren bis zu allgemeinem Schluchzen wuchs und die Tafel schier erstickte.
Ach! daß selbst Dachs, der doch genau wußte: alles war Lüge

und Notbehelf des Barons gewesen, seinen Liebeskummer zu verschleiern – unversehens auf dem Stuhl das Schlucksen bekam und wie ein Schloßhund mitheulte.

Der Baron, gegen Morgen ernüchtert, lief hinaus, wusch sich den Kopf und rief die Trauergemeinde triumphierend an: »Ein Telegramm meldet: Krisis überstanden!« Worauf das Fest langsam wieder in Fluß geriet und die Lebensrettung gebührend gefeiert wurde. Es schien diesmal kein Ende zu nehmen, die alte Libbeth wackelte durchs ganze Haus und schimpfte vor sich hin: »Was ist das for 'ne Wirtschaft hier? Wo stecken die Domestikes? Es wird immer trostloser in der Welt. Ich soll euch –« Und mußte jede Nacht von der Zechgesellschaft, sooft ihr alter Nierwelkopf durch die Tür nickte, wie ein Gespenst zurückgescheucht werden.

So brach der Baron seine Leidenschaft.

Das Andenken

Beim Hotel Schultze in Rheine stand im Baedeker: gemütlicher Wirt, genialer Hausknecht. Der Vorgänger hieß Pankus. Weil der ein alter Freiheitskämpfer und Napoleonsverehrer war, empfing er seine Gäste mit einem Bruderkuß. Er trug einen großen, schwarzen Kaftan.

Aus der nahen Bauernschaft Dreierwald nun stammte jener Professor Hermes in Bonn, der die Sekte der Hermesianer gründete, die erst mit zwanzig Jahren zur Kommunion gingen, weil vor dem Glauben der Zweifel stünde und dieser erst, selbst forschend, zur Wahrheit durchdringen müsse. Sie bauten eine Erkenntnistheorie an, die mit einer inneren Notwendigkeit zum katholischen Glauben führen mußte. Die Schüler des Hermes nahmen bald die philosophischen und theologischen katholischen Lehrstühle in Westfalen und Rheinland ein, bis ein päpstliches Breve sie als ketzerisch verdammte und der fanatische Erzbischof Droste zu Vischering alle Anhänger ihres Lehramtes entsetzte. In seiner Heimat aber glimmte die Irrlehre des Hermes-Bur noch heimlich schwelend fort, und im Hotel Pankus

trafen sich die Anhänger zur stillen Disputation, denn der alte Freiheitskämpe blieb liberal bis an sein seliges Ende.
In diesem kleinstädtischen Wahrheitsklub war der Auskultator Wibblig in seinen jungen Jahren eifriges Mitglied gewesen und fühlte sich mit großsprecherischer Überzeugung noch als echten Hermesianer, als der Meister längst sich still zu den Würmern begeben hatte. Ausgerüstet mit einem mächtigen Zitatenschatz und apodiktischer Gebärde, die keinen Widerspruch duldete, stritt er grimmig überzeugt weiter und saß wieder in der Altbierkneipe Beykirch zu Münster und bewies.
Landois flüsterte Bomberg zu: »Dat is de leste Hermesianer in't Mönsterland, 'nen richtigen Ketzer, theologischen Windbeutel –«
Der Baron dachte nach: »Wie kriegen wir den Kerl am Lambertiturm in den Wiedertäuferkäfig?« – »Jo«, meinte Landois, »Strafe mott sin – et wör'n verdienstlich Werk vör Gott.« – »Ob er nicht zu bekehren ist mit guten Ermahnungen?« forschte der Baron. – »Hör up – an den bitt sick de Hillige Geist de Tänne ut!« – »Das ist ja ein betrüblicher Fall.«
Und sie hörten den Hermesianer mit *terminis technicis* jonglieren, daß dem Papst in Rom die Ohren klangen.
»Der Kerl beweist noch, daß Absalon eine Perücke trug –« knurrte der Baron erstaunt.
»Et is to slimm –« meinte Landois betrübt. Und sie murmelten eifrig miteinander, hüteten sich aber, ihre Augen zu häufig nach dem Theosophen hinschweifen zu lassen, daß er nicht argwöhnisch werde.
»Jo, he mott up'n Scheiterhaufen – et helpt nix anners«, schloß Landois und trank sein Glas leer:
»Prost – Hermes!« Bomberg tat Bescheid.
Der Theosoph spitzte die Ohren. Sollte das vielleicht ein Verwandter sein?
»Wann föhrt de Zugg no Rheine –« hörte er Bomberg laut zum Wirt sagen, »hew ick dann woll Anschluß no Dreierwalde?« Kein Zweifel – dieser Mann da war ein naher Blutsverwandter seines Meisters, ein Neffe, sein Enkel? – Und somit mischte er sich freudestrahlend drein:

»Sind Sie wirklich aus Dreierwalde –?«
»Jawohl – Georg Hermes!« sagte der Baron treuherzig.
»Das ist ja herrlich –!« sprang der andere auf: »Mensch, ich umarme Sie!«
»Worum denn?«
»Genau so hieß der große Begründer meiner philosophischen, dogmatischen Schule! Immer wollte ich schon mal hinfahren und nachforschen! Sie wissen doch, daß, wie sag ich gleich? – obwohl die Professoren des Trierer Seminars sich damals feige unterworfen haben, trotz aller Schikane der Hermesianismus siegreich weiterwirkt –? Leider ist auch unsere ›Zeitschrift für Philosophie und katholische Theologie‹ eingegangen, aber –«
»Min Onkel hadde, solange de Erzbischof von Köln lervte, vullste Freiheit –«
»Oh! Rom hat sich schlecht benommen in dieser Sache! Die Professoren Braun und Achterfeld in Bonn wurden gleichfalls schmählich suspendiert – ja, ich bin genau im Bilde!«
»Min Ohm is storwen vör Gram –« sagte Bomberg gedrückt.
Alle Gäste versanken in Mitleid, ohne daß sie genau wußten, welche Bewandtnis es mit diesem Onkel habe, und der Eiferer rückte sofort zu Landois und Hermes an den Tisch.
Landois raunte ihm zu: »Ick bin och noch Hermesianer – dorüm verkähr ik met düssen Mann, de is kin Philosoph, obers 'ne Blotsverwandten von usen Philosoph, und dat is ok wat wärth –«
»Wie häwwt noch vull Andenken to Hus –« wiegte Hermesbur bedächtig den Kopf und zog sein Taschenmesser: »Düt Meß is von min Ohm – he hätt alltid de Feder bi 't Schriwen dormit anspitzet –«
Der Fremde betrachtete mit Ehrfurcht dieses Messer.
»Ok siene Brille hew wi noch –«
»Das ist ja höchst interessant –! Welch eine Reliquie!«
»Jo – siene Buxe is hier mine Sönndagsbuxe! Die hew ick erwet! Düt is se –«
Der Hermesianer befühlte zärtlich lächelnd die Hose: »Ja, ja, die Bauern sind mit ihren Sonntagskleidern sehr konservativ – ich weiß – ich bin im Bilde –«
»Dat stimmt –!«

»Haben Sie sonst noch ein kleines Andenken? Ich möchte vielleicht – – –«
»Jo, düt schenk ick di! Dat is noch de Wind – den hätt de Professor in de Buxe extra für die upbewahrt!«
Und damit erhob er sich blitzschnell und ließ ihn dem Gefoppten unter wüstem Gelächter aller Gäste ins Gesicht fahren.
In der Tür verneigte er sich: »Ich fechte nämlich für den *echten* Glauben, mein Name ist Windthorst!«

Wie der Baron seine Gemahlin im Nachtgewand nach Münster fährt

Die dicken Kastanienknospen bostelten bereits aus den Zweigen, und die Schwarzamseln huschten über die frisch gelockerten Gartenbeete. »Et sisset und blächtert in den Bülten«,[1] sprach der Knecht, »as wenn de Saft ut de Erde woll –« Und der Krokus war schon ganz abgeblüht. Dichter verhängte zärtlicher Flor von flimmerndem Grün die Ferne, und die feuchte Bläue, die über den Wiesen spiegelte und dampfte, hatte schon einmal leise gedonnert, und ein erster Blitz zischelte irgendwo. In diesen lauen Mainächten aber schwoll der ganze Schloßteich mehr und mehr von quarrenden Chören, daß es wie ein umgestürzter Karren Steine aufpolterte und abrutschte.
In früheren Jahren, als die Bauern noch zahmer in Frondiensten hingen, hatte des Barons Großvater, der einmal eine französische Marquise in rotlackierter Pompadourkutsche mitgebracht, dieser parfümierten, bebänderten, nervös launischen Liaison wegen in Frühlings- und Sommernächten die Bauernlümmel bis zur Hüfte in der grünschilfigen Schloßgräfte stehen lassen und mit biegsamen Eschenruten jedem Froschschnäuzchen, das so pöbelhaft in die Nacht zu quaken wagte, eins auf die Nase getippt, und wehe, wenn im äußersten Teichwinkel, hinter dem milbigen Blatt einer großen Wasserrose, für ein Viertelminütchen ein Aqua erscholl und der dösige Bursche in seiner Dämlichkeit den Dämpfer verabsäumt hatte! *»Silence des*

[1] Hügeln

grenouilles –« nannte die Marquise diesen Spaß. Und der Großvater hatte gelacht: »Wir Jungen mußten beim Kirschenpflükken pfeifen, damit wir keine Kirschen naschen konnten – das war aber beim Vogelgezwitscher ringsum nicht so scharf zu kontrollieren wie dieses Geschrei der Frösche.« Und daß die Burschen sich nun gegenseitig wachhielten, war die Frau Marquise auf die charmante Idee verfallen, unter sie abwechselnd je eine Dirn zu postieren, die mit hochgeschürzten Rökken, das heißt sehr nacktbeinig im Tümpel stand und so im gegenseitigen Scharwenzeln die ganze Sippe sich pulschend munter hielt!

Wie gesagt, das war ehedem. Jetzt rumorten die Frösche straflos, und die deutsche Frau Baronin wußte kein Mittel und konnte stets weniger schlafen. Half ja nichts, daß sie anfangs auf dem Kamin die venezianische Spieluhr aufzog, wenn's draußen gar zu toll wurde, und mit empörten Fingern immer wieder die ausgeschnurrte Walze andrehte, so daß plötzlich mitternachts wohl ein lustiger Rokokowalzer durch alle Treppen und Türen tänzelte, als gäbe die selige Marquise einen skurrilen Geisterball. Half ferner nicht, daß man die Rahmen der Fenster mit Moosleisten verschloß, denn der Dunst der Polstermöbel hauchte schwermoderigen Ruch auf ihre beklommene Brust, mithin sie zur wärmeren Jahreszeit das Alpdrücken bekam. Half auch nicht, daß hie und da erst eine Porzellantasse, dann ein kleiner Stiefelknecht, endlich ein unsagbares Geschirr klatschend in den Teich flog und eine verzweifelte Stimme undamenhafte Scheltworte schier in die Nacht gellte.

Stieß der Baron damals auch zuweilen (noch aus Höflichkeit für sie) ins kupferne Jagdkrummhorn, so war doch kein Intervall zu beobachten gewesen. Im Gegenteil, das seltsam plötzliche, unbekannte Geräusch verlockte die Frösche nur *unisono* zu stärksten Leistungen, wahrscheinlich, weil sie den Hornton als Konkurrenz empfanden und in primitivem Hochmut übertrumpfen wollten.

Selbst das Hindurchziehen von Netzen blieb vollkommen erfolglos, denn die Quappen schlüpften hindurch, und die alten, nackthäutigen Amphibien duckten sich listig am Grund, um

aufsteigend mit anschwellenden Schallblasen die Posaunen Jerichos zu beschämen.
Selbst Landois vermochte nicht so viele Körbe voll zu essen, daß sein Schmerbäuchlein den Teich geleert hätte. Alle List war vergebens. Die Baronin argwöhnte schon, daß ihr rüder Gemahl ganze Fuder neuer Frösche hineintransportiert hätte. Vielleicht sogar aus den Wassergräben ihres Heimatschlosses, denn manchmal kam's ihr so verdächtig bekannt vor – kurz: man konnte auf fixe Ideen verfallen! Deutlich, um den ganzen weiten Teichrand, mit frech schwarzen Streifen über den Köpfen, die Klappen der Nasen geöffnet, Mann an Mann, beide Schenkel breit hingeprankt, saßen sie und wüteten sie April, Mai, Juni aus vollen Lungen, brüllten besinnungslos, zogen vor Inbrunst die Nickhaut über die Augäpfel wie Opernsänger und hörten nichts, störten sich an nichts.
So ging es nicht mehr weiter! Ganz erschüttert an diesem Frühlingsmorgen promenierte die Frau Baronin – sie mochte damals zweiundvierzig Jahre zählen und war immer noch eine stattliche, vollbusige Erscheinung, leicht ergraut, mit königlicher Haltung (und hatte sich zwei Oblaten an die Schläfen geklebt) – sehr übernächtig, sehr verstört, und irrte allein im Park für sich und bereute bis in die Zehen ihre Ehe. Wie oft hatte sie dem brutalen »Froschjunker« nun schon vorgestellt, die Gräfte zuzuschütten – immer diese blöde Ausflucht, das ginge des Grundwassers wegen nicht! Ja, er hatte zuletzt sie grob angefahren: »Papperlapapp, wer's nicht aushalten kann, fahre zum Schornstein hinaus – alles schläft ja famos bei dem Konzert, nur du nicht!«
Gewiß, auch sie hätte wohl weniger von der Kalamität Aufsehens gemacht; als aber die erste Tochter geboren wurde und sie qualvoll lange Nächte offenen Auges lag, da hatte sie den unwiderruflichen Haß gegen diese Plagegeister des Wassers eingesogen und von Jahr zu Jahr sich mehr wider sie verbittert, wenn die fürchterliche Zeit des Quakens erschienen war. Ganze Tragödien von bösen Träumen hatte sie durchkosten müssen. In jeder Schreckgestalt war der Frosch ihr erschienen: Ochsendick auf dem Fensterbrett hockend, mit glühenden Augen wie

große Viehkessel! Auf ihr Bettlaken herabspringend! Das ganze Haus auf dem Rücken schleppend! Schließlich schmeckte ihr keine Ente mehr ...
Und immer noch nicht begriff der Baron, daß sie vollkommen im Recht war, daß es keine Anstellerei und Dummbarterei und Faxerei sei, gegen die man ankämpfen könne und müsse!
Selbst der Hausvikar glaubte ihr nicht! Als sie nur leise mal angeklopft hatte, ob es sehr verwerflich sei, wenn sie heimlich Gift in den Teich lege, hatte er richtig wie alles andere Mannsvolk gepoltert und die Fische, die Schruten, die Gänse, sogar die Libellen in Schutz genommen, denn man dürfe Gottes Ratschluß nicht verbessern wollen! Es sei in der Tat, mit Respekt zu sagen, nur eine Marotte von ihr, und die Migräne heile man seit je mit kalten Abwaschungen und Energie!
Sollte es vielleicht doch an ihrem guten Willen liegen? O gewiß nicht –! Denn sie wollte mal sehen, wenn auch in der Kirche dieser Spektakel losginge! Ob da der Vikar Hochamt halten könnte? Die Glöckchen am Altar wären nicht mehr zu verstehen!
Ach, man kann es mit einigem guten Willen also wohl nachfühlen, daß die Frau Baronin vor lauter Ärger und Galle an diesem Morgen vergessen hatte, ihre Toilette (wie es adligen Herrschaften sonst schickt) mit gewohnter Peinlichkeit zu pflegen, und derangiert in ihrer flatternden Haube, mit dem wehenden weißen Nachtpolter und den seegrünen Brokatpantöffelchen umherstelzte.
Der Baron sah's – leider ungerührt – vom Fenster aus: »Schon wieder spukt sie wie 'n Irrlicht der Fröschkens wegen? Sie schnappt mir noch schlimm über von dem lieblichen Gesinge!« Sich ankleiden, in den Hof stürzen, Kutsche hervorschieben, Pferde schirren – 'rauf auf den Bock, erledigt! Denkzettel für alle Zeiten! Rams ... schoß das Gefährt morgenfröhlich durch die Allee und bog schon seitwärts, und wie ganz harmlos zufällig rollte er an der Baronin vorüber: »Holla – bereits frisch und munter?« Sie erschrak und wollte sich zunächst zurückziehen; aber voll Freude der Begegnung zu so unverhoffter Stunde schnalzte er: »Schatzi, komm – kleines Rutschpartiechen

durch den Wald tut dir besser! Der Boden ist noch zu feucht! Ich klapp das Verdeck zu, lehn' dich hintenüber, und niemand sieht's – hoppla!« Wohl zauderte die Frau noch ein wenig; doch das Seltsame der Sachlage kam ihr in der Schnelligkeit nur halb zum Bewußtsein, und schon wohler gestimmt durch die Höflichkeit ihres Gemahls, ließ sie sich verlocken und stieg wahrhaftig in Nachtgewand und Pantöffelchen ins Coupé.

Sie gängelten gemächlich von der Schneise ab und bogen an den Akazien, die betäubend in der Früh dufteten, zum Bruchwald ein, wo noch laublose Kronen der hohen Eichenüberhälter stehen, knallgelbe und gründunkle Brände aus dem Jungwuchs lohen: Weidenbüsche in Vorfrühlingspracht, die weiblichen mit grünen, die männlichen mit goldenen Kätzchen! Silbern tropft ein Rotkehlchenlied, die Singdrossel flötet glockenklar aus ihrem Schlafbaum, eine Elster streicht aufgescheucht von ihrem Kugelpott in der Pappel schräg ab; es wird immer mehr Tag, die feuchte Bläue über den Wiesen ist verdampft, immer mehr Stimmen schwellen auf – sieh da: zwei Schmetterlinge tummeln verliebt mitten in den offenen Wagen hinein und wärmend durch alle Glieder kommen fühlbarer die Strahlen von den flimmernden großen Feldern her: wie eine Schnepfe aus dem Gehölz schießt der Wagen jetzt quietschend ins jubelnde, flutende Morgenentzücken! Da schlug der Gaul von selber scharfen Galopp an – (heimlich stichelte der Baron mit der Spitze der Peitsche ihm unter den Schwanz, daß die Baronin im Halbverdeck es nicht bemerken konnte), und heidi! brannte die Bestie los, die Chaise flog bald und polterte, als säße Jupiter Pluvius selber in seiner rasenden Donnerkarriole. Und obwohl ihr ängstlich ward, noch ahnte die Dame nichts. Der Baron zog die Zügel und schrie aus Leibeskräften: »Hü! hü!« – (heimlich stichelte er mit der Peitsche unter den Schwanz, daß die Baronin im Halbverdeck es nicht bemerken konnte), und eh sie sich's gestand, bogen sie auf die blanke Chaussee nach Münster zu und eilten, wie von Furien gegeißelt, mit Windesschnelle dahin. Das alte Lied! Der Baron tat, als sei der Gaul durchgebrannt – (heimlich stichelte er mit der Peitsche unter den Schwanz, daß die Baronin im Halbverdeck es nicht bemerken konnte), verwirrte das gehetzte Tier noch mehr, bis es schließlich *ventre à terre* in gestreckter Karriere – von den Rufen der wissenden Empörten überflattert – wie ein wollüstiger Satan im Geschirr einherstob mit steil gerecktem Kitzelschwanz.

Schon schossen grünspanschimmrige Domtürme und stieg Münster mit rotem Dächergewirr am Horizont auf. Bauernwagen, Fußgänger wurden überholt, das lederne Halbverdeck war heruntergerutscht, und die Frau Baronin saß in ihrer fliegenden lichtlinnenen Nachtmütze schief auf dem Sitz und hielt krampfhaft die Hände vorn um die Knie geklammert, das kurzwallende Nachthemd über die bloßen Beine zu decken; aber die Brokatpantöffelchen lugten beide an ihren nackten Knöcheln nur um so unverschämter hervor.

Desto glänzender machte der Baron Figur; Grandseigneur vom Scheitel zur Sohle, und Verwunderung hing Maulaffen durch Fenster und Türen, aus jedem Haus Dutzende Köpfe reckend: was da in phantastischem Aufputz immer langsamer juckelnd gezogen kam! Denn der flitzende Galopp war mit einem Male gestoppt, und manierlich zierlich stolzierte das Shetlandpony in rassigem Paßgang übers Pflaster herein. Die Ärmste hatte längst vollkommen begriffen, welch ein schändlicher Schabernack ihr gespielt sei, und nur der Rest anerzogener Selbstbeherrschung aus besseren Tagen verhinderte die Krise eines blamablen Nervenschocks.

So lehnte sie denn, Frau Baronin von Bomberg, geborene Gutelager, Mutter von drei fast erwachsenen Töchtern, Nichte eines Domherrn, mit dem Aufgebot zitternd gespannter Kräfte hintenüber im Wagen, auch dann noch gefaßt, als zwei Straßenjungen mit Johlen rechts und links auf die Trittbretter sprangen, als Narrenpagen mit Einzug haltend, und vermeinte samt der Chaise in den Boden versinken zu müssen. Der Baron blickte unverwandt durchs Monokel und paffte in Zylinder und dottergelben Glacés eine dicke Havanna zwischen den Ohren des Gauls hindurch. Beim Weinrestaurant Gerbaulet hielt er still, wand die Leine um die Laterne, stieg mit Anstand aus und bot seiner Gemahlin galant den Arm, und ihr blieb keine andere Wahl, als mit der Linken den Saum ihres Bettgewandes fein

säuberlich zu lüpfen und so, eingehakt an seiner Seite wie zum Ball, in offener Nachtmütze und brokatenen Morgenpantöffelchen scheinbar wie selbstverständlich und bester Laune unterm Hallo aller Gaffer mit einem Knicks vom Wagen in den schützenden Hausflur zu verschwinden.
Hierhin ließ der Baron eine Auswahl großer Toiletten bringen und staffierte sie wieder aus. Erst zur Zeit der Mittagstafel hatte sie sich so weit erholt, daß sie ihr Zimmer verlassen konnte. Schwindlig, überreizt, vermochte sie kaum einen Löffel zu genießen und fand nur Appetit an einer kleinen, besonders delikaten Muschel *Ragout fin*, mit süßlichem Beigeschmack wie gedämpfte Walnüsse.
»Es waren frische Froschschenkel, meine Liebste –!« küßte ihr Gemahl zwei schmale Fingerspitzen.

Das Wettsaufen mit dem Esel

Als der Diener Dachs eines Tages renommierte, daß er's dem Baron im Saufen gleichtun könne, beschloß dieser, dem Prahlhans einen Denkzettel zu verabreichen. Er ließ ihn also kommen und sagte:
»Du armseliger Hanswurst willst mir gewachsen sein? Du bist ja nicht mal einem Esel ebenbürtig!«
Dachs fühlte sich so betroffen, daß er hervorplatzte: »Ich nehme die Herausforderung an!«
Also ward angespannt, und sie fuhren gemeinsam nach Münster zu Matin. Der Maulesel wurde draußen vor die Tür postiert und am Treppengeländer festgebunden. Dachs mußte auf den Treppenstufen Platz nehmen. Viele Zuschauer sammelten sich, der Baron stand im offenen Fenster links von der Szene und kommandierte: »Los!«
Zuerst wurde beiden ein Schnäpschen gereicht. Dachs kippte es mit Heiterkeit. Der Kellner goß es kunstvoll dem Maulesel zwischen die Zähne. Das Tier schüttelte sich possierlich.
Als zweite Runde kam ein Glas Altbier. Dachs ließ es in einem Zug verschwinden. Dem Esel mußte es mit Gewalt in den auf-

gereckten Hals praktiziert werden. Die Heiterkeit der Zuschauer wurchs. Dachs erhob sich geschmeichelt und dankte mit Bücklingen nach allen Seiten.
Als dritte Runde wurde Portwein gereicht. Dachs ließ das Glas mit Schlemmerschmunzeln sich munden, der Esel roch mit gekrausten, aufgezogenen Lippen, und schnell trichterte der Kellner es ihm ein. Schon wedelte der Graue mit dem Schwanz und rollte die Augen. Gelächter rundum.
Da brachte der Ober Sekt. Dachs goß sich pathetisch den Kelch voll, prostete allseits und schlürfte. Der Ober schenkte dem Maulesel ein: die prickelnd spritzenden Perlen kribbelten dem Tier in die Nüstern, und es spitzte die Ohren, wieherte und schluckte. Siehe – und es mundete ihm! Und nun soffen sie richtig um die Wette. Der Esel hatte bald eine Flasche voraus. Dachs goß die fünfte hinunter und schlug soeben kreuzhagelbombenvoll hintenüber und rutschte von der Treppe, indes der Ober dem Esel noch zwei dicke Pullen extra in den Trog schüttete, die er mit schnalzendem Geschmatze behaglich aufschlabberte, und verriet noch immer kein Anzeichen von Schwips. Er brachte es unter ungeheurem Tumult der Zuschauer auf neun Pullen und duckte dann jählings wie ein Sack, laut schnarchend und gähnend, neben sein Opfer nieder. Der Ober wand den Arm des Dachs um des Esels Schulter.
So lagen beide den Nachmittag über am Treppengeländer vor dem Hause.

Die Blamage des Amtmanns

»Es ist ein wahres Rätsel, daß der Baron immer noch Reingefallene findet, man sollte doch glauben, der Dümmste wäre klug geworden«, sagte der Amtmann von Bullbergen im Wirtshaus: »Wenn man, wie ich, ihn so aus der Nähe betrachtet, verliert er rasch seinen Nimbus ...«
Der Baron antwortete zu Dachs: »Ich will ihn noch heute in die lächerlichste Lage der Welt bringen!« Dachs mochte den Amtmann auch nicht riechen, denn der grüßte kaum wieder. Zu-

dem mußte er zuerst grüßen. Auch die Frau grüßte sehr herablassend. Die Kinder grüßten ihn überhaupt nicht. »Die ganze Familie hat den Beamtenfimmel –« bekräftigte er.

Es war die Zeit des Kulturkampfes. Der Bischof war geflohen, nach Holland. Eine Kommission aus Berlin hatte sein und der Kirche Vermögen mit Beschlag belegt, aber die Gebäude – Konvikt, Bibliothek, Palais – waren durch Scheinverkäufe rechtzeitig in fremde Hand übergegangen, und alle Kassenbestände schienen spurlos verschwunden; selbst Pfändungen blieben fruchtlos, die Käufer stellten immer wieder das Ersteigerte dem Bischof zur Verfügung – der Oberstaatsanwalt tobte.

Am Mittag desselben Tages nun ging der Baron zum Amtmann und teilte ihm vertraulich mit, daß auch seine Frau Kirchenvermögen in Verwahrsam genommen habe. Ob die Gemeinde dafür hafte, falls es bei ihm abhanden käme, denn er selber sei ja kein Kirchengläubiger und hätte wenig Interesse.

Der Amtmann machte eine überraschte wie bedenkliche Miene: »Ja, wie hoch ist denn wohl der Wert?«

»Es handelt sich um Pektoralkreuze mit Edelsteinen, Bischofsstäbe, Monstranzen und hunderttausend Taler!«

»Das ist viel –«

»Man sollte die Verantwortung auch nicht übernehmen, denn natürlich sind allerhand Kreaturen eingeweiht, Küster, Fuhrmänner – und so hab' ich die Kiste auch bereits aus dem Hause entfernt. Einesteils möchte ich nicht das Opfer eines Einbruchs, anderenteils nicht einer gerichtlichen Exekution werden wegen Hehlerei. Können wir die Truhe nicht auf die Gemeindekasse schaffen –?«

Der Amtmann überlegte: »Das ist erst recht zu gefährlich!«

»Na, oder einfach ins Spritzenhaus?«

»Das bietet noch weniger Sicherheit!«

Ärgerlich schmiß der Baron hin: »Man sollte den heiligen Trödel versilbern und versaufen!«

Jetzt schlug dem Amtmann das Gewissen, und blitzartig begriff er, daß der Kirchenschatz bei diesem Poltron selber in größter Gefahr sei, und fragte schnell:

»Wo befindet sich denn das Versteck?«

»Ich hab' mit meinem Diener Dachs alles in der alten trockenen Pütt vergraben –«
Der Amtmann trommelte die Tischplatte. Der Baron legte ihm die Hand auf die Schulter: »Mir fällt was ein. Ich werde den Pfarrer bitten, in der Pastorate das Kirchengut zu verwahren – kommt's hier ans Licht, wird man dem Pfarrer schon eher durch die Finger sehen. Aber ich trau auch Dachs nicht, der alte Süffel ist nicht zuverlässig, in jeder Situation plappert er aus – wenn etwa Sie bereit sind, diese Nacht, falls der Pfarrer einwilligt, will auch ich mich nicht lumpen lassen und helfen, die Truhe eigenhändig mit Ihnen hinüberzutragen. Diese Bedingung unbedingter Diskretion wird auch der Pfarrer stellen –«
Der Amtmann fühlte sich geehrt, seine Eitelkeit blähte, und so willigte er ein, falls auch der Pfarrer zustimme.
Darauf gingen sie beide zur Pastorate. Da auch der Amtmann mitkam und dringlich und wichtig in dieser Angelegenheit sprach – um sie sich selber vom Halse zu halten –, schöpfte der gute Pfarrer keinen Argwohn und gab mit Gottes Beistand sein Wort. Der Amtmann wurde nun zum Abend gebeten, daß man die Ausführung in Muße berede. Der Pfarrer möge zwischen ein bis zwei Uhr nachts warten; erschienen sie alsdann nicht, solle er ruhig sich schlafen legen.
Behaglich saß der Herr Amtmann selbigen Abend im »Jérôme« beim Baron auf dem Schloß. Man besprach die ernste Zeit dieser Kirchenverfolgung, und die allerletzten Bedenken schwanden, als der Baron beim Eintritt seiner Gemahlin zum Amtmann zwinkte: »Meine Frau hat sich besondere Verdienste um die Kirche erworben!«
Die Frau Baronin gedachte ihrer vielfachen Stiftungen und setzte ahnungslos hinzu: »Hoffentlich verurteilt man nicht den Bischof oder findet die versteckten Kirchengüter –«
»Dafür lassen Sie uns nur sorgen, gnädige Frau –!« trumpfte der Amtmann.
Dachs warf dem Amtmann einen Blick zu.
Man trank leckere Pullen.
Gegen zwölf Uhr schickte der Baron Dachs barsch zu Bett. Dachs tat verwundert.

»Stell' uns noch drei Pullen kalt und scher' dich, Schlingel!« rief der Baron. Der Amtmann blickte hochmütig auf Dachs.
Es regnete heftig diese Nacht, gerade das richtige Wetter; stolz im Gefühl eines verdienstlichen Werkes klappte der Amtmann, schon etwas schwankend, den Rock hoch und schritt mit dem Baron in den tiefen Park hinaus. Sie setzten eine Leiter in den Brunnen und stiegen hinab. Es war stockdunkel in der Tiefe.
»Ich will doch lieber ein Windlicht holen«, flüsterte der Baron und stieg bereits wieder hinauf. Mit einem Ruck zog er die Leiter hoch und ging.
Es dauerte geraume Zeit, bis der Amtmann begriff, und zu seinem Entsetzen hörte er oben die rostige Stimme des Dachs:
»Wollen Sie nicht lieber einen Parapluie, Herr Bürgermeister?«
Ein Gegenstand plumpste herab. Stille. Finsternis. Regen.
So mußte der Amtmann von Bullbergen die ganze Nacht mit aufgespanntem Regenschirm unten im Pütt sitzen und hatte Zeit, darüber nachzudenken, wie es doch möglich gewesen, daß dies am selben Tage schon geschah, da er die Behauptung gewagt:
»Es ist ein wahres Rätsel, daß der Baron immer noch Reingefallene findet; der Dümmste sollte längst klug geworden sein –«

Zweites Intermezzo

Wenn alle noch immer weiter erzählen und genannt sein wollen – warum soll nur der Dichter schweigen? . . .
Ein schlichter Förster aus Havixbeck besuchte den Baron, ihm einen neuen Dohnenstieg zu zeigen.
»Wissen Sie denn auch, wie man Kiebitze fängt?« schmunzelte der Förster.
»Das weiß ich nicht«, meinte der Baron.
»Bekanntlich ist dies Tier die neugierigste Kreatur der Welt und verfolgt den Wanderer oft stundenlang schreiend und hüpfend über die Heide. Da hab' ich ein Mittel probiert, das ich allen Jägern aufs beste empfehlen kann – es ist so genial wie einfach! Man geht in seinem grünen Lodenanzug durch die

Heide und tut ganz harmlos. Bald folgt schon ein Kiebitz: ›Wer mag das sein? Ob ich ihn kenne?‹ Diesen Augenblick benutzt man, buckelt sich krumm, strüppt schnell die Hose 'runter und zeigt dem Tier seinen blanken Allerwertesten. ›Nein, den Mann kenne ich doch nicht –!‹ denkt der dumme, neugierige Spitzkopf und will das merkwürdige Gesicht betrachten, hüpft mit schielenden Augen heran, und sobald er seinen Schnabel näher steckt, packen Sie zu und schmeißen die Beute in die Jagdtasche! Dies wiederholen Sie, bis das Feld gesäubert ist. Abends können Sie noch eine Laterne hinten vorsetzen!«

»Wie einem der Wind gleich wieder in die Nase fährt – so stinken auch Lügen nur ein kurzes Dasein –!« spöttelte der Baron.

»Tabu –!« hieb der Fremde lärmend mit der Faust auf den Tisch – »da passierte mir aber in den Karpaten ein potzelementes Abenteuer mit einem Bären, das Sie noch hören müssen! Denken Sie, die letzte Kugel ist verpafft, und das Ungetüm prescht auf mich los mit glühenden Lichtern! Ich schnell wie ein flinkes Schmalreh in eine hohle Weide geduckt. Der Bär drückte knurrend die Schnauze durch die Spalte 'rein und leckte mit der Zunge mir schon über den Schnurrbart. Brr! schmeckte das salzig. Flugs such' ich meinen Fänger, finde aber nur den Korkenzieher und bohre ihn Meister Petz quer durch die Schnauze; das Biest steckt gefangen und verrissen im Spalt! Dann 'raus und verkamisole ihn mit Kolben und Ladestock, daß er auf den Pranken tanzte wie eine Primadonna!«

»Olle Kamellen«, brummte der Baron.

»Die Pointe! Denn nach sechs Monaten verhofft mich das Ungeheuer unten in der Türkei und fiel meine Fährte an – es war vor Schreck wohl so weit gen Süden gerannt! Gleich erkenn ich ihn an der durchlöcherten Schnauze. Kein Versteck in der Nähe! Nicht mal ein Stangenholz, nur Kaktus! Jetzt saust er dir an die Strosse – dachte ich – und drückt dich durch den Hinterlauf als schäbige Losung ins Jenseits! Rasend vor Hunger stürzt schon die Bestie mir auf den Leib. Ich hab' natürlich nur eine Vogelflinte bei mir, denn ich wollte Paradiesvögel schießen. Aber in höchster Not ein rettender Gedanke: ich stell' mich breitbeinig hin, mach' ein drohendes Gesicht, krümme Daumen mit Zeigefinger der linken Hand wie ein Loch und fahre dann mit dem rechten Zeigefinger hinein und brülle: ›Wollen wir noch mal –?‹ Sieh da – mein Freundchen schnürt wie eine Windsbraut ab, was die Tatzen nur halten können!«

»Ihr Hubertus verdient den Ehrendoktor!« – lachte der Baron aus tiefstem Zwerchfell auf: »Da sind Sie bei mir allerdings auf den rechten Wurfboden gekommen; wissen Sie, was ich kürzlich verbrochen hab'? Ich kam vom Begräbnis eines Vetters im Holsteinischen und stieg in Lüneburg aus. Da hörte ich plötzlich feierliches Geläute vom alten Backsteindomturm – Aha! ein feudaler Leutnant aus Potsdam heiratet die reichste Senffabrikantentochter der Stadt! Setzte den Zylinder auf und schließ dem Hochzeitszug mich an. Es mochten etwa zweihundertfünfzig Gäste sein. Im Entree schüttelte ich einigen Herren die Hand und tat rechtschaffen, daß sich niemand getraute, nach Name und Herkunft zu fragen. An der Tafel steckte ich die erste beste Tischkarte mit dem Namen irgendeines Mossiö in die Rocktasche und half einigen alten Krausetanten (die ich bald zum treuen Bekanntenkreis hatte) aus den Galoschen!

Bei Tisch scharwenzelte ich meiner rechten Nachbarin: ›Gott Dank, daß sie endlich sich gekriegt haben!‹ – worauf die Schöne knütterig erwiderte: ›Sie war ja auch bannig verliebt! Es soll wirklich mit seinen Schulden nicht so hoch her sein!‹ – ›Binsenquatsch – brillanter Kerl! –‹ schnarrte ich. Das Fräulein dachte: Halt, hast dich verplappert, und korrigierte: ›Was drückt's auch seine Jacke, daß sein Bruder Schauspieler ist?‹ – ›Annaken sieht mal wieder aus wie mit Kandiszucker bestreut!‹ warf ich meiner linken Nachbarin einen Brocken zu. ›Das Hochzeitskleid ist auch extra in Hannover geschneidert worden‹ – spitzte die zurück. ›Unter uns – etwas schmierig –‹ raunt ein dicker Parvenü vis-à-vis – ›darum fehlt auch der Heldenvater!‹ Dann erfuhr ich noch, daß das Paar zunächst nach Dänemark reise, und so manch anderen intimeren Klatsch. Beim Dessert erhub ich mich nun, mach' große Geste und braute aus diesen Brocken die Festpauke zusammen, daß die Braut mich für den Familienfreund des Bräutigams, dieser mich für einen Onkel der Braut

und beide zusammen wohl für einen Intimus der Brüder oder Vettern hielten, dicken Geschäftsfreund des Senfvaters, famosen Kamerad des Offiziersvaters – weiß der Deibel – ich reüssierte, und an der Tafel hakten sie bald mit Rundgesängen zu Knallbonbons und Armeschunkeln ein.
Unterdessen verschaffte ich mir heimlich ein Glas frischen Senf und wartete nach dem Kotillon den alten Scherz ab: ›Krup, Vößken, dör den Tun!‹ wobei Herren und Damen unter den Händen des vorderen Paares hindurchkriechen und dann weitertanzen. Der Scherz kann noch erhöht werden, wenn die Lampe ausgeht. Darum gab ich dem Kellner das Zeichen, im Moment, wo die Braut einkröche, das Gas auszudrehen, und im Hui klatschte ich ihr schnell den ganzen Mostrich hinten auf die Turnüre. Nun schob alles tüchtig nach, daß die Vorderen stolpernd aufeinanderflogen, tolles Gedränge, und als das Gas wieder aufflammte . . . hatte der vornehme Herr Bräutigam die Schnauze und seine Braut ihr Queue dick voll Mostrich! Ein fürchterlich schmieriger Schweineanblick!«
»Das glaub' ich ohne weiteres!« schüttelte der Förster nach einer Pause ernst den Kopf. »Ihnen traut man jede Gemeinheit zu –«
»Soo –?« machte Bomberg gedehnt.
»Darum schimpft und poltert jeder über Sie!«
»Mensch, das war total radikal gelogen! Aber Sie tragen ja noch dicker auf –«
»Aber mir glaubt man von vornherein nichts, und darum lacht jeder mit mir –«
»Wie erklären Sie diesen seltsamen Widerspruch?« fragte der Baron verwirrt.
»Mag *ich* in Gedanken das Ungeheuerlichste verüben – der grämlichste Philister freut sich dran! Denn es geht auf Kosten anderer; Schadenfreude und das Bewußtsein, selber aus dem Spiel gelassen zu werden, erhöhen sein Behagen, und er kommt sich Gott weiß wie hellhörig vor, wenn er spargeldick die Lügen fühlen kann –! Wehe aber, wenn Sie ihm persönlich nur den harmlosesten Schabernack spielen! – dann verwerwolft sich der Großmütigste in einen höhnischen Kläffer und schlägt seinen

dummen Rüssel wider Sie! Lügen Sie ruhig die Welt dumm und krumm und schief, aber hüten Sie sich, nur eine simple Trulle anzuzapfen! Dann ist's um Ihren Ruf geschehen!«

»Das ist allerdings ein Fundamentalunterschied, der aber vielleicht nur meinem aktiveren Temperament entspringt –?« grübelte der Baron tief versonnen.

Da legte der Fremde ihm die Hand auf die Schulter:

»Und doch ist's ganz gleich, ob ich lebe in Phantasie – ob du die Phantasie lebst – ja, auch Till Eulenspiegel, wir alle drei, Niedersachsen, Stammesbrüder – fabulieren den listig lustigen Schwank unseres Daseins aus derselben Blutsunruhe, bis der Tod uns fortniest!«

»Du bist Münchhausen –!« rief der Baron erschüttert.

»Wie meinen –?« blinzelte der alte Flunkermajor . . . Der Baron hatte wohl nach dem guten Rotspon ein Döselchen im »Jérôme« genickt –? Denn auffahrend sah er im Spiegel nur sein eigenes Ebenbild ihn anlachen.

Spukhaft johlte der Wind im Kamin.

Der Held

Der alte Plaggenstecher Hartkens Job war als junger Kerl mit der großen Armee gen Rußland gezogen und aus den furchtbaren Schneestürmen mit heiler Haut heimgekommen. Aber er hatte das seltene Kreuz der Ehrenlegion und galt weit und breit darob als Paradestück.

Der Baron beschloß, den alten Haudegen mal aufzusuchen, und fuhr an seiner Kötterei in der stillen Heide vor.

Bedächtig hockte der Hüne auf der Bank und wärmte die Knochen in der Sonne.

Der Baron begann langsam den alten Pütt aufzuhaspeln.

»Du biß met Napoleon wirn –?«

»Jau –«

»Dat waß woll ne grote Tid?«

»Jau –«

»Dor sint woll hunnertdusend Soldoten dot froren?«

»Jau – dat woll –«
»Häß du Moskau brennen seihn?«
»Düftig –«
»Häß du nich ok dat Ehrenkrüz?«
»Hm –«
»Wiese mi dat äs – ick häww dat nümmer noch nich seihn –«
»Dat kann ick so chau[1] nich finnen[2] –«
»Häß du dat dann nich in 't Glasschapp liggen of in 'n olt Gebetbok, bi den Brutkranz vön dine Frau of bi dat Testament –?«
»Nee –«
»Bekikß du di dat hohe Teeken[3] nich äß met Andacht un Stolz –?«
»Icke nich –«
»Well denn?«
»De Lährer kümp – de Landrot kümp – de Professor kümp ok –; äß de Könnig in Mönster wör, moßd' ick dat Krüz up de Bos[4] dragen un dicht vör em stohn –«
»Ei – ei – häß du den Könnig denn ok vertellt von Napoleon un Rußland –?«
»Jau –«
»Wat dann?«
»Nich mähr äß di –«
»Hm – obers nu segg äß – wo is denn dat Krüzken?«
»Dat mott Moder erst üm't Hus söken un ok in 'n Gorn[5] nohkiken –«
»Worüm dann?«
»De Kinner spellt[6] dormit –«
»Wat seggst du, Vader?«
»All twintig[7] Johr –«
Da gab der Baron die Frage nach allem Heldentum auf und gedachte Cincinnatus', der preumend hinterm Pflug ging, als der Purpur von seinen Schultern gefallen.
Er kutschierte durch die abenddämmernde Heide und schwippte die Peitsche in die Luft.

[1] schnell – [2] finden – [3] Zeichen – [4] Brust – [5] Garten – [6] spielen – [7] zwanzig

Die Kußepidemie

In früherer Zeit zogen viele westfälische Bauernjungen als Pöttker, das heißt Kiepenkerle, über die Grenze nach Holland oder Holstein. Man nannte sie Tjödden, Zugvögel. Manche brachten es zu großen Kaufmannshäusern und sitzen jetzt däftig und breit zu Amsterdam auf der Kalwerstraat. Die Brenningmeier, die Voß, die Peeck und Kloppenburg, Hettlage sind solche ehemaligen Pöttker.

Kamen diese Tjödden in der Vakanz nun heim zu ihren Familien, die meist auf den Dörfern wohnen blieben, da Holland protestantisch ist, so spielten sie den dicken Wilm, ritten und fischten, tranken, schwadronierten und schütteten die Gulden und Dubbelkes wie Flöhe aus dem Sack. Auch wußten sie mit Findigkeit sich um die Steuern zu drücken. Ergo waren sie nicht beliebt, wie schon der Holländer als feister Mynheer seit je vom Westfalen seltsam verachtet wurde. Der Holländer rächte sich und nannte den Deutschen »Muff«. Über die Entstehung dieses Schimpfwortes sind sich beide Grenzvölker noch nicht einig geworden.

Nun wohnte ein Tjödde als Nachbar des Barons, und jene Abneigung übertrug sich auf beide Teile. Schließlich haßten sie einander, daß der Tjödde mit bramstigen Tatzen die Haustür zuknallte, wenn der Baron nur fern vorüberritt, und dieser seinerseits schrie ihm aus dem Sattel durchs Fenster: »Du baselig Sissemännken[1]!« Obwohl keiner von beiden den eigentlichen Grund dieses Hasses kannte.

Der Baron hatte schon durch einen Mittelsmann versucht, den Tjödden einfach aufzukaufen, war aber abgeblitzt. Der Tjödde erwarb vielmehr noch das Tannenwäldchen hinterm Garten dazu und umfriedete seine ganze Siedlung mit einem grünen Lattenzaun. Ja, er hatte die Dreistigkeit, eine wallende, knatternde Fahne bei jeweiliger höchst persönlicher Anwesenheit wie ein regierender Fürst hochzuziehen. Da er zu Amsterdam ein Konfektionsgeschäft betrieb, ließ der Baron zum Hohn nachts eine alte Hose an die Fahnenstange hängen.

[1] Knallerbse

Dafür strüppte dieser ihm gewilderte Hasenschwänze an die Schloßpforte.
Die Kinder, hinterm Zaun versteckt, riefen: »Cousin, Cousin!«, denn so heißen die Zirkusnarren.
Dachs ging auf eigene Faust los und band im Dunkeln der Frau des Tjödden die Röcke überm Kopf zusammen – daß sie fluddernd stundenlang irrlief und mitten im Dorf als Verrückte landete.
Der Tjödde warf dem Baron eine faule Katze durchs Fenster auf die Tafel.
Niemand sah den jeweiligen Übeltäter, und doch wußten beide Parteien, wer die Knoten in den Faden schlug.
Der Baron ließ ihm sämtliche Fensterscheiben schwarz streichen.
Da fing der Tjödde ihm die Gänse weg. Wer sollte es sonst sein? Es roch tagelang sehr lecker aus dessen Küche. Der Haß ward groß wie der Zuidersee.
Nun kam Mission ins Dorf. Der Pater wetterte gegen Feindschaft und Haß und rief: »Christus gab sogar Judas den Liebeskuß!«
Sofort erhob sich der Baron vor der ganzen Gemeinde und küßte den Tjödden!
Am folgenden Tag ging er offen in das Haus hinein. Der Tjödde sprang verbiestert vom Sofa, als bliebe ihm ein Kabeljau im Halse stecken. »Lieber Bruder!«, schon umarmte ihn Bomberg und küßte ihn gewaltig ab. Bei dieser Szene trat die Frau ins Haus, und der Baron stürmte mit ausgebreiteten Armen auf sie los; die durch den Flur davon, er hinter ihr her: »Schwester! Schwester!« und kriegte sie im Garten ans Schlafittchen und schmatzte sie ab.
Schon war Dachs gefolgt und küßte gerade in der Stube den Ehemann.
»Friede! Friede!« jubelnd zogen sie, unaufhörlich Kußhände winkend, ab.
Die Betäubten kamen erst nach geraumer Weile zu sich. Sie waren sprachlos und ratlos.
Es dauerte keine zehn Minuten, da wurden große Torten mit verzuckerten Herzen hereingetragen!

Abends brachte eine Musikkapelle ein Ständchen. Der Baron erschien in Gehrock und Zylinder und feierte vor den Versammelten die Liebe. Dann küßte er das widerstandslose Ehepaar unter der Haustür.

Wo Dachs den Mann oder die Frau sah, stürzte er zum Küssen herbei, wo der Baron sie sah, stieg er vom Wagen und umarmte beide. Die Bauernburschen machten sich schon den Scherz und küßten das Dienstmädchen, sooft es sich nur blikken ließ.

Bald stürzten die Dorfrangen über die flüchtenden Tjöddenkinder und küßten sie. Alle Schikane gegen den Mynheer entlud sich im Kuß. Ohnmächtig erlagen sie der allgemeinen Bützerei:

Küsse, Küsse, Küsse!

Der Tjödde verkaufte Haus und Hof und floh wieder ins Tulpen- und Käseland.

»Meine Herren: die Lerche!«

Wohl wenige wissen, woher die Redensart stammt: »Meine Herren: die Lerche!« – Der Antisemit Stöcker gehörte zu den deutschen Sieben, die den Juden nicht lieben, und hielt in Münster nach der großen Judendebatte in der Sitzung des Preußischen Abgeordnetenhauses vom 22. November 1880 eine Brandrede. Er fuhr die fossilsten Geschütze auf: die Juden bekämen heimlich Steine in die Särge, um nach dem Tode, falls sie Christen begegneten, sie bombardieren zu können! Wer einmal im Leben eine Jüdin geküßt hätte, sei im Blute verdorben, denn das jüdische Gift dringe sofort durch die Poren ein! Schaddei heiße Teufel und sei deshalb der Gott Abrahams! Der Meineid würde von seiner Sippe bis heute als Religion gefordert, zu Ritualgebräuchen verpflichtet, die einen Christen schaudert auszusprechen! »Der internationale Mädchenhandel ist ihre Domäne! Versippt über alle Länder, zehren sie den Völkern das Blut aus! Die Presse, die Kunst wird von ihnen beherrscht, die Wissenschaft ist schon halb erobert! Die Landwirt-

schaft seufzt nach Befreiung von jüdischen Viehhändlern, die städtische Kaufmannschaft von ihrer unsauberen Konkurrenz! ›Man glaubt, die Juden zu kennen, weil man ihre Bärte gesehen‹, spottet Heine, ›aber man kennt sie nicht, sie sind ein wandelndes Geheimnis!‹ Und« – der Redner hob die Fäuste – »schlafen wir denn alle noch? Wer besitzt die erste Stimme, die uns weckt?«
Da erscholl die tiefe Grabesstimme Bombergs aus der hintersten Saalecke: »Meine Herren: die Lerche!«

Die Rückkehr des Bischofs

Am 13./14. Februar 1884 sollte die Rückkehr des Bischofs aus der Verbannung stattfinden.
Die Losung war kundgegeben worden, ein nie gesehenes Fest zu veranstalten, um Gottes Ehre in der Ehrung des Bischofs zu manifestieren.
In den Beichtstühlen, auf den Kanzeln war die ganze Christenheit vorbereitet worden, die verschiedensten Berufsgruppen schlossen Bündnisse, einander zu übertrumpfen; die Baronin fuhr wochenlang täglich zu Konferenzen frommer Damen.
Je näher der Termin rückte, um so fieberhafter und geheimnisvoller schauerte die Stadt unter dem unsichtbaren, aber desto gewaltiger wirkenden Patronat aller Geistlichkeit.
Die ungeheure Erbitterung des Kulturkampfes in Presse und Parlament tobte unterdessen unvermindert weiter und schuf den düster aufreizenden Rahmen der Veranstaltung.
Endlich wurden nun in den Zeitungen die Legitimationskarten für den Fackelzug den eingesessenen, verschiedenen Pfarreien ausgeboten. Bulletins über die Gesundheit des Bischofs gingen voraus.
Und das Programm kündete:
Montag, 11. Februar: Schmücken der Häuser mit Flaggen und Kränzen.
Dienstag, 12. Februar: Abends Vorgeläute im Dome und von den einzelnen Kirchen der Stadt. Dann großer Fackelzug mit

fünf Musikchören. Darauf Festversammlung im großen Rathaussaal, mit Streichorchester, Trompeten und Pauken.
Mittwoch, 13. Februar: Morgens erhöhtes, dreistündiges Festgeläute von allen Türmen der Stadt. Dann Einholung Seiner Bischöflichen Gnaden durch den Dom-, Stadt- und Diözesanklerus, die städtischen Behörden und Festkomitees aus dem bischöflichen Hofe zum Dome. Bürgerschützenkorps bilden Spalier.
10 Uhr: Pontifikalhochamt und Tedeum.
11 Uhr: Bischöflicher Segen auf dem Domplatz vor dem Westportal auf großer Estrade unter Musik und Volksgesängen: »Großer Gott, wir loben dich –!« Mit »Gelobt sei Jesus Christus –!« wird der Hochwürdigste Herr die Estrade verlassen.
Abends 7 Uhr: Beleuchtung des Domes und der ganzen Stadt.
Später 8 Uhr: Festversammlung im großen Ratssaale.
Unterzeichnet war dieser Aufruf des Festkomitees von Freiherr Droste-Hülshoff als Vorsitzendem, dann folgten viele Namen von Adeligen und Bürgern . . .
Tausende Altäre bis in Klöster und Krankenhäuser zeigten die ausgestellte Monstranz mit der Hostie, daß Gottes unzählige Augen dem heimkehrenden Oberhirten entgegenschauten.
Doch der Bischof wollte in aller Stille kommen und jeden Empfang vermeiden. Aber das Fackelzugprogramm wurde dennoch durch Maueranschläge bekanntgegeben: »Der große Volkszug wird den Hinweg zum bischöflichen Palais vom Neuplatz aus nehmen über die Frauenstraße, Rosenstraße, Spiekerhof, die Bogenstraße, Prinzipalmarkt und Michaelsplatz. Der Rückzug geht durch die Pferdegasse, Ägidistraße, Schützenstraße, Ludgeristraße zum Rathause, wo die Fackeln gelöscht werden.
Die Bahn stellt Extrazüge. Für jeden Fremden muß vorher Quartier bereitet werden.«
Zwischendurch berichtet die Presse, daß der Bischof in Rom beim Jubiläum Pius' IX. gewesen und der Heilige Vater ihm ein goldenes, mit Edelsteinen reich besetztes Pektoralkreuz mit doppelter goldener Kette geschenkt habe: »Bei seiner Rückkehr in unsere Mitte wird dem Vernehmen nach unser Bischof

dies Pektoralkreuz auf der Brust tragen. Es ist mit sechs Amethysten und veilchenblauen Edelsteinen geschmückt.«
Eine folgende Notiz mahnte: »Die auswärtigen Freunde werden ersucht, über ihre Feiern in unseren Blättern zu berichten.«
Dann wühlten wieder Artikel, daß dem katholischen Volke endlich der Geduldsfaden reiße:

»Zwischen Lipp- und Kelchesrand
Schwebt der finstern Mächte Hand!«

Man drohte mit dem Gespenst einer katholischen Demokratie: *»Videant consules –!«*
Dazwischen wieder ein Programm des Fackelzuges für die Diözesanen, die katholischen Studentenkorporationen, das Offizierkorps, das bischöfliche Seminar, die Marianischen Kongregationen, die Junggesellensodalität, Gesellenvereine, Feuerwehrdetachements: »Die Plätze, welche die Pfarrer einnehmen, werden durch große farbige Laternen bezeichnet. Die Ordner des Zuges sind an blauweißen Schleifen zu erkennen. Erst auf das Zeichen einer Trompete dürfen die Fackeln angezündet werden. Dem Festkomitee voraus flattern alle Fahnen der Stadt und der auswärtigen Vereine, dann folgen die Gesangchöre, die Musikkapellen, Liebfrauen-, Stadt- und Landgemeinden.«
Dazwischen erschienen jubelnde Festgedichte, riesige Inserate der Firmen für Fackeln, Kerzen, Devotionalien und Eingesandtes, Sprechsaalnotizen: »Dem Vernehmen nach werden unsere stolzen adeligen Höfe die größten Überraschungen bieten! Der Hof des Grafen von Golen, der Bevernförde, von Kirff, Schmusing, Lundsberg, Bomberg und so weiter werden ein Brillantfeuerwerk wogenden Gases sein. Die Kirchtürme werden die Nacht wie Lichtpyramiden durchleuchten! Das Ständehaus wird ganz in blauen Lämpchen stehen.«
Am 10. Februar: »Für die bevorstehende Feier sind die Malergerüste aus dem Dome entfernt worden. Als der Bischof schied, war die Ausmalung noch nicht vollendet, die ihn jetzt als neuen Schmuck begrüßt. Im Laufe dieser Woche werden die Lichtgirlanden zwischen den Bauten aufgehängt, der mächtige Ludgerusbrunnen und andere große Transparente und Licht-

dekorationen fertig sein, ferner die Tribünen, auf denen die Musik spielen soll, und auch die großen Bogen auf der *Via triumphalis*. Wie wir hören, gedenken auch viele unserer protestantischen und israelitischen Mitbürger sich der Schmückung anzuschließen.«
Und dann ein Extrablatt mit der Mitteilung, daß jenes Kreuz, so der Bischof tragen werde, von dem heldenmütigen Bischof von Olinda in Brasilien stamme, der von den dortigen Freimaurern eingekerkert wurde, und es später dem Papste brachte, welcher es nunmehr einem Leidensgenossen jenes Märtyrers schenkte, der auch in Not der Verbannung am päpstlichen Vaterherzen Trost gesucht.
Dann Plakate: »Die Geistlichen im Chorkleide tragen keine Fackeln. Auswärtige erhalten bei mindestens dreißig Personen große Fahrtermäßigung!«
Polizeiordnung: »Die Wagen und Fuhrwerke sind in einfachen Reihen in den Promenaden aufzufahren. Bespannte Wagen dürfen in den Straßen nur in dringenden Fällen verkehren, nur im Schritt. Fahnen dürfen nicht tiefer als drei Meter herabhängen. Bei Illumination sind sie einzuziehen, um den Brand der Stadt zu verhüten. Illuminationen der Dachböden sind verboten, der Giebel und Dächer dagegen gestattet. Jede Wohnung ist unter Aufsicht zu halten. Besichtigung der Illumination im Wagen nur von 7 bis 11½ Uhr. Daß keine Stockung der Passage eintritt, müssen die Wagen in Reihen hintereinander fahren. Jeder Wagenführer muß entweder den Weg, den der Zug nimmt, vermeiden oder sich dem Zuge anschließen, wo er ihn trifft, und darf nur in einer Seitengasse abfahren. Kinder dürfen ohne Begleitung nicht ausgehen. Die Polizei wird strengste Ordnung halten. Vor Taschendieben wird gewarnt!«
Ja, auch der Volkswitz hatte sich schon des Tages bemächtigt: ein Bäckermeister in der Jüdefelder Straße hatte ein großes transparentes Schild über dem Laden hängen:

»Wer den Bischof nicht tut lieben,
Den will ich in den Backofen schieben!«

Das spornte einen biederen Metzger auf der Telgter Straße:

»Wer unsern Bischof nicht will achten,
Den bringt her, ich will ihn schlachten!«

Selbst in der »Tasche«, dem berüchtigten Gaunerviertel, hatten die Zigeuner die Gasse so mit Bögen, Bändern, Tüchern, Birken verschwenderisch geschmückt, daß man kaum hindurch konnte. Und die Juden hatten die gewaltigsten Ehrenpforten getürmt:

»Auch Israels Kinder
Lieben dich nicht minder!«

Auf dem Domplatz lagerten bereits jeden Tag große Scharen und sangen ununterbrochen: »Fest soll mein Taufbund immer stehen!«

Und wilder hagelten wieder Artikel im »Merkur« mit schreienden Überschriften: »Nur die katholische Religion hat Universalität!« – »Es ist höchste Zeit, die Geister des Vernichtungskampfes, des Verderbens, welche die Drachensaat tödlicher Feindschaft im Volke säten, auszurotten!«

Und ergreifende, trauervolle Ausblicke auf die trostlose Weltlage der katholischen Kirche in allen Ländern, über den erhabenen Gefangenen im Vatikan.

Alarmrufe:

»Sturm gegen die Maigesetze!«

»Beschränkung der Krankenschwestern!«

»Barmherzige Schwestern werden jeden Tag auf die Straße geworfen, und ihre Häuser werden konfisziert!«

»Aber der Nachfolger der Apostel zieht glorreich wieder ein, nach neunjähriger Verbannung! Unter donnernden Böllerschüssen auf teppichbelegten Straßen mit Stab und Mitra, den Zeichen Seiner Macht!«

»Benedictus, qui venit in nomine Domini!«

»Der Oberbürgermeister selbst wird vorm Palais reden! Alle katholischen Edelleute des ganzen Münsterlandes, päpstliche Kammerherren und Malteserritter, vierhundert Geistliche und Abgeordnete bilden Spalier, auf vierzigtausend Menschen ist der Raum des Domplatzes veranschlagt worden. Mehr Karten werden dort nicht ausgegeben. Ganz Münster wird ein Raketen-

und Feuerheer sein, wie nie gesehen worden seit der Wiedertäuferzeit! Flammende Kreuze ragen auf den Straßen!«

Indessen wurde auf dem Prinzipalmarkt die Kolossalstatue des heiligen Bernardus errichtet, der die Hände segnend breitet.

Eine schäumende See von Grün und Blumen begann jetzt, die Stadt überwimpelnd, zu blühen. Das größte Wunderwerk aber war die nun fertiggestellte Ehrenhalle mit sechs mächtigen Bögen vom Markt bis zur Kurie, geschmückt mit Insignien, Fahnen, Sprüchen, an jedem Bogen siebenhundert Lichter, so daß man wie in eine funkelnd glühende, sprühende Lichtgrotte, in eine goldene Feuertrommel hineinschaute. Dahinein würde der Bischof fahren! Der Dom selber sollte strahlen mit allen seinen Konturen, Türmen und Giebeln von fünfundzwanzigtausend Lämpchen. Und von Baum zu Baum, zweihundertfünfzigmal sich wiederholend zur Märchengirlande farbiger Lampions, ein einziger Zauberhain, ein einziges glückseliges Lichtelysium, das die Sinne verwirrt. Das bischöfliche Palais aber bliebe tief im Dunkel.

Erregung und Schauder peitschte die Masse, als nun endlich die Domglocken begannen, jeden Augenblick konnte Er hervorkommen.

In diesem Augenblick zog auf der Chaussee von Mecklenbeck her eine große Herde von Ziegen, Schweinen, Kühen und Ochsen, die Kränze trugen und bimmelnde Glocken um den Hals, als Vortrab watschelten Gänse und Schruten, mit bunten Schleifen geschmückt, und im Hintergrund Ackergäule und Pferde, alles von Dienern und Knechten geführt.

So ging der närrische Aufzug der festlichen Stadt entgegen und gelangte durch die menschenleeren Vororte schon in die Nähe der Umwallung und wollte mit einziehen. Hier wehrte der Zuschauer Gewoge, und ein Polizeikordon schrie: »Wat sall dat? Hier is doch kin Kärmsterummel?« [1]

Der Baron löste sich aus der Pferdekoppel, trabte vor und erklärte feierlich:

»Ich komme wie Tobias, fromm, mit meinem ganzen Hause, denn auch wir wollen das große Wundertier einfahren sehen!«

---

[1] Jahrmarktstrubel

In Berlin hat man immer eine feine Witterung für Illuminationen gehabt, und diese fabelhafte, von der sogar die europäische Presse widerstrahlte, zwölf flammende Triumphbogen für den Kirchenfürsten – schien fast den Thron verdunkelt zu haben!
Fluchte nicht schon der Alte Fritz: »Die Westfälinger sind vermaledeite Prozesseure«?
Schimpfte nicht Blücher: »Die ganze Brut in diesem Pfaffenlande taugt nicht« –?
Und der letzte königliche Empfang 1865 war auch noch in ungnädiger Erinnerung, obwohl König Wilhelm mit der Königin und dem Kronprinzen, dem späteren Kaiser Friedrich, drei Tage lang in Münster große Prunkschau gehalten hatte. Aber als die versammelten wortkargen Söhne der Roten Erde ihnen in Massen zujubeln sollten und der weite Platz Kopf an Kopf schwarz von Menschen stand, und Seine Majestät – schmetternder Tusch warf Kirchhofsstille – in Großer Uniform schimmernd auf dem Balkon des Schlosses erschien, im Kreise der Allerhöchsten Familie, da trat er vier Schritte erhaben vor –, ob er einige Worte zu sprechen wünschte und man daher lauschend verharrte, ob er bereits einige Worte gesprochen und man sie nicht vernommen – kurz, die Regie klappte nicht: kein Hurra erscholl, kein Händeklatschen, kein Schnupftuchwinken vor dem geliebten Landesvater! Und der König starrte nur in gaffende Mäuler, als glotzten Sankt Georg und Drache sich staunend an, und Seine Majestät drehte sich auf dem Absatz 'rum und verschwand käseweiß mit vier Schritten wieder hinter die Gardine. Ob er am selben Abend jenen berühmten Nagel, der noch heute den Besuchern gezeigt wird, in die Wand schlug, um seine Uhr daran aufzuhängen, weiß ich nicht, glaube aber wohl verstehen zu können, daß der Hohe Herr Bedürfnis zu einer Handgreiflichkeit verspürte und wild mit dem Degenknauf auf den Nagelkopf hieb! Diese Situation hatte also in der Hohenzollernschen Haustradition sich fortgeerbt, und so beschloß Bismarck als Gegendemonstration noch im selben Jahre, Kaiser Wilhelm I.

mit dem Kronprinzen, der Kronprinzessin, den Prinzen Wilhelm, Heinrich und Albrecht in Münster dem Volk zu präsentieren.
Die Mäjestäten zogen bei herrlichem Wetter ein. Fürst Bismarck hoch zu Roß. Die Flaggen knabbelten und wimpelten, Militär und Schulen standen prangend Spalier, und die guten Münsteraner gaben sich redlich Mühe. Fürst Bismarck nahm auch die Einladung zum Diner der Stände an, ließ aber wegen Krankheit in letzter Stunde wieder absagen. In Wirklichkeit war er erbost und riet auch dem Kaiser ab, die Adresse des katholischen Adels entgegenzunehmen, da sie einige Bemerkungen über den Kulturkampf enthielte. Der Kaiser folgte dem Rat, und die Laune der Allerhöchsten Herrschaften in Münster war mal wieder nicht die rosigste.
Schon vorm Einzug der Majestäten war Bomberg in seiner Prunkkarosse mit galonierten, federbuschwehenden Dienern vierspännig so prächtig eingezogen, daß die ländlichen Passanten, die haufenweise in der Stadt wogten, ihn wohl für die Majestät selber hielten und Hurra brüllten, bis viele Münsteraner dem Jux sich anschlossen und kräftig »Der Kaiser lebe hoch!« mitschrien, worauf der Baron nach allen Seiten nickend, die Huldigung des Volkes entgegennehmend, stundenlang in der ganzen Stadt herumkutschiert war.
Das offizielle Festmahl fand nun endlich in der Aula der Akademie statt mit anschließender Illumination.
Augusta fächelte sich trotz der vorgeschrittenen Jahreszeit ununterbrochen im offenen Wagen, ihren gekränkten Stolz zu verbergen, denn die fabelhaften Beschreibungen der ersten Illumination hatten ihre Erwartung über die Maßen gesteigert; auch mochte die Neuigkeit davon sein und diesmal kein aufwühlender Volkstrieb dahinter stehen, so redlich man sich bemüht hatte, die behördlich vorgeschriebene Temperatur des Feuerwerks zu erreichen – man tut Westfalen unrecht, hier eine antidynastische Fahrlässigkeit zu wittern, denn aus solchen Situationen sind schon Kriege und Ministerstürze entstanden, ganze Geschlechter unglücklich geworden – wie dem auch sei, die Landesmutter übersah zur Strafe auf dem großen Abend-

ball die westfälischen Adelsdamen. Auch der Baron erschien auf dem Kaiserball. Er ließ sich nicht übergehen, er kam auf Grund seines Standesrechtes als Kavalier und Offizier: und in seiner spiegelnden Uniform, dem rotsponkühnen Hagelgesicht mit flatternd langem Schnurrbart machte er eine bombige Figur und walzte an Seiner Majestät sporenklirrend vorbei.
Mochte dem Kaiser nun jene Verwechslung hinterbracht sein, jedenfalls erkundigte er sich schon während des Festmahles nach seinem Doppelgänger, und der Freiherr von Berg, der ein äußerst feiner Herr war und im Asseburger Hof wohnte, hatte Wind davon bekommen, ging herum auf den Zehen und überbrachte dem Baron im Auftrage des Adels die allerdringlichste Bitte, vor den Majestäten sich jeder Distorsion zu enthalten – er sei bereits *sehr* unliebsam aufgefallen!
Aber der Baron benutzte gleich die erste Tanzpause, in der Nähe des Kaiserpaares vernehmlich zu seiner Dame zu sagen: »Für die Fütterung einer trächtigen Milchkuh werden pro Tag benötigt zehn Pfund Heu, sechs Pfund Haferstroh, fünfzig Pfund Runkelrüben und 'n Ölkuchen –«, worauf ein peinigendes Lächeln durch die erschreckte Korona fror und der ganze geladene Adel sich wütig genierte, vor Seiner Majestät in solch heillose Primitivität gerückt zu werden! Der Kaiser bemerkte diese auffällige Verlegenheit und gedachte, sie seinerseits zu einem kleinen Tort der Rache zu benützen, indem er lauter erwiderte: »Na, Herr von Bomberg – Sie scheinen ja ein ausgezeichneter Vertreter des bodenständigen Adels zu sein?« Die Prinzessin von Bentheim-Steinfurt, eine penible Hochadlige mit nächsten Beziehungen zum holländischen Hof, erbleichte wie Atlas und gedachte, sofort die Kaiserin schuldigst aufzuklären, welch ein Roué dieser wüste Verschwender sei, als der Baron schon mit mavortischem Bückling vor Seiner Majestät stand.
Beim Sprechen mit dem Kaiser zog er die Uhr und ließ sie schnurren, als gäbe er seinem Gutsverwalter Anweisungen. Der alte Wilhelm in seiner gütigen milden Reife glaubte erst wohl: ›Aha, echter westfälischer Schinkenjunker!‹ – und meinte: »Ist es hier Landessitte, vor seinem König die Taschenuhr aufzudrehen?« Verdammt, wie der Trottel uns blamiert –! durch-

zuckte es spürbar die Reihen der Adligen; aber der Baron, gereckt, schlagfertig, zwinkte schon: »Ich hab' rückwärts gedreht, zum Zeichen: vor Majestät gilt nur die Sonnenuhr!«
Der Kaiser verstand die feine Huldigung und begriff: Ein loser Schalk –!
Wieder spielten die Musiken, und Bomberg schaukelte im Polka die Epauletten in mächtiger Positur an Seiner Majestät vorüber.
Was? – Seine Majestät hielt beim Cercle ihn abermals an, während Grafen und Barone auf glühenden Sohlen tappten und die Damen Ohnmachten umfinsterten? Plötzlich sah man Wilhelm schallend lachen und spontan ihm die Hand reichen, die der Baron derb schüttelte und gar noch die Linke bekräftigend auf die Königshand in seiner Rechten legte, in intimer Verschränkung wie alte Duzfreunde, daß es kolossalen Schmiß hatte, indes der Baron selber dröhnend mitlachte und die tausend Schlemmerfältchen vor Fidulität hüpften.
Von Minute an aber war der Bann gebrochen, und Majestät, der Bismarck ins Ohr flüsterte, zeichnete wie dieser nun viele Adlige durch Handschlag und Ansprache aus.
Das Ansehen Bombergs schnellte zu unwahrscheinlich hohem Pegel. Er konnte sich vor Besuchen der Landräte nicht retten.
Wenn man ihn jedoch drängte, was er denn eigentlich Seiner Majestät für ein Zauberwort gesagt habe, machte er geheimnisvoll Brimborium.
Erst viel später kam's heraus: Er sagte: »Im Moment, wo Majestät mir Wippsterz die Hand geben, scheißen vor Schreck alle Adeligen Westfalens die Buxe voll ...!«

Die Lortzing-Feier

Nach einer späten Sitzung der Großen Zoologischen Abendgesellschaft, in der Landois einen Vortrag über »Lungenseuche des Rindviehs« gehalten hatte, traf er sich mit dem Baron in der Altbierkneipe Appels, und sie saßen unter dem Kamin, wo jetzt Peter Altenbergs behäbiges Bildnis hängt.

»Mich juckt die Schwarte«, begann er zum Baron. – »Es muß mal wieder was passieren in der Welt –«
»Frisk of olt?« fragte der Wirt dazwischen.
»Olt –« brummte der Baron. Er hielt das Glas Altbier hoch gegen die Gasflamme, um seine Klarheit zu prüfen, blies in den Schaum, ob er fest im Glase klebe, und schlürfte langsam den weinsäuerlichen goldbraunen Trank: »Hem –«
»Die ganze Stadt muß am Narrenseil tanzen –« bohrte Landois.
Aber dem Baron fiel auch nichts ein.
In diesem Augenblick trat der wandernde Harfner, der alte David, in die geräumige, rauchdurchwölkte Gaststube und begann sein Bravourstück »Einzug in Paris«, kaum erst verständlich im Gelächter, Geschwatz, Klopfen der Gläser, aber bald schon anschwellend zum wilden Crescendo der harten Finger und Saiten, die Stimme voll aufschleudernd – den Ehrgeiz von Lärm gestachelt! –, daß man wahrlich die preußischen Bataillone mit brausenden Schritten klirrend scharf um die Ecke in die Weltstadt einmarschieren hörte. Der Baron warf ihm ein Goldstück in die Schnupftabaksdose: »Ich hab's!«
Landois, der ja nur noch Halb-Soutane trug, knöpfte die untere Weste locker und spitzte das Ohr.
»Wir müssen 'n Jubiläum feiern –!«
»Was für eins –?«
»Wer war der berühmteste Mann in Münster?«
Landois dachte nach: »Na, sagen wir Lortzing –«
»Was ist die berühmteste Oper von ihm?«
»Vielleicht Zar und Zimmermann –«
»Topp –! Wir feiern das Jubiläum der Uraufführung!«
»Uraufführung? – unmöglich! Die ist niemals hier geschehen!«
»Je dreister, desto eher wird's geglaubt! Sie behaupten immer, Münster hätte keine Theatertradition, weil die Frömmler das Theaterspielen hassen – so will ich Ihnen beweisen, daß wir auch keine Spur wahrer Musiktradition kennen –.«
»Aber im Musikverein ist manch heller Kopf – der Generalagent Deiters, der Doktor Ohm, der Major Dufay –«
»Deretwegen? – der olle Grimm, die Musikleuchte, der Freund

Brahms', fällt mit herein –!« schmunzelte der Baron und juckte den kleinen Finger wild ins Ohr ...

Sie rückten näher zusammen im Schatten des Kamins, daß nur Gläser und Hände sichtbar blieben und barsten vor Übermut, so daß es ratsam schien, aufzubrechen. Draußen klopfte Landois die Pfeife aufs Trottoir: »Abgemacht – Mund halten –!«

Einige Tage später brachten alle Zeitungen die Nachricht, daß am 7. Januar genau fünfzig Jahre verflossen wären, seit die melodiöse, unsterbliche Oper »Zar und Zimmermann« unseres genialen einstigen Mitbürgers Albert Lortzing zu Münster in Westfalen ihre glänzende, durchschlagende Uraufführung erlebt hätte. Diesen historischen Ehrentag, an dem die Stadt ihr nicht zu leugnendes Verdienst behaupte, gebiete es würdig zu feiern. Immer habe das musikkundige *p. t.* Publikum in der Verehrung des Meisters an erster Stelle gestanden und ihm ein treues Gedächtnis bewahrt. Er lebe in der Erinnerung zahlloser Freunde persönlich fort – die Glücklichen! Also habe die Zoologische Abendgesellschaft nur einen einfachen Akt der Dankbarkeit vollzogen und aus Anlaß dieses Jubiläums eine Gedenktafel gestiftet an dem bestens bekannten Gasthaus Fiehe auf der Clemensstraße.

Die Münsteraner machten glückliche Augen und ereiferten sich, wie grundfalsch der alte verleumderische Spruch sei: »In Münster ist es finster –«

Mächtig war Landois nun am Werke, nachdem der erste Bluff überraschend gelungen, mit Listen und hohen Protektoren die verschwiegensten Taschen aufzuknöpfen; der Klingelbeutel des Festkomitees schellemännkete immer erfolgreicher von Tür zu Tür: die blanken Füchse schlieften in Rudeln ein.

Von allen Seiten tauschten Musikkundige ihre Kindheitserinnerungen an jene große Uraufführung aus.

Der »Merkur« hieß damals noch »Intelligenzblatt« und quittierte über die Sammlungen.

Matin, der französische Kochkünstler und Weinwirt (noch dicker geworden), trat öfter denn je auf die pompöse Freitreppe seiner Schlemmerstätte und verabschiedete sich mit Kratzfuß und gravitätisch rückwärts gehaltenem Käppchen vom ange-

heiterten Baron, der für die Feier unter den Kürassieroffizieren die Stimmungspauke schlug.
Er ließ auf allen Drehorgeln plötzlich – Stimme des Volkes!! – Lortzing spielen, und die ganze Stadt hallte wider: »O ich bin klug und weise, und mich betrügt man nicht –« Es flötete und trötete alt und jung, der Kaufmann unter dem Bogen summte, der Gerichtsrat stimmte ein in Dudeldei und Trillerie, wie man nie gehört im Münsterland, und jeder Spatz pfiff es schon vom Lambertiturm: »Auch ich war ein Jüngling mit lockigem Haar...« Ein findiger Bäckermeister auf der Neubrückenstraße brachte flugs »Lortzing-Semmel« in den Handel und fand reißenden Absatz.
So rückte der Tag heran.
Landois bebte doch manchmal in seiner Behausung am Zoologischen Garten, daß vor Toresschluß ein Wissender aus irgendeiner Himmelsrichtung hereingeschneit käme und ihn des Volksbetrugs bezichtigte. Er tat zuletzt die Nacht kein Auge mehr zu. Sein Bett stand bekanntlich inmitten des Zimmers, so daß er mit jeder herausschlenkernden Hand auch im Dunkel eine trostreiche Pulle erwischen konnte. Er dachte an sein »Bärentatzenessen«, da er mit Kalbsragout mehrere Wochen große Gesellschaften zum Besten des Zoologischen Gartens abgefüttert hatte – *den* Ulk hatte jeder durchschaut und kam nur der Lustigkeit halber –, aber jetzt? Eine ganze Provinz samt den höchsten Behörden mit ernster Feierlichkeit über den Löffel balbieren?
Frostklar brach der furchtbare Morgen an. Keiner meldete sich. Die Hausklingel blieb stumm; der Baron, aufgeräumt wie je, erschien vierspännig in Wichs...
Und da stand nun der Bürgermeister im Zylinder, der Kommandierende General, federwallend, der Oberpräsident, der *Rector magnificus* der Universität, der Vorsitzende des Westfälischen Kunstvereins, des Historischen Vereins, Deputierte der Handelskammer, der Eisenbahn, der Post, Domänenräte und Archivräte, Grafen und Freiherren, Repräsentanten von Bildung und Staatsgewalt, alle in Münster lebenden Künstler, das Gesamtpersonal der Steffenschen Oper war hinkomman-

diert: und sie alle schauten schweigend, andachtsvoll, ergriffen empor an die blöde Hauswand der Bierwirtschaft, wo die Ehrentafel soeben (Landois hielt die Leiter) festgenagelt wurde. Nur eines fehlte – die hohe Geistlichkeit! Diesmal nicht so sehr aus Abneigung gegen profane Kunst (denn bei allgemeinen Festivitäten pflegt sie klug dabei zu sein), sondern aus feinster Witterung, daß hier doch vielleicht eine Laus im Wappen liege...
Ausführlich berichtete selbst die Wiener Theaterchronik über das nun folgende seltsame Fest:
»Herr Kapellmeister Grawert (jetzt Generalmusikdirektor in Berlin), welcher mit der ganzen Kapelle des dreizehnten Infanterieregiments erschienen war, ließ ausschließlich Lortzingsche Weisen ertönen, welche in Verbindung mit schwungvollen Toasten die Stimmung belebten, die ihren Höhepunkt erreichte, als der Brief eines Enkels von Lortzing zur Vorlesung kam, der dem Komitee im Namen seiner noch lebenden Witwe für die pietätvolle Aufmerksamkeit für den Komponisten dankte. Die Mutter dieses Enkels, Karoline Krafft, ist eine Tochter Lortzings, geboren zu Münster. Nach dieser Feier brachte das Stadttheater als Festvorstellung zur fünfzigjährigen Uraufführung Zar und Zimmermann, ein vom Lederhändler Marcus gedichteter Prolog wurde mit ungeheurem Jubel vom überfüllten Haus aufgenommen:

Ein lauter Ruf hat diese Stadt durchdrungen,
Zur ernsten Feier rief er uns heran;
Wahrlich, vergeblich ist er nicht erklungen,
Sie kamen freudig alle, dankbar, Mann für Mann.
Den Manen Lortzings gilt die Jubelfeier,
Des Dichtersängers, der uns hoch und teuer!

Die Festesstimmung wirkte ersichtlich auf das darstellende Künstlerpersonal: bis ins kleinste Detail wurde das Programm aufs exakteste ausgeführt. Aber als Richard Hütte, ein Sohn Münsters, in der Dakapostrophe: O selig, o selig, ein Kind noch zu sein –, vom heimgegangenen Lortzing gleichsam in dessen Auftrag den Dank des Tondichters an das pietätvolle Publikum sang, da wollte der Jubel schier kein Ende nehmen.«

Soweit die Theaterchronik. Den würdigen Beschluß fand das Gaukelspiel im Zoologischen Garten.
Die in Westfalen hochgeehrte Schriftstellerin Hedwig Kiesekamp sang hier ein Sopransolo. Der alte Dirigent Grimm, der Freund Brahms', dessen homerisches Denkmal jetzt den Stadtwald ziert, gab ihr voll Rührung einen öffentlichen Kuß.
»Ja, ich selber war nicht so ergriffen, als die Liedertafel mir beim Einzug in meine neue Villa ein Ständchen brachte und ihre Gesänge, auf hübschen weißen Atlas gedruckt, in Samt gebunden, mir überreichen ließ – ja – ja.« »Ja, ja – wir Münsteraner –« weinte Grimm.
Mit spitzgewirbeltem Schnurrbart strich der Baron eilig an der schluchzenden Gruppe vorüber.
Und der Kreisrichter Wundhorst, dessen Frau ebenfalls eine lokalberühmte Sopransängerin war und als Rivalin der Kiesekamp auch gern gehört sein wollte, dachte an eine nächste Gelegenheit und machte Landois ein Kompliment: »Herr Professor, Sie sind ja ein Mann wie Bandel, der das Hermannsdenkmal erbaut hat!« Landois aber, der seinen Satyr nicht mehr im Leibe bändigen konnte, sprach das gewichtige Abschiedswort: »Verehrte Anwesende – an dieser Feier sollen noch die späten Enkel euch erkennen!« Dann aber setzte er die Brille ab und fuhr plattdeutsch fort: »Kinners – dat Ganze is ja *Schwindel*, ick häw mi den Spektakel ut de Buxe trocken –«
Doch der Regierungspräsident, der schon einen Schwips hatte, schmetterte jovial: »Unser verehrter Professor hat in bekannter humorvoller Art dieses schöne Fest einen – wie sagte er? – Schwindel-Spektakel genannt – hahahaha! Niemand wird sich köstlicher wie unser verewigter lieber Tonmeister, der selber ein lustiger Genius war, über solch ein echt münstersk Wort amüsieren können! Hahahaha! Auf das allgemeine Wohl!«
Gewiß ist das Unglaublichste dieser frechen Mystifikation, daß nicht nur die ganze Stadt und Provinz sich täuschen ließ, daß sogar Frau und Tochter Lortzings auf die tolle Komödie hereingefallen sind. Der Stadtforscher, Rechnungsrat Eugen Müller, bemerkt mit Recht: »Unerklärlich ist es, wie dem Komitee und der Theaterdirektion dies fünfzigjährige Jubiläum vorgetäuscht

werden konnte, während feststeht, daß in Leipzig am 22. Dezember 1837 Zar und Zimmermann zuerst in Szene ging.«
Landois aber gründete jetzt einen plattdeutschen Verein und verfiel auf die hohe dramatische Kunst. Nun saß er die Nächte hindurch, kaute die Pfeife und dichtete, daß man durchs Fenster ihn lachen und deklamieren hörte. Große Sensationen standen bevor.

Die gewässerten Heringe

Bezeichnend für die Weihe dieses Tondichterfestes mag noch sein, daß berichtet ist, Landois habe stark angeheitert erst zwischen vier und fünf Uhr morgens die Feier verlassen und sei einem kranken Freunde unter andauerndem Schellen auf die Bude gerückt. Am Krankenlager begründete der Schwankende sein Kommen, daß bei Tag jeder Dämelack zum Krankenbesuch kommen könne; aber gerade bei Nacht, wenn der arme Kranke doch nicht schlafen könne und sich nach Unterhaltung sehne, dann machen die vernünftigen Leute ihre Krankenbesuche...
Er konnte eben seinen Übermut nicht mehr beherrschen, eine Periode tollster Kneipereien brach an.
Es war abermals nach solch einer verkneipten Nacht, als der Baron mit Landois Arm in Arm über den Prinzipalmarkt schwankte. Der viereckig breite Klotz des »Königs von England« warf einen Berg von Düsternis auf die gegenüberstehenden Giebel der Häuser, denn der Mond hing blank hinter ihm. Die beiden Gambrinusbrüder, Arm in Arm, tauchten in die helleren Bogenlampen und sprachen heftig von den letzten Dingen der Welt. Ein Tutrat, vorbeipatrouillierend, erkannte sie und glitt vorsichtig ins Dunkel zurück. Auf der Salzstraße sangen Studenten lauthals: »In Hochheim die Straßenbeleuchtung wirft gar trübseligen Schein –«
Landois trug die Gehrock-Soutane losgeknöpft und hatte sich an jedes Knopfloch nach alter Gewohnheit einen Hering gehängt. An der Wohnung des Buchhändlers K. machte er wieder ein Schellemännken, das heißt, er zog die Hausklingel. Worauf

aus dem obersten Stockwerk sich ein emaillierter Topf über ihn voll und warm entleerte. Der Mond ging just durch das gotische Schnitzwerk des Lambertiturms, wo die drei eisernen Käfige der Wiedertäufer hängen. Somit sah auch dieser die Blamage des geistlichen Herrn nicht. Unter den schattenschwankend stillen Bogenhallen zu beiden Seiten des altertümlichen Marktes bewegte sich kein Fuß mehr. Und die Löwen des Wappens am Rathause hielten wohl auch das Maul. Aber einer mußte es außer dem Baron noch wissen – eben jener verborgene Topfschwenker! Nichts ist so peinigend als unbekannte Zeugenschaft. Wenn es gar der dicke Buchhändler selber gewesen sein sollte – der vor sechs Stunden noch mit am Stammtisch saß? – Landois schauderte beim Gedanken an dessen Bauch – er hörte die heisere Stimme – er sah ihn deutlich das Altbierglas an die Lippen setzen, noch ein Glas, und noch eins. Und diesmal war er sicherlich nicht wie sonst vorher zum Hof gegangen; ohne Zweifel hatte der ihn an der Stimme erkannt! Der Baron stocherte: »Ahnte schon lange, daß er was im Schilde führte, Sie wissen ja: Frommer Duckmäuser –«

»Wenn ich jetzt so nachdenke, glaube ich beinahe selber –« spintisierte der Halbnüchterne – »der Mann ist's!«

»Daß heute ein unglücklicher Tag wurde, wußte ich gleich morgens, als ich in der Früh auf dem Domplatz den drei fetten Prälaten Haversath, Fievez und Nolde – den sogenannten Domsäulen, begegnete!«

»Er hat sich speziell darauf trainiert –« spintisierte Landois unbeirrt weiter – »schon seit vorgestern – er hat sich auf mich trainiert –«

»Und oben gewartet – hätte auch ohne die Schelle Sie attakkiert! – Wie wär's sonst möglich, daß in knapp –«

Der Baron schlich behutsam zur Haustür und maß die Schritte auf den Zehen, mit der Uhr in der Hand: »Also in knapp fünf Sekunden hat der Kerl Sie erwischt!«

»Sahen Sie Hemdsärmel?«

»Er hatte sie bereits hochgekrempelt –«

»Solch ein hinterlistiger Patron!« und Landois schüttelte sich abermals: »Brr! Brr! Ich grüß im Leben keinen Menschen mehr!

Ich halte den Hut noch im Sarge auf dem Schädel! Ich pack ihn nicht mehr an! Und sehen Sie nur den Rock – brr!! brr!!«
»Mein ist die Rache – spricht der Herr von Buldrig! Kippen Sie Ihren Hut vom Kopf aufs Pflaster – so – mit dem Spazierstock umgestülpt – jetzt die Heringe einzeln ab – so – beugen Sie sich krumm wie beim Staffelgebet – so – über den Hut – ich schneide Ihnen die Dinger einzeln vom Leib – daß sie hineinplumpsen – Handschuhe an – so – so – und nun tragen Sie den Hut schön vor sich her. Morgen ist ja Freitag!« Landois folgte wie ein Kind – aus Erfahrung, in solchen Dingen dem Baron zu vertrauen.
Bis zum Freitagmorgen schwammen die Heringe bei Landois im Hut. In Herrgottsfrühe aber bot sie der Kutscher des Barons, den blauen Kiepenkerlkittel über der Livree, beim Buchhändler K. als extra billig aus: »Sie sind schon gut gewässert –!« Und hatte die erfreuliche Genugtuung, daß sie sämtlich von der sorgsamen Gattin für die Hauptmahlzeit angenommen wurden. Abends am Stammtisch kutschierte der Buchhändler triumphierend sein Maulwerk und grinste auf den kleinen Professor herab. Mit satanischer Kälte tippte ihm Landois endlich die Pfeife auf den Bauch:
»Wenn Sie wieder Heringe wollen, salzen Sie diese nur gleich in Ihren Nachttopf –!«
Der Buchhändler lag drei Wochen an Gelbsucht.
Man sagt, der verrufene Bürgermeister Timphot, der nachts in Münster spukt, habe den armen Buchhändler zu jener Missetat verleitet.

Landois' Reinfall

Aber es wurmte Landois doch, daß der Baron ihn so belämmert gesehen, denn er hörte auf Umwegen, daß er ihn den »Pißhering« getauft hätte.
Als nun der größere Raubvogelkäfig errichtet wurde, ließ Landois den kleineren, einen der elendesten und schmutzigsten Tierbehälter, wohnlich und behaglich in ein Kneiphäuschen verwandeln mit dem Schilde:

»Wir sitzen hier im Adlerhaus,
Wer uns nicht paßt, der fliegt hinaus!«

Um den mächtigen runden Tisch in der Mitte, der mit einer Drehscheibe überdeckt war, hatten vierundzwanzig Gäste Platz. Zur Beleuchtung schenkte er einen eisernen Blumenstrauß, der von der Decke herab mit siebenundachtzig Gasflämmchen sein Schlummerlicht über die versammelten Häupter ergoß. Der Trank wurde durch die Gitterstäbe hereingereicht, und hier spielten sich nun all die Aprilscherze ab, deren Zahl Legion ist, hier ging es unheiliger zu als im Käfig der Wiedertäufer.

Als der Baron zum erstenmal in diese Klause geladen wurde, da fragte er Landois, warum er denn so ein merkwürdiger Jäger sei, von dem es heiße, er könne Löwen und Lamas, Pumas und Pelikane fangen, aber nur die – Heringe nicht bei sich behalten? Die Zechgenossen rochen an des Professors Wut, daß hier ein Topf anbrenne, und bestürmten den Baron um Aufklärung, worauf der gelassen abwinkte: »Später mal –« Aber das Käfigtor war geschlossen, der eiserne Blumenstrauß welkte nicht, hier hatte Landois ihn in der Falle und ließ ihn erst voll wie eine Eule wieder hervor und schleppte ihn mit zu seiner Behausung auf der Pferdegasse, wo er damals in einem unheimlichen Domizil mit hohen Gittern wohnte, zu dem ein schmaler Steinpatt führte –

Und bettete ihn dort liebevoll mitten im Entree aufs Pflaster. Dann schleifte er den ausgestopften Bären, der jetzt noch im Botanischen Institut steht, und postierte ihn mit den Hinterpranken rechts neben sein Opfer. Dann kriegte er vorsichtig das Krokodil heran und pflanzte es links: »Dem will ich das Jägerlatein austreiben –«

Dabei glitschte der Herr Professor auf Filzschluffen durchs Haus, selber wie ein Geist, und fummelte noch ein blakendes Öllämpchen oben auf den Schrank.

Hierauf schlief er im Nebenzimmer mit der Ruhe des befriedigten Gewissens. Hatte die Haustür noch lose in die Angeln geklappt, daß der entgeisterte Wüterich sie nicht einträte – alles war sorglich mit professoraler Voraussicht bedacht. – Auch ver-

gaß er nicht, eine Waschlampette voll Wasser zur Verteidigung sich zu Häupten zu stellen. Gerade als seine schlafschräge Pupille hinübergleitend unter das Lid verschwand, kostete er noch kurz die Imagination, Krokodil und Bären über den Schreienden herstürzen zu sehen! Vor Befriedigung schlug er ein Kreuz.
Aber der Baron erwachte eher als Landois und lispelte nur: »Aha« – ähnlich dem antiken Helden, der vor einem Elefantenrüssel über seinem Kopfe nicht erschrak –, durchschaute sofort die Situation und baute nun vorsichtig vor Landois das Skelett des Orang-Utan auf, mit dem er die Deszendenztheorie bewies, stülpte ihm Landois' Zylinder über den Kopf und hing die lange Pfeife ins Maul zwischen die blinkenden Kinnladen – in den Arm aber bettete er einen menschlichen Fötus in Spiritus.
Dann duckte er sich und goß die volle Waschlampette von hinten über den Schläfer.
Der Professor fuhr empor, schlug die Hände vors Gesicht, und entsetzt schreiend stürzte er, weiß wie ein Laken, übers hinpolternde Skelett ins Freie und hörte die Stimme des Barons ruhig aus dem Hintergrund: »Ja, es passiert öfters, daß Professoren vor ihren eigenen Gespenstern Reißaus nehmen ...«

Das Flöz von Bullbergen

Die territorialen Nachbarn, die Herzöge von Arenberg und die Grafen Lundsberg, Vehlen und Gemen waren an Schlössern und Gütern kaum reicher als der Bomberg, aber sie besaßen als einstige Reichsunmittelbare altverbriefte Regale, das heißt den Zehnten, später den Hundertsten des Reichs an der Kohlenförderung ihres Gebietes.
Daher fochten sie für Fortschritt und Industrie, opponierten im Adelsklub gegen den alten Präsidenten Korf-Schmusing, bekannten sich zur demokratischen Partei des Harkort, renommierten mit ihren bergtechnischen Kenntnissen und spielten die Fortschrittsmänner und Außenseiter.
Eines Tages, da sie nun wieder mit ihren Regalen trumpften, deutete Bomberg geheimnisvoll an, er fördere auch längst

Kohlen auf seinen Gütern, mache nur kein Aufhebens davon, denn er zahle keine Regale und schere sich den Teufel um ihre dummen Patente von Otto dem Faulen oder anderen Potentaten!
Darauf beschlossen die Herren, diese freche Aufschneiderei auf ihre Wahrheit hin nachzuprüfen, und standen ziemlich überrascht und auch pikiert von der Tafel auf.
Bomberg hatte drei Tage bedenklichen Jammer, und dann bereitete er sich vor.
Und, weiß der Kuckuck, als dann eines anderen Tages die Zechgenossen und Regalbesitzer ankamen und man gemeinsam loskutschierte, da steht hinten auf den Gütern, dreißig Kilometer nördlich der Lippe, wo noch nie geschürft war, wahrhaftig ein mächtiger hölzerner Förderturm! Die Herren klettern empor und steigen ziemlich still geworden in den Schachtkorb, die Maschine hustet, die Seiltrommel arbeitet, der Korb senkt sich, sinkt noch immer, unermeßlich in die Tiefe. Die Gäste staunen; man sieht den Füllort, Querschläge, Bremsberge, glänzende Fettkohle steht an. Als Gutachter, Schachtbauer und Führer stellt sich der bekannte Bergmann Generaldirektor Hillbeck aus Dortmund vor und schleppt die Gäste von Ort zu Ort.
Zum Schluß kommt man in einen großen Raum, neue Überraschung: eine Wiese mit gedeckter Tafel, tief in der Erde! Hillbeck erklärt die Wiese als Züchtung mit künstlichem Licht – und bald beginnt ein fröhliches Gelage. An den Wänden ist das Museum des Bergwerks aufgebaut, aber statt der versteinerten Lepidodendren, Sigillarien und Riesenfarne bewundern die Angeheiterten sonderbare Gewächse, die nach den Erklärungen des Bergrats nur in sehr tiefen Flözen angetroffen werden, wie versteinerte Riesenmuscheln, versteinerten Kappus, ja versteinerte Maikräuter. Zwei Bergleute mit Lampe und Schurz bedienen. Die Begeisterung steigt, und nach einem topographischen Vortrag und Zusicherung von fünfundvierzig vom Hundert Reingewinn von seiten Bombergs beteiligten sich Herzog und Grafen mit großen Zeichnungen an der Gewerkschaft Bulderuhm . . .

Mit einemmal stößt Bomberg an die Wand, Fensterladen fliegen auf, die Kulissen weichen, und alle sitzen im Innenlicht auf einer Bauernwiese –!
Die Herren waren nur in einem verfinsterten Schuppen oberhalb der Erde herumgeführt worden und in aufgeschüttete Kohlenhaufen gekrochen.
Der Generaldirektor Haarmann von der Georgs-Marien-Hütte (in der Industrie als »Korl« bekannt) dichtete später auf dieses Fest der geneckten Adelsaktionäre an fünfzig seiner Schnadahüpferl und ließ Förderturm samt Museum und Festwiese nach dem Osnabrücker Stahlwerk schaffen, wo er später den Reichskanzler, Graf Caprivi, auf denselben Leim führte. Der Trick bestand darin, daß ein Förderkorb, wenn er nur ein paar Meter sinkt und dann in zitternder Bewegung gehalten wird, selbst dem Fachmann vortäuscht, daß er sausend Tausende Meter fällt.

Bestrafte Standhaftigkeit

Ein neues Fräulein, Mimmi, war in Dienst genommen worden. Sie sollte mit der Zeit die ganze Wirtschaftsführung übernehmen und die Baronin entlasten. Sie zählte damals an die sechsundzwanzig Jahre, hatte sich fein herausgefuttert und gelobte: »So dumm wie jene Gouvernante bin ich nicht – den Baron halt ich mir warm, ein Küßchen hie und da schadet nicht, das gibt die Aussteuer – aber den anderen werde ich zeigen, daß ich eine ehrbare Person bin!«
Denn sie merkte gleich, was hier los war, und bei dem lockeren Ruf der Herrschaft gedachte sie klug ihr Glück zu machen.
Der Baron – das dicke Persönchen küßte mit feurigen, schnalzenden Lippen, die das Herz wie ein glühender Korkenzieher zum Halse zogen! – begann auch bald Abenteuerlust zu spüren, aber mit Befremden konstatierte er, daß sie in Wirklichkeit sich den Kuckuck um ihn kümmerte, mit der Nase in der Luft steckte, beim Staubabwischen unmotiviert fröhliche Lieder sang und – Dachs neckte, indem sie ihm Senf in die Weinflasche tat!
Da merkte der Baron, daß Dachs schon durch beide Ohren in

Mimmis Liebesangel hing! Um so eifriger verlegte er sich aufs Volapük der Augen, sobald sie das Zimmer betrat. Und mußte am Tisch mit ansehen, wie Dachs schäkerte, während er selber als Familienvater den Ahnungslosen zu spielen hatte. Es war die verfahrenste Situation seines Lebens! Total machtlos, gefoltert von Wut bis in die Eingeweide; dieser Dachs lief ihm die Fährte ab! Hinausschmeißen muß ich den unsauberen Patron – aber das Aas ist in zu viele Schliche schon eingeweiht und ein genialer Feuerwerker aller Torheiten! So züchtet man sich seine Züchtigungen!

Er stellte ihr erneut nach, wo sie sich zeigte. Aber Mimmi ließ ihn zappeln. Entwischte mit neckischem Kichern und machte ihn blind närrischer von Tag zu Tag. Wenn sie über den Gang eine Schüssel trug, schlug sie vorm Herrenzimmer eine lockende Lache auf, daß der Lauernde von der Ottomane sprang und gerade noch ihre weiße Schürzenschleife um die Ecke verflattern sah. Je mehr er sich einen Toren schalt, desto törichter wurde er.

Da lud er sich den enragiertesten Weiberkenner, den Prinzen Wuttschenstein, ein und wußte es so zu richten, daß Mimmi im Nebenzimmer mit Näharbeit beschäftigt wurde und die Türe halb offen blieb, so daß sie jedes Wort der Unterhaltung vernehmen mußte. Er rechnete auf weibliche Neugierde, ihre Phantasie zu stacheln, die Lüsternheit des Jüngferchens zu wecken nach ungeahnten Schleckereien der Liebe, die ja von der Kultur versierter Lebemänner keine Ahnung hatte! So begann er selber Pikanterien zu schmökern und riß den anderen bald ins Gewehrfeuer, der auch prompt in die Scheibe traf und Intimitäten von Bällen zum besten gab, die zwar ihr *Made in fantasy* auf allen Fächern trugen, aber doch mit ungeheuerlichster Keckheit die Kunst der Verführung in pfauenbunten Farben schillern ließen, daß der Baron sie als Provision schon in den Beutel strich. Wuttschenstein malte nun mit dem blühenden Schlemmerinstinkt des geborenen Erotikers eine Liebesnacht auf Kapri und schilderte die berauschende Sinnlichkeit züngelnder Liebesspiele, wobei er die Reize seiner jungen Circe mit Kennertricks beschnupperte und wie eine Weinbergschnecke des Herrn zwischen Venushügeln und Göttertälern herumkroch, daß der erschrockenen Lauscherin nichts übrigblieb, als am Fleck gebannt atemstill zu verharren, um nicht der galanten Entdeckung der Herren ausgeliefert zu werden und die Haltung zu verlieren. Heimtückisch prickelnde Verderberwonne, die der Satan in der Verstrickung argloser Seelen zur Meisterschaft höllischen Genusses in ihnen entwickelte, ließ die Erzählenden mit einer Glut und Gebärde der Leidenschaft und Sündenschöne sich selber übertreffen, aufgepeitscht von scharfen Schnäpsen, Übermut und Renommage, wie zwei prächtig lodernde Vampire in Seidenstrümpfen und Samtwesten die junge Seele aussaugend bis zur gänzlichen Verdorrtheit ...

So wähnte der Baron.

Denn plötzlich trat der Hauskaplan lächelnd durch die Tür: »Ich hab' dort die ganze Zeit Ihre Beichten angehört, meine Herren –«

»Parbleu, wie kommen *Sie* da hinein?« fuhr der Baron auf.

»Fräulein Wilhelmine hat mich heimlich geholt, sie sagte: ›Die Herrschaften erforschten offenbar ihr Gewissen!‹ Da nahm ich natürlich die gute Gelegenheit wahr und hab' in der Tat so aufrichtige Beichtkinder gehört (gratuliere zu Ihrem reumütigen Bekenntnis), daß wir Gott danken wollen, Ihre verstockten Herzen endlich geöffnet zu haben –« und schritt mit ätzender Ironie hinaus.

»Verfluchter Reinfall –!« schnaubte der Baron, der sich ekelhaft bloßgestellt fühlte. »Der Mann hat ja in einen netten Pfuhl geguckt – und das Beste an der Geschichte: ich übte nur den Sermon, weil –«

»Nanu –?« fragte Wuttschenstein platt wie eine Schildkröte, der ein Berg auf die Schale gefallen ist.

»Weil ich die Mimmi im Nebenzimmer glaubte und sie 'n bißchen – sagen wir durch eine Instruktionsstunde –«

»Darum ließen Sie mich diese hanebüchenen Biestereien auspacken?«

»Freilich!«

»Des Frauenzimmers wegen über die moralische Klinge springen?«

»Mit allen Vieren durch den stinkenden Bocksreifen!«
Der Baron knotete die Bartspitzen zusammen: »Und ich muß meiner Frau wegen jetzt noch extra nobel zu ihr sein! Unerforschlich sind die Ratschlüsse Gottes – ich glaub', er hat das Weib bloß gemacht, damit der Mann nicht mit seinem Verstand in den Himmel wächst!«
»Gegen Weiberlist wird auch der kühnste Springer bald schachmatt – aber ich würde sie ganz anders kriegen!«
Doch der Baron schlug Amor in die Pfanne, als wär nichts geschehen.
Nach einigen Tagen sagte er Dachs, ob er nicht Mimmi das Reiten beibringen wolle? Das ließ sich Dachs nicht zweimal sagen, und Mimmi stimmte jubelnd ein. Also ritt sie auf dem Maulesel im weißen Kleid, behutsam, langsam der verliebte Dachs wie im Hippodrom rundum mit ihr, Mimmi immer dicht hinter ihm her, er voraus, damit er ihr Tier ruhig gängele. Immer nah voraus.
Nachdem sie etliche Tage geübt, wollte der Baron sich selber vom Fortschritt überzeugen und führte seine rassige Stute in den Hof. Nun ritt er Fräulein Mimmi voraus. Ihr Eselhengst bohrte auf die Zügel, aber sie tätschelte ihm die Ganasche, und sie ritten einen kurzen Trab. Am Faulbaum ließ der Baron seine Stute knabbern und sprang schnell ab. Der Eselhengst, durch all die Tage gewohnt, dicht zu folgen, schnüffelte noch mehr, näher, sprang, hoppla! samt seiner Last geil auf, und Fräulein Mimmi klammerte sich an Hals und Hüften und mußte, die das keusche Dämchen spielte, vor dem Gelächter des ganzen Hofes hoch oben in der Luft auf dem bockenden Esel sitzen und beim Rütteln und Schütteln des Tieres um Hilfe schreien.
»Schickt flink zum Hausvikar, daß er euch einsegnet!« rief der Baron.
Der knallte oben sein Fenster entsetzt zu.

Landois' Festspiele wachsen, er schafft sich zwei Ponys an, und die Nichte fährt ihn

Der Tierbestand des Zoologischen Gartens war beträchtlich angewachsen, so daß Landois seinen alten, sehnsuchtsvollen Wunsch der Erfüllung immer näherkommen sah, sich bald mitten unter seinen Pfleglingen anzusiedeln. Die Fastnachtsstücke der Abendgesellschaft hatten sich zu regelmäßigen Jahresveranstaltungen herausgehoben, wenngleich das künstlerische Niveau dieser derben Polter- und Possenstücke, die an die Krätzchenkomik des Kölner Hänneschen erinnern, der geistigen Kultur der guten Westfälinger kein hohes Zeugnis ausstellt. Noch immer streiten sich zwar etliche geheime Dichter Münsters um die Patenschaft dieser Stücke (deren Mitarbeit Landois in souveräner Selbstherrlichkeit auf seinen Namen usurpierte) und rascheln mit ihren Lorbeeren in den Schubladen.
Aber in die Kasse hüpfte die Springprozession der Kastemännchen, als sei mit dem Eintritt ins zoologische Theater ein Ablaß verbunden, und der gewitzte Herr Professor konnte sich bald zwei schöne Ponys halten, die er zu landesherrlichen Fahrten in die Umgegend benutzte. Bei diesen Fahrten führte die Nichte auf dem Bock die Zügel, während der Onkel, die lange Baumelpfeife schmauchend, paschastolz hinten zurücklehnte. Das ältere Pony, »Philipp«, schlürfte bei jedem Wirtshaus den Rest der geleerten Bierflaschen, so daß es bald trunkfest wurde wie sein Herr, schon von selbst an jedem Wirtsschild hielt und nicht mit Peitschen und nicht mit Schmeicheln zum Weitertrab zu bewegen war, bevor es sein Deputat erhalten. So ereignete es sich wohl, daß der angeheiterte Gaul samt der Kutsche unter Kuhherden landete, zwischen die Kornmäher geriet oder, von feuriger Musik noch lustiger gestachelt, sich tänzelnd einem Kürassierregiment anschloß und mitten unter den Blechhörnern an der Spitze der Professor im Wägelchen einherfuhr.
Auf einer solchen Ausfuhr raste ihm das Gespann des Barons entgegen. »Philipp« hatte vielleicht schon einen in der Krone, scheute jedenfalls, kehrte um und riß das andere Pony in rasendem Galopp hinter den Wagen des Barons fort. So sauste auf

Gummi vorn ein spiegelnder Landauer mit vier prächtigen Schimmeln, und hinterdrein polterte das Professorenwägelchen mit den klappernden Ponys, und je wütender vorne geknallt und gepeitscht wurde, desto sinnloser klabasterte es voll komischen Ehrgeizes mit. Der Nichte auf dem Bock flogen Hut und Schirm in den Graben, Landois brach den Pfeifenkopf ab und hielt grimmig, krampfhaft Mundstück und Rohr zwischen den Zähnen. Es ging um Hals und Bein. »Alle Affen im Zoologischen Garten«, erzählte Landois später, »haben die Hände gerungen ob meiner Todesgefahr!« – »Der Professor darf eben nur mit zwei Känguruhs ausfahren«, meinte der Baron trocken, »Hochmut kommt vor dem Fall!«

Landois nahm Rache durch Veranstaltung großer Hundewettrennen im Zoologischen, die ob ihrer Neuheit und Komik sich eines mächtigen Zulaufs erfreuten und viel Moos absetzten. Der siegende Hund bekam statt des Lorbeers eine Wurst und verzehrte sie vor den Augen der heulenden Rivalen. Besonders ein Gefährt mit vier weißen Windhunden erregte durch seine tollen Schleuderfahrten – eine bunt ausstaffierte Puppe flog an einem Gummiband 'raus und 'rein – ausgelassenste Heiterkeit: der Baron!

Daran schloß sich der Kinderwagenkorso: Hunderte Kinderwagen juckelten, blumengeschmückt, mit strahlenden oder strampelnden Insassen, von stolz gewichtig schreitenden Müttern geschoben, an Landois vorbei, der als Preisrichter, Junggeselle und Theologe der Feier erst die volkstümlich köstliche Note gab:

»Dat iß ne niee Liemrote, dao hangt sick noch viel mähr düftige Giälgaiskes[1] up!« blinzte er seinen Freunden zu.

Die Deszendenztheorie

Heftig wogte zwischen den siebziger und achtziger Jahren des verflossenen Jahrhunderts der Kampf um die Darwinsche Deszendenztheorie. Wilde Disputation zwischen Naturforschern

[1] Gelbschwänzchen

und Theologen tobte durch alle Kulturstaaten. Hier glühende Kämpfe für die Ebenbilder Gottes wie auf mittelalterlichen Konzilen – dort demonstrierende Anthropologen mit satanischem Lächeln: Wir stammen alle vom Affen ab!
Landois hielt die Stunde für gekommen, seine berühmte Aufklärungsreise durch die Städte und Dörfer Westfalens zu beginnen, und zog unter Assistenz des Rechnungsrats Rade mit einem menschlichen Skelett und dem eines Gorillas los.
In gewissen Konventikeln bewies er haarscharf unter begeistertem Beifall überzeugter Zuhörer an besagten Objekten die Unmöglichkeit, daß pp. ... Aber bei Aufgeklärten ließ er die Unmöglichkeit doch nicht ganz aus der Hand fallen, daß pp. ... er sei ja als Geistlicher zu Reservaten verpflichtet, genug: Häkkel sei ein ernster Gelehrter!
Die aufgeklärten Herren in Ahlen, Rheine, Seppenrade, Bekkum und Bocholt wußten abends im Bette ihren Frauen horrende Dinge mitzuteilen, so daß diese bald die Beichte für erste Christenpflicht hielten und auf Kaffeekränzchen entrüsteten Spektakel schlugen. So erfuhr der Bischof von Münster von der grassierenden Seelenvergiftung, und in Hirtenbriefen riegelte er die Zuchtrute Gottes los. Der Kerzengießer Jaspar hat nie so viel Wallfahrtskerzen fabriziert wie in diesen schicksalsdunklen Tagen des Westfalenlandes. Das Skelett verschwand schleunigst ins Anatomische Museum, von wo der Spuk ausgegangen, und auch der Gorilla ist noch heute einträchtiglich als *corpus delicti* alldort zu sehen.
Es ward sehr still von der Sache. Im übrigen hatte Landois die Befriedigung, einen hübschen Reingewinn einzustreichen, mit dem er den Zwinger baute.
»Et wör 'n Kunststück, fremde Lüde 'nen Bären upbinden un doch sick sülwst den Twinger doför to bauen«, scherzte er.
Da beschloß Bomberg die Probe aufs Exempel. Zu diesem Behuf schickte er Karten rund: »Vortrag mit nachfolgendem Disput über das Problem der Affenabstammung im geschlossenen Zirkel abends neun Uhr, Hotel S... oberer Saal. Professor Landois hat sein Erscheinen zugesagt. Um Diskretion wird gebeten.« Unterzeichnet war die Einladung mit Doktor Gün-

gerich, erster Assistent von Professor Häckel, Mitarbeiter an dem Werk: Anthropogenie, Entwicklungsgeschichte des Menschen.
So neugierig wie heimlich war ein buntgewürfeltes Kolloquium versammelt. Der Gorilla Landois' stand inmitten des Saales wie ein bleckendes Gespenst.
Die auswärtige Kapazität begann zu dozieren. Es war der geriebene Kornhändler Max von Rheine, der, vorher von Landois instruiert, eine freche Lügenreplik auswendig gelernt hatte und mit selbstsicherer Gelehrtenpose skrupellos vortrug. Die geistlichen Herren, vollkommen ahnungslos, achteten nur darauf, vom biogenetischen Tatsachenmaterial unberührt, inwiefern die Schlußfolgerungen mit dem Dogma kollidierten. Schien hier eine Bedenklichkeit, so stand also irgendwo ein Trugschluß und schüttelten sie lächelnd die Köpfe! Der Historiker achtete nur peinlichst, inwiefern zum Beispiel die indogermanische Rassenfrage gefährlich werden könnte. Der Rabbiner überlegte, ob Adam nicht doch so ein Schimpanse des Paradieses gewesen sei? Der Wichsefabrikant und die anderen dachten gar nichts und waren also für Beibehaltung des alten Glaubens, während der liberale Professor Spricker bei jeder dreisten Induktion mitsprach: »Stimmt! – Jawohl! – Natürlich!« Bautz aber, vor Eifer glühend, gleichfalls souverän keine Details beachtend, im Vorgefühl seines Triumphes, memorierte schon die fulminanteste Verteidigungsrede, in der auch gebührlich von Fegfeuer und Hölle zu sprechen wäre.
Mithin redete der Vortragende eigentlich in die leere Luft, wenn nicht Landois todernst zum Skelett trat, eine Partie untersuchte und Gegenfragen stellte, die gleichfalls genau abgekartet waren. Ja, hitzige Debatte sprang unversehens auf, wobei Landois erregt rief: »So konsequent, Herr Kollege, dürfen Sie uns denn doch in Münster nicht kommen!«
»Das hypothetische Zwischenglied ist mit einem so hohen Grad von Wahrscheinlichkeit prästabiliert, daß –!« – »Nee, nee!« rief Landois: »Wo ist dein Zwischenglied?« und schlug mit der Pfeife dem Gorillaskelett eins über den Schädel. Die Herren beruhigten sich aber wieder, und der Konsistorialpräsident

sah auch die protestantische Lehre schon gerettet. Der Baron sprach aus seiner Ecke: »Legen wir das Zwischenglied vorläufig *ad acta* –« – »Im Gegenteil«, ereiferte sich Bautz. Jetzt dachte auch der Rabbiner, Takt zu wahren, und bestätigte: »Ich kenne gleichfalls kein Zwischenglied!« – »Sie sind wohl zu sehr beschnitten?« knurrte der Baron aus seiner Ecke. Die Herren Offiziere trampelten. Landois klopfte mit der Pfeife laut auf den Boden: »Keine Anzüglichkeiten, meine Herren – bitte, fahren Sie fort, Kollege!« Aber der liberale Professor Spricker verlangte stürmisch das Wort und führte aus, daß es keinen Grad höherer Wahrscheinlichkeit erheische, hier mit fast sicherer Konsequenz die Wahrheit zu erkennen, denn auch in der Theologie fehle stets jene Stelle, wo die Lötung an Gott nur hypothetisch vorgenommen werden könne, als ...« – »Was mich betrifft«, wagte Maler Moseler das Wort, »so bin ich gewohnt, aus der Inspiration zu schaffen, und als Künstler wären mir auch kühne Hypothesen nicht unsinnig, weil sie noch keine allgemeine Abstempelung erfahren haben –« – »Schluß!« hub Hausprälat Doktor Reinke die Hand: »Die Diskussion gleitet in banales Laiengerede. Der Sachverständige hat das Wort!«
Der sprach gemessen:
»Daß wir alle Ebenbilder eines dreieinigen Gottes sein sollen, ist nur eine Hypothese; ebenso könnten Sie an jedes andere Mirakel glauben –« – »Ausgeschlossen!« schrie Bautz. »Dozieren Sie naturwissenschaftlich weiter, ohne in Philosophie abzuschweifen, Herr Kollege!« bat Landois.
Und Kornhändler Max von Rheine dozierte weiter; aber die Erregung des Kreises wuchs, so daß die Zwischenrufe nicht verstummten, bis empört auch der Geheime Archivrat rief: »Der Sachverständige hat doch das Wort!«
Der hielt plötzlich inne, deckte die Hand über die Augen und sagte: »Schließen Sie bitte die Fenster dichter, es ist draußen ein so ungewöhnlich starkes Mondlicht, daß es gleich die Laterna magica stört!« Aber das Lager hatte sich schon gespalten in zwei Teile, der eine unter dem Freigeist Professor Sprikker, der andere unter die Führung des Höllenprofessors Bautz, wobei es an hemdsärmeligen Worten nicht mangelte, wie ja

geistliche Grobheiten stets in den plumpesten Holzschuhen gingen. Landois, einen Fidibus hinterm Ohr, gebot vergebens mehrere Male: »Silentium – bitte, alle wieder Platz nehmen zum wichtigsten Teil!«
Da, auf der Höhe des stimmenwirbelnden Disputes, als alle Geister im schaurigsten Mysterium des Daseins explodierten, die Wahrheit hitzig suchend, und Bautz alle überschrie: »Wer glaubt nicht an die Auferstehung des Fleisches?« riß Dachs die Tür sperrweit auf und brüllte mit Löwenstimme: »Ein Mondkalb!« – »Ist es da?« schrie der Baron und stürmte schon mit Landois: »Um Gottes willen!« als erster hinaus. Der Vorsitzende sprang vom Katheder herunter: »Ich sehe es!« Und mechanisch, blind rannte die ganze Gesellschaft nach, sie trampelten im Gänsemarsch auf den Entree, bogen die Treppe auf und nieder und mündeten schon perplex in den Saal zurück.
Jetzt aber erhob sich der Baron zu den Keuchenden mit maliziöser Verbeugung: »Wer kann jetzt noch zweifeln, daß alle vom Affen kommen? Glauben Sie späterhin auch lieber an den tollsten hierarchischen Unsinn als an eine ernst wissenschaftliche Hypothese, die Ihrer Voreingenommenheit widerspricht! Zu dieser Demonstration *ad oculos* habe ich Sie eigens hergebeten! Die Kapazität ist der alte Witzbold – Kornhändler Max aus Rheine – Adieu!«
Auch Landois heuchelte riesige Entrüstung.

Hotel zur Venus

Wie vieles einen falschen Schein sich borgt, so auch ist manches besser, als es scheint. Aus Straßburg ist berichtet, daß der Baron des großen Rennens halber kein Quartier finden konnte und kurzerhand in der Fischergasse abstieg. Ein Mütterchen öffnete, und er brachte sein Anliegen vor, für eine gute Woche das ganze Haus, das lebende wie das tote, in Pacht zu nehmen. Des seltsamen Handels war die Alte zufrieden und schob ihre Hille-Bobbe-Nase vergnüglich über den Blumentopf voll Goldfüchse – und der Baron heftete seine Visitenkarte an die Tür.

Wo immer der Baron nun seine Karte mit dieser Straßennummer abgab bei den Honoratioren Straßburgs, starrte jeder mit Entsetzen zunächst ihn selber an, und da seine Wangen so frisch morgendlich und seine Augen wie Fackeln funkelten, wohlgemut voll gesunder Heiterkeit nach gehörig ausgeruhter Nacht, fand sich jeder noch verwirrter vor diesem westfälischen Landbaron und nahm ihn dann mit peinlicher Vertraulichkeit abseits: »Menschenskind, Sie wissen natürlich gar nicht, wohin Sie geraten sind –?«

»Pardon – ich versteh' wirklich nicht –?« Und sprang bereits auf das große Rennen über, darauf er fünf Pferde laufen hatte, und tat verwundert, daß man hier dergestalt um private Nebensächlichkeiten sich ereifern könne, bis jeder, dringlicher, vor Frau und Tochter scheu, ihm zuflüsterte:

»Sie sind einer schlimmen Mystifikation zum Opfer gefallen –«

»So –? Ich merk' nichts davon –«

»Kommt denn nicht ununterbrochen Besuch?«

»Niemand –!«

»Wann sind Sie denn dort?«

»Na – ich geh' schon sehr frühzeitig heim und erfreu' mich wahrhaft königlicher Zurückgezogenheit! Lade Sie herzlichst ein, mein Gast zu sein! Es soll Ihnen an nichts fehlen – die Zimmerfräulein sind äußerst aufmerksam –«

»Aber – wieviel Fräulein sind denn drin?«

»Sieben Damen bedienen mich!«

»Liebster Baron – nehmen Sie doch Vernunft an: Ihr Hotel ist ja ein Freudenhaus!«

»Sooooooo?« machte der Baron kugelrunde Augen.

Da ward des Wunderns über den naiven Mann aus Westfalenland kein Ende ...

Wie Süßigkeit der Ferien, wie Ausspannung im Beruf der Seele Feiertage löst im Nichtstun, also rieselte plötzlich Wunder befreiter Menschlichkeit durch sieben junge Geschöpfe und löste jenen schönen Rest von Mütterlichkeit, der sich hier nur in Pflege eines Hündleins oder im Schaukeln einer jener unheimlichen Pariser Liebespuppen noch regt: in sieben überraschten, aufgelockerten Herzen, deren keines mehr begierig war nach der Schärfe der Lüste – die eine betreute die Wäsche, die andere besorgte die Stiefel, die dritte pinselte ihn zum Rasieren, die vierte holte dies, die fünfte das, alle besorgt in lustiger Dienstwilligkeit, indes er lag, jedes Bein im Arm einer anderen, ließ sich pediküren, maniküren, ein großer verhätschelter Tätschelhans, urbehaglich wie ein schnurrender Haremskater mit dem Kopf im Schoß der Schönsten und ruhte sich aus wie keiner von allen Renngästen, die in vollgepfropften Hotels geschubst, von Kellnern geneppt und durch Portiers angeranzt wurden. Er aber erntete Liebesküsse wie Abschiedstränen im Übermaß, als verleumderischer, kopfschüttelnder die Empörung der gebildeten Gesellschaft auf ihn herabfiel.

Der Erntebittgang

Es war wieder ein schöner Jahrestag, nachts hatte es geregnet bis in die Ucht, der Himmel war klar und die Erde roch noch kühl. Aus den Wallhecken, die jeden der breiten Acker- und Wiesengründe um das Dorf zur umbuschten Festung machten, krochen die letzten Nebel, und aus den Roggenfeldern stiegen Lerchen auf. Die Glocken beierten seit Stunden. Man hätte glauben sollen, die Ernteprozession von Appelhülsen verliefe wie der Ball zu Peter und Paul im Himmel, doch der Pastor stellte fest, daß *innere* Zufriedenheit und *äußere* Frömmigkeit nur bei Krämern und Handwerkern des Dorfes sich zeigten, aber der Haupt- und Schlachthaufen der Prozession, der schließlich doch den Gesang an Gottes Ohr zu bringen hatte, drömelte mucksig Fuß vor Fuß den schlängelnden Prozessionsweg, sah mehr nach den Feldern als zum Himmel, und auch die Litanei hielt offenbar mit der Kraft der Inbrunst zurück, wie ein Esel, der zu schwer geladen hat.

Der Pastor besprach sich flüsternd mit dem Kaplan: »Sollten die verfluchten modernen Ideen schon in Appelhülsen eingezogen sein, von denen der Bischof im Hirtenbrief geschrieben, und die Auflehnung gegen Gott auch hier begonnen haben? Dieser offenbare Mangel an frommem Schwung deutete gewißlich auf inneren Wurm, auf Zweifel an der Macht des Glaubens und der Heiligen.«

Der Kaplan deutete anders: er wies mit der Hand auf die Felder: »Kiekt up de Wieske!« brummte er.

»Wat denn –?« murmelte der Pastor vorsichtig und schielte hin.

»Se bint alle giäl und brun!« Die Dürre im Frühjahr hatte die Wiesen versengt, die Felder gedörrt, der Juliregen kam zu spät.

In dem Pastor kochte es: Trugen denn seine Bauern die Gottesverehrung im Geldbeutel wie die Liebe im Magen?

Der Ernteprozessionsweg ist nicht der kurze, feststehende längs den bekannten Stationen, die am Fronleichnamstage abgegangen werden, sondern er lief abseits der Landstraße kreuz und quer durch die Bülten und Ackerspreiten, damit möglichst jedes Feld nahe an den Segen und den Tau des Gebetes herankam. Darum zog er sich in weiten Zickzackringen: die Schulkinder voran, dann die Chorknaben, der Träger des großen Christuskreuzes, Küster, Geistlichkeit mit ihren Vorbetern, die sich umdrehend mit lauter Stimme die ersten Zeilen jedes neuen Liedes anstimmten, die Vereine und zum Schluß das Volk.

Jetzt kam man an das Gehöft des däftigen Bauern Wöstefeld. Der alte Wöstefeld ging aus dem Zuge vor und löste den Christusträger ab. Sie gingen an der Fohlenkoppel entlang – sie war gelb, kamen an der Fettweide vorbei – sie war braun. Wöstefeld schwenkte etwas das Kreuz und sang.

Sie kamen an die Runkelrüben, sie schauten aus wie Stoppelrüben, Wöstefeld schwenkte und betete.

Jetzt kam der Hafer – er stand rötlich gefärbt und kaum einen Fuß hoch, Wöstefeld sah grimmig hinein und versuchte zu beten.

Jetzt kam das letzte landwirtschaftliche Aufgebot, der Roggen – er gilbte schon, die Ähren trugen Kummerkorn, und über den Knick liefen dürre Brandwehen. Grad brüllte der Küster den neuen Gesang: »Komm, heilger Geist, und bleib bei uns –«, und die Gemeinde fiel ein – da überkam Wöstefeld die Wut,

er senkte sein Kreuz und hielt dem Christus den Roggen vors Gesicht und rief: »Is dat Roggen?« und wieder stieß er den Christus hinein: »Is dat Roggen?« Und zum drittenmal fuhr er mit dem langen Kreuzholz in das Kummerkorn: »Kiek di dat an, is *dat Roggen*?«
Der Pfarrer, empört, rang ihm die heilige Standarte aus der Hand und gab sie, stumm vor Zorn, gleich dem Küster.
Die Prozession flutete zur Kirche zurück.
Vor der Kirche gewahrte der Pastor den Baron Bomberg, der gerade durchfuhr. Er klagte ihm sein Leid über die gottlose Herzenshärte der Bauern. Aber *gleich* käme die Predigt, und da sollten es die Bauern kosten! Er hatte als Text schon gewählt Jesaias, Kapitel eins: »Satt habe ich Brandopfer an Farren und Böcken, entfernt die Bosheit eurer Taten!« oder Kapitel zwei: »Ihrer Schätze ist kein Ende, angefüllt ward ihr Land mit Rossen, das Werk ihrer Hände beten sie an!« Grimmig wollte er losdonnern und den Dickpansen schon die Wahrheit sagen.
Bomberg sah den Pfarrer ruhig an. »Ich würde ein anderes Bibelwort zugrunde legen.«
»Welches denn?« horchte der Pfarrer auf.
»Nehmen Sie doch den heiligen Paulus an die Galater, Kapitel zwei, Vers vier: ›Wo kein *Mistus*, da auch kein Christus.‹«
Dies ist bis heute ein Bauernsprichwort geblieben.

Der Schmied

Der Baron konnte viele Stunden in der Schmiede des Ruß Luks verbringen. Er saß auf dem Schleifstein und schaute dem Dorfschmied zu, der über dem Amboß klingelte und Hufe beschlug.
Die Windmutter, der Blasebalg, pustete in die Fettkohle des Schmiedefeuers, aus dem bunte Flämmchen züngelten, indes der Kamin von tausend Funken sengte; oder große, heiße Eisenbänder wurden mit Krampenzangen und Vorhämmern um die Eichenräder geschlagen und diese an den Speichen durch zischende Kuhlen zur Abkühlung gerollt, während das mächtige Torffeuer mit Plaggen und Buschken rauchte und schmorte.

Da bemerkte er, daß der alte Schmied beim Hufschlag stets vorher in den offenen Hof spuckte und »Härm!« sagte. Er erkundigte sich nach dem Sinn der Gebärde. Der Alte knurrte kurz: »Ach watt!«
Nach einigen Tagen, als der Baron selber mit Zange und Hammer an einem Wagenhaken bostelte, fiel's ihm wieder auf, und er erkundigte sich abermals.
Der Alte brummte: »Sie spotten ja über alls – Kirche – König – Himmel – Seele –«
»Das scheint Euch nur so, Meister –«
Der Alte hörte nicht hin: »Dorüm segg ick nix –«
Aber wieder nach einigen Tagen kam das Gespräch darauf, und nun konnte der Alte es doch nicht wehren und meinte: »Dann sidd de Huf better!«
»Ist das wahr?« – Der Alte juckte die Schulter und lauerte ihn an. – Aber der Baron, der Spötter, antwortete: »Ich lache nur über Aberglauben – aber Religion muß der Mensch haben...«
Dann ging er seiner Wege und sagte nachdenklich vor sich hin: »Härm.«

Landois baut die Tuckesburg und entwirft sein Denkmal

Mit List und Umsicht war der Zoologische Garten weiter ausgebaut worden. Landois konnte sich jetzt eine eigene, von unbehauenen Steinen festgefügte Trutzburg errichten, am Giebel eine Nachbildung der drei Wiedertäuferkäfige, die »Tuckesburg«, auf einem Hügel im Zoologischen Garten, der in früheren Zeiten als Richtstätte gedient hatte und wo es im Volksmunde nicht ganz geheuer zugehen sollte. Obwohl Landois selber als echt westfälisch Kind sein lebelang den Aberglauben nie ganz losgeworden ist, überwand er sich mit homöopathischer Absicht, als er gerade diesen berüchtigten Ort aussuchte. (Auch mochte er denken, inmitten der Bestien vor jedem Geisterbesuch noch mehr gefeit zu sein!) Aus dem Untergrund seiner Gelehrtenseele holte er nun erst recht (zur

Gruselung anderer) all den Spukzauber phantastisch und drastisch hervor, der diese Trutzburg erfüllte und ihren Namen verbreitete.

Seine Freunde Marcus, Prümer und Rade erzählen von der Einweihung dieser Feste:

Der Hofraum war mit Marterwerkzeugen aller Art ausgestattet, in engster Beziehung zur mittelalterlichen Rechtspflege, als die Verbrecher Münsters an diesem mit Dornen und Strauchwerk erhöhten Platz noch geköpft wurden. Zum Andenken an jene Zeit, als man hier noch den Dieben ein Brandzeichen aufdrückte, sie durch die Wassertaufe strafte oder ihnen die Ohren abschnitt, wo noch Gesetzesverächter die schweren Schandsteine unter dem Gespötte des Volkes am Halse durch die Straßen schleppen, Urfehde schwören und hinauswandern mußten, wo noch das »Höffken« kleinere Übeltäter beherbergte. Dirnen und Bettler, die in den Torenkasten gesteckt und vom Totengräber bewacht wurden.

Zu seiner Feier benötigte der Professor deshalb dringend eines Mitspielers, eines richtigen Bunken. Und er zog gen Abend aus, ein brauchbares Exemplar zu erlangen. Das Glück war ihm günstig. Am Ludgeriplatz entdeckte er Jans Repschläger, dessen Nase nicht wie ein Fastenprotokoll aussah, dem Professor von seiner Tätigkeit als Eiskönig her bekannt.

»Säg äß –« fing Professor an, »häß du Lust, naichsten Sunndag up de Tuckesburg Kumedie met te spielen?«

»Jä, sall ik dat wull können?«

»Worum nich? Du häß do nich viel bi te säggen.«

»Jä, dat wäör so watt. Spielt Se auk met, Här Professor?«

»Gewisse! Un noch viel mähr kuemmt un spielt dao met. Dao is de Oberbörgermeister van Appelhülsen, de Zanitätsraot van Wolbiek, de Präsident van'n Bookweiten-Pannkoken-Klub – nee, davon aff – du büß doo in de beste Gesellschup.«

»Wat kann ick daobi verdeinen? Sittet ennige aolle Klaore un en Töttken deran?«

»Viel mähr noch – en heelen Daler!«

»'n Daler? Olf Rad? Dann spiel ick met! Wat mott ick denn dohn?«

»Du moß di unner dat annere Volk un Janhagel stellen un dohn, äs wenn di de ganße Welt nix angönge.«
»Un dann?«
»Wenn ick dann meine Rede holle, dann röpst du van Tied to Tied wat dertüsken: He lüg äß en Siesemännken! Kür mir kienen Dot[1] an'n Kopp! Hol de Buxe män an! Olle Leigenbüel[2], off: Kür di nich in'n Knüpp[3] und sowat derhiär. – Un wat ick dann auk sägge, du kümmerst di üm nix nich und lößt di nich bange maken. Du röpst so, äß ick di säggt häbbe.«
»Wieders nix?«
»Nee, dat Annere mäck sick dann ganz van sölwst. Also noch maol, wat saßt du ropen?«
»Et is jä alles luogen! Et is Kaff! Hol de Buxe män an! Kür di nich in'n Knüpp!«
»Recht so, ganß guet so! Nu biholl dat män un Sunndag, üm fief Uhr büß du an de Tuckesburg, un hier iß ne Karte, de verwahr di guet. Süß kümmst du nich up'n Zoologsken. Glock fiefe büß du dao.«
»Dat sall'n Wort sien. – Krieg ick auk den Daler?«
»Wat ick di luowet häbbe, dat holl ick, dao kannß du di up verlaoten.«
»Sunndag sin ick dao – adjüß, Här Professer!«
Die beiden verabschiedeten sich bald, und Professor ging seelenvergnügt seines Weges, daß er einen »Heldenspieler« gefunden hatte.
Der große Tag erschien. Das Publikum war zahlreich zur Stelle, und inmitten davon stand Jans Repschläger und harrte der Dinge, die da kommen sollten.
Professor bestieg sein Podium und begann: »Hochgeehrtes Publikum! Zur feierlichen Einweihung dieser Stätte begrüße ich Sie alle und freue mich, daß Sie so zahlreich erschienen sind. Wenn Sie um sich blicken, so schauen Sie die Richtwerkzeuge des Mittelalters. Und wenn Sie nun bedenken, wie in damaliger Zeit selbst die kleinsten Vergehen mit harter Leibesstrafe oder gar mit dem Verluste des Lebens geahndet wurden, so –«

[1] Beule – [2] Lügenbeutel – [3] Knoten

»Et is ja alles luogen!« rief da Jans aus dem Publikum heraus. »Kaff iß't män! Olle Leigenbüel!«

Professor stellte sich höchst entrüstet, erhebt drohend die Faust und schreit ins Publikum hinein: »Paß äs up, ick stopp di gliks de freche Muule! Noch en enzig Maol, un du kümmst in't Burgverlies!« (Große Heiterkeit des Publikums.) Nach dieser Unterbrechung fuhr Professor fort: »Wenn wir das alles bedenken, so müssen wir sagen, es war eine gewalttätige, eine finstere Zeit, die ihre schwarzen Schatten auch noch über viele spätere Jahre warf. Wir freuen uns –«

»Hol de Buxe män an!« erscholl es wieder aus dem Publikum. »Kür di nich in'n Knüpp!«

Professor droht nun abermals mit der Faust und ruft: »Dat giff noch 'n Unglück, wenn du de Schnuute nich höllst! Pfui, so ein ungebildeter Mensch!«

Das Publikum wird ungemütlich und will gegen Jans handgreiflich werden, aber Professor beruhigt die Leute und sagt: »Van so'n Jisküenig kann man nich mähr verlangen. Wir freuen uns«, fuhr er dann fort, »daß ein aufgeklärtes Zeitalter uns die Grausamkeit vergangener Jahre verabscheuen lehrte. Wenn auch unsere Rechtspflege noch vieles zu wünschen übrig läßt und in der Erledigung der Dinge bisweilen an das Seilerhandwerk erinnert, so können wir uns dennoch glücklich preisen –« (Jans aus dem Publikum):

»He lügg äß en Siesemännken!«

Da riß dem Professor anscheinend die Geduld; mit dem Finger wies er auf Jans und rief: »Ergreift den Buben! An den Schandpfahl mit ihm!«

Das ließ sich das Publikum nicht zweimal sagen. Zwanzig Fäuste ergriffen den Übeltäter, der schrie wie ein angestochenes Schwein. Mehr getragen als geschleppt, wird er alsogleich zum Schandpfahl befördert und festgebunden. Und Professor, auf den Delinquenten deutend, beschloß seine Rede mit den Worten: »Aus diesem Bilde schaut Ihnen ein bemerkenswertes Stück krimineller Justizpflege des finsteren Mittelalters entgegen, ein Stück peinlicher Halsordnung, wie es Ihnen deutlicher kein Geschichtskundiger vor Augen führen kann. Prä-

gen Sie sich dieses Bild gut ein und danken Sie Ihrem Herrgott, daß er Sie nicht in jener Zeit zum Leben erweckte, welche die Narrheit die gute alte Zeit zu nennen pflegt, jene bitterböse Zeit, wo das kleinste Vergehen den Kopf kosten konnte. Wissen Sie doch alle, wie recht Frans Essink hatte, als er einst als Schüler schon sagte: Und wann iärst de Kopp d'r aff iß, dann is dat Achterveerdel nich viel mähr wert.
Hoffen wir, daß sie nie wiederkommt. Bindet nun den Delinquenten los und befördert ihn durch die Hinterpforte ins Freie, aber sehet zu, daß ihn die wilden Tiere nicht zerreißen ...«
Wie ein Kind hatte sich Landois auf diese eigene Behausung gefreut, die kein Sterblicher ohne frommen Schauder betreten sollte. Das Königlich Preußische Kriegsministerium schenkte auf sein Gesuch zwei Geschütze. Selbst Briefträger oder Lieferanten wurden nicht zugelassen. Auf ihr Klopfen schwankte ein Pappkasten aus unsichtbarer Hand vom Balkon herab und ward mit dem Inhalt emporgezogen. Wem sich aber das Gittertor an der Nordseite geöffnet, der betrat zunächst den Burgkeller mit Verliesen und Kneipkammer, hundert Steinschloßgewehre, Degen und Hellebarden drohten aus dem Dämmerlicht der bewehrten Gänge. Seltsamste Dinge lagen dort aufgestapelt: Ein Schädel vom Grafen Tucks I., dem Urahn des erlauchten Geschlechts; die Krüge der Hochzeit von Kanaan, ein Lindwurmfell und eine Walfischrippe. An der Wand hing der Ahnfrau Konterfei, die den unsterblichen Kartoffelpfannkuchen erfunden hätte, zwischen Unterschenkeln eines Megatheriums. Im Ahnensaal trat man auf riesige Bärenfelle. Fräulein Pollack, die Nichte, erklärte ernsten Gesichtes: »Hier, verehrte Herrschaften, stehen die Öllampen, die erreichen sollen, daß es endlich in Münster helle wird! Dies ist das Wappenschild des Grafen Tucks mit der Umschrift *Bela Veneno Satyra Humore Amicitia Perseverantia Fidelitate Laetitia Amore:* Durch Galle, Gift, Witz, Freundschaft, Ausdauer, Fröhlichkeit, Heiterkeit, Liebe. Die einzelnen Buchstaben ergeben: Hermann Landois Iselmott[1] Professor Doktor.
Oben betrachten Sie jetzt bitte das große Trinkhorn Pipins des

[1] Der Esel muß

Kleinen, das künstliche Gebiß Knipperdollings, das Bügeleisen des Schneiderkönigs Jan van Leyden! Dies hier ist das Medaillon mit der Bettwanze seiner Frau! Das Handskelett von Paganini auf einer Geige (es war *in natura* eine riesige, über ein Brett gespannte Affenhand), die gegerbte Sarazenenhaut aus dem Kreuzzuge – hier finden Sie die Hasenstricke, mit denen die Israeliten in der Wüste Wachteln fingen; keine Fälschung ist ringsum vorhanden, alles echt und mit Fleiß gesammelt, ein bekannter amerikanischer Nabob hat bereits eine Billion Dollar –«

Dann plötzlich öffnete sie die weite Flügeltür und rief mit feierlich lauter Stimme: »Dort aber sehen Sie ihn selber, den jetzigen Grafen Tucks!«

Dort saß Landois arbeitend am Schreibtisch und schaute mit keiner Miene auf.

Nach solch gehöriger Besichtigung noch zahlloser Raritäten von Zauber und vielerlei Ulk wurde das mächtige Gästebuch vorgelegt. In die erste Abteilung durften nur Adlige sich eintragen – damit die eingezeichneten Namen und Summen recht sichtbar blieben – in den zweiten Teil trugen sich die Bürgerlichen ein, damit sie den Namen des ersten Teils nacheiferten. In den letzten Teil, so nicht zahlen wollten. Er blieb zeitlebens leer.

Hier residierte der seltsame Mann nun im Geruch der Raubbestien, im Stolzieren der wunderbaren Flamingos, im Geschwätz der Papageien, im Meckern der Hyänen, im nächtlichen Schrei des Uhus und der Adler, sah über die grüne, von Laubgehängen großer Trauerweiden verdämmernde Gräfte, saß wie ein kleiner, echter Einsiedlerzauberer oben auf dem Altan unter seinem Tierreich, glücklicher als ein König unter Hofschranzen.

Das war um die Zeit, wo jeden Morgen die frommen Pensionatsjungfrauen in Handorf und anderswo beten mußten: »Lieber Gott, mach doch, daß Landois wieder zur Kirche geht!«

An den offiziellen Tagen aber saß er selber mit der langen Pfeife und Bierflasche an der Kasse des Zoologischen Gartens und strich das Entree ein, das heißt: er wechselte am liebsten nicht.

Scharf bewachte er auch als Gaugraf seine nächste Nachbarschaft. Ein Sittlichkeitsschnüffler zog dort ein und fand vor seinem neuen Besitztum auch zwei Steinfiguren. »Europa« und »Afrika«. Afrika stand (symbolisch) bis über den Meridian entschleiert, und neben ihr schritt ein grimmiger Löwe. Sofort ließ der neue Hausherr die anstößigen Brüste wegmeißeln. In der folgenden Nacht schon stieg Landois ein und pinselte die Wundstelle der Brüste und die Schnauze des Löwen mit Mennig blutrot. Nun konnte niemand mehr bezweifeln, daß der Löwe selber als Sittlichkeitswächter seine Pflicht getan! Die ganze Stadt pilgerte in Gänsemärschen hin, und Landois' Ruf stieg abermals: »Jo, de Professer weet Bescheid!«
Als nun auch der erste Geistliche, der Dechant von Überwasser, nach langer Zeit sich wieder in den Zoologischen Garten wagte, die Burg zu beschauen, lag Landois auf der Brüstung seiner Bastei und rief in tiefem Baß:

»Guden Dag, Här Konfrater,
Pastor vön Oberwater!«

Der gedachte ein Lichtlein guter Erleuchtung dem lockeren Abtrünnigen anzustecken und meinte:
»Na – na –Professor – Sie verkommen hier ganz in Ihrer Tierheit?«
»Ja, ich tauch' ins Megatherium zurück und komme somit dem Schöpfungstag immer näher –«
»Ob auch ins Paradies –?« warnte der Dechant mit spitzer Absicht.
»Bald bin ich schon drin, und dann –?«
»Dann?«
»Nehm ich mir eine Eva, Adjüs!« Fort war er. Jetzt lief das Gerücht: Landois will heiraten!
›Er wird auf seinen alten Tag noch vernünftig‹, schmunzelte der Baron und suchte ihn flugs auf.
Der Eisendraht schrammte, die Glocke ballerte hohl in der Tucksburg. Von draußen entspann sich folgendes Gespräch:
»Well iß dor?«
»Bomberg!«

»Wat wuß du?«
»Dem Burggraf den Zehnten bringen!«
»Gelobt sei Jesus Christus –«
»In Ewigkeit. Amen!«
Beim Öffnen der Tür steckte Landois die Pfeife aus seinem Munde dem Eintretenden zwischen die Lippen und sprach feierlich: »Friede deinem ersten Eintritt!«
Bomberg tat einen Zug und spuckte aus: »O fauler Friede!«
»Kumm binnen – un vertell!«
»Haben jetzt eigenen Hausstand? Sehen sorgenvoll aus, Freundchen – Pflege fehlt?« horchte Bomberg ihn aus.
»Jo, de Familje is grot – dreihundert Müler bint pro Dagg to stoppen!«
»Dann müssen wir ja mal Familienrat halten –«
Und nun suchte einer den anderen zu neuen Taten zu stacheln (vielleicht saß wieder eine Attraktion dran!), und deshalb stellte sich Landois tief niedergeschlagen:
»Wat is dat Lerwen? Nix äs dumm Tüg! Faxerei! Ick häw bloß Spaß un unwise Lamentation makt, üm den Zoologsken trechte[1] to kriegen! Watt häbb ick nich upstellt? Obers de Mensken bint undankbar – dat Werk steht äs et steht un so *mott* es stohn und noher seggt se: ›Dat is *use* Zoologske Gorn[2], dat is de *Mönsterske* Zoologske!‹ Un ick allein häbb em doch de Stadt ansmert un anprisen moßt –«
»Das ist freilich wahr – aber was dagegen hab' denn ich geleistet –?«
»Nu hör up! Du kannß ja noch stolzer wirn äs de Hot, de up den Könnig sidd!! *Du* biß berühmt! *Du* övvertrumpst mi! Ick bin man bloß 'n Apenköster –«
»Gewiß, es ist noch lange nicht Schluß bei mir, und ich geh mit einer neuen Schwergeburt schon schwanger, die –«
»Ick beneide di, *plenus venter!* Jo, du biß dör dine Strike äß Ulenspegel bold bekannt«, brummte Landois, »un biß un bliwst labendig, noch in ale Lüde Mund, dat Volk kürt vön di und snakt, wenn wi Book-Professers vön de Bookwörmer un annern Wörmer radikal upfretten bint! Ick kann ok nich de

[1] zurecht – [2] Garten

Stachelschwine und de Kamele vön mi vertellen loten, dat Lama spöttert mi wat und de Löwen wisen mi den Äß – ok ick mott noch 'n *groten* Spektakel maken, datt ick nich von de Welt vergetten werd –«

»Dann setzen Sie sich doch selber ein Denkmal!« dozierte mit großer Handbewegung der Baron erhaben. Landois horchte auf, er tippte sich mit der Pfeife vor die Stirn:

»Junge, dat is 'ne Idee! Dat is ok 'ne herrliche Attraktion! Obers nich so een mit Pose äß in Berlin –«

»Halten Sie Ihren großen Zylinder auf dem Kopf, die lange Pfeife im Munde und in der Hand den Spazierstock mit der Botanisierschaufel –«

»Un borwen in den Zylinder 'n Lock für de Spatzen un Meisen, datt se mi up 'n Kopp sidden und jungen könnt –« jubelte der Professor.

»Un auf dem Sockel einen Laubfrosch, der in seiner Kleinheit zu Ihnen aufblickend Ihre eigene Größe symbolisiert! Der kleine Prophet neben dem großen Propheten!«

»Mensk! Un ok de Kanonen, datt et feierlich utsütt un man merkt: Achtung, drei Schritt vön'n Liw – dor steht 'n grot Monstrum –!«

»Topp–!« rief der Baron– »so wird's gemacht! Und das Denkmal kommt vor die Tuckesburg mitten in den Zoologischen!«

»Dorup drink wi 'n Bullenkopp!« schüttelte sich Landois vor Gelächter und rief »Helenken!«

Das alte schiefe Müffelken, die golden treue Tier-Pastoraten-Haushälterin, humpelte etwas argwöhnisch heran, denn ihr ahnte bei diesem Schlachtruf eine entscheidende Tollheit. Und Landois stellte sich in Positur und sprach, wie in allen großen Momenten, hochdeutsch:

»Sieh mich an, mein Kind –«

»Ick kiek di ja an –«

»Was siehst du?«

»Ick seih men bloß, datt du vörher bi't Drinken dat ganße Schamißken[1] beschlobberst häß –«

»Du alte banale Appeltiewe – dein Sinn steigt nicht über die

[1] Chemisette

Einfalt eines Hausknechts empor – ahnst du, was du in Wahrheit vor dir hast?«

»Nee – wat sall dat för ne Wahrheit sin?«

»Du siehst mich zunächst noch in Kammgarn, dann aber siehst du mich in Gips und zuletzt in Bronze oder mit Kupferniederschlag übers ganze Gesicht! Nicht wie der gewöhnliche Sterbliche nach dem Frisör oder Schneider – ich sende jetzt nach dem Bildhauer August Schmiemann!«

»Landowa! Landowa! Du willst di all bi Lerwtiden[1] standbelden laoten? Dann kümpst du woll auch up de Ansichtspostkarten?«

»Das Ganze geschieht ja nur im Dienste des Vogelschutzes – in meinem Zylinder will ich Spatzen hecken!«

»Dat mäkst du mi nich wies – Hochmut kümp vör den Fall!«

»Helenken – nu kumm äß näher – hör, wat ick di segg – ick hol nämlich auk 'ne Piep in de Hand, un wenn ick dann daut bin – in't olle Testament seggen se ›Rauchopfer‹ – moß du mi dann ale Verhochtiden[2] 'nen Fingerken vull Gebrüder Wagener Littera of Oldenkott in de Piep stoppen –? Dann kommen de Lüde villicht in den Zoologsken – un för dat Intrittsgeld kriegt de Löwe 'nen Extrasünndagsbroaten! – un staunen: Kiek, de Professor vön Mönster – he smökt – wann dat man nich 'n Wunner iß –?«

»Es wär ein Wunder, wenn Sie nach Ihrem Tode *nicht* schmauchten!« platzte Bomberg dazwischen – »Ihre Leiche stinkt doch gewiß vor Nikotin durch den Sarg!«

»Es wird eine geheimnisvolle Sache«, fuhr Landois im Selbstgespräch fort. »Gott hat unsere Herzen geöffnet! Es wird viel Gemunkel in der Presse sein, umständliche Vorbereitungen – aber niemand darf ahnen, auf wen die ›Denkmalsenthüllung‹ zielt! Abordnungen, Ehrenausschuß – das ganze Affenkirchspiel ist wieder gepfropft voll Publikum!«

»Wat sall dat werden –?« fragte kopfschüttelnd Fräulein Pollack und ging.

»Wir müssen nämlich noch 'n Panorama für die Gemsen bauen!

[1] Lebzeiten – [2] Vierhochzeiten, d. h. an den vier hohen Kirchenfesten des Jahres.

Auch fehlt noch immer 'n Walfisch! Dafür opfer' ich mich jetzt *in persona!*«

»Ein Land, das die *Porta Westfalica* trägt, kann auch 'n Landoisdenkmal vertragen!« rief Bomberg.

»Mit ne Piep in'n Mund!« triumphierte der, und seine Augen glänzten feucht: »Dat is dat erste Denkmal, dat de Tabak up de Welt krigg – ick mott dichten!«

Der Baron verabschiedete sich: »Ich war Zeuge Ihrer Unsterblichkeit –«

Und Landois schloß sich ein und dichtete die Verse, die noch heute auf diesem Denkmal stehen:

»Ne lange Piep vull Oldenkott
Gelt mähr äs duusend Jaohre
Vull Ruhm. Aoltbeer en Bullenkopp,
Dat iß und bliw dat Waohre.
Doch wenn Ji jetzt mien Kleihn un Dohn
Met'n Denkmal willt betahlen,
Dann mott ik sölwst dat seihen stohn,
Süß mag't de Düwel halen.
Drüm heww ik auk vüör mien Quarteer
Mien Standbeld setten laoten,
Dat Dink mäk unwies wahn Plaseer,
Auk Ärger üörwer Maoten.
Well't seihn will, kumm un kiek't sik an,
Et is nich to verachten,
Un wellt't von vüörn nich lieden kann,
Mag't Achterdehl betrachten.«

Wie der Baron nackend durch Münster reitet

Im Schloß Südkirchen, dem westfälischen Versailles, wohnte der Fürst Osterhazy auf taxusheckenumhegter Wasserkunstinsel zwischen langgestreckten Freitreppen, Terrassen und Fasanerien; die traumhafte Oranienburg im Schloßpark winkt vasengeschmückt unter gewaltigem Baumwuchs hervor; alle Pferdeställe mit marmornen Krippen und funkelnden Rossen gefüllt – pompösester Grandseigneursitz der Roten Erde, hinter dem die weißgetürmten Wolken der tiefen Ebene fabelhaft leuchten, und auf den Dächern tanzen und knattern die großen Fahnen.

Der Fürst weilte nur selten hier – das Volk erzählte sich: ›Drunten in Ungarn, da wohnt er noch schöner, so schön wie im Paradies selber!‹ Aber die Einförmigkeit der stillen, leidenschaftslosen Gegend drückte der Fürstin das Gemüt. An den geselligen Abenden saßen zwar oft Gäste aus aller Herren Ländern vor den kerzenschimmernden Glastüren neben hohen Kugellorbeeren und magisch erhellten Springbrunnen. Bernhardiner stolzierten mit silbernen Glöckchen, und drinnen spielte die Fürstin selber in großer Toilette rasende ungarische Pußtatschardasch. Hier allein wehte noch höfischer Weltglanz, fürstliche Kultur und doch versunkener Zeit müder Nachklang; die schimmernden Götterleiber der blühenden Rosenrondelle zaubern auf den toten Parkwegen Puderperücken und Galanteriedegen nicht zurück.

Echo hallte aus allen Winkeln der verwirrend vielen Zimmer. Und die Fürstin, aufspringend vom Flügel, die dreifache Perlenkette mit dünnem Daumen von den Schultern spreitend, schaute hochmütig um sich auf die steife, ungraziöse Art westfälischer Adeliger, nicht die Schirmspitze würde sie zum Kuß reichen, und lobte die brandende Kühnheit, die stolze Keckheit fescher Honvedoffiziere, schlanker Italiener und molestierte sich herrisch über die geistige Stumpfheit dieses langweiligen, ungeschlachten Spökenkiekerlandes.

Der russische Graf, der französische Marquis schwiegen, aber Bomberg sprang jäh auf: »Fürstin – Sie glauben, der westfälische Adel verschlampe mehr als der baronisierte Luxusmensch anderer Völker –? Nicht die Schirmspitze – kitzeln Sie damit dem Lakai das Gekröse! – Ich verlange vollsten Ritterlohn der Dame, wenn ich . . . nackt zu Ihnen mitten durch Münster reite!«

Die Fürstin, eine Hand in den knisternden Springbrunnen sprühend, fixierte ihn erschreckt wie geschmeichelt und – nickte.

»Ja, ich füge zu Ihrem Schutz als Bedingung noch hinzu: der

Fürst selber steht unten Wache – daß Sie ruhig mich empfangen, ganz so, wie ich zu Ihnen komme!«
Ob dieses kecken Abenteuers schlug eine fröhliche Lache der Gesellschaft von der Rampe empor, und man besprach alle phantastischen Möglichkeiten seiner Lösung, fand aber keine.
Ja, durch Indiskretion einer Dame flackerte Elmsfeuer bis zu den höchsten Gesellschafts- und Staatsspitzen, aber ehe Oberbürgermeister oder Polizeipräsident ihr Veto einlegen konnten, war es bereits geschehen.
Wie war es geschehen?
Die Fürstin, das Atlaskleid bändergelöst, überschauert, erglühend, wartete am ersten Eckfenster des Hotels zum Rathaus hin, denn sie sagte sich: aus dieser Richtung muß er über den Prinzipalmarkt kommen! Es war um die neunte Morgenstunde, und bis zur zehnten galt's!! In unfreiwilliger Promenade begann der Fürst, unter dem Fenster auf und ab schreitend, höchsteigen den Markt vor den Bogen näher zu betrachten.
Der Petöfiplatz in Budapest, die Arany-Janos-Gasse fielen ihm ein, und er verglich den Stephansplatz in Wien und den Rathausplatz zu Brüssel – (ausgeschlossen, daß der Kerl hier nakkend durchkommt!) – denn rundum das Marktgetriebe stand dem lärmenden Südlandswirrwarr nicht nach. Man sehe nur die leuchtenden Haufen von weißer Kalla, purpurner Kamelia, Geranien; oder in Tüchern und Blättern die Maibutter Korb an Korb vor goldbebänderten Niewelkappen malerischer Hökerinnen, dazwischen hellblonde, große Dirnen im drallen Kattun, Soldaten zum Einkauf für die Offiziersküche, altershutzelige Mütterchen bei Radieschen und Reseda, feuerflammende Wollschals mit Quasten um die Schulter, goldene Kreuzchen auf dem Mieder, in gelbgemusterter Schürze, Kiepenkerle in blauen Leinwandkitteln und großen Schirmmützen bei Herden von Kälbern, Bergen von Korn und Flachs (Irrsinn, daß er hier durchkommt!) – immer noch mehr Hausfrauen, Damen mit krausbehäupteten Bonnen, mit Köchinnen, an beiden Armen schaukelnde Körbe, die lange Stecknadeln lösten und mit ihnen die Butter schmeckten, ein Professor, das Regendach quer unter der Achsel, dort wieder Spargelweiber, Bohnen- und Käse-

weiber, Gärtner mit Sämereien, Gemüsen – immer elegantere Damen kommen, mit getürmten Frisuren, wippender Tournüre, springen von Dogcarts mit Dienern, Hunde heulen an den Leinen von Studenten, weiter unten vom Roggenmarkt wogendes Gedränge, ein störrischer Bock wird um klappernde Töpfe, Teller gezerrt, näher schwillt Quieken, Grunzen, Blöken, Krähen – plötzlich dicht neben ihm auflodernd Händlerstreit, der Fürst wich aus, die Marktglocke gellt, den ganzen Prinzipalmarkt drängen Kolonnen von Schiebkarren voll Kartoffeln, Blumenkohl, dröhnt das Rollen immer neuer Wagen, Peitschengeknall schwillt von allen Seiten, flackernd gellt ein Posthorn dazwischen, Gelächter aus offenen Fenstern, Rufen überm Markt in der Luft, hoch oben melodisches Geläute vom Lambertiturm – (Aberwitz eines tollen Renommisten, es verlohnt sich nicht, die Eventualität nur im Auge zu behalten!) – und sah voll Verwunderung, wie Schwalben ohne Flügelzittern in geschweiften Bögen sicher und pfeilgeschwind fliegen um den mächtigen Turm, der damals noch die bekannte Kupferhaube in Zwiebelform trug, ganz patinahellgrün – und sah die greulichen Wiedertäuferkäfige droben hängen und gewahrte in der Mitte die große Uhr – halb zehn – erschrak plötzlich (konnte der Tollkühne schon droben sein?). – Er sah, wie die Fürstin noch ruhig am Fenster saß! Er drehte das Ohr dorthin, wo nun sausend schmetternd Militärmusik hallte und schallte unter den Bogen, blitzende Harnische auf jachternden Gäulen; über den Köpfen der Menge schwingend wie ein funkelnder Goldstrom, der die Herzhaut erbeben machte von einer dunklen Wildheit des Gefühls, wo die Kürassierschwadronen dampften und stampften, bereits von früher Heideübung zurückgekehrt. Und der Fürst gewahrte nun – merkwürdig – jetzt erst – vielleicht weil er sich umgekehrt hatte und nun die Sonnenseite des Marktes hinter ihm lag – sah im vollblühenden Himmelsblau die ganze gegenüberstehende Giebelseite der alten Patrizierhäuser mit kugelgeschmückten Treppendächern, Barock- und Renaissancefassaden, Rokokoornamenten, geschnörkeltem Zierwerk – wie kühn oben die Kuhhornkrönung der Giebelspitze! – und dachte an den Westfälischen Frieden mit Festen, Schrecken und Tumulten, Karossen französischer Herzoginnen, Drommeten schwedischer Generäle – im Haus des Kaufmanns Schwiersen drüben soll der berüchtigte Scharfrichter und Kanzler des Jan van Leyden gewohnt haben – und trat etwas vor und bog zum Rathaus, zum vierzehnten Jahrhundert, o gotischer Märchenbau, auf fünf massiven Erdsäulen, darüber die Spitzbogen sich wölben zur Vorhalle – fragte jemand, wer droben in der Mitte stehe, und hörte, es sei Gott mit der Weltkugel – solch eine stolze Frömmigkeit war ihm noch nie aufgefallen! – Die heilige Jungfrau mit Erzengeln auf den Spitzen der Fialen rechts und links, selig himmelansteigend wie flügelgehobene Eulen – und oben in der mittleren Giebelfläche? – Das wäre die Statue des Königs Gambrinus von Flandern, den schäumenden Pokal in der Hand – oder auch Christus selber mit dem Abendmahlskelche – man wisse es nicht mehr genau – heilig dunkles Münster, welch ein Volksmysterium wogt aus Geschichte und Vergangenheit herauf – und hatte es gar nicht sonderlich beachtet, daß auch ein einzelner Kürassier von der Ludgeristraße am Rathaus angeritten kam und dicht neben ihm abgesprungen und direkt die Treppe hinauf zum zweiten Stock des Hotels sehr eilends verschwunden war.

Der Klatsch wächst

Im Adelsklub saßen die Herren schweigsam am Alte-Herren-Tisch in der Gobelinecke.

»Merkwürdig, zur Zeit der großen Prozessionen, wenn die ersten dicken Bohnen reif sind –« sagte der alte Regierungspräsident von Heißwetter mit seiner piepsigen Greisenstimme – »fühl ich immer just im linken oberen Zehwirbel, meine Herren – äh –«

Schweigen. Man hörte nur das Saugen an den Meerschaumpfeifen.

»Exzellenz haben schon die neueste Tollheit gehört –?« hub nach der Respektspause der Freiherr Kodelschwingh-Plattenberg an, der Vorsitzende der Provinzialirrenanstalten.

»Exzellenz haben schon die neueste Torheit gehört?« wiederholte Plattenberg etwas lauter und neigte sich vor.
»Wie meinen –?« meckerte Exzellenz.
»Exzellenz haben schon die neueste Torheit gehört vom Bomberg?«
»Wer ist in diesen Kerl gefahren –?« schnüffelte Exzellenz im Kreis: »Kaum hat ein Spektakel sich gelegt, macht schon schlimmerer Klamauk unliebsames Aufsehen.«
»In Dortmund soll er seinen Diener mit Orden ausstaffiert haben in rotem Frack, grünen Hosen, Manschetten an den Beinen und einen Eselskopf auf den Schultern, und kutschierte so im Wagen ihn selber herum, indes der Esel Goldstücke ins Volk warf und nach allen Seiten huldvoll wackelte –« fügte Graf Schmusing ein.
»Offenbare Verhöhnung des geliebten Landesherrn!« piepten Exzellenz und hüstelten.
»Merkwürdig – sehr merkwürdig –« näselte der Graf Ostfalen.
Die Korona schüttelte noch ernster die Häupter.
»Dieser Ton darf nicht einreißen –« betonte Kodelschwingh-Plattenberg.
Exzellenz erhuben sich im Sessel.
»Liebste Exzellenz –« legte ihm der Rittergutsbesitzer Freiherr von Windt-Popenhausen zu Grossenstein die Hand auf den Arm – »denken Sie an Ihr Podagra –«
Dieser stichhaltige Grund veranlaßte Exzellenz, sich zu beruhigen, und der Vorsitzende der Irrenanstalten hub bedächtig an:
»Meine Herren – schon aus amtlicher Pflicht forsche ich bei solchen Erscheinungen stets nach der inneren Ursache. Wie kommt nun dieser sonst so intelligente blühende Mann auf derartige perverse Dummheiten?«
Die Korona neigte noch tiefer die Häupter und schwieg.
»Landois' Streiche – um eine Parallele zu ziehen – dürfen nicht so tragisch genommen werden, da er sie mit vollstem Bewußtsein inauguriert *sub auspiciis horti zoologici* – soll er doch auch, wie sagt jetzt die moderne Theorie? äh – erblich – äh – belastet sein?«

»Der Vater entstammte einer Hugenottenfamilie; im Temperament ist der französische Einschlag deutlich noch spürbar –«
»Sagen wir lieber in seiner Ruhlosigkeit, in seiner Unbekümmertheit –« widersprach Graf Golen.
Alle Herren nickten. Nach einer Weile fuhr Kodelschwingh-Plattenberg fort:
»Aber die Mutter durfte man nicht mit normaler Elle messen; erinnere mich, wenn sie auf der Straße erschien, riefen die Jungen: ›O je, dao kümp de unwise Landoaske!‹ Sagen wir dezent, sie hatte Schrullen – äh, sie lief zum Beispiel Schlittschuh wie ein Mann!«
Alle Herren lächelten: »Ja – ja – ja –«
»Richtig!« fiel der alte Freiherr von Schonebeck ein – »sie soll sogar einmal ihr Bett aufgeschnitten haben, wälzte sich in den Federn und frug: ›Seht, bin ich nicht Papagena?‹«
Alle Herren sahen sich bedeutsam an.
»Selbst wenn diese Platitüde nur ein Faschingsscherz gewesen wäre – der Gedanke, daß etwa auch meine selige Mutter ihr ehrenvolles Andenken bei uns Kindern nur im geringsten befleckt hätte, würde uns sehr unerträglich sein –« hechelte der kurzatmige Erbtruchseß Graf von Fürstelberg-Gördangen.
»Natürlich – natürlich – natürlich« bestätigten die Herren und schüttelten ihre Köpfe wie beim Examen des Hieronymus Jobstes.
»Ja, ja – weit schlimmer steht's mit Bomberg! Hier ist alles höchst persönlich pecciert! Mein Freund Clemens, sein höchstseliger Vater, war ein ehrenwerter, solider Herr, sehr streng – die Mutter allerdings ein wenig sensibel – aber ich bitte Sie – woher? Bei seiner Stammesgenossenschaft mit den Herren von Völmorstein, Mullinckrodt – 1585 schon waren sieben Bulderige auf der Jülichschen Hochzeit, hochmögender Uradel, einer gewann sogar den ersten Turnierpreis im Ringrennen gegen den Markgrafen Jakob von Baden – also – äh – ich wage das Wort nicht in den Mund zu nehmen – wie erklären Sie sich hier – äh! – erbliche Belastung?« Exzellenz sehen sich entrüstet im Kreise um: »Hier gibt's eben absolut keine dieser modernen Entschuldigungen!!«

»Ich hab' bisher geschwiegen –« alle Köpfe wandten sich nach dem Grafen Murveld von Schloß Annfeld bei Warendorf, der bisher mit der flachen Hand sich langsam nur über das lange Gesicht gestrichen hatte – »aber wir müssen es doch endlich zur Sprache bringen; die sensationelle Geschichte mit der Fürstin Osterhazy! Sie wird ja im Interesse der Dame totgeschwiegen – soll aber buchstäblich wahr sein!«

»Ich glaube nicht dran!« trommelte Graf Golen auf den Tisch: »Niemals! Diese stolze Frau?« Und trommelte lauter auf den Tisch.

»Silentium! unser lieber Murveld hat's Wort!«

Der strich sich abermals mit der Handfläche langsam übers Gesicht und über die Haare bis hinten in den Nacken, bevor er weiter meditierte:

»Man muß sich da mal umstellen können – meine Herren – wenn er sich nämlich am ganzen Leibe weiß anpinseln ließ und noch dicke Kreide auflegte – mit roten angemalten Biesen, Kragen –«

»Ausgeschlossen! Ausgeschlossen!« rief Freiherr von Twackel.

»Silentium – unser lieber Murveld hat's Wort!«

Der strich sich nochmals mit der Handfläche langsam übers Gesicht und über die Haare bis hinten in den Nacken, bevor er weiter meditierte :

»Und wenn er nämlich so nackend hergesaust kam und direkt neben ihrem Mann vorbei zur Fürstin empor –«

»Unmöglich! Ich protestiere gegen dies alberne Märchen! Sind wir zu ernsten Gesprächen hier?« rief der zuweilen unmotiviert erregte Herr von Twackel.

»Ihre Geschichte mit dem ausstaffierten Diener klingt nicht unwahrscheinlicher –« entgegnete Murveld mit überraschender Schlagfertigkeit (nur hatte er leider vergessen, daß Graf Schmusing sie erzählt hatte) und strich die flache Hand etwas schneller übers Gesicht, kam aber bloß bis zur Stirne, wo er sehr stockte, vor sich hinsah und im bestimmtesten Tone exemplifizierte:

»Ich bitte Sie, warum unmöglich? Häh? – äh! ich brauche mich nicht in diese Affäre festzubeißen – aber sie interessiert mich ungeheuer – ich hab' sie auch nach allen Seiten sehr gründlich durchdacht – und reiten Sie mal nackend in hohen Stulpstiefeln, Kürassierhelm –«

»Werd' ich den Deibel tun!« rief der dicke Herr von Sanden, der ein geistreich Witzchen liebte.

»Und umgeschnallten Pallasch, aber mit dick Kreide bestrichen oder mit weißer Farbe ganz beschmiert, mit roten angemalten Biesen an der Seite – bitte sehr – probieren Sie's mal, niemand guckt einem Galoppierenden diesen Verdacht ab! Im Hui flitscht er um die Erde – wollte sagen um die Ecke –« und der Graf beschrieb einen breiten Bogen mit der Hand von der Stirne und schwieg übermüdet.

Kodelschwingh-Plattenberg machte mit der Zunge: »Itscht, itscht, itscht!« wie ein sich wundernder Säugling am Schnullerchen.

Exzellenz sprachen auch schon:

»Immer mehr unreife Köpfe bringt er in Konfusion! Der Freiherr von Brönken bei Paderborn fährt jetzt auch im Leiterwagen dem Zug auf den Schienen voraus – es wird schier unheimlich im Land!«

»Ich werde ihn wohl bald als Insassen meiner Anstalten bekommen – schließen wir das unerquickliche Gespräch – spielen wir lieber *vingt et un* –« schloß auch Kodelschwingh-Plattenberg übermüdet die Unterhaltung, als der edle Greis Herr von Draffel entsetzt hereinstürzte:

»Meine Herren – heut zum erstenmal steht der Zirkus Caré hier auf dem Neuplatz, und denken Sie sich – malen Sie sich aus –«

Erschöpft sank Herr von Draffel auf dem Stuhl in sich zusammen.

»Sprechen Sie! Was ist los?«

Herr von Draffel nestelte seinen Kragen offen und fuhr sich mit dem seidenen Taschentuch um den Hals: »Denken Sie sich –«

Graf Murveld zitterte wie Espenlaub: »Brennt der Zirkus?«

»Etwas viel Schlimmeres – malen Sie sich's aus – dieser Tollkopf, der Bomberg, tritt soeben selbst als Clown auf!«

»Waas? – ah – äh – he?«

»Alle seine Saufkumpane johlen und kapriolen mit!«

»Diesen bratschigen Kerl – zum Beispiel – zum Beispiel –!« rief

Onkel von Hülshoff und eilte mit hochgeschlagenem Mantel wieder geschreckt hinaus.
»Die arme Frau –!« stöhnten Exzellenz gelähmt.
Tiefe Pause.
Der Generalkorpsarzt Doktor Rulle, der sonst aus Prinzip niemals sprach, sondern als einziger Bürgerlicher mit seiner Anwesenheit sich begnügte, kniff die kleinen Lazarettäuglein und setzte vor Zorn das Hörrohr auf den Tisch:
»Man sollte ihn gleich in die Zwangsjacke stecken, Kopf kahl scheren, pro Tag hundert Eimer Wasser drüber –«
»Doktorchen hat mal leider recht –« lächelte bissig Graf Schmusing, denn er konnte ihn nicht verknusen; eigentlich durfte ein Bürgerlicher so taktlose Worte über einen Adligen ausgerechnet in dieser Korona überhaupt nicht einmal in den Mund nehmen; aber der Graf Golen trommelte schon einen empörten Zapfenstreich auf beide Stuhllehnen:
»Schmeißen wir ihn aus dem Klub endlich 'raus – ich beantrage sofortige Ballotage!«
Solch ein Aufruhr hatte die Tafel noch nie durchtobt. Graf Murveld strich mit flachen Händen den Kopf vorn und hinten zugleich, Freiherr von Popenhausen kaute märchenhaft schnell an seiner Pfeife, Exzellenz aber nahmen die Brille aus dem Futteral und klemmten sie hinter die Ohren. »'raus! 'raus! 'raus!« schollen markige Männerrufe, bis der Unglücksbringer Herr von Draffel sich erhob und in leidenschaftlicher Rede auseinandersetzte, man dürfe die Fäden jetzt erst recht nicht abreißen lassen, man müsse sich seiner nun ganz besonders annehmen und nicht warten, bis der Skandal zum Himmel stinke! Es gäbe wahrlich noch eine heilig ererbte Solidarität des Adels, die gerade heute ihre Probe erheische!
Exzellenz nickten sehr zustimmend durch die Brille: »Es dürfen aber nur außerordentlich charaktervolle Freunde sein –«
»Dann notieren Sie bitte gleich seine Hauptspießgesellen –« eiferte Herr von Draffel – »daß wir sie nach Möglichkeit unschädlich machen – es sind vom Kürassierregiment der Major von Stein –«
»Oh! Was –? Der? – äh? –« machen erstaunt Exzellenz.

»Jawohl! Gerade der! Der Oberst Boddenbrock an der Spitze! Die Rittmeister von Gröben – immer noch die alten Radaubrüder –«

»Der von der Königstraße? Warten Sie ein wenig – ich schreib langsam – so – so –«

»Der ausgemergelte Mädchenjäger, dieser Prinz zu Wuttschenstein, der überall seine schmierige Visitenkarte –«

»Natürlich! Natürlich! Das Laster – weiter – weiter!« krähte Exzellenz.

»Die Premierleutnants Freiherr von Plattenberg – ja – leider ein Verwandter von Ihnen –« drehte der Redner zum Direktor der Provinzialirrenanstalten sich herum – »tut mir leid – wohnhaft Krummer Timpen 17 – übrigens auch jetzt im Zirkus dabei! – von Wangenheim, Jüdefelder Straße – von Ölterlein, Neustraße – die Sekondeleutnants von Falkenhagen, von Grate, von Bieda – Ludgeristraße – letztere drei auch im Zirkus dabei!«

»Ich werde gleich morgen mit dem Kommandierenden General sprechen –« zirpten Exzellenz und schoben das Denunziantenprotokoll in die Brusttasche.

Aber die Stimmung war futsch. Man zuckte die Achseln, man erhob sich.

Das Maß war voll. Auch Exzellenz brachen auf.

Die Zurückgebliebenen aber drängten näher zusammen:

»Er muß unbedingt entmündigt werden – Exzellenz und der gute Draffel bringen ihn zur Räson –« entschied Graf Golen.

»Ich mochte es nicht offiziell erklären –« flüsterte Generalkorpsarzt Doktor Rulle – »*Dementia praecox* – als Spezialist für innere Krankheiten täuschen mich günstige äußere Erscheinungen wie seine robuste Farbe oder die straffe Haltung nicht länger mehr – hoffnungsloser Fall!«

Dies war die längste Rede, die der Generalkorpsarzt je im Adelsklub gehalten hat.

»Praktisch am einfachsten wegen Verschwendung unter Kuratel und dann irgendwo ins Kloster verschwinden lassen –« flüsterten die Verschworenen mit vor Erregung heiseren Stimmen, damit kein Bedienter Zeuge würde, und beschlossen, in diesem Sinne sofort mit Nachdruck und Umsicht zu handeln.

»Drei Schritt vön't Liw – ick bin an't Dichten!« schrie der Poet. »Herrje –« rief der Baron – »jetzt geht's per Zebra auf den Parnaß?«

»Mit Elefant und Beuteltier stürm ick den Olymp!« gestikulierte Landois theatralisch und kaute dabei eine mächtige Möhre.

»Wie dichtet man denn eigentlich –?«

»Kleinigkeit! Immer dat Gegenteil schriwen von dat, wat wohr is – dat is Dichten! Leigen, leigen – Goethe und Schiller wörn de grötsten dütsken Windbüels! Et is bloß nich in de Literatur kommen un bekannt wodden, obers glöw mi man, de Kinners röpen oft dör't Hus: ›Mamma, nu kumm doch äß – Pappa lügg mehr, datt man't nicht uthollen kann –!‹ Un de Frau röp: ›Lot em doch; je mähr he lügg, desto better is mit em ümtogohn – wenn he dat nich döhr[1], mök[2] he ja man bloß dumme Strike. Et mott doch 'rut!‹« Und Landois setzte nachdenklich hinzu: »De Verbrechers, de Hochstaplers un groten Helden bint ale man bloß Dichters, de nich schriwen könnt, de't sick nich ut de Finger dichten könnt. Ick häbb nu düftig achter de Welt kecken[3], sit ick 'n Poet bin. Wenn du dat auk lährst[4], biste bold 'nen anständigen Mann – – is de Strik[5] mit Anna Fösken wohr?«

Der Baron nahm Platz.

»Es war in der Tat ein gefährlicher Streich mit Anna Fösken – aber kümmerlich sucht man seine Nahrung; dachte auch nicht, daß alles schon so bekannt wär. Man sieht wieder, ich lieg wie ein Kuhfladen warm im Land, in den jeder sticht, um zu sehen, wie er stinkt, und seine eigene Sauberkeit zu loben.«

»Vertell«, knurrte Landois.

»Anna Fösken ist wirklich ein himmlisch Knabberchen, gebenedeit unter den Weibern. Ich hatte sie schon lange unauffällig auf der Kimme. Aber wie drankommen? So sittsam wie delikat! Mit Redensarten und Pfiffen nichts zu machen, instruierte mich Dachs, der abgeblitzt sich in die Vorhaut zurückzog. Also ließ ich ihn sagen, der leibhaftige Teufel ginge wieder im Land 'rum.

[1] täte – [2] machte – [3] geguckt – [4] lernst – [5] Streich

Die reine Seele lacht ihn aus, aber Dachs schlug ein Kreuzchen: ›Alle guten Geister loben Gott‹, und ging.
Nach drei Tagen komme ich wie ’n Handelsmann an und esse in der Wirtschaft zu Abend, geb ein Goldstück als Trinkgeld und steig in die Kammer. Morgens zieh ich mich früh an und klopf Anna, sie möchte mir doch behilflich sein, ich könne allein nicht fertig werden. Flubbdig ist sie da, ich sag freundlich: ›Aber bitte nichts verraten –, ich hab nämlich einen Schlitz hinten in der Hose und draus hängt ein schwarzer langer Pferdeschweif.‹ Kaum ist sie also in der Kammer, bück ich mich schnell und flüstere: ›Kämmen Sie mir bitte eben den Schwanz –!‹ Lautlos ohne ein Tönchen, lakenweiß knickt sie mir schon an die Brust.«
»Der Herr wird dich zum Haupt machen und nicht zum Schwanz – Du obers mäkß dat ümgekährt –« predigte Landois salbungsvoll – »du Schwanz-Düwel, de in ’n Schopspelz[1] dör dat Land geht un de schönen Wichter[2] frett –«
Der Baron schüttelte die Schulter.
»Du moß dichten, dichten – dat is de einzige Rettung. De Strik up’n Domhoff geföllt mi better.«
»Welcher von vielen –?«
»Du gehst no ’n Hochamt fein gewichst mit Herrn un Dams, up enmol fällt di de swatte Buxe aff un du stigß[3] mit ne helle karierte Buxe ’rut und löß de olle liagen. De Polizei kümp un du seggß: ›Was wollen Sie denn? Es ist doch Frühjahr, ich hab’ mich nur eben gehäutet –‹«
»Ja – so ähnlich war’s –«
»Met Anna Fösken was to niederträchtig!«
»Aber schön –«

Der Stromer als Gast

Bei den großen Kavalierfesten wurde zuletzt aus einem schnurrigen Terrakottagefäß getrunken, das nicht stehen noch hängen konnte, so daß es ununterbrochen im Kreise gehen mußte, von Hand zu Hand. Der Baron, als Symposiarch, leitete den Um-

[1] Schafpelz – [2] Mädchen – [3] steigst

trunk der vierzig, fünfzig Zechgenossen wie ein Dirigent sein Orchester, ließ *piano* und *fortissimo* trinken, das Gefäß im Rezitativ wieder die Reihe zurückwandern, über die Tafel springen, so daß jemand den ganzen Abend auch ohne einen einzigen Schluck bleiben konnte – man nannte das die Dissonanz – oder ließ in jagendem Tempo kunstvoll den Pokal von Griff zu Griff dahinfliegen, dazu die Musik den passenden Rhythmus schmetterte, indes in vollen Akkorden gesoffen wurde, ohne Intervall. Man nannte das die Tonleiter üben oder auch die große Kantate. Jeder unerfahrene Gast mußte bald sein Ungeschick büßen und goß den schwappenden Humpen sich breit über den Leib hinab. So ging es stundenlang ununterbrochen, und die Runde sang das damals zuerst aufkommende westfälische Nationallied »Vön Pastor sine Koh«:

»Gistern stönd se noch dick und prall
Van Dage lagg se all dot in 'n Stall –
Use Pastor sine Koh!
O Moder, wat smekt de Woddeln nett,
Jung, dat kump van 't Nierenfett –
Vön Pastor sine Koh!
De Börgermester dick un eitel
Kreg ut de Blose nen Tabaksbeutel –
Vön Pastor sine Koh!
De Köster hätt nich de Tid verpaßt
Un mök ut 'n Stert nen Wihwaterquast –
Vön Pastor sine Koh!
De gestrenge Herr Schandarm
Kreg nen fulen Achterdarm –
Vön Pastor sine Koh! usw.«

Man erzählt noch, daß jedesmal der letzte Trinker dieses spitze Gefäß wie eine Geliebte zu sich ins Bett mitnehmen mußte, aber es wird ein Bedientenwitz sein.

In diesen Reigentrunk nun schneite spät ein Landstreicher, der in der Stadt Herberg suchte, ein richtiger Penn- und Sonnenbruder, ein Kunde der Walze. Wie der beim Fechten durch die offene Tür gekommen, von niemand angehalten, und die Gelegenheit zum Klauen in dem reichen Hause unwahrscheinlich günstig fand – die Pelzmäntel der Herren hingen gereiht an der Wand vor ihm –, da hätte er einen Fang tun können, daß er viele Monate die Renten auf der Landstraße Ärmeren überlassen mochte, aber er vernahm die von Lappland bis Sizilien verständlichen Urlaute der Menschheit; Neugier wie Ehre regten sich gleich stark in der Brust des alten Suffians, und so zog es ihn, so sank er hin und erschien als Berechtigter droben, ohne Zaudern und Scheu, und setzte sich mit einer ungeheuren Frechheit – ich meine aber: mit einer heiligen Gleichberechtigung in Baccho! – patzig mitten in den trunkenen Kreis auf einen leeren Stuhl. Hier war man jede Vermummung gewohnt, und weil auch die Herren nur auf die eigene Balance achteten (des schaukelnden Gefäßes halber) und dem Nebenmann nur auf die Hände, mit verglasten Pupillen, wunderte sich keiner und flog schon das köstliche Gefäß in die braunen Krallen des frisch Durstenden, und er fing's in schmatzendem Schlurf und gab's schwenkend weiter, bis abermals der Schatten des spitzen Pokals über sein lachendes Stoppelgesicht flog, und er juchzte aus rostiger Kehle mit wie ein freudeheulender Hund. Da kehrten sich jählings etliche wie unsicher berührt ihm zu, blöd, selber grölend, starrten ihm auch mitten ins Gesicht, auch von jenseits der Tafel, aber er saß im Kreis, in nicht deutlicherem Umriß wie alle und im gleichen Moment schloß der Ring der Verzückung auch ihn ein, wie die Götter ungeladen zu den Symposien kamen, weil sie unerkannt blieben. Der Fremde wunderte sich selber nicht mehr, weil nichts geschah, kein Anpfiff, kein Hinauswurf, und es kam ihm auch nicht gespenstig vor, als ein galonierter Diener, der selber schwankte, das umkrampfte Gefäß über die Schulter her duftströmend füllte. In mächtigem Gelächter gab er weiter: »Da – Bruder!« dem Major Boddenbrock in Kürassieruniform an seiner Linken und empfing es wieder in stetig sich steigernder Zecherherrlichkeit bei Trompetenlärm.

Am Morgen erwachte er inmitten des Saales auf dem Teppich zwischen aristokratischem Schnarchen, gestülpten Stühlen, richtete sich groß und unwissend auf in die Nüchternheit, streckte vorsichtig ein Lumpenbein hinter dem anderen über

eine quirlende Weinlache und floh geduckt unter den goldfunkelnden Supraporten durch die Treppe hinab, die Tür hinaus, ohne daß der kehrende Diener ihn hinderte oder ein feines Fräulein, das einen silbernen Servierteller trug, und also stob er schaudernd wie ein Fuchs aus der Höhle in die Kühle hinaus. Er rannte die Straße herunter und warf noch an der Ecke einen verwirrten wilden Blick.
Dann trat er wohl wieder bei den braunen Husaren in Celle ein.[1]
Offen allem Ungewöhnlichen, frei jeder Schnurrpfeiferei, daß dies Allzumenschliche das Animale beschloß und selbst bei den Bediensteten schon übliches Verwundern verlernt war, stand das Haus des Barons im Lande schon da.

Die Beichte auf dem Bock

Es war am ersten Sonntag nach Trinitatis, da fuhr der Baron in der Juniwärme des Vormittags und konnte es kaum mehr aushalten vor Übermut – er fuhr die Chaussee nach Hiddingsel und überholte den neuen Pfarrer von S.
»Hochwürden gehen wie Bonifazius zu Fuß? Steigen Sie bitte ein – ich nehm' Sie gern mit!«
Der Pfarrer ließ sich das nicht zweimal sagen, knöpfte die Soutane für einen großen Schritt offen und stieg zum Baron empor. Wie sie so gemächlich dahinrollten durch die Felder und von diesem und jenem sprachen, hätte der Pfarrer gar zu gern Nam' und Herkunft erfahren.
»Ja – ja –« bemerkte der Baron und ließ den rischelnden Wind nachdenklich um die Stirne streichen. »Jeder hat den tückischen Adam auf dem Buckel mitzuschleppen – wieviel gute Mahnungen hat schon die Mutter mir eingegeben, der Lehrer – daran fehlte es nicht!« Schwippte die Peitsche und seufzte tief. Der Pfarrer dachte: er hat wohl Schweres auf der Seele und, des Tröstens gewöhnt, antwortete er mit milder Stimme: »Gott teilt jedem sein Los –«
»Ich hab' Gott nicht hören wollen – und wenn ich droben

[1] So nannte man ihrer Tracht wegen die dortigen Zuchthäusler.

ankomme, müßte er mich mit den Ohren an die Himmelstür nageln –«
Da lächelte der Pfarrer: »Ein alt Rezept heißt: 2 Lot Ernst, 3 Lot Geduld, 4 Lot Sanftmut und 5 Lot Demut, mische nur ein halb Lot Hoffnung hinzu und salbe dich.«
Der Baron knurrte: »Ok de Floh mott in die Hölle, segg de Düwel, dor juckt he sick.«
»Mitnichten! Es gibt keine Verfluchten! Man darf nur der Gnade nicht widerstreben! Wir alle ziehen in ewigen Kreisen um Ihn, den Pol aller Dinge, der Gottesleugner taumelt gar nicht so fern im Kreis, der Verbrecher erst im weitesten Kreis, der Kreis der Heiligen ist der engste Kreis!«
»Herr Pastor –« seufzte der Baron abermals – »Gott muß sich schon die größte Handschuhnummer anziehen, wenn er mich segnen will. – Der Sündenbock in der Bibel hatte nicht mehr auf dem Kerbholz wie ich!«
Der Pfarrer legte ihm die Hand besänftigend auf die Schulter, zog sie aber bald wieder zurück:
»Nur nicht verzweifeln.«
Jetzt schwiegen beide eine Zeitlang.
Der Wagen rollte an rauschenden Vogelbeerbäumen vorbei, und manchmal fiel ein Blatt aufs Lederverdeck.
»Wissen Sie«, hub der Baron finster an, »man kommt zu keiner Gelegenheit.«
»Gelegenheiten wachsen wie Brombeeren –!«
»Sie sind der erste Geistliche seit all den Jahren, der mir durch Zufall –«
›Vielleicht Fügung?‹ durchzuckte es den frommen Pastor.
»Wissen Sie, man muß den Teufel am Schwanze zäumen, eh er fort ist – was dächten Sie, wenn ich mal . . .?« der Baron stockte.
»Ruhig weiterreden, mein Lieber!«
»Na also – wo Sie's mir selbst auf die Zunge legen: wenn ich mal beichten würde?« Und fuhr lebhafter fort: »Warum sollt' ich nicht oben auf dem Bock beichten? Die Pferde spitzen umsonst die Ohren!«
Da mußte der Pfarrer herzlich auflachen: »Viel Komisches ist

mir schon passiert – in Notstunden auch Beichten in seltsamen Situationen – aber –«

»Denn nich –!« knurrte der Baron und spuckte aus.

»So meint' ich's nicht, bewahre!«

»Kutsche oder Beichtstuhl, das sollt' sich wohl gleich sein vor Gott; aber die Theologen haben ihren eigenen Stolz.«

»Pflichten –!«

»Das meiste würde mir ja auch nur der *Pater omnipotens*, der im Dom unter der Uhr sitzt, wegsegnen können.«

»So schlimm sehen Sie aber gar nicht aus –« wehrte der Pastor, wieder einlenkend: »Sie scheinen doch ein Mann der Gesellschaft und des großen Lebens –?«

»Ein richtiger Lebemann, sagen Sie lieber!«

»Das werden noch oft die Besten!«

»Sela – dann nehmen Sie erst einen Schluck aus meiner Sündenkanne –« und entkorkte eine Rotweinflasche. Der Pastor setzte sie an und trank zuerst. Der Fremde nach ihm.

»Also – ich bin mindestens vierundzwanzig Jahre nicht mehr zu den Sakramenten gepilgert. Mein Kardinalfehler ist Völlerei und Aufschneiderei – das Hänseln ist meine Profession, ehrlich gesagt.«

»Hm –«

»In *puncto mulierum* hab' ich mir keinen Hahnentritt geschenkt – Treue war nie meine Spezialität –«

»Hm –«

»Schlüpfrige Lektüre – Voltaire, Rabelais, Grabbe – ehrlich gesagt –«

»Lassen Sie uns erst noch etwas gesammelt werden – bevor wir richtig der Ordnung gemäß beginnen – auch bereiten Sie einige Minütchen Ihr Gewissen vor«, wehrte der Pfarrer. Und jetzt verstummten sie fünf Minuten. Dann ertönte:

»Im Namen des Vaters, des Sohnes und des Heiligen Geistes –« und der Baron schlug ein Kreuz über die Leine und begann. Der Pfarrer hatte plötzlich den gewohnten seelsorgerischen Ausdruck im Gesicht wie ein Beichtvater und hielt die Augen geschlossen, das Schnupftuch am geneigten Ohr.

»Herr Pastor – wir können ruhig intimer sprechen – ich bin

nicht ganz im Bilde mehr – sagen Sie also bitte den Beichtspiegel langsam vor, daß ich nichts falsch mache ...«

Und also begann der Pastor nun auf dem Bock die Sünden herzubeichten, und der Baron knallte dabei jedesmal bekräftigend mit der Peitsche aus zustimmendem Herzen, und man hörte ihn beipflichtend rufen:

»Jawohl –!« – »Stimmt –!« – »Bravo!« – »Bravo!« – »Na, sagen wir ein Dutzendmal!« – »Sagen wir rund dreihundertmal!« Und plötzlich: »Jetzt fällt mir alles wieder selber ein! – Los!«

»Ernster – ernster« – mahnte mild der Pastor.

»Na – stärken Sie sich mal erst!« und Bomberg reichte ihm wieder die Rotweinflasche. »Ich bin jetzt vollkommen orientiert und kann's allein hersagen!«

»Aber nichts verschweigen.«

›Dor kannste drup an –!‹ gelobte sich heimlich der Baron. Und begann nun gewaltig zu beichten. Schüchterner fragte der Geistliche nur hier und da: »Wie oft?« – »Womit?« – »Schon zurückgegeben?« – »Warum denn?« Dann aber legte der Baron hageldick los und servierte ihm einen mit allen Lasterpfeffern und jeder Schelmentunke gespickten und gesottenen Sündenbraten, daß der gute Pfarrer hier und da die Augen öffnete, seitwärts blinzte: »Ich hab' mich doch sehr, sehr getäuscht – das ist gewiß so'n Wucherer, Kornhändler, Roßtäuscher, eine jener zweifelhaften dunklen Existenzen der Landstraße, auf Betrug und Aberwitz gestellt – Gott sei ihm gnädig –« und schloß die Augen tiefer. Aber der Mann da schien in verzweifelt ehrlichstes Sündenbekenntnis geraten, die härteste Kruste brach, er tobte wider sich als Erzhalunken und moralischen Gurgelabschneider, schlug mit der Faust vor die Stirn und hing sein dampfendes Hölleneingeweide gräßlich nackend vor des Pfarrers erschrockenes Ohr, dem's schier unheimlich zumute ward in solcher Gesellschaft, da er nicht in der Sicherheit des Beichtstuhls inmitten seiner Pfarrkinder die Zuchtrute Gottes schwingen und jedes Laster *rite* rubrizieren und säuberlich verdammen konnte, sondern allein mit dem Riesensünder hinfuhr, der wohl zu allem fähig war, vielleicht gar zu einer Plünderung? – So daß er sein messingbeschlagenes Regendach fester umfaßte und

innerlich selber Gott mehr um Gnade und Beistand anflehte, als dessen Strafe über den anderen gebührend zur Buße herab zu beschwören.
Und da erst rückte der Baron mit einem pyramidalen Ehebruch heraus und nannte die Dinge haarsträubend beim Namen: »Aber Mund halten, Herr Pastor – *parole d'honneur!*«
»Ich sag' doch nichts«, stammelte der Geistliche hilflos.
»Dann also faßte ich sie einfach – wissen Sie, so – so ungeniert mit diesen zehn Fingern um die drallen Brüste, bog ihren rassigen Kopf wie ein enragiertes Raubtier – ich sag' Ihnen, mir platzten bereits die Knöppe von der Buxe wie ausgespuckte Kirschkerne – und – und – 'rüber sag ich Ihnen – prächtig –«
Empört, verwirrt, verführt, schwitzend stotterte der Pfarrer, zur Verrichtung eines gewissen Geschäftes die Kutsche ein wenig zu halten, trat gebührend abseits – mehr als nötig schien – und *a tempo* nahm der Beichtvater seine Seele unter den Arm und Reißaus mitten durchs Rapsfeld, daß die schwarzen Schöße ihm zwischen die Beine flatterten und der Baron eine gellende Lache über den Rücken des flüchtenden Gottesstreiters hinterdrein schlug: »Huhu – *apage, Episcopus!*«
Und schmiß ihm die leere Pulle nach: »Amen!«
Und dachte: die schönste Jagd ist doch immer noch auf Schwarzwild.

Als ungeladener Leidtragender

Der Adel mied ihn mehr und mehr. Bei Taufen, silbernen Hochzeiten, schließlich sogar bei Familientagen überging man ihn wie fressend Feuer. »Wir wollen auch ihre Scheinheiligkeit züchtigen!« sagte er zu Dachs.
Eine uralte Gräfin war gestorben, und der amtierende evangelische Geistliche hielt die öffentliche Beileidsrede vor der schwarz drapierten Gleichgültigkeit. Der einfältigen alten Schachtel, ohne nähere Verwandtschaft, gaben alle aus bloßer Konvention das Geleite; der ganze Hochadel umstand vor zuschauender Menge mit Aplomb und Trauermiene die Gruft.
Plötzlich schluchzte jemand tief auf. Man reckte verwunderte

Hälse. Der Pfarrer hub befriedigt die Stimme, und jetzt erkannten sie erst Bomberg, der ein Tuch vor die Augen führte. Je weiter die Salbadereien gingen, desto heftiger schluchzte er auf. Verwunderung, Argwohn der Versammlung wandelte sich zu Empörung, doch vermochte niemand dem Pfarrer einen Wink zu geben oder diesen brüskierenden Ausbruch des Schmerzes zu hindern. Der Pfarrer hingegen glaubte einen Verwandten oder Freund zu sehen und kostete wenigstens diesen einen Triumph in gesteigertem Schwatz aus. Aber sieh! – schon schluchzte ein zweiter voll Ergriffenheit, der Baron fing den Taumelnden auf, denn in diesem Moment begann Dachs in gelben Stulpen und blauer Livree zu heulen, und der Baron tröstete ihn, heftig die von Zwiebeln tröpfelnden Augen ihm wischend. Doch Dachs war nicht mehr zu beruhigen: »O Gott! O Gott! O Gott!«

Der Pfarrer zog alle Register.

Die hohe Versammlung litt machtlos ihre offene Persiflage. Es lag keine Handhabe vor, aus ihrer zum Bersten geschwollenen Erregung gegen zwei Leidtragende einzuschreiten, die nur den Worten des Pfarrers gemäß »von Schmerz zerrissen dem unermeßlichen Jammer um die teure Verblichene sich hingeben –«

Dann traten Dachs und der Baron ordnungsgemäß an die Gruft und warfen noch drei Schippen Sand hinab.

Die innere Medizin

Bald darauf wurde der Baron von zwei Blutgeschwüren gezwickt. Das eine stak im Nacken, das andere beulte sich am untersten Rückgrat fest, so daß er nur mit knapper Not im Lehnstuhl zu sitzen vermochte. Der Doktor Möller erschien, und der Baron zeigte ihm den Nackenkarbunkel, worauf dieser Leinsamenumschläge verordnete und versprach, am folgenden Tag zur selben Stunde wiederzukommen. Für das andere Geschwür auf die gleiche Zeit bat der Baron den – Generalkorpsarzt Doktor Rulle. Er ließ ihn, zur größten Eile spornend, in zweirädriger Chaise abholen, daß dieser, den Fall auch zu außerordentlichem persönlichem Verdienst überschlagend, sich flugs in die Uniform warf und atemlos beim Patienten anlangte: Vielleicht schon Delirium? Der Baron balancierte mit äußerster Anstrengung knapp aufrecht, einen heißen Wulst mit Leinsamen um den Hals gewickelt.

Da klingelte auch schon der Landmedikus Möller und beide Herren begrüßten sich, indes der Generalkorpsarzt herablassend verschnaufte:

»Freut mich natürlich, Sie als Hausarzt die Konsultation unterstützen zu sehen – worum handelt es sich denn?«

Der Dorfdoktor Möller vermochte seine Verblüffung nicht zu bewältigen und rief: »Wenn nichts Schlimmeres eintrat, nur um ein einfaches Blutgeschwür am Hals –«

»Was?« rief der Gewaltige und trat offiziös zurück: »Um eine solche Lappalie muß ich herüberstürzen?«

Aber der Baron hub lächelnd den Zeigefinger: »Pst – pst! meine Herren – Sie, Doktor Möller, behandeln natürlich das Blutgeschwür am Hals; die liebe Exzellenz aber das untere –«

»Wie – was –? Ich?«

»Natürlich – als Spezialist für innere Krankheiten –! Denn es steckt doch in der Hose –!«

Der Landarzt lachte aus schallendem Halse nicht ohne triumphierende Schadenfreude über den hochmütigen Geneppten. Der stampfte schon wie ein wilder Eber die Treppe hinunter.

Mißglückter Weihnachtsulk

Der launige Pater Paschalis[1] erzählte:

Dies Jahr sollte Weihnachten nach alter Sitte mit dem ganzen Hausgesinde gefeiert werden, denn die Baronin ließ keine Ruh, daß er sich bekehre; an diesem Tage solle er ein gutes Beispiel geben, wie er so oft ein schlechtes gab, und der Baron antwortete mit scharfem Doppelsinn: »Gut, du sollst deine Bescherung haben!«

[1] Pater Paschalis hat auch das Bombergische Erbbegräbnis erbaut. Er war damals in Westfalen ein berühmter Baumeister.

So war denn die ganze Nachbarschaft mit Zopf und Sterz eingeladen. Es herrschte bald erwartungsvolles Treiben, im Saal leuchtete ein mächtiger Weihnachtsbaum mit einem Scheffel Salz weiß bestreut. Süßer Ruch füllte den ganzen Raum. Weihnachtslieder bei Harmonium und Ziehharmonika singend, schritt der Baron mit den Eingeladenen gemeinsam Hand in Hand in weitem Bogen um den Baum, alles war lieblich und schön.

Dann öffnete sich die Tür auf einen langgedeckten Tisch, mit Gaben gefüllt und zugebaut. Und der Baron ließ jeden einzeln vortreten und beschenkte ihn. Das waren Gaben freilich recht sonderbarer Art. Schulten Vader erhielt einen funkelnagelneuen, prächtig vergoldeten Dreschflegel. Der Schmied mußte einen feinen, hell-ledernen Blasebalg treten, und eine Wolke von Konfetti überschüttete alle Häupter. Dem Schuster setzte der Baron eine elfenbeinerne, mit zwei Würsten behangene Brille feierlich wie einen Orden auf die Nase. Dem Diener Dachs, der gern an den Türen lauschte, wurden zwei mächtige Eselsohren aus Marzipan um den Hals geknotet. Der Förster erhielt eine Schießscheibe, daß er besser zielen lerne, und ein Fernrohr von drei Meter Länge. Als er hindurchsah, schaute er, wie ein Wilddieb ihm den blanken Podex zeigte! Die Knechte erhielten mit Engelchen an die Schwippe gebundene Peitschen und mußten um die Wette knallen, in den Handgriffen aber steckten Flöten, so daß sie beim Fahren auch musizieren könnten. Der Rentmeister, der beim Galopp abgestürzt war und den Arm noch in der Binde trug, erhielt ein lebensgroßes Schaukelpferd. Der Vikar selbst bekam einen leckern, saftigen Wildschweinschinken, der extra vier Wochen in Milch gelegen hatte, mit Schmalz drauf geschrieben: *»Dominus vobiscum!«* Es gab Freikannen Wacholderschnaps, Essig, Tran, gab Jaucheschüppen voll Honigkuchen, Holzschuhe voll Schnupftabak, ganze Stöße Bauchbinden, Lederhosen, Melkeimer voll Nüsse, Hirschfett gegen Wundlaufen, Katzenfelle gegen die Gicht, Feuerstübchen, Püster, Mausefallen, Blitzableiter – die Frau Baronin lachte so fröhlich von Herzen, als hätte sie alle Röcke voll gurrender Tauben, indes sämtliche Beschenkten herzlich

einstimmten –, das Kreischen der Mägde, das Prusten der Bauern, das Poltern der Kinder füllte den Saal, denn der Baron selber schüttelte Wannen voll Babbelkes, Möpkes, Lutschgummi, Marienherzen, Spekulatius, Hosenknöpfe und Pfefferkuchen auf den Boden, bis die balgenden Rudel hoch im Dachstuhl des ganzen Schlosses zu hören waren.
Der schlohweiße Hausvikar hatte die Hände in den Ärmeln verschränkt, er wiegte den Kopf hin und her: »Ja – ja – ha – ha!« Zuletzt aber, zur großen Abschiedsfeier, mußten Bauern und Mägde, Eltern und Kinder an einem Vorhang Platz nehmen. Hier wurde zuerst vom Vikar das gemeinsame Dankgebet gesprochen. Auf ein Klingelzeichen huschte der Vorhang zurück – lebendes Bild: der Stall zu Bethlehem! Einige Burschen standen malerisch als Hirten verkleidet, die heilige Familie erschien mit dem Heiland bengalisch beleuchtet in der Mitte, und die überraschte Gemeinde verharrte stumm in Bewunderung und andachtsvoller Betrachtung. Da trat der Baron vor und verkündete laut: »Wie oft haben wir leider die Stimme Gottes nicht vernehmen wollen! Da liegt nun das süße Jesulein, liegt in der Krippe ganz allein – hört jetzt die Stimme des Herrn schrein!«
In diesem Moment vernahm man aus der Krippe eine jener krähenden Jahrmarktsgummiblasen, die man am Mundstück aufpustet, worauf das Ballönchen den Wind durch die Membrane läßt und einen kläglich krähenden Ton von sich gibt.
Und siehe, versunken in fromme Andacht, ganz der Schau hingegeben, die Ohren gewöhnt an Hähne und Schweine, merkte die dörfliche Gemeinde nicht den sonderbaren Krippenulk und lauschte in ehrlicher Ergriffenheit der krähenden Schweinsblase als Stimme des Herrn.
So war der Baron diesmal um den erhofften Scherz gekommen, er hatte vergebens mit der Ehrfurcht frommen Gemüts seinen Spott getrieben.

Bald darauf konnte der Baron es nicht mehr länger aushalten und ging zum fröhlichen Suff, und da er endlich nicht mehr fähig war, den hellichten Heimweg ohne Gefährdung antreten zu können, alles sanfte Mahnen auch fruchtlos verblieb und er sich trotzig in die frische Lebensluft hinauswagte, da passierte ihm, daß er bald als Leiche auf dem Trottoir lag und sich erbrechen mußte. Dies eine Mal hatte ihn die Umdrehung der Erdachse mitgerissen, und er lachte dabei unaufhörlich. Niemand vermochte sich ihm zu nähern, ohne von dem warmen Bach überschwemmt zu werden. Wie sehr er auch benebelt war und mit einer wahnwitzigen Wollust sich erbrach, so dämmerte ihm doch die große Blamage und reizte ihn gleicherweise wieder zum Gelächter; es war ein neuer, noch unerprobter Zustand. Und auch der Trotz zugleich, völlige Sinnlosigkeit vorzutäuschen, die Scham gewaltsam betäubend, würgte das Kotzen dieses Übermaßes hervor. Jemand lief mit dem Schrubbbesen herzu, ein Köter fuhr ihm kläffend zwischen die Beine, der Pikkolo hielt sein Fräckchen kichernd hinter der Tür, Matin wagte sich erst recht nicht hervor, und am folgenden Tag stand eine hämische Notiz in der Zeitung.

Nie hat Bomberg nachträglich sich so gallewüst gefuchst, aber er rächte sich; denn da gerade an der Überwasserkirche unter dem Dechanten Wolters umfangreiche Reparaturen vorgenommen wurden und zu diesem Zweck eine große Kollekte rundging und die einen Bürger dies, die anderen das beisteuerten, ließ unser Baron ohne viel Aufsehens sein Porträt als mächtige Fratze in gutem Sandstein aushauen.

Wer jetzt zur Andacht oder Taufe bei schönem Wetter durch das Portal der zwölf Apostel tritt, der schaut am dachlosen, herrlichen Turm nur die Fialen und Figuren und ganz oben die vorspringenden Wasserteufel. Wer aber beim Läuteküster sich die Schlüssel holt, der wird ein fröhliches Gelächter an die Wolken schlagen, wenn anders frommer Eifer unterdessen die Züge nicht ein wenig verwischt hat: denn er ist's, er bleibt es doch, und wer beim Regenwetter noch so harmlos durch das

Portal tritt, dem speit der Baron grinsend aus der Luft einen nassen Klecks und kotzt in alle Ewigkeit den Münsteranern auf Hut und Kopf aus Rache dafür, daß etliche Bürger dieser guten Stadt dazumal in seiner Katermisere ihn ausgelacht haben!

Dieser Streich scheint aber in seiner grotesken Tollheit gar nicht so boshaft, wie etliche Gemüter wähnen mögen, denn ohne Skrupel und ohne Gruseln haben viele Bildschnitzer zum Spaß einer wohllöblichen Christenheit ihre keifenden Ehevetteln und sich selber sogar exkrementierend in Konterfei auf Kanzeln und Chorstühlen und *item* noch viel schlimmer abgeschildert. Schließlich: ist's im allgemeinen ein so übler Gedanke, wenn jemand auf die ganze Mit- und Nachwelt hinunterspuckt?

Noch tollere Verhöhnung des Polizeipräsidenten

Es war ein neuer Polizeipräsident nach Münster gekommen. Der gedachte, mit allem alten Schludrian tüchtig aufzuräumen, denn jeder neue Amtsgewaltige sieht die Amtsführung seines Vorgängers als Schludrian an, und bald ging der Schrecken mit klirrenden Rutenbündeln vor ihm her. Man erzählte, daß er persönlich auf den Straßen Schutzmänner besichtige, keinen Untergebenen wieder grüße, jeden Eintretenden warten lasse ohne Aufforderung, Platz zu nehmen, und die gesamte Polizeimannschaft drille, bei kleinsten Angelegenheiten in militärischem Ton zu schnarren, das Publikum von oben herab zu behandeln, daß man spüre, wer die Macht habe!

Immer schlimmer wurde es mit dem »Preußenkopp«, wie sein Spitzname hieß, denn er stammte aus Ostelbien.

Als nun die große Hundesperre einsetzte, nicht weil die münsterischen Hunde den Mond verbellten, der blieb hier wie je in seinem Bereich, sondern weil die Tollwut herrschte, da schritt der Baron mit einem ruppigen, struppigen Biest von Köter ungescheut und hagelfrech durch die Stadt und erhielt eine schwere Strafverfügung. Er erhob Widerspruch, und es gab einen echt Bombergschen Auftritt, als er nachwies, es sei

nur ein von Landois gezähmter Wolf gewesen, der ohne Maulkorb und Leine mit einem Spazierstock zwischen den Zähnen ihn frei begleiten dürfe; denn auf Wölfe treffe die Polizeiverordnung nicht zu!
Der Polizeipräsident mußte sich allerorts wenig Schmeichelhaftes sagen lassen, denn mit scharfsinnigsten Kniffen und Künsten sei er dem Baron nicht gewachsen! Der Gewaltige fühlte den Turm seines Ansehens bersten.
Im Zweilöwenklub, in Gesellschaft vieler Herren, traf ihn der Baron, und sofort schritt er auf ihn los, stellte sich vor und remsterte mit barscher Stimme, daß er mitverantwortlich für diesen groben Mißgriff seiner Untergebenen sei, ob er denn glaube, in Krähwinkel zu sein, ob er erst für die Polizei Unterricht suchen müsse, wie man einen Esel vom Stachelschwein, eine Laus vom Kuckuck und einen Wolf vom Hund unterscheide? Er verlange eine förmliche Entschuldigung von ihm für diese unerhörte Anrempelung!
Weiß wie ein Laken, vernichtet in seinem Hochmut, schrie der Gewaltige den Baron an: »Herr – jlauben Sie, *ich* liefe *Ihnen* nach –?«
»Jawohl – *schon morgen!*« spritzte der Baron mit geringschätzigstem Lächeln und ging davon.
Der Graf Schmusing brach das peinliche Schweigen:
»Wie die Dinge nun einmal liegen – befürchte ich doch, Herr Präsident, daß Sie irgendwie den kürzeren ziehen!«
Bomberg verteilte wirklich am folgenden Morgen Dachs mit einigen Kerlen durchs ganze Polizeipräsidium, als warteten sie überall auf den Bänken. Es war nichts Auffallendes dabei, da stets ein lebhaftes Kommen und Gehen hier in den Gängen wogte und ebbte.
Punkt zehn Uhr gab Dachs das Zeichen und rannte aufgeregt und kopflos von oben die Treppe hinab: »Feuer! Feuer!« Im gleichen Atem polterten die andern Kerle von Gängen und Türen und schrien: »Feuer! Feuer!« Und aus Nischen, Erkern, Kanzleien, von Stühlen und Tischen, der gesamte Beamtenstab eilte herbei – und richtig öffnete sich auch die Pforte zum Gemach des Gewaltigen, und der Präsident in eigener Person

stürmte Höchstselbst, wie er war, im Bürorock, den Federhalter noch in der Hand, dem Ausgang zu und rief mit aus Leibeskräften: »Wo ist Feuer? Wo ist Feuer?«
Vorm Eingang aber im gelblackierten Jagdwagen hielt der Baron und zündete sich lässig die Zigarre an:
»Danke – Herr Präsident, ich bediene mich schon selber!«
Schwubs! stoben die Gäule um die Ecke.

Der Klatsch steigt immer noch

»Es wird immer verrückter im Land –« sprach in der Gesellschaft Eintracht der Herr Oberstadtsekretär von Münster. »Erst gestern hatten wir eine schnurrige Eingabe des Professors Landois abzulehnen. Im Zoologischen hat nämlich die alte Löwenmutter zwei Junge geworfen, und der Bürgerschaft dies freudige Ereignis mitzuteilen, auch – wie's in der Eingabe heißt – der ›Königin-Mutter zu respektvoller Dero Huldigung!‹ ersuchte er den Magistrat um die offizielle Erlaubnis, hundertundein Kanonenschüsse abfeuern zu dürfen! Denken Sie sich –«
Die Herren stellten sich das vor. Soeben wurde ein neues Faß angestochen.
»Auch ist durchgesickert –« sprach der Steuerinspektor mit schadenfroher Wichtigkeit – »daß Landois sich selber ein Denkmal errichten will –! Gott Dank muß dieser größenwahnsinnige Einfall aus Geldmangel aufgeschoben werden – beim fünfundzwanzigsten oder fünfzigsten Jubiläum könnte man allenfalls ein Medaillon oder eine hübsche Adresse anfertigen lassen, wie sie eingerahmt auch bei unsereins Mode ist, zum Beispiel jetzt beim Rechnungsrat Vieweg – ein reizendes Blatt: Aurora mit Eichenlaub –«
»Und heute liegt nun eine Eingabe des Herrn von Bomberg vor –« fuhr der Oberstadtsekretär fort – »worin er den Magistrat um die Konzession angeht, in Münster – bitte um strengste Diskretion! – in unserer altehrwürdigen Bischofsstadt ein Freudenhaus zu eröffnen! Ausführlich ist die Bedürfnisfrage darin behandelt. Als Hauptgrund, mit Rentabilitätsberechnung

bei hundertvierzig Insassen, führt er die Notwendigkeit an, den Adel an seiner Fortpflanzung zu hindern – es hätte eben an natürlicher Ableitung gefehlt.«
»Unerhörte Frechheit!« rief der Unternehmer, aber die meisten Herren zwinkten mit den Augen.
»Ich werde dem Vorstand des Billardklubs Anzeige erstatten!« ergänzte der Unternehmer, der umfangreiche bauliche Renovierungen an einigen adligen Höfen übernommen hatte.
»Ist schon 'rausgeflogen –!« bestätigte der Oberstadtsekretär – »die Eingabe geht so weit, daß sie bestimmte adlige Damen namentlich anführt und zu einer Venuskongregation zusammenschließt, und bittet, im Gegensatz zu der Dichtung der Droste ›Fegfeuer des westfälischen Adels‹ dies Institut ›Himmelreich des westfälischen Adels‹ benennen zu dürfen!«
»Als Selbsterkenntnis zu begrüßen!« prustete der Rechnungsrat. Man amüsierte sich minutenlang.
»Der Generalkorpsarzt Doktor Rulle hat sicherem Vernehmen nach bei Bomberg Delirium Clemens konstatiert –« sprach Rentner und Besitzer Voß – »wenn ich richtig hörte!«
»Das ist richtig –« sagte der Unternehmer.
Alle Herren nickten verständnisvoll, worauf der Buchhändler K. (der mit den Heringen) bestätigte: »Drehwurm –!«
»Ich steh nicht an, in diesen beiden Eingaben eine ursächliche Verbindung zu erblicken –« fuhr der Oberstadtsekretär fort – »eine abgekartete Komödie. Ich trau beiden nicht über die Lunte!«
»Ist es denn wahr, daß er einen Beutel mit Geld verlorengehen ließ und ein Inserat aufgab: ›Finder erhält den verdienten Lohn!‹ – und der Hauptlehrer Jansen brachte den Beutel, und er gab dem alten Herrn, der auch im Kirchenvorstand ist, fünfundzwanzig Pfennig: ›Dafür kaufen Sie sich einen Strick – wer so dumm ist in der Welt wie Sie, der bringt's auch nicht weiter –!‹?«
»Die Verhöhnung der Fußwaschung am Gründonnerstag im Dom, wenn der hochwürdigste Herr Bischof den zwölf alten Männern aus der Dreizehnmännergasse die Füße wäscht – meine Herren, er soll bei Matin mit zwölf Vogelscheuchen getafelt haben, dazu Musik eines gewissen Giesenkirchen:

›Vivat hoch, es leben alle Lumpen, liederliches Volk und Vagabunden –!‹ Und gab auf der Polizei an (Gründonnerstag darf natürlich doch keine Musik gemacht werden), er sagte, es sei nur ein Gleichnis, denn das eine sei so unvernünftig wie das andere, niemand würde satt davon, und kein Propst sei demütiger geworden –«

»Zur Buschmühle bei Breuninghaus gehört auch das Wirtshaus am See mit einer Wassertretmühle. Auf diese ließ er halbnackte Weibsbilder sitzen und mit wüster Besoffenheit das Wasserrad treten, so daß von den Feldern, aus den Häusern alle ordentlichen Leute mit Entrüstung zusammenliefen, er aber höhnte: ›Merkt ihr am Zusammenlaufen des Packs, was der Mensch für ein Schwein ist?‹«

»Unsinn!« – »Doch!« – »Meine Nichte war dabei!« – »Ausgeschlossen!« – »Lachen Sie nur – Sie wären der erste gewesen, der mitgegafft hätte!« – »Ruhe, meine Herren – viel interessanter ist doch die Tatsache, daß – wie ich aus ganz bestimmter Quelle weiß – unter uns – seit dem schmierigen Verhältnis mit der Haushälterin, einem unerlaubten Verkehr, ist er total unter deren demoralisierenden Einfluß geraten und hat den letzten Halt verloren. Die Baronin leidet entsetzlich. Diese Frauensperson, die Mimmi, dunkler Herkunft, hält ihn fest in den Klauen. Soll auch bereits mehrfach in Umständen gewesen sein! Es muß bestialisch auf dem Gut zugehen – freie Liebe natürlich unter allen Knechten und Mägden, man munkelt so viel – merkwürdig, daß die Staatsanwaltschaft nicht eingreift! Es heißt, sie würden mit Gewehren und Dreschflegeln sich verteidigen – ohne eine Kompanie Pioniere und regelrechte Belagerung wird's nicht abgehen!«

»Ich verstehe nicht, warum die Polizei den Tollen nicht bei der ersten Gelegenheit ans Schlafittchen nimmt – im Rausch beiseiteschafft – der Ruf der ganzen Gegend leidet darunter! Es genügt gerade, daß schon Beckum so'n verrückten Namen hat! Jetzt zwei Orte in einer Provinz? – es ist zuviel!«

»Ich glaub', die Herren übertreiben – so schwarz seh ich nicht. Man darf knapp ein Tausendstel glauben, was da geschwatzt wird!« lachte der Agent.

Aber der Unternehmer und der Besitzer grinsten vielsagend: »Paragraph hundertfünfundsiebzig!«

Der Steuerinspektor errötete wie ein Mädchen und machte die Uniform zu: »Higitt!«

Da läutete es zum Angelus. Die Herren schlugen kleine Kreuzchen und murmelten: »Der Engel des Herrn brachte Maria, der Jungfrau, die Botschaft...«

Draußen wurde ein neuer Hektoliter angesteckt, und das Gespräch bog in eine andere Kurve ab.

Immer toller

Diese letzten öffentlichen Skandale stachelten jene Mitglieder des adligen Billardklubs, die Angelegenheit seiner Entmündigung mit verdoppeltem Eifer zu betreiben. Sie legten bis in seine nächste Familie ihre Minen. Eine regelrechte Treibjagd begann. Spione und Aushorcher folgten ihm allerwege. Er mußte mausetot gemacht werden!

»Jetzt wollen wir erst die Puppen tanzen lassen!« schmunzelte der Baron.

Und nun begann die zweite Periode, voll von Sensationen und hanebüchenen Tollheiten, niemand war mehr sicher vor ihm.

Der Kapelle von Gerbaulet ließ er feierlich am Pfingstsonntag Sektflaschen in die Taschen stecken, sie als Douceur mit nach Hause zu nehmen. Aber auf der Höhe des begeisterten Spiels schlug er ihnen *coram publico* die Pullen in den Taschen entzwei, daß sie mit moussierenden Röcken strudelnd vom Podium flüchteten.

In Dortmund ritt er auf den Reinoldi-Kirchplatz mitten unter die Bunzlauer Töpfe und Buden hinein, daß heulendes Lamento den Reiter empfing. Er aber richtete sich lachend im Sattel auf: »Freut euch doch, liebe Leute, ihr habt jetzt alles verkauft – was ich damit tu, ist egal!« Und warf Händevoll Taler aus der Satteltasche, daß Gekeif und Aufruhr noch schlimmer ihn umtobten. Plötzlich ließ er aus fernsten Dörfern und Jahrmärkten zweihundert Orgeldreher zusammen nach Münster kommen

und zur selben Stunde loslegen, daß kein Mensch dies Höllengespiel aushielt, daß der Roggenmarkt hallte, daß der Bogen schallte, daß eine Springflut von Dudelei Kirchen und Amtsstuben erfüllte.
Darauf fand man durch Uniformierte alle Zugänge zum Domhof versperrt. Die Menge staute sich, Karren hielten, schließlich mischte sich die Polizei ein und half mit. Da ertönte eine Schelle: »Der Bischof lernt Radfahren!«
Schon ließ er zwanzig Eckensteher vor dem Ständehaus sich versammeln. Auf ein Zeichen schrien sie alle zusammen wie besessen ein Stichwort, schrien die Köpfe sich rot, die Kehlen heiser, bis schließlich der größte Schreier siegte: »Parlamentarismus!« ging ein Schild hoch vor den verblüfften Gaffern.
Aus dieser Zeit erzählt sein Oberrentmeister: »In Hamburg betrug des Barons Rechnung in einem Tingeltangel, dessen Personal aus bildhübschen Ungarinnen bestand, für eine Kneiperei nicht weniger als zirka siebentausend Mark. Es wurde immer toller mit ihm. Ich erhielt einmal den Auftrag, seine Habseligkeiten, goldene Uhr mit Kette, Schlüssel, Ringe und dergleichen, die in Aachen geblieben waren, wieder herbeizuschaffen. Zu diesem Zwecke wurde ich an den Portier des Hotels Dremel (»Großer Monarch«) verwiesen. Ich war nicht wenig erstaunt und peinlich überrascht, als unsere Droschke vor jedem Tingeltangel in Aachen anhielt, mir in dem einen dieses, im anderen jenes Stück der Pretiosen präsentiert, dabei aber zugleich enorme Rechnungen vorgelegt wurden, die erst beglichen werden mußten, ehe die Herausgabe erfolgte.« ...
»Auf seinen Exkursionen band er sich keineswegs an die Zeit. Kam er zu einem Zuge zu spät, so wurde ohne weiteres ein Extrazug requiriert, und da er dann Gesellschaft liebte, mitgenommen, was sich fand, darunter oftmals Geschmeiß genug, vor allem seine Musikfreunde, so daß er auf den hiesigen Bahnen eine gern gesehene, weil höchst splendide Persönlichkeit war; dazu kamen große Präsente infolge einer tollen Laune an recht zweifelhafte Personen.«
Im »Hof von England« erschien er mit einem Schwein. Das

Biest quiekte markerschütternd, aber seelenruhig band der Baron am Stuhlbein es fest und sagte zum Kellner: »Ich kann nur diese Öhrchen essen, bitte eine Portion!« Kaum hatte das erste Hallo sich gelegt, als mit wildem Geschnatter eine Gans hereinwatschelte, die Dachs an das andere Stuhlbein band: »Bitte als zweiten Gang Gänsebraten – recht knusprig!« Wieder entsteht neuer Klamauk, und mit dröhnendem Hufgetrappel wird eine alte Mähre hereingeführt und hinter ihm an die Lehne gehalftert. »Ober – als dritten Gang Roastbeef, mir schmeckt nur die eigene Rosinante!« Roß und Publikum wieherten um die Wette, und würdig in das Tohuwabohu wird schon eine wackelnde Ziege nachgetrieben und mitten im Lokal von Dachs gemolken und dem Baron im weißen Becher frisch vom Euter serviert.

Auf dem Kastroper Rennen erschien der größte Weingutsbesitzer Frankreichs, Lefèbre aus Boulogne, mit eigenen Rennpferden; als diese siegten, schoß der Baron sie eigenhändig auf der Bahn mit der Pistole zusammen und hieb dem Lefèbre die Reitpeitsche über den Kopf: »Das nennt man Patriotismus!«

Dachs mußte gegen Ende der Karwoche an drei Kirchturmspitzen Münsters bunte Taschentücher knoten, damit die Engel jetzt ihre Tränen trocknen könnten. Für dies halsbrecherische Kunststück wurde ihm feierlich der *Dr. h. c.* verliehen *(Doctor humoris causa)*, und fortan führte er auf goldumränderten Visitenkarten diesen Titel.

Die Gelage nahmen fabelhafte Formen an. Sie schossen mit Böllern von den Tischen nach den Passanten. Jede Nacht gebrauchten sie allein einen Wäschekorb voll Kerzen. Ununterbrochen brüllte der Rundgesang: »Wu krieg wi't upp? Wu krieg wi't upp?« Es gab aber keine Handhabe, den lustigen Kürassieroffizieren diese Polterstücke zu verbieten, so sinnlos es zuging. Als der wilde Oberst Boddenbrock morgens die Ordonnanz nach seiner goldenen Uhr suchen ließ, fand dieser sie im Nachttopf. Das ganze Treppenhaus war schon mit Protokollen tapeziert.

Es gab Laubhüttenfeste, bei denen in den Kronen der Bäume serviert wurde, darin die Pärchen mit Strickleitern empor-

stiegen, bis oben die Kerze erlosch, ein Strümpfchen, Hemdchen herunterfiel und die schöne Juninacht ihren Bogen spannte über Küsse und Kreischen und schunkelnde Äste.
Es gab Körungsfeste, wenn Bullen oder Hengste mit dampfenden Bäuchen und pulsenden Muskeln sich kerzengerade aufgestemmt im Hof über die zitternden Stuten warfen und zu der grandiosen Brunst ihres Naturaktes die Schäferflöte rokokosüß trällerte: »Wir winden dir den Jungfernkranz mit veilchenblauer Seide. –«
Der greise Fränzken Giesenkirchen mußte lang liegend oben auf einem Omnibus durch Dortmund blasen und mit Händen und Füßen in der Luft den Takt dazu schlagen, während spielend die Kapelle zu Fuß nachfolgte:
»Sie sehen, was für Geld möglich ist!«
Oder er mußte ihn morgens am Bahnhof mit einem Konzert empfangen. Die Dienstmänner standen stramm in Parade. Der Baron schritt die Front mit dem Spazierstock geschultert ab und ließ dann die Kutscher vorn auf den Pferden sitzen und zwanzig leere Droschken mit leerem Bock sich vorausfahren. In der letzten saß er selber, ernst und würdig, und hielt ein Schild: »Freiherr von Buldrig und Bröninghausen, Armelinghofen, Rödinghausen, Westhummerde, Stockam, Drösberg bei Kassel, Bronn und Zotzke, Groß-Commin und Basekow in der Mark (Familienstiftung gemeinsam mit von Kracher), in Pommern: Jomitzav, in Hannover: Kribsberg, in Ostpreußen: Jung- und Neuschloß, Jerdunen, Döhrings und Brolaßt (mit 22 000 Morgen inkl. 8000 Morgen Forsten, geschlossener Komplex!). In Schleswig-Holstein: Gammelgard, auf der Insel Alsen: eigene Strandvilla! Solch ein großes Biest bin ich! Außerdem einen Adelsbrief von Pepsin dem Kleinen oder Kaiser Habakuk (man weiß es nicht genau, Unterschrift unleserlich!). Aus Anno Tobak vor Christi Geburt! Dazu blaues Blut! Ja, die Welt ist wunderlich!«
Es gab Klapperjagden auf Hasen, Birkhahnbalz am Kahlen Asten, Fuchshatz auf dem Rothaargebirge, wo noch Milane nisteten, Dachsgraben wechselte mit Otterfang, es wurden wieder weite Wildbeete zur Erkundung der Fährten angelegt,

Bachen, Keiler mußten dran glauben, er lud nach Holstein und Bückeburg, die Priester Dianas strömten von allen Seiten ihm zu, Blamüser spielten keine Rolle, sie fingen mit Garn und Netz, auf Kanzeln und Kähnen knallten sie, nach Landois' Mitteilung stieß bei Soest ein Seeadler auf einen Jagdhund, mit Jo, hoho, ha, ho, jo, hu zogen sie zu Hunderten zu Holz, der Jagdkommandant eröffnete mit drei lang hingellenden Hiftstößen, die Eleven bliesen den halben Mond, *pleno senatu* stieg die ganze Gesellschaft ins Freibad, sie erbeuteten sogar ein Bibergeil, aus jedem Busch, den ihre Sporen streiften, flog das Wildgeflügel auf, er pachtete jedes Revier, so er habhaft werden konnte, über die Heide hetzten sie das Kanin, er hielt einen eigenen Jagdadvokaten, Doktor Möller fuhr als Chirurgus im Wägelchen mit, denn die Treiber hatten nichts zu lachen, der baronliche Zehr- und Ziergarten ließ Knecht und Magd das Wildbret verfluchen, und den Höhepunkt bildete die große Parforcejagd am Magdalenentage: die Jäger in roter Gala mit weidgerechten Pikören, Hornisten und Husaren – ein Prinz zur Lippe nahm teil – leichtlebige Osnabrücker Dämchen als Nymphen und Nixen gekleidet auf einem Wagen, der mit zwei zahmen Hirschen bespannt war, ein Janitscharenlärm stob durch den staunenden Forst. An vielen Orten waren Relais gestellt worden. Eine Meute von fünfzig Parforcehunden hetzte einen vierhundertpfündigen Feisthirsch zum Wassersprung. Die Jäger sammelten sich, der Wagen brach aus dem Gebüsch wie ein buntes Waldwunder, das Rudel der Hunde war eine Woge von Teufeln, und der Oberst Boddenbrock, hingerissen, fing mit dem Hirschfänger im Wasser die Beute ab. Während des Abfangens wurde von allen Kehlen der Jagdgenossenschaft Halali gerufen und schallten jubelnde Fanfaren. Es war ein schauerlich-herrlicher Augenblick.

Ein alter beliebter Jägerspaß lebte hier wieder auf, das sogenannte »Pfunde geben«. Nachdem der Hirsch mit dem Kopfe vorwärts zu den Damen gelegt war, wurden Anklagen vernommen. Wer sich verblefft hatte, das heißt unweidmännisch ausgedrückt hatte an diesem Tage, mußte sich nun lang über den braunen Körper des toten Tieres legen. Die in Reihe stehende

Jägerei beginnt zu blasen. Dann teilte der Baron drei Schläge mit dem bloßen Blatt, der Klinge, auf den passenden Körperteil aus, indem er beim ersten rief: »Das ist vor die schönen Damen!« (und blickte sie an und verneigte sich), beim zweiten Schlag: »Das ist vor die edlen Herren!« (und blickte sie an und verneigte sich), beim letzten Schlag: »Das ist vor das edle Jägerrecht! Juch Hirsch!« (und verneigte sich vor den Pikören und Jägerburschen).

Mit den bunten Herren und berauschten Damen ging's zum bacchantischen Gelage ins Schloß zurück, wo am Spieß gebraten und aus silbernen Hörnern getrunken wurde. Sie lagen in Bärenfelle und Mützen wie prassende alte Germanen auf den Treppen, Korridoren, in Hallen und Zimmern herum; in Strömen floß der Met.

Dieses wilde, wüste, unendliche Jahr der Jagd blähte einen unglaublichen Klatsch durchs ganze Land, man erzählte sich Dinge, die an kein Hängeseil gingen. So die Wette: Wer die abgeschnittenen Ohren von allen Pastoren im Münsterland brächte, wie früher Wolfsohren abgeliefert wurden, der bekäme eine lebenslängliche Pension!

Drei Kötter waren durch ihn schon an den Suff gekommen. Der Küster des Dorfes war nach einer großen Zecherei auf dem Heimweg im Graben erfroren. Ein Versicherungsreisender war mit allen seinen Policen besinnungslos bezecht in die Innerste gestürzt und ertrunken.

Und doch wollte der Prozeß nicht aus den Akten heraus, wohl weil jeder sich scheute, auch niemand des Sieges gewiß sein durfte, da die lockere Gesellschaft violenter genug sich ihrer Haut wehren würde. Nur der gesellschaftliche Boykott, still, schweigend, werbend, organisierend, breitete sich aus.

Als beim Manöver ein Infanterieregiment im Parademarsch stolz in Soest einzog, schmiß er dem Tambour vom Wirtshausbalkon mit einer Sektpulle den Helm ab, daß er knapp an den schwedischen Gardinen vorbeikam.

»Ich will sie zwingen, mich für verrückt zu erklären!«

In diese Zeit fiel auch die Glanzzeit der Landoisschen plattdeutschen Festspielaufführungen, die seine Volkstümlichkeit

gewaltig verbreiteten, in Extrazügen von Hamm bis Rheine die Neugierigen herbeischleppten und die Gasthöfe der Stadt bis zum Dachboden vollpfropften.
Schon stundenlang vor den Aufführungen saßen die Frauen und strickten. Der Landtag, der Adel, die Regierung, Pastoren und Professoren, Vader und Moder mit Kinners un Onkels ut ganz Mönsterland erschienen gegen eine Mark Entree.
Landois dirigierte mit der langen Pfeife selbst den Chor. Ein Stück hieß »King Bell«. Noch heute geht folgende Strophe im Volk um:

King, das heißt soviel wie König,
Viele sind ihm untertänig,
Bell, das deutet hin auf Prahlen,
Bellen kann er und randalen,
Höher als sein Königtum
Schätzt er eine Flasche Rum!

Diese Verse bezog man in ihrer eindeutigen Bosheit als Spottlied allgemein auf den Baron, so daß die Jungen auf der Straße nicht mehr »Cousin« riefen, sondern »Bell«.
Der Baron schmunzelte, er brütete diesmal keine Rache; in einem Stück kam er sogar, von Gehring gespielt – einem Münsteraner Postassistenten – in täuschend ähnlicher Maske selber vor, und alle adligen Zuhörer rasten.
Der Baron sandte Landois mehrere Fuder Heu, Kartoffeln, Stroh, Runkeln und eine krepierte Kuh für den Zoologischen als Honorar.
Und gab jenes berüchtigte Redoutenfest, den Kostüm- und Trachtenball, zu dem jeder maskiert erscheinen durfte. Stundenlang währte ein herrliches Diner, der Champagner floß in Strömen. Alle Diener und auch das gesamte Forstpersonal in Gala. Ununterbrochen dröhnten draußen die Böller. Das säulengeschmückte Palais funkelte von Lichtern. Die Musikkapelle war als Hühnervolk verkleidet in geplusterte Federgewänder, der Giesenkirchen als Hahn inmitten, mit klirrend stolzem Schweif, einem funkelnden Kamm auf dem Kopf und schaukelnden Lappen an beiden Backen. Die Hoboisten waren gelb leuchtende Kanarienvögel. Eine spukhaft schöne Illumination

erfüllte den Saal, nur der Baron ohne Maske, mit flatternd langem Schnurrbart über beide Schultern, einer keck aufgebürsteten Fliege unter der Lippe, hager und groß, unverwüstlich. Eine italienische Burleske mit tierköpfigen Hanswurstkostümen nach Callotschen Bildern wechselte mit einer bizarren Komödie nach Watteauscher Szenerie in Seidenplundern und Pierrotkrausen, im Wirbel von Brokat, Parfüm, Gelächter. Und die geheimnisvoll eregende Neugier des Unbekannten brodelte in allen Sinnen. Ein Baßbuffo sang im Spielzimmer zur Gitarre. Plötzlich: Trara! Betäubender Tusch! Eine Wolke von weißen Tauben flatterte aus der Empore, und die Liebesgöttin in marmorner Nacktheit erschien im Muschelwagen ... langsam wieder verschwebend ... Weihrauch füllte den Saal. Die Quadrillen, Polonäsen, Walzer huben aufs neue in steigernden Wirbeln an, die Tänzer ließen Juchzer und wilde Schreie erschallen, Geierpfiffe und Hirschröhren, Sirenenlachen quoll in kichernd kirrenden Tönen, Don Juan küßte im Sturm Mignon, die fliegenden Teufelinnen zwackten nach Herzögen und Husaren, erhitzte Gesichter jagten, schweigend ernst von Tanzwut, atemdicht wirbelnd rundum, selbstvergessen im Rausch. Da fielen die Geigen mit wollüstigem Jauchzen über alle alles zerfeilend her. Abermals Tusch der Hoboen: ein Bärenführer mit lebendem Bär, der trottelte zu rasselnden Kastagnetten in die Mitte des Saales und hopste seinen zottigen Tatzentrottwalzer zum Triller der Flöte. Man neckte ihn mit Bonbons und Kuchen, klatschte ihm eine Pastete ins Maul. Und mitten darüber wurde ein Feuerwerk abgebrannt, daß alle Anwesenden in einen sprühenden Sternfunkenregen von goldenem Rauch verschwammen und wie in Flammen einer brennenden Welt standen. Jetzt gab der Baron das verabredete Zeichen: im ganzen Haus erkrachten die Böller vom Keller zum Dach, da polterte die Kapelle (die blasenden Tiere) herab in den Saal, an den Wänden vorbei, rundum, kreuz und quer, rücksichtslos durch den drängenden, stiebenden Saal, der Baron brüllend an der Spitze reitend, und zum Entsetzen aller Maskierten warfen sie mit Gläsern, Tabletten, Sektflaschen in Spiegel, in Kronleuchter, in Kamine, daß manch ein Gesicht entdeckt wurde und hinter den Flüchtenden durch alle Zimmer ein wüstes Scherben- und Trümmerfeld in die kreischende Stockdunkelheit gähnte...

Wenn er jetzt bei Matin abgestiegen war, zog die Musikkapelle im Gänsemarsch auf die linke Treppenstufe empor, die rechte wieder hinab und marschierte also als Promenadenmusik stundenlang im Kreis; voran der dicke Kapellmeister Fuß. Dann wußte die ganze Stadt: »Er« war hier abgestiegen! Und bald stand der Roggenmarkt gespickt voll Menschen und wartete. Ab und zu ließ er nur seinen Pelzüberzieher von Dachs durchs Fenster dem Volke zeigen. Das Publikum johlte jedesmal: »Hoch lebe der Baron!« Und zeigte sich plötzlich herzensgütiger, den wohltätigen Pharisäer beschämend:

Denn Madame Buffin, die steinalte Obstfrau, saß hier auch im Winter stets gegenüber Unter dem Bogen wie eine Mumie eingewickelt in Tücher und schrie: »Läckere Äppelkes –!« – »Ob die wohl kalte Füße hat?« fragte der Baron und ließ ihr sogleich ein molliges Feuerstübchen unter die Beine schieben und, sooft er nun zugegen war, auf silbernem Tablett ein Mittagsmahl mit Kuchen durch den befrackten Kellner auf dem Rinnstein servieren. Die Hökerin tafelte wie eine verwunschene Märchenprinzessin im großen Kreis der Gaffer.

Je grimmiger also der Adel ihn haßte, desto populärer ward er beim Volk.

Mit zahllosen Protokollen wurde noch ein zweites Zimmer tapeziert.

Und als endlich das Gericht die Geduld verlor, da schritt es zunächst zur Pfändung. Die sollte ihm schlecht genug bekommen.

Die Pfändung

Also erschien eines Nachmittags der Gerichtsvollzieher Wenzel auf Bullbergen, in einem riesigen Schal und Fausthandschuhen, denn der Novemberwind pfiff schon blank über die Felder. Er hatte wieder eine andere Krankheit, eine Bindehautentzündung durch Nikotinvergiftung.

Als gedienter Unteroffizier gedachte er es kurz zu machen, drehte den Schnauzbart und schritt selbstsicher auf das Schloß zu. Er zerrte die Schelle dreimal kurz wie schrille Kommandos. Dann nahm er stramme Haltung.

Der Baron empfing ihn mit Freundlichkeit. »Setzen Sie sich, Vater Wenzel, dort in den Alkoven – erst ein Schnäpschen – das schadet nicht viel!« Der alte Fuchs aber, höchst mißtrauisch, gelobte sich abermals, ja auf keinen Leim zu kriechen und auf der Hut zu sein. Der Baron jedoch, im grünen Jägerflaus, ergriff schon die Tafelschelle: »Verdammt, Schockschwerenot, soll der Mann verdursten?« Dieser barsche Befehlston imponierte der alten Kasernenhofgröße, und unbewußt im eigenen Element, zog sie gravitätisch die Fausthandschuhe aus. Zugleich nahm ihm der Baron die Aktenmappe unterm Arm fort: »Nu keine Fissematenten – die dumme Geschichte geht Sie persönlich ja nichts an.« – »Freilich, freilich – aber Pflicht und Amt!« – »Bei mir sind schon andere Kerls eingebrochen als Sie!« donnerte der Baron: »So – nehmen Sie da Platz – dorthin!«

Und unvermittelt sprang er um: »Also – was wollen Sie pfänden?«

Herr Wenzel ließ unschlüssig die grauen Augen umherschweifen: »Wollen Sie nicht lieber zahlen, Herr Baron?« »Keine Laus! Die sogenannte Gerechtigkeit soll ihren Lauf nehmen – ich will gewenzelt werden!« – »Wegen dieser Bagatelle?« Der Alte putzte sich die Brille umständlich: »Sie müssen entschuldigen – das Sauwetter – es wird gar nicht mehr hell. – Wie hoch war die Summe doch?« Er wollte sich um alles in der Welt nicht den Anschein geben, als habe er vorher darüber mehr als notwendig nachgedacht, und blätterte in den Akten herum, und doch brannte ihm die Zahl riesengroß im Gedächtnis: Eintausendsechshundertvierundfünfzig Taler! »Tun Sie erst Ihre Pflicht, mein Herr«, unterbrach ihn der Baron. »Ich verleite Sie nicht zu irgendeinem ungesetzlichen Abweg; pfänden Sie!«

Wenzel tat, als orientierte er sich: »Aha – endlich hab' ich's – und nämlich, wissen Sie, auch in allen Gliedern ein Reißen und Stechen, immer unterwegs – wissen Sie – und besonders die

Augen – die Augen sind mein Malheur!« – »Ich selber seh miserabel!« – »Lange geht's nicht mehr gut – vorige Woche war ich in Münster in der Klinik – wissen Sie – aha! – da steht ja die Zahl – richtig – eintausendsechshundertvierundfünfzig Taler! Hübsches Sümmchen – viel Geld –« – »Halt! Halt – erst die Lampe«, wehrte der Baron und ließ Licht entzünden und wiederholte: »Augen – Augen, heikle Krankheit – meines Rentmeisters Bruder ist vor anderthalb Jahr plötzlich erblindet.« – »Weiß Gott ja – zwei Drittel Sehkraft konstatierte der Arzt – aber die Pension ist klein, wissen Sie.« Der Baron winkte ab: »Geht mich nichts an – bitte pfänden! Wollen Sie meinen Podex oder jenen Renaissanceschrank, Herr Pleitegeier?« Da straffte der Alte sich schnarrend gerade: »Herr Baron – ich bin in Ausführung des gerichtlich gegen Sie ergangenen Urteils hier – wissen Sie!« – »Weiß ich ja, mein lieber Vater Wenzel! Mensch, ich bitte ganz ergebenst um Eure hochwohllöbliche Pfändung – und wenn Ihr die Pantoffeln vom Leibe meines Hauskaplans wollt – nehmt sie! nehmt sie! Von der Butterkerne bis zum Schornstein steh' ich zur Verfügung!«
Herrn Wenzel war noch nie so unheimlich zumut gewesen wie jetzt, und er nahm seinen Bleistift zwischen die grantigen Zähne. Unterdessen hatte der Baron eingeschenkt. »Stärken Sie sich zu Ihrem schweren Werk – Prosit!« – »Wenn Sie mich als Ehrenmann betrachten – Prost!« – »Ich muß eben abtreten – unterdessen können Sie vielleicht die Ihnen anscheinend etwas peinliche Funktion vornehmen und Ihren Kuckuck zierlich aufkleben.« Damit verschwand der Baron und flüsterte draußen Dachs zu: »Schnell den Hausvikar! Die besten Pullen herbei!« Aber Herr Wenzel war unterdessen nicht zum Pfänden gekommen, denn er prüfte noch immer unschlüssig, der es gewohnt war, nur in Bauernstuben und Köttertennen einzudringen – hier aber verließ ihn die Kalkulationsgabe, und er gedachte sich auch nicht bloßzustellen. Der Baron sandte den Rentmeister zu ihm herein, der mit allgemeinen Reden ihn hinhielt, bis der Vikar zur Stelle war und der Baron, bewaffnet mit der Würde des Schwarzrocks, zu den beiden Herren hereintrat. »Sieh – da haben wir ja eine hübsche Runde!« begrüßte

ihn der Geistliche. Wie konnte Herr Wenzel sich jetzt nur seines Auftrags so schnell entledigen? Der Vikar ahnte nichts, und bald saßen sie in guter Gesellschaft und taten Bescheid, und der Gerichtsvollzieher fühlte sich heftig gehoben, als der Baron so von ungefähr hinwarf: »Herr Wenzel ist nämlich zum Taxieren einiger alter Möbel hergebeten«, und er bestätigte darauf seine Kenntnisse in diesem Fach und beruhigte sich vollends in der Gewißheit, daß der Baron nun sichtlich seinen Besuch verschleiern wollte, mithin seinem Erscheinen eine harmlose und doch ehrenvolle Folie zu geben wünsche. Es lag darum wohl kein stichhaltiger Grund zu fernerem Argwohn vor, und als eingerostete Kommißkehle durfte er den anderen Herren sich nicht unterlegen zeigen. Der Baron sagte so bei der siebten Flasche: »Sie sprachen anfangs von Ihrem Augenübel – da interessiert es mich doch, Näheres zu erfahren.« – »Wir Studierte«, bemerkte der Vikar mit schwerer Zunge, »verderben unsere Augen meist schon bei der Syntax, und wenn ich nicht die Augentropfen hätte –« – »Was sind das für Tropfen?« fuhr Wenzel lebhaft auf; »denn wissen Sie – daß ich schnurstracks aus der Klinik komme: zwei Drittel Sehkraft bei Gefahr allmählicher Ganzerblindung?« – »Da scheint's höchst leichtsinnig, wenn Sie in diesen scharfen Wind hinausgehen!« tippte ihm der Baron auf die Schulter. »Ich trage draußen eine große Brille.« – »Schützt nicht! hilft nicht, *carissime!*« – »Der Baron hat recht«, unterbrach der Vikar: »Wer da weiß, daß der Tränensack in den *Ductus nasola crimalis* übergeht, so daß die normale Sekretion – meine Augenlider sind zum Beispiel stets entzündet –« – »Blindheit? Lieber tot!« schmetterte der Baron: »Unser gelehrter Herr Vikar wird es bestätigten, daß Gemütsaffekte auf die Sehnerven von nachteiligsten Folgen sind!« – »Gewiß, bei erhöhter Sekretion, wollte ich schon eben bemerken, daß . . . daß . . .« Und hier hielt es der Vikar für höchst angebracht, nicht weiter zu dozieren, denn seine Kenntnisse gingen über die Anfangsgründe dieser lateinischen Namen nicht hinaus, aber ohne seine Absicht hatten sie doch ihre vollste Wirkung getan, da Wenzel sich in Hut und Anteilnahme solcher gelehrter Herren ganz dem Klagelied über sein Augenleid

hingeben konnte und im Wohlgefühl, das immer Querulanten die Beschwatzung ihres Kummers bereitet, in der Gewißheit tiefstgründigen Verständnisfindens (der zu Hause längst den Mund nicht mehr aufzutun wagte) labte er seine geängstete, erschreckte, hoffnungssüchtige, verbissene Gerichtsvollzieherseele ausführlich und in allen Tonarten an Wein und Zwiesprach, bis die Uhren im Schloß zwölfmal ausholten und der Vikar sagte: »Jetzt – die letzte Libation!« Und so setzten sie noch schnell einen Kübel Burgunder drauf, und der Baron riß beide Fensterflügel offen, daß der Nachtwind quer durchstrich und der Gerichtsvollzieher vergebens die Augen zu schützen trachtete, aber als Gast hielt er aus, zumal auch der Vikar – (der doch stets die entzündeten Lider hatte) – nichts zu bemerken schien, während der Rentmeister im tiefen Baß sang: »Will sich Hektor ewig von mir wenden?«
Nach knapp vier Stunden wurde Herr Wenzel durch laute Schläge an seine Kammertür aufgescheucht: »Aufstehen – zehn Uhr morgens!« hörte er eine weibliche Stimme. Er begriff nichts, saß aufrecht mit taumelndem Schädel im Bett. »Holla«, polterte der Baron selber. »Herr Wenzel – wir fahren zur Stadt, wollen Sie nicht mit?« – »So –? Ja –? Gewiß aber – wie spät ist es denn?« »Hellichter Tag!« rief der Baron und lachte, daß es schallte. Auf Verabredung wurde im Hof ein mächtiger Lärm gemacht, die Hunde bellten, ein Hammer schmiedete – und der Gerichtsvollzieher griff nach seinen Kleidern. Er tastete die Brille hervor und sah noch immer nichts. Stockdunkel. Da hörte er eine Kinderstimme singen und war vollends verwirrt. Der Baron trat schon herein: »Na, na, mein Lieber – was starren Sie mich so entsetzt an? Hier ist Ihre Aktenmappe, die Sie oben vergessen haben.« – »Herr Baron!« – »Ich lege sie zu Ihrem Hut dort auf den Tisch – wünschen Sie übrigens Kaffee oder Tee?« – »Herr Baron!« – »Dann müssen wir noch das Geschäftliche erledigen – um Himmels willen, was schneiden Sie für Grimmassen? Gott, so eine kleine Pfändung – machen wir's gleich hier ab – wie hoch taxieren Sie diese silberbeschlagene Truhe?« – »Herr Baron – ich seh ja nichts!« – »Keine Ausflüchte, Lieber! Pfänden Sie!« – »Herr Baron!« – »Ach was,

Sie glauben wohl sich revanchieren zu müssen für den Suff? Ausgeschlossen! Pfänden Sie!« – »Haben Sie denn Licht an?« – »Mensch, sind Sie des Teufels? Am hellen Tag?« – »Sehen Sie alles?« – »Alles!« – »Dann bin ich blind!« – »Besoffen sind Sie!« – »Nein, total blind!« Der Baron packte ihn an beiden Schultern und tastete die Augen ab: »Herr Jesus, sollte das so schnell gekommen sein? Sagte ich's nicht? Leichtsinnig sind Sie! Zwei Drittel Sehkraft! Bei diesem Wetter! Kaum aus der Klinik! Da muß sofort die Hausapotheke 'ran – inneren Blutdruck verringern! Binde mit Salbei und Bleiwasser um die Augen.« Herr Wenzel hörte Rennen und Suchen und fühlte sich mit siebenfachen Tüchern verbunden und schluckte das ekelige Öl und saß schon fest verpackt im Wagen und fuhr in innerster Finsternis hinaus, während der Baron neben ihm die Landschaft erklärte, ihn zu zerstreuen, und beruhigend auf ihn einsprach, indes das Rizinus im Leibe zu wirken begann. »Nein! Nein! Nein! Aushalten! Blutdruck verringern! Zähne zusammen!« Und in der tosenden Angst merkte der Gefoppte nicht, wie es noch dunkle Nacht war, und immer wieder strammte er sich zusammen, preßte die Hände um den Leib. Der Morgen stieg, und gegen neun Uhr hielten sie in Dülmen vorm Amtsgericht.

»Wo sind wir?« – »An einem Bauernhof!« – »Ich halt's nicht mehr!«

»Dann flink, eh Euch zwischen Bock und Arsch der Wind fährt, hier hinter die Mauer – die Leute, die Sie hören, sehen Sie ja nicht – nehmen Sie, hier ein Stück Papier!«

Und der gefürchtete Mann strüppte mitten vorm Amtsgericht auf dem Markt angesichts zahlreicher Passanten im Flug die Hose herunter und wischte sich mit der Zustellungsurkunde vor dem Gericht den Hintern aus. Hörte, durchbebend, auf einmal eine Stille um sich wachsen und gleich darauf maßloses Gelächter, welches ihn zu verschlingen drohte! Besinnungslos riß er die Binde von den Augen . . .

So brachte er dem Gerichte statt des Pfandobjektes von Bomberg wahrlich eine andere Bescherung heim.

Die Entmündigung

I

Beim Ortspfarrer wurde nachgeforscht. Bei den Nachbarn. An Dachs schlängelten sie sich heran. Der ließ sich heftig bezahlen und log übers Kreuz. Beim Rentmeister liefen unverfänglich scheinende Wirtschaftsfragen ein. Der Förster, die Mägde – auf geheimnisvollen Umwegen häufte man das Material. Und durch den Pfarrer ließ schließlich die Frau Baronin sich bewegen, der vorgehalten wurde, dann müsse ihr Mann sparsam, vernünftig und ruhig werden, selbst der gute Pfarrer glaubte es und vermeinte obendrein eine seelsorgerische Pflicht zu erfüllen, das böse Beispiel auszurotten, so die halbe Gemeinde bereits in Verruf gebracht – ach, die Ahnungslose ließ sich durch den Ahnungslosen bewegen, den Entmündigungsantrag zu stellen.

Auch ein bißchen weiblichen Ehrgeiz spürte sie mit, die jahrelang beiseite gestanden und nie ganz für voll genommen war, nun aber sollte sie die Zügel selber ergreifen, beweisen mit eigener Umsicht und Tatkraft: ich bin nur verkannt worden! Die Rentei, das gesamte Hauswesen käm' in ihre Obhut, ein Familienrat unter Assistenz einer juristischen Vertrauensperson sollte alle wichtigeren Angelegenheiten mit ihr gemeinsam beraten und ordnen. Der Baron bliebe natürlich in voller Freiheit wohnen, nur mit beschränkten Vermögensrechten und einer festen Apanage. Auch könne man ja die Entmündigung nur auf ein befristetes Kuratel unter jederzeitigem Widerruf festlegen und alle drei Monate ein psychiatrisches Gutachten einfordern, ob Besserung eingetreten sei, so daß alle Voraussetzungen einer zwar späten, doch keineswegs hoffnungslosen Erziehung wohl präsumiert wären. Nur über das erste Stadium hieße es mit Geduld und Mut hinwegkommen.

Der hoffnungsvollen Frau schlug das Herz vor Freude, und sie vertraute den Sirenengesängen einer habgierigen Sippe in Interessengemeinschaft mit der Rache einer mißkreditierten Kaste. Ist aber ein selbst aus rein menschlichem Antrieb ursprünglich löbliches Unterfangen einmal in die tückischen Fänge und Mahlgänge der Gesetzesmaschine geraten, so hackt sie alle persönlichen Gefühle heraus und knetet einen kalten, scharfen Wechselbalg, der nur nach Geifer und Gemeinheit riecht. Als die Baronin das wohlweislich ihr vorenthaltene dicke Aktenbündel später gemeinsam mit dem Pfarrer in Abschrift durchstudierte, nachdem das Offizialverfahren schon eingesetzt, vermochte sie ihre schreckensvolle Erschütterung nicht zu verwinden, und dem Pfarrer sprangen die Tränen in die Augen:

»Nein – so ist er in Wahrheit nicht! Er hat viel mehr prächtige Eigenschaften als diese paar Fehler –« besänftigte er sie und sich – »das ist verleumderische Infamie, zumindest Entstellung! Ja, ich würde nicht zaudern, ihn sogar eine große Natur zu nennen, an Geist uns alle überragend; eine Kühnheit steckt in ihm, die in anderen Jahrhunderten einen berühmten Kreuzfahrer oder gar einen Gralsritter, das heißt einen – sagen wir lieber – zwar darf ich aus der Beichte nicht plaudern, es ist auch schon zu lange her – die Geschichte mit dem Hahn hab' ich noch immer nicht ganz vergessen –«

Die Baronin schluchzte hinter ihrem Spitzentüchlein wie dazumal bei ihrer Mutter, als diese ihr die Heirat ausredete; es waren noch genau dieselben langhin gezogenen sanften Gutturaltöne.

Der Pfarrer sprach voll Amtswichtigkeit weiter: »Aber soviel darf ich wohl gestehen, ich meine mich bestimmt zu erinnern, es waren nur sogenannte Temperamentssünden, niemals die rechnende Bosheit, die schwerste Todsünde! Er steht so zwischen – na, sagen wir – zwischen Lazarus und dem reichen Prasser – so ungefähr –«

»Nicht doch – wie der reiche Jüngling im Evanchelium, der nur nicht den sittlichen Mut, wohl aber den Willen zur Besserung hatte –?« bat die Baronin.

»So ist es! Das soll ein Wort sein – genau so ist es! Und es steht geschrieben, daß der Herr nichts Verdammendes geantwortet hat. Ach, der Heiland ist so rührend bescheiden und verlangt so wenig, der süße Hirt –«

»Er heißt ja auch der chöttliche Menschenfreund –«
»Zwar, wie Gott Ihren Mann zugeschnitten, müssen Sie ihn nehmen – aber Sie dürfen doch mit Jesu Hilfe und Gnade ihn zu veredeln suchen –«
Unter solchen Gesprächen traten sie in den Prozeß ein, alles Gottes milder Führung überlassend, ohne den kein Sperling vom Dache fällt.
Dachs hatte bereits die Akten befingert, und der Baron war im Bilde. Genau so mußte es kommen! 'runter die Masken der ganzen verrissenen Rasselbande! Er hatte also nicht umsonst gelebt und gestrebt, es gab doch noch eine Gerechtigkeit in der Welt! Wenn er brav als Trottel sein Garn abgesponnen hätte, niemals wäre die verschüttete Wahrheit über den Seelenzustand seiner sogenannten Nächsten an den Tag gekommen! In einem Scheintrug von Verwandtenliebe und Familieninnigkeit, Freundestreue und Lebenswärme wäre er stockblind in den Sarg gestiegen! Wenn de Bom grot, is de Planter dot – dies Sprichwort stimmt nicht. Er sah das ganze tolle Gewächs zum Riesengestrüpp aufgegangen, mit wüsten, widerlichen Giftblüten über und über stinkend gespickt, Schlangeneier in allen Poren gelegt, ein nackter, drohender, gespenstischer Wucherwald überm Morast der entschleierten, ekelhaften Welt! Wie dünn die Logik der Selbstgerechtigkeit, wie schal die Weisheit der Durchschnittlichen – nein, niederträchtiger hatte er doch das Gesindel nicht taxiert! Wem denn in Wirklichkeit hatte er Leid zu solcher Verbitterung bereitet? Es mußte tiefer liegen. Am meisten wunderte er sich über den Generalarzt Rulle – stolz über diese langen Repliken bombenschwerer Fremdwörter, die sämtlich auf ihn passen sollten! Auch der alte Mümmler Schmusing hatte ein Exposé über wilde Schwadronaden fixiert; wohin er blätterte – man konnte nur staunen, staunen. – –
Dann, mit jäher Zerknirschung, las er einen Schriftsatz seiner Frau: »Mein Mann ist eben nicht wie alle, weder im Guten noch im Bösen. Ich liebe ihn, wie ich ihn verabscheue.«
Er heulte die halbe Nacht und knirschte mit den Zähnen.
Seine Dackel lagen mit opalblau im Dämmerlicht leuchtenden Wunderaugen.

In den Kastanien wühlte der Wind.
Die rätselhaft grausig schöne Wildheit der Welt sauste taumelnd durch sein Blut. Am Morgen war er wieder der alte. Dachs wollte sich über den Akten halb totlachen. Er kam selber sehr oft darin vor und in verzwicktesten Situationen: »Sall ick mi den Äs dormit wisken?« Der Baron fühlte in diesem Moment seinen Diener sich frappant brüderlich und erschauerte bei dem Dolch des Gedankens: da lebt und tobt man zusammen, schläft unter einem Dach, oft in einem Bett – und steht auf Kündigung? Er umfing Dachs mit einem zärtlichen Blick: einen Backenbart wie Kaiser Wilhelm! Unglaublich, was der Bursche für einen Gang hat! Der Vater des Domestiken da war Stellmacher –? Und unvermittelt fragte er: »Dachs – woher stammt deine Mutter?«
Dachs geruhte sehr erstaunt zu sein: »Lassen wir die aus den Akten«, und straffte sich: »Das ist nämlich Zeugenbeeinflussung!«
»Menschenskind, ja – du als Zeuge? Tatsächlich! Wieviel erpreßt du?«
Dachs ergriff schlechtweg jede Situation und anwortete mechanisch: »Tausend Taler Anzahlung –«
Er bekam sie.
»Worüber willst du aussagen?«
»Ich sage alles – wie es war – nur daß ich etwas schöner es sage, ausschmücke – ich hab' genug aufgeschnappt hier und weiß Bescheid – die Sache steht faul für Sie –«
»Glänzend steht sie –«
»Wenn se mich nicht auf'n Gemütszustand untersuchen lassen, sind Sie gerettet!«
»Wieso?«
»Dann muß ich unter Eid aussagen, daß ich man so'n geringes Gehalt gekriegt hab' und –«
»Da sind weitere tausend Taler – steck sie in die andere Hosentasche.«
»So – nun geht sich's egal! Da läßt sich leicht schwören mit so'n innerm Gleichgewicht –«
»Du bist ja ein witziger Ballon!«

»Man schnappt so allerhand auf – die Baronin wird och noch woll was geben, daß ich für sie aussage – wird gemacht –«

»Laß dir ordentlich zahlen – Vorschuß auch vom Pastor!«

»Unterschätzen Sie meine Fähigkeit nicht – halten zu Gnaden!«

»Würdest du auch einen Meineid für mich schwören?«

»Wir brauchen Gott nichts mehr vorzumachen, auch unter uns nicht.«

»Wenn du dann ins Loch mußt?«

»Schicksal –«

»Ich hab' dich wohl in Grund und Boden verderbt?«

»Miche –?« machte Dachs riesige Augenränder.

»Fühlst du dich denn nicht als Filou?«

»Ich hab' genug aufgeschnappt, um zu wissen, daß alles Mumpitz ist – Gott hat an mir die Pointe verkorkst!«

Der Baron mußte schallend auflachen über dies waschechte Echo seiner Bekenntnisse. Er sah, jedes Explosionswort war trefflich auf fruchtbarsten Humus gefallen, und er mußte also mit der Konsequenz zufrieden sein, die Dachs zog. Aber er fragte ihn doch:

»Glaubst du denn an nichts mehr?«

»Das ist't ja man bloß – ich fange an, wieder fromm zu werden! Es ging uns zu gut bisher – es muß mal 'n Donnerschlag knallen. Gestern haben wir wieder drei Fuder Wein und 2600 Flaschen Sekt gekriegt. Ich glaub', der Prozeß tut uns gut. Er ist redlich verdient. Ich hab' den Aberglauben, daß es schief geht –«

»Du würdest also meinetwegen dem Teufel ein Bein ablügen – das ist schön – und hast gleichzeitig Gewissenswürmer im Leib. Ich entbinde dich von jeder Rücksicht auf mich; ob Landois dir auch jede Sünde wegkreuzen würde, du sollst doch deine ehrlichen Waden behalten. Aber gesteh mal, ganz *entre nous* – hast du in all meinen Streichen nie einen besseren Sinn gefunden, ist da kein innerer Zusammenhang, zielen sie auf ein bestimmtes Ende, fließt das alles aus einem Lebensgesetz oder platz' ich jetzt wie ein aufgeblasener Frosch, dem der Staatsanwalt das Rohr der Moral in den Leib steckt?«

Dachs ging mit auf dem Rücken verschränkten Armen längere Zeit hin und her:

»Halten zu Gnaden – aber Sinn finde ich drin nich –«

»Fändest du denn mehr Sinn drin, wenn ich eine rentable Kälberzucht betrieben hätte und jetzt eine Schublade voll Geld mehr behüten müßte? Wenn ich wie Herr von Draffel oder der Schmusing von vorn oder hinten betrachtet werden könnte und die Weste auf dem Rücken knöpfen könnte? Lohnt es sich, als Strohwisch unter der Sonne zu zerflackern? Ist das einmalige Dasein nicht so greulich süß, daß man nur im Überschwang es genießen kann und der Taumel des Augenblicks die Fülle des Lebens ist?«

»Ich kann nur sagen, mein Gewissen –«

»Die Angst hat die Weckuhr in dir aufgezogen! Aber jeder Mensch ist frei und muß das Recht besitzen, nach seiner innersten Form zu leben – wer die spanischen Stiefel gleich neben die Wiege gestellt erhält, der mag brillant laufen lernen, aber er ist ihr Sklave. Was auch immer ich verbrach, ich hab's längst in mir selber gesühnt und bin stolzer auf meine Laster als der Gerechte auf seine Tugenden! Wir haben ganz Münsterland tausendmal ans Lachen gebracht – ist das nicht mehr, als wenn ein sogenannter Held, ein Heros, ein Sieger alle die Augen mit Tränen füllt? Daß ich immer unverschämter werde, immer rücksichtsloser, immer toller – das ist der Sinn meiner Existenz! Immer unheiliger, satanischer, bestienhafter tritt meine sauberste Natur hervor, weil ich immer klarer hinter alle Lampenputzer der Welt gucke! Ich fühle mich immer reiner gegerbt, mein Kernleder wird fester. Wenn ich selbst verurteilt würde, die Moral der Majorität mich für infantil erklärte und ich am Paragraphen säuberlich aufgehängt würde – die besten Kerle haben an diesem Galgen gehangen, der nur aus zwei zusammengeflochtenen Fragezeichen besteht. Ich würde die Wimper kaum zucken – sie sollten keine Freude dran erleben! Fast wünscht' ich auch, diesen Zustand doch durchzuproben – er eröffnet radikale Durchblicke! Aber du kannst deine Handschuh ruhig zusammenlegen in Gottvertrauen – das Geschmeiß murkst mich nicht! Ich will sie sämtlich unter den Sattel legen und mürbe reiten. Wenn du jedoch eine – Wallfahrt antreten willst, so häng das spitze, große Trinkgefäß, drauf wir die Kantaten und Tonleitern soffen, der Mutter Gottes in Telgte als Opfergabe ums Kinn!«

»Könnte man nicht einen Richter bestechen?« forschte Dachs zögernd.
»Wir haben nur darauf zu achten, daß die Richter uns nicht bestechen – dann werden sie mich nicht verbrechen. Laß dir die Grannenhaare nicht grau werden!«
»Ich trink' eine extra Pulle vorher –«
»Jetzt spann an, wir fahren zu Justizrat Schwab. Vor dem Prozeß aber wollen wir noch eine dicke Biesterei verüben, damit die Gerichtsherren frisch instruiert werden und nicht zu lange in den Akten zu suchen brauchen.«

II

Als es zu dem denkwürdigen Prozeß kam, stand die Sache keineswegs so günstig, wie er selber gewähnt hatte. Eine Menge Gutachten medizinischer Kapazitäten – mehr auf Indizienbeweisen gründend als auf subjektiver Beobachtung – häufte noch in letzter Stunde sich auf. Schon manch einer war verschwunden in den Rachen ähnlicher Prozesse und durch keine spätere Revision mehr zu retten gewesen. Wen die Pforte der Anstalt umfriedet, der mochte die scharfsinnigsten Elaborate gebären, auch sie, gerade sie wurden nur als erneute Beweise anomal gesteigerten Intellektes zu krankhaften Symptomen verdichtet. Kein Gebet half. Es war aus.
Zwar lautete die Anklage noch nicht auf Geistesstörung, sondern Paragraph sechs: ›Entmündigt werden kann, wer durch Verschulden sich oder seine Familie der Gefahr des Notstandes aussetzt. Wer infolge von Trunksucht seine Angelegenheiten nicht zu besorgen vermag oder sich und seine Familie der Gefahr des Notstandes aussetzt oder die Sicherheit anderer gefährdet. Trunksucht: Krankhafter Hang zum übermäßigen Trinken, daß die Kraft, dem Anreiz zum übermäßigen Genuß geistiger Getränke zu widerstehen, verlorengegangen ist.‹
Und in diesen Sätzen steckten viele Fußangeln, sagte der Justizrat Schwab.
Also stand viel auf dem Spiel. Dachs wurde kleinlaut.

Die leiblichen Vettern hatten ihr Zeugnis wider ihn angeboten. Eine Menge Geprellter war geladen.
»Meine Ohren wurden von unserer Kinderfrau mal als bisserl degeneriert bezeichnet, soll ich sie nicht lieber zur Verhandlung mir abnehmen lassen?« entsetzte der Baron Onkel Hülshoff noch drei Minuten vor dem Termin. Der rief: »Zum Beispiel – nein –! Zum Beispiel, nein!« und eilte mit hochgeschlagenem Kragen wieder hinaus.
Viele vom Hochadel hielten die Tribünen besetzt. Ganz Münster wartete mit fröhlicher Spannung auf den Ausgang. Große Wetten waren geschlossen.
Der Amtsgerichtsrat von B., der so oft mit ihm einen Humpen geschmettert, konnte sich eines Lächelns nicht erwehren, als er den Selbstherrlichen mit gewichstem Schnurrbart, picknobel, übertrieben nobel, wahnwitzig nobel – er warf seinen Pelz zwei galonierten Dienern zu – vor die Schranken treten sah. Eine Wolke Parfüm stieg von ihm auf. Er nahm das Monokel an breiter, schwarzer Seidenlitze und fixierte das Richterkollegium samt Staatsanwalt. So wenig er die Schwere seines Aktenmaterials unterschätzte, ahnte dem Staatsanwalt doch, daß irgendwie eine furchtbare Niederlage des Gerichtes drohe.
Kaum erschienen die Zeugen, da ging's schon los. Matin verweigerte als erster jede Aussage: Ehre, Geschäftsgeheimnis; seine Fistelstimme zischte heiser vor Entrüstung, als er wegen einer gewissen Wassertaufe, die ihn angeblich wochenlang aufs Krankenbett geworfen habe, nähere Auskunft geben sollte. Landois erschien mit Holzschuhen und langer Pfeife und erhielt selbst eine Ordnungsstrafe, wogegen er scharf protestierte. Der betrogene Pater hatte keine Erlaubnis zur Aussage – die Looz-Curswaren war leider schon tot – Fränzken Giesenkirchen mit sämtlichen Musikanten wußte nur ungeheuerlich Lobendes, und Trunksucht? Sie schrien vor Wut und waren kaum zu beruhigen. Unbeschreiblich köstliche Figuren bildeten Gerichtsvollzieher Wenzel, der Schornsteinfeger, Professor Bautz, der gefoppte Schneider, der Likörreisende – Graf Boots-Waldeck aber schickte aus dem Sanatorium eine klägliche Jeremiade über den Armbetrug – das homerische Gelächter wich nicht aus dem

Saal – besonders die vielen düpierten Pastöre – der eine war's nicht gewesen, der andere hatte bereits vergessen – immer wieder mußte der Staatsanwalt betonen, diese Verhandlung richte sich nicht gegen die Zeugen, es sei auch kein Strafprozeß, es handle sich nur darum, festzustellen, ob der Herr Baron geistig zurechnungsfähig sei, und daher seien alle verpflichtet, ihre Wahrnehmungen lückenlos zu bekunden, damit das hohe Kollegium sich ein wahrhaftes Bild machen könne. Er wolle zunächst mal ein medizinisches Gutachten bekanntgeben. Der Generalarzt Doktor Rulle war selber nicht anwesend, aber sein Gutachten wurde ausführlich gewichtig verlesen, darauf der Baron das Wort erbat und die Geschichte von der inneren Medizin zum besten gab, die eine katastrophale Lachsalve wilder Schadenfreude von allen Bänken schmetterte; besonders laut hörte man Schulten Vader quieken, der mit einem Haufen Bullberger Bauern zur Demonstration angerückt war. Die Herren vom adligen Billardklub drückten sich immer mehr zur Tür, zumal der Staatsanwalt bei der Vernehmung von Schneidermeister Wilberding, Portier Aundropp und anderen die auffällige Tatsache konstatierte, daß ihre heutigen Bekundungen so gänzlich anders wie damals ihre schriftlichen Protokolle lauteten und es nun herauskam, wie sie überredet worden seien, und es roch schon scharf nach Bestechung. Es ward immer dramatischer und toller. Eine ganz erstaunliche Schlachtreihe neuer Opfer aus allen Kreisen und Menschenaltern zog auf, mit unendlicher Mühsal zusammengeschnüffelt – jeder hatte eine Blamage zu verdecken – wasmaßen der Baron schon immer makelloser hervorblühte. Dachs aber erzählte so dicke Sachen, daß der Stempel der Lüge wie ein Pflasterstempel sichtbar ward, und stellte sich selber stets als den *Spiritus rector* hin, auf daß er in großen Ruhm kam – die Heiterkeit stieg rasend zum Kulminationspunkt, als einige Förster noch bekunden sollten, ob der Baron meist trunken sei, und die bekräftigten nicht ohne Erröten in ihren ehrenwerten Pichlerbärten, dies leider kaum konstatieren zu können, sintemalen sie selber schon immer längst vor dem Baron im Tran gesteckt hätten, sehr tief; und Schulten Vader bekräftigte: »Use Baron is ja woll 'n lustigen Mann, de sick den

Droppen nich in 'n Sterwel schütt, män he lött auck annere Lüde nich schmachten, Düwel!« Und da erbot sich Beklagter, das Gericht *coram publico* unters Podium zu saufen, und erbot sich, auch den gesamten Zuschauerraum zum Wettrunk freizuhalten – Gott! wie die Bullberger Bauern da trampelnd frenetisch »Bravo!« brüllten (zwar Jan Repschlägers Stimme trumpfte am deutlichsten erkennbar) – aber die Peripetie der ganzen Verhandlung nahte erst, als zur Bekräftigung und zum Beweis der Verschwendung der Staatsanwalt nun sein schwerstes Geschütz auffuhr, denn die ungeheuerlichen Festivitäten, die zahllosen Zertrümmerungen, das Reiten in die Marktgeschirre, die tollen Jagden, die Rennen, Laubhüttenfeste, die umgekippten Landauer, die krepierten Pferde und Hunde, das unglaubliche und das standesunwürdige Herumtreiben mit Orgeldrehern, Eckenstehern, Bauern, Viehhändlern, dies ununterbrochene Randalen kostete doch ein Heidengeld, der Lappenbrink sei mit blanken Talern von ihm gepflastert, der Sekt sei zum Fußbad benutzt worden, er habe zur Zeit sich bis zu einem dutzendmal täglich umgezogen, alles Abstreiten helfe nichts, es erübrige sich fast eine Beweisführung, denn diese sinnlose Prasserei und Verschwendung sei so stadtbekannt wie das Amen in der Kirche – der große Clou erfolgte prompt, als Justizrat Schwab nun zu aller Verblüffung den Nachweis führte, daß der Angeklagte immer nur erst einen Bruchteil seiner Einkünfte aufzehre, mithin im Sinne des Gesetzes kein Verschwender sei, der sich oder seine Familie der Gefahr des Notstandes aussetze! Mit tiefer Verbeugung, das Monokel am breiten Band in der Rechten:

»Jawoll!« schnarrte der Baron: »So doll is die Welt!«

Der Turm der Akten sank in sich zusammen. Es blieb keine Handhabe, gegen ihn vorzugehen, denn über die Art, sein Geld in Rotation zu setzen, ist niemand Rechenschaft schuldig.

Und nun schritt der Baron zur Manifestation des ganzen Irrsinns unserer sozialen Güterverteilung, denn als dieselben Gerichtsherren, die ihn wegen Verschwendung entmündigen sollten, aus dem Portal traten, griff der Baron in einen dicken Geldsack, den Dachs mit den beiden Galonierten herbeischleppte,

und vor den Augen von Hunderten Zuschauern nahm er feierlich ein blankes Goldstück nach dem anderen kunstgerecht zwischen zwei Finger und schnippte Dukaten an Dukaten glitschend wie Kieselsteine übers Wasser der Stadtgräfte, indes beiderseits aufgestellt Fränzchen Giesenkirchens Kapelle spielte:
»So leben wir – so leben wir – so leben wir alle Tage!«
Dieser Streich ist im Volke sein berühmtester.

Der große Kanonenschuß

Zwischen Ems und Haase schläft die einzige westfälische Seestadt: Meppen. Dreimal ist sie wach geworden. Zum erstenmal 1650, als Bernhard von Galen, der streitbare Bischof von Münster, mit hundert Kanonen anrückte, die Stadt gegen die Holländer befestigte und noch davor im Moor ein starkes Vorwerk baute: das Fort Burtange; damals knallte und flammte es. Dann schlief wieder das edle Nest einhundertfünfzig Jahre. Da kam 1801 der Schwager Napoleons, der Herzog von Arenberg, und nahm die ganze Gegend von Lingen bis hinter den Hümmling in Besitz und erklärte Meppen zu seiner Hauptstadt; es war dies Meppens Ruhmeszeit, die Meppener waren Residenzler, hatten einen lebendigen Serenissimus, der alle Jahre einmal feierlich ausgestellt und verehrt wurde, es gab Hofball und Hofkonzert, es wurden bodenständige Orden verteilt, der blanke Ems- und Haaseorden, der braune Torforden und der Engelbertusstern in drei Graden – dies mögen auch neidische Witze anderer Städte jenes Erdteils sein – genug: mit einem Male, schon nach neun Jahren, wischte Napoleon die Herrlichkeit aus und gab sie an seinen Bruder Lustik, aber manch ernster Meppener trauert dem »angestammten Fürstenhause« noch heute nach. Denn nur der kann spötteln darüber, der nie Hofschuster oder Hofbäcker gewesen!
Die dritte große Epoche Meppens begann 1876 mit dem Einzug Alfred Krupps, der einen zehn Meilen langen Schießplatz schuf. (Hier ist in der Welt nicht viel kaputt zu schießen, dachte er.) Zweimal im Jahre war großes Schießfest, so wie auch kleinere

Schützengilden es haben, dann krachte und flammte es wie unter Bärnken und Galen, und nachher war ein Fest wie unter Clemens von Gottes Gnaden Herzog von Arenberg-Meppen, das heißt: die guten Meppener bekamen von dem Fest nicht viel zu sehen, da es nach Münster verlegt wurde.

Weil Meppen sich als Belvedere noch nicht genügend in der kurzen herzoglichen Epoche entwickeln konnte, logierte Alfred Krupp seine Potentaten, Fürsten, Mandarine und Feldhauptleute im »König von England« zu Münster ein, führte sie morgens mit Sonderzug nach Meppen und abends wieder zurück. Dann ging es im »König von England« drei Tage hoch und lustig zu, die Meppener aber konnten den Sonderzug bewundern und das Gebums hören.

So war auch wieder großes Probier-Preisschießen aus zwölf Meter langen Flinten in Meppen; außer den Jüngern der heiligen Barbara, den Ballistikern aus Essen, den hohen und höheren Herrschaften, Oberpräsidenten und Generalen waren auch Vertreter des Adels und der schweren Industrie geladen.

Man begann, und bald brummte allen Fensterscheiben von Fullen bis Sögel und Bokeloh bis Friesoythe der Kopf.

Den Gästen waren als Erklärer Fachleute aus Essen beigegeben, die auf dem Essener Werk als »Bärenführer« berühmt waren, und wie auf Jagden es üblich ist, erzählte man die erstaunlichsten Dinge.

»Beobachten Sie, meine Herren«, sagte ein Bärenführer zu dem Trupp, darin Bomberg sich befand: »das Vibrieren des Geschosses aus dem Schiffsgeschütz; es macht eine dreifache Bewegung, erstens in der Flugrichtung vorwärts, zweitens in der Rotation um sich selbst, drittens die wellenförmige, indem es abwechselnd die Spitze senkt und dann wieder steigt!«

»Und woher das?« fragte Bomberg

»Das ist der Wechsel der Erdkraft, bald gewinnt die Zentripetalkraft die Oberhand, bald siegt die Zentrifugalkraft!«

Zum Schluß rief der seit zwanzig Jahren in Meppen ansässige Kommandeur des Schießplatzes, der liebenswürdige und lustige Hauptmann Prehn, eine Anzahl Gäste zusammen und teilte mit, man werde jetzt den Kirchturm von Friesoythe als Richtpunkt

nehmen und ihn umschießen! Das könne in die Manöverschäden aufgerechnet werden und sei als artilleristisches Problem von unschätzbarer Wichtigkeit für den ganzen Zukunftskrieg!
Die Fernrohre wurden eingestellt. Bums – es kracht – beim dritten Schuß fällt wahrhaftig der ganze Turm um.
Bomberg merkt wohl, daß man mit einem nahen kleinen Modell einen Ulk machte, aber er drückt nur grenzenlose Bewunderung und einen tiefsten Dank aus, Zeuge dieses historischen Ereignisses sein zu dürfen, das der Taktik neue Bahnen öffne.
Schon am Mittag sprach in Meppen das Gerücht sich herum, daß aus Unachtsamkeit der Kirchturm von Friesoythe umgeblasen sei: Ballistiker und Bärenführer grinsten – denn Friesoythe liegt in Oldenburg.
Als der Sonderzug in Münster einlief, war das Gerücht schon da. Der Stationsvorsteher fragte Alfred Krupp, ob wirklich zwölf Menschen vom Turm erschlagen seien. Krupp antwortete ärgerlich.
Ein gutes Mahl und eine fröhliche Nachtsitzung beseitigten alle Gerüchte und Zweifel. Bomberg saß noch beim Hauptmann Prehn und trank ihm so fleißig zu, daß es selbst dem schießfesten Hauptmann schließlich fast so schlecht ging wie dem Kirchturm von Friesoythe.
Da, gegen Mitternacht schrie ein Zeitungsverkäufer ein Bündel Extrablätter unter den Fenstern aus: »Schweres Schießunglück bei Meppen – zwölf Tote!« Der Rest der Tafelgäste las mit Entsetzen folgende Notiz: »Telegramm. Friesoythe in Oldenburg: Bei dem heutigen Probeschießen in Meppen verirrten sich drei schwere Geschosse aus den modernsten Schiffsungetümen über das Oster-Veen und Grote-Veen nach unserer Stadt. Die ersten zwei fielen in Gärten. Der dritte Schuß warf unseren Kirchturm glatt um. Zwölf Menschen wurden erschlagen, darunter der Küster und seine Frau, welche gerade den Mittagsangelus läuten wollten. Die Untersuchung wird ergeben, ob Fahrlässigkeit oder industrielle Rücksichtslosigkeit vorliegt.«
Nach heftigem Disput entschloß man sich, Alfred Krupp die Hiobspost zu melden und ihn zu wecken. Wie war denn das

denkbar? Friesoythe lag zwischen Oster-Veen und Grote-Veen, fünfzig Kilometer Luftlinie von Meppen!
Man wußte keinen Rat. Schließlich ließ Alfred Krupp, der in seinen gelbseidenen Unterhosen unter den Herren stand, den umgeworfenen Hauptmann Prehn wecken, welcher das Extrablatt fassungslos las. Stundenlange Verwirrung. Man fragte bei der Redaktion des »Merkur« an, die wußte nichts. Schließlich ergab sich, daß in der Druckerei in unbekanntem Auftrag ein Bündel Extrablätter hergestellt war.
Ein Jahr etwa später bekam Alfred Krupp ein Ölgemälde zugesandt mit dem Signum: *Bomberg fecit.* Auf dem Bilde schlief ein Artilleriehauptmann seinen Rausch zwischen Weinflaschen aus, im Hintergrund fiel ein Kirchturm um. Darunter standen die Worte:

»Die Zentripetalkraft hakt am Bein den Prehn
Und die Fugalkraft schießt den Turm vom Veen.
Auf diesem Bilde kann man beides sehn.«

Das Gemälde hing noch vor einigen Jahren in dem Kruppschen Heeresmuseum.

Fabrikant Moßberg aus Waldbriel

Wie Brummfliegen, die einen Leckerbissen gerochen, schwirrten jetzt alle möglichen Kumpane heran, der Arzt Krammucher aus Pisselbüren, der »Baron Kuckuck« aus Osnabrück – es gab ja dazumal noch viele Originale im Münsterland – der alte bankrotte Fabrikant Tambeil aus Burgsteinfurt, der seine ganze Fabrik im Spiel durchgebracht hatte, der Landrat von Bosse, der größte Potator seit Vater Noah, und andere mehr.
Für lästige Besucher aber hatte Bomberg bald eine sinnreiche Einrichtung getroffen, mit der zuerst der Industrielle Moßberg aus Waldbriel Bekanntschaft machte, der ein berüchtigter Mossiö war, dessen Streiche vielfach den Baron zu kopieren suchten. Er lebte in rohester Völlerei wie ein krummbeinig Faß in einem geschmacklosen Talmi-Schloß.

Dieser übergeschnappte Zeitverprasser gedachte Bomberg noch zu übertrumpfen und ließ sich durch den Zigarrenhändler Felix Borgreve aus Telgte, der damals mit seinen Musterkoffern weit im Lande bei allen Rauchern herumreiste, anmelden und harrte wohlgemut der Dinge.
Ein Wagen mit der adligen Krone holte ihn vom Bahnhof ab nach Bullbergen. Der Diener komplimentierte ihn herein und sagte: »Der Herr sieht alles selbst!«
Moßberg schaute sich neugierig um. Im Entree hing ein schönes Schild mit Handweiser: »Zum Besuchszimmer!« Am Ende des Entrees wies ein gleiches Schild eine mit roten Velours ausgeschlagene Treppe empor. Dort oben fand er abermals die Anweisung: »Für Besucher geradeaus!« und durchschritt einen längeren Korridor, der in eine Wendeltreppe mündete, dort endlich stand verheißungsvoll groß und sichtbar: »Für Besuche!« Als er aber anklopfte und die Tür öffnete, mußte er zu seiner Überraschung entdecken, daß er auf einen Fallboden getreten war, der unter ihm nachgab, jetzo er auf dem Gesäß schon wie ein Sack im Mahlgang ein ölglattes Brett hinabrutschte und im Hui! wieder draußen vorm Hause auf der Erde wohlbehalten anlangte. Dort stand auch schon der Diener bereit, half ihm fein artig am Arm empor und lud den Herrn in den bereitstehenden Wagen ein. Der so Empfangene verstand.
Ohne daß nur ein Wort der Unhöflichkeit gefallen wäre und er den Baron zu Gesicht bekommen hätte, juckelte er mit puterrotem Kopf wieder ab.

Der Hinauswurf des gesamten westfälischen Adels

Der westfälische Adel gedachte zu Bonn einen Adelstag zu feiern. Der Baron war offiziell übergangen. Aber er sog gerade noch zeitig Wind von der Sache und konnte es kaum noch aushalten:
»Dachs, pack schnell die Koffer – wir fahren gleich an den Rhein! Zieh die röteste Weste an!«

Dachs strahlte wie ein Pascha. Der Baron kam schon mit einer Geldkatze zurück. In einer Stunde fuhren sie los. Heftig den Schnauzer zupfend, wippte der Baron die Bernsteinspitze. Seine Äuglein lachten blank; er konnte nicht schnell genug vorankommen. Und sagte zu Dachs: »Der Professor beginnt uns den Rang abzulaufen! Gestern hatte ein Seiltänzer angekündigt, im Zoologischen Garten ihn auf hochgespanntem Turmseil einherzutragen. Es war ein Gedränge wie am Höllentor. Und was sah ich? Der Jongleur trug eine Strohpuppe mit Hut, Anzug und Pfeife des Professors halsbrecherisch durch die Luft. – Die Kasse feierte einen Jubeltag! Aber diesmal werde ich einen Trumpf setzen, daß die Lämmer der Hallelujawiese Gloria pfeifen!«

Nachmittags vier Uhr stiegen sie in Bonn aus und warfen sich in die nächste Droschke. Im Flur des Hotels liefen schon Kellner mit weißen Servietten, Treppenläufer wurden geklopft, Glastüren frottiert, links im Saal schallten befehlende Stimmen, Metzgerburschen brachten in hölzernen Schulterwannen frisches Fleisch, Radler gaben Telegramme ab.

»Gott, da ist schon einer!« flüsterte es in der Portierloge. »Jawohl, ein Baron ist da!« meldete Bomberg martialisch. »Wo steckt der Besitzer?« Der Wirt dienerte: »Euer Hochwohlgeboren entschuldigen gütigst, die Versammlung beginnt erst um sieben Uhr!« – »Egal, mein Lieber. Ich bitte Sie ins Privatkontor.«

Sie traten hinter die Treppe.

»Was kostet der ganze Krempel?« Der Wirt riß die Augen auf. »Ich meine, wie hoch ist der Kaufpreis dieses Hotels samt lebendem und totem Inventar –? Ich will nämlich Wirt werden und möchte diesen fetten Abend schon mitverdienen –! Also den ganzen Betrieb gleich übernehmen!« – »Sie scherzen, Herr Baron?« »Ja, ich scherze, Herr! Die Sache ist die: Wir wollen ein eigenes Haus erwerben, um ungenierter tagen zu können und für die Mitglieder des Klubs ein bequemes Absteigequartier zu besitzen. Die Statuten sind dahin erweitert worden, öfters rheinische Reunions zu veranstalten. Der westfälische Adel will mit dem rheinischen mehr Geselligkeit pflegen –

zwar bin ich nicht vom Vorstand beauftragt, den Kauf abzuschließen, aber ich möchte den ganzen Tempel stiften und als Geschenk heute abend feierlich überreichen! Gehen Sie mit zum Notar!«
Der Überraschte bat um kurze Bedenkzeit, doch der Baron sah zur Uhr: »Innerhalb einer Viertelstunde müssen Sie bereit sein oder ich schenke in der Stadt ein anderes Restaurant – Eile spielt große Rolle bei seriöser Sache! Mein Diener zahlt bar aus!« Schon schleppte Dachs die Geldtasche schwer voll Goldfüchse herbei. Der überrumpelte Hotelbesitzer kalkulierte in fliegender Hast, dachte an die Konkurrenz, der Baron reichte ihm schon den Hut vom Wandhaken und schritt, heftig auf ihn einredend, mit zur Tür hinaus. Unterwegs überschlug der Besitzer den Kaufpreis ums Dreifache und purrte vorsichtig: »Ich kann das Geschäft für 'n Groschen nicht hergeben, Herr Baron –«
»Laß mich ja nicht lumpen –« klopfte ihm dieser auf die Schulter.
Der Notar setzte den Kaufvertrag auf. Das Restaurant ging hiermit ohne Karenz in die Hand des Barons über. Er verpflichtete den Wirt zum Stillschweigen und honorierte ihn für diesen Abend noch als Direktor; alle Speisen seien pünktlich um ein halb sieben Uhr aufzutragen, die Musikkapelle solle dann gleichfalls schon beginnen. Ein Schild mit »Herzlich Willkommen« müsse über der Tür hängen, denn er plane auch einen lustigen Scherz. Der Wirt versprach alles zu besorgen.
Der Baron ging und mietete an der Brücke vier handfeste Kerle, sogenannte Rheinroller, die beim Verladen die Schiffsfässer rollen, und weihte sie ein.
Um ein halb sieben saß er als erster Gast allein an der vollbedeckten Tafel und ließ die Kapelle schmettern. Dachs in Hosengurt, den Hut schief in der Stirn, stand vorn am Eingang mit den Rheinrollern und wartete der Dinge. Alle Kellner reckten die Hälse. Seine Weste leuchtete.
Ahnungslos promenierten Herr von Draffel und Erbdroste-Fuschering die Straße herauf und traten ein, artig begrüßt von Kellner und Portier. Sie hörten die Musik spielen und fragten:

»Ist die Korona schon versammelt?« »Ein Herr speist schon drinnen«, entgegnete der Kellner. Herr von Draffel trat als erster ein und sah den Baron allein an der großen Tafel sitzen; Droste-Fuschering aber war bekannt, daß der Baron nicht geladen war, und so stutzte er. Im selben Moment, die Serviette noch behaglich im Kragen, trat den beiden Herren der Baron schon entgegen und hielt wortlos den Kaufvertrag hin. Mechanisch lasen sie.

»Tusch!« kommandierte der Baron, und im Nu packten die Gepäckträger mit aufgekrempelten Ärmeln die beiden Ankömmlinge und warfen sie in Frack und Lack auf die Straße hinaus. Dies alles so schnell, daß niemand eher zur Besinnung kam als die beiden bei schmetternder Musik Hinausexpedierten auf dem Pflasterstein.

Der Baron speiste wieder allein an der Tafel und ließ sich Mignon vorspielen: »Kennst du das Land, wo die Zitronen blühn?« Schon stieg der Herr von Graß, ein etwas bäuerlicher Mann, kleiner Landadel, in grünem Radmantel den Markt herauf und warf sein Jägerhütel mit Schnepfenfedern nonchalant auf den Serviertisch, zupfte vorm Spiegel sich zurecht und klinkte die Tür zum Saal auf. Wieder ließ der Baron ihn einen Blick auf die vollbesetzte Tafel tun und hielt ihm den Vertrag grob unter die Nase. Der kurzsichtige dicke Herr wollte erst umsichtig den Zwicker klemmen und studieren.

»Tusch!« schrie der Baron, und der harmlose Landedelmann flog im Bogen die Stufe hinunter. Der aber, vom echten Schrot, mit geballten Fäusten, stampfte wie ein wütender Stier zurück. Wurde abermals hinausgeschmissen, Dachs trat ihn vors Gesäß, und der Baron brüllte durchs Fenster: »Ich bin hier Herr –! Hüten Sie sich vor Hausfriedensbruch!« Da trottelte auch der Herr von Graß kopfschüttelnd davon. Dachs schlug sich auf die Weste.

Aus entgegengesetzter Richtung erschienen in animiertester Laune Graf zu Osterholt, Freiherr zu Mulschede und der Rittmeister zur Möhlen, der klirrend den Schleppsäbel hinter den Sporen schleifen ließ. Die Kapelle spielte gerade: »Komm herein, komm herein in die gute Stube!«

Ach, auch ihnen erging's nicht besser. Nur mit Mühe vermochten die Begleiter den vor ganz Europa in seiner Rittmeisterehre Blamierten von einem Blutbad abzuhalten. Richtig, schon von weitem stelzte Herr von Varnhalz auf die Gruppe los und lachte: »Kinder – es ist doch noch nicht Mitternacht, und schon so in Schwulität?« Prustend und gestikulierend wurde er aufgeklärt. – Die Kellner und Stubenmädchen standen grinsend hinter den Gardinen, auf Treppen und Stühlen, der Wirt hatte sich ins Kontor eingeschlossen, und ein Rheinroller schrie durch die Tür: »Wenn Sie noch Königsberger Klops wollen, kommen Sie man rinne!« Und die Musik intonierte: »Ich weiß nicht, was soll es bedeuten?«

Das Verhängnis galoppierte, die Hinausspedierten mehrten sich. Der dürre Herr von Oer eilte gar vor Konfusion die Rathaustreppe wie ein Windspiel empor und verirrte sich in den Sitzungssaal. Vom Hofgarten bogen schon der Graf Golen und der Großherzog von O...... gemächlich plaudernd um die Ecke über die Stockenstraße und komplimentierten sich mit chevaleresker Höflichkeit ins Hotel, um *a tempo* wieder herauszufliegen wie Hampelmänner, und vor Verwirrung stolperte der Graf direkt nebenan in die Apotheke und kaufte sich Wurmpulver – und der Großherzog flüchtete links in die Kneipe »Emm Höttche, Restaurant für bürgerliche Ansprüche, ältestes Bierlokal Bonns« (wie die Aufschrift hieß).

Als abermals, vorn von der Universität über die Bischofsgasse her, viele vornehm gekleidete Herren herannahten, auch Wagen donnerten von der Rheinseite her, wo die Gäste wohl zu Schiff gelandet sein mochten, und da die Begrüßung feierlich und laut lachend bereits vor sich gegangen und je zwei und zwei alle im Gänsemarsch eingetreten waren, hörte man drinnen eine entrüstete Stimme poltern:

»Ich dulde hier keine Säufer!« Und ununterbrochen ging's: 'rin – 'raus! Mann für Mann flogen mit rollenden Hüten und klatschenden Röcken die Festteilnehmer auf den Marktplatz – man sah nur einmal hinter der Glastür in der Apotheke einen Zylinder sich bücken und Emm Höttche vorsichtig einen Kavalier hinten vom Hausgang lugen – daß immer mehr Stadteinwohner verblüfft stehenblieben und es einen gewaltigen Auflauf gab. Die Rheinroller arbeiteten mit Pfiffen und Püffen. Dachs brüllte Kommandos und schwitzte wie Achilles. Aus der Polizeiwache neben der Rathaustreppe trat der Kommissar, und in diesem Augenblick wurden die Fenster über dem Barockbalkon sperrweit aufgerissen und im rauschenden Bogen Körbe voll Karnevalskonfetti auf den strauchelnden Haufen herabgeschüttet, und auf dem Balkon erschien der Baron Bomberg und verneigte sich, indes drinnen die Musik aus Leibeskräften spielte:

»Ich bin der Doktor Eisenbart zwil – li – wil –li – wick, bum, bum!
Kurier' die Leut auf meine Art widde – wid – wid – wid, bum bum!«

Hier ging offenbar ein sehr großer Unfug vor! Aber zum Erstaunen des Publikums und ehe der Kommissar aus seiner Würde sich aufgerafft, stoben schon alle diese fremden, eleganten Herren in die Droschken und eilten in die vier Windrichtungen auseinander.

Es wurden an diesem »ewig denkwürdigen Tage« regulär hinausgeworfen:

Freiherr von Spagel, Graf von Schmusing, Herr von Gutelager, Graf von Golen, Graf von Ostfalen, Herr von Koppenberg, Der Prinz von Curley und Rutimor und der Großherzog von O......, der damals in Münster diente, Fürst zu Bindheim-Töcklenberg, Fürst Samy-Wuttgenstein-Barleborg, Graf Lundsberg, Graf Nösselrede aus Hörten, Prinz Orenberg, Droste zu Fuschering aus Dörfeld, Graf von Maarfeld zu Süderwinkel, von Spitz-Lindinghausen, von Wövelinghufen, Freiherr von Kurff zu Hurkatten, Graf zu Stalberg-Wörnigerade, von Windt-Popenhausen, Freiherr zu Crosselstern, von Twackel, Erbschenk zu Hovixböck, von Hooremann-Zundtwyck, von Prinzenberg-Kartlinghausen, von Grafenberg-Borbock, von Grafenberg-Herdringen, Freiherr Droste-Halshüff, Freiherr Droste-Kickerinck – ebenso viele Herren vom rheinischen Adel.

Zum Kehraus lud der Baron das gesamte Personal an die offene Tafel, und sie feierten bis in den Morgen hinein Verbrüderung. Der Name dieses Hotels soll nicht verschwiegen werden: es war das Hotel zum »Goldenen Stern«!

Wie der Baron hauswirtschaftete, auf Zucht und Ordnung hielt und für Kurzweil sorgte

Die Baronin hatte, ohne viel Aufhebens davon zu machen, sich hingelegt und stand nicht mehr auf. Der Baron saß die ganze Nacht im Totenzimmer, das Kinn in der Hand, und sah die Leiche. Und sah ins Leere. Da kam ihm auch der Tod spaßig vor. Eine dumme Komödie, die zum anderen paßte. Kein Gespenst. Kein Himmelsbote. An ein Wiedersehen glaubte er ja nicht. Sie wurde in der Familiengruft im Park zu Bröninghausen beigesetzt. Er war ihr innerlich doch fremd geblieben.
Fräulein Mimmi übernahm das gesamte Hauswesen. Aber die alte Libbeth lebte immer noch, fünfundneunzigjährig, und schlurfte durch die Korridore, schimpfte und fegte Spinnekoppen in allen Ecken. Dem Pastor sandte Libbeth ein Kastemännken für eine Seelenmesse. Der Junge bestellte nur: »Für die Frau.« Mehr wußte Libbeth auch nicht. Und in einem dunklen Erinnerungstrieb öffnete sie urahnhaft wenige Tage nach dem Tode der Baronin nachts die Schlafzimmertür und deckte den Baron, der halb entblößt sich wälzte, fürsorglich wieder zu wie in vergangenen Kindertagen. Als er morgens erwachte, sah er's an ihren zurückgelassenen Pantoffeln, die vor seinem Bett standen, als sei die alte Hexe nachts zu ihm eingestiegen. Er schmunzelte und sagte nichts.
Er nahm sich plötzlich der nächsten Alltagsdinge mehr an. Hielt strenger auf Zucht und Ordnung und sagte dann stets zur Überraschung Mimmis: »Meine Frau wünscht das so!«
Das war ihr unheimlich und stärker als alle Logik, so daß sie schweigend parierte. Der Baron wußte, wie man das westfälische Weibsvolk zu behandeln hatte.
Auch der Pfarrer starb ganz still. Wie der Tod meist den ge-

ringfügigsten Anlaß nimmt, um seine kalte Hand nach uns auszustrecken – aus alter Diplomatie, daß wir uns in den vielen wirklichen Gefahren nicht so sehr fürchten sollen, da sie meist ohne heftigen Schaden für uns ablaufen – oder auch aus Ironie, um zu zeigen, daß er überall und immer Macht über uns besitzt. Man weiß es nicht.

Das Begräbnis eines Pfarrers ist immer ein großes Ereignis für die ganze Gemeinde. Vorn in der Pastorate lag er aufgebahrt, das silberne Kreuz in der Hand, der Garten harrte schwarz von Köpfen, viele Nachbargeistliche waren versammelt, und auch der Baron stand im Zylinder unter der Menge. Nach der feierlichen Einsegnung schritt der Kirchenvorstand, Mann für Mann, tauchte ein Sträußchen Buchsbaum ins Weihwasser und besprengte des geistlichen Herrn Totengesicht, jeder nicht ohne eine gewisse Scheu, denn es ist keine Alltäglichkeit, plötzlich seinem Pfarrer einen Stippen Wasser mitten ins Gesicht zu spritzen, wobei man ihn sogar mit »Du« anredet, zum Beispiel: »Ruhe sanft«.

Als letzter in der feierlichen Stille defilierte der Baron; und wie er seinen alten vieljährigen Freund und Widersacher mit friedlich entfalteten Zügen da vor sich liegen sah, das linke Lid noch immer ein wenig tiefer geschlossen als das rechte, geradeso sauber rasiert wie sonst, ohne jenen fremdhaft entfernten Zug der meisten Toten: da hielt er für einen Moment den Kopf etwas schief, wie man wohl tut, wenn man etwas genauer betrachtet – sieh mal an – da war ja auch noch deutlich am Zahn die noch abgekaute Stelle vom Mundstück – und – alles nur einen Moment lang – stand der Baron so traut im alten Erinnerungszauber, daß er mit gewohntem Lächeln wie immer beim Abschied von ihm – die Zeremonie des Buchsbaumsträußchens vollkommen vergessend – im offenen Sarg vor allen Zuschauern die gefaltete Totenhand ergriff, hob und schüttelte mit lautem, kräftigem: »Adieu«.

Diese spontane Gebärde hatte so wenig von Komik oder pietätloser Entgleisung an sich, daß bei aller Ungewohntheit des seltsamen Augenblicks niemand sich peinlich überrascht oder zum Lachen gereizt fühlte, sondern einzig deshalb wohl nur

ein befremdliches Betragen von seiten des Toten empfand, weil der im Sarg in stocksteifer Pose einfach liegenblieb, ohne eine Antwort zu geben, und diese Unhöflichkeit nur auf die Person des Abgestorbenen zurückfiel. Freilich auch nur einen Moment, bis man sich der Sachlage bewußt ward; aber dies dokumentierte doch, wie ein herzwarm spontaner Akt selbst den hochwürdigsten Tod zu beschämen vermag.
Das ist zwar etwas umständlich gesagt, und doch ist's so.
Alles ging sonst seinen gewohnten Gang weiter. Nur empfand er jetzt die Flüchtigkeit der Zeit als unheimlichstes Phänomen in seinem Leben, das ihn peinigte wie in jüngeren Jahren die Einsamkeit. Die Flüchtigkeit der Zeit – die alles wie an den Haaren mitschleppt, durchs kleinste Atom dahinrast wie durch die polternden Sonnensysteme. Um eine sinngrüblerische Definition bemühte er sich nicht, als dies Gefühl von ihm Besitz ergriff, und ahnte auch seine gedankliche Erklärung nicht als Beruhigung – mächtiger wallte die einfache Tatsache dieser Gebundenheit an das Zeitliche, das heißt, das grauenhaft Niewiederkehrende, im zitternden Blut und weckte doppelte Gier der Lebenslust, der zeugenden Minute, des inneren Freiseins.
Er betrachtete nun aufmerksamer noch das Nähere, das Nächste, das in so rührender Verwandtschaft mit uns hinzieht in den allverschlingenden Zeitschlund, und wie fast jedes sich regt und treibt mit wichtiger Nichtigkeit und blind in Haß wie Roheit. Er fühlte sich lebensgereift zu großer Güte und gab sich mit seelenschlürfender Muße auch dem Tagdienst hin. Denn dieses allein macht uns die Flucht erträglich, wird der gewaltige Anker, der uns aufrechthält, bis der Tod uns kröpft.
Und beschloß, sich der Seinen noch mehr anzunehmen.
Um ihnen die Einförmigkeit der heraufdämmernden langen Winterabende zu verscheuchen, die originellen, eingefrorenen Bauernseelen aus herdrauchigen Stuben zu locken, erließ er um Martini die Einladung: Wer ihm die größte Lüge erzählen könne, der solle ein ausgewachsenes Pferd zum Geschenk erhalten! Jedermann dürfe zuhören.
Bald kam schon ein Bäuerlein aus Lembeck, das in Bullbergen eine Schwiegertochter verheiratet hatte, und ließ sich melden:

»He wull wat vertällen –« Das gesamte Gesinde wurde zusammengetrommelt, der große Kachelofen gehörig eingeheizt, und alles hockte sich im Kreis, der Baron patriarchalisch im »Jérôme«, die silberbeschlagene Meerschaumpfeife zwischen den Fingern. Durch die Fenster schimmerte das helle Schneetreiben, es roch nach feuchten Socken, Kamillen, knisternden Tapeten und Kohlenbrand. »Petrus« saß auf der Stuhllehne des Barons und plapperte.

Das Bäuerlein behielt die Mütze mit den warmen Ohrenklappen über dem Kopf und begann:

»Wat ick vertelle, dat häbb ick mi nich utdacht; dat is wohrhaftig passert. Obers vörher möch ick gern frogen, off ick 't auk vertellen darf?«

»Hier darf des Teufels Großmutter aus der tiefsten Hölle erzählen –« antwortete der Baron – »ohne sich einen Sack über den Kopf zu tun!«

»Use Nachbor, en riken Bur, segg to sine drei Döchters: ›Ick mott nu sterwen. Well vön ju dat gröttste Kunstück maken kann, beerwet mi.‹ Dor nöm de erste Dochter ehre Nähnodel un miget dör dat Ör. ›Dat is ja allerhand‹, segg de Bur, ›du bis 'nen grot Wicht! Na, Anna – un wat kannst du denn?‹ Dor böhrde Anna ok up un löt enen susen, datt de Wöste ut den Schornsteen flögen un dat Für up 'n Herd utgönk. ›Dat is wohrhaftig noch mähr‹, segg de Bur, ›du bis 'nen düchtiger Wicht. Na, Soffi – nun häß du 't obers schwer. Fang chau an!‹ Dor namm dat klene Soffiken, et is knapp seßtähn Johr, en Haselnußnöttken un steckde sick dat in 't Föttken und schlög sick mit de Hand up t' Liw, und dör flög dat Nöttken ut dat Föttken un se föng't met dat Gattken wehr up ut de Luft und knackte dat Nöttken dormit. ›Marijob – dat is dat gröttste Kunstück‹, lachde de Bur, ›du bis de Erwe! Nu kann ick ruhig sterwen, wenn ick so kloke Döchter häw.‹ Ick sülwst häw em noch met begrawen un dat Miserere sungen.«

Verschmitzt irrlichterten die wolkengrauen Augen des Alten umher. Die Mägde quiekten über seine derbe Geschichte, die Knechte trampelten, und der Baron reichte ihm ein Glas mit dampfendem Glühwein:

»Ihr lügt ja ganz sinnvoll – aber wir müssen erst die anderen Erzählungen abwarten. Kommt also am Sankt Nikolaustage wieder!«

»Wenn ick nu twe Geschichten up Lager häbb, kann ick dann noch enmol kommen un noch enmol vertellen, wenn alle sprokken häbbt, un gewinn dat passende Perd dorto?«

»Bon! Du darfst zum Schluß nochmals kommen, weil du ein so gut gebackener Spekulatius bist!«

Da erzählte das Bäuerlein gleich aus dem Stegreif noch einige Geschichten, wie sie im Volk im Schwange sind, und der Baron erstaunte, welch eine salomonische Weisheit mit unbedenklicher Roheit sich mische und der plumpe Spaß durch Generationen wie ein Kiesel rollt, bevor er seine Lippenrundung erhalten. Er kannte seine prächtigen, treuen westfälischen Bauern wie im Gleichnis wieder, diesen kindlichsten, wurzelknorrigsten Schlag ganz Deutschlands. Und erkannte, daß alle Dinge nur eine singuläre Einfachheit haben, daran die Zeit verzweifelt. Und wie unschuldig das Leben an sich ist, das die gespenstische Torheit des Menschen erst verwirrt. Der Adel schien ihm noch lebenshohler, abgestorbener unter der Schale seines Wappenschildes.

Zum Schluß las Fräulein Mimmi eine Geschichte aus dem Kalender vor; und es herrschte eine andachtsvolle Stille wie nicht in der Kirche. Die Räume bekamen auf einmal ein ganz anderes Aussehen, Heimatlichkeit blinkte aus jedem Gegenstand ihn an mit tausend Augen und sprach ein tiefes Friedenswort. Er kam aus dem Staunen gar nicht heraus; ja, er entdeckte jetzt erst, daß Gesichter unter dem Gesinde waren, die er noch gestern auf der Landstraße nicht wiedererkannt hätte! Daß ein junger bronzebrauner Knecht so kühn wie ein Gott war! Und kniff ein Auge, um deutlicher und unauffälliger beobachten zu können, und mußte lächeln, wie er heimlich sie beäugte. –

Es vergingen drei Tage, ohne daß sich jemand meldete. Da läutete die Zupfglocke im Flur, und es klopfte ein blitzsauber Mägdelein in gewichsten Schuhen, ein buntes Tuch um den Kopf und Hansken über die Finger: »Ich möchte verzählen!« Dachs musterte von oben und führte sie zum Baron.

Wieder saß die Korona, schon um viele neugierige Dorfbewohner bereichert, in der Halle und wartete. Die ländliche Tochter begann, sie sah unverwandt auf den Baron und redete hochdeutsch mit fester Stimme: »Ich bin nicht gekommen, um eine klüchtige Geschichte zu erzählen! Ich bin aus ganz anderem Grunde gekommen! Ich will nämlich Anklage erheben vor euch allen gegen den da –!« (Dabei zeigte sie keck mit dem Schirm auf den Baron, der zusammenzuckte.) »Es ist ja bekannt, alles dwasket ja von ihm, welch ein leichtsinnig Leben der Herr Baron führt!« (»Jawoll!« tönte eine Stimme aus dem Hintergrund, daß die Zuhörer noch überraschter den Hals reckten.) »Hinter Rauxel bin ich dem Baron zum erstenmal begegnet, und von da an hat er mir keine Ruh nicht gelassen!« (»Stimmt!« tönte lauter die Stimme des Zeugen) und flink fuhr sie fort: »Überall verfolgte er mich! ›Fräulein Sofie‹, sagte er, ›seit meine selige Frau tot ist, bin ich einsam und möchte wieder freien‹, und – so – hat – er mich – o Gott!« (Sie schlug die Hände vors Gesicht, und die Stimme aus dem Hintergrund schrie ins atemlose Schweigen: »Das ist wahr!«) Der Baron schlug vor Überraschung die Fäuste auf die Lehnen und ließ die Meerschaumpfeife fallen.

»Und nun will er mich sitzenlassen in Schand und Schimpf und hat mir doch hundertmal die Eh' versprochen –!« (Sie verhüllte den Kopf mit der Schürze, wie die Bauernweiber im Klatschregen tun.)

Da sprang der Baron mit flatternden Schnurrbartspitzen auf: »Potz Schwerenot! Gemeinste Lüge – du – du –! Hinaus, Erpresserin, Schweinevieh, 'raus!«

»Gewonnen!« jubilierte das Mädchen und trat so unbefangen in natürlich strahlender Freude auf den Überrumpelten zu, daß der sich *stante pede* vor den Kopf griff und hinausrennen wollte. Das dreiste Mädchen aber wehrte ihm, und der dreimal gerufen hatte, das war niemand anders als ihr Schatz, so das Spiel mit ihr fein abgekartet hatte.

»Na – dann wollen wir zuerst die ›mageren Pferde‹ reiten!« rief der Baron.

Zwei Mägde stellten alsbald inmitten der Stube auf die gescheuerten Planken nach altem Volksbrauch zwei große Lehnstühle, mit der Rückenlehne einander zugekehrt. Über die Stühle legte ein Knecht den Ringelbaum, einen starken drotigen Zuberbaum, daran die zweihenkeligen Kübel getragen wurden. An die überstehenden Enden steckten zwei kleine Mädchen je einen Milchkranz, das ist das kranzartige Polster, das beim Tragen der Milchgefäße auf den Kopf kommt. Wo der zweite Querriegel sich mit einem Stahlen verbindet, beide einen rechten Winkel bilden, wurde ein Holzschuh aufgestellt. Auf der Mitte des Ringelbaums zwischen beiden Stühlen nahm nun der erste (magere Pferd genannt) Reiter seinen Sitz und schlug die Füße langgestreckt und übereinander vor sich hin. In dieser Haltung versuchte er nun mit einer Stange Kränze und Holzschuhe, die er vor und hinter sich hatte, zum Hallo und Gelächter der Umstehenden herabzudobbeln. Gelang's beim ersten Stoß, ohne daß er purzelte, war er frei; mehr als dreimal durfte niemand probieren. So mußten die sämtlichen dreischrötigen jungen Knechte mit umständlichem Mutwillen dran. Unterdessen hatte Fräulein Mimmi weiße Weidenkörbe voll Äpfel und Nüsse auf den Korridor geschüttet, und die guten Reiter, die höchstens zweimal herabgepurzelt waren, durften sie im Dunkeln auflesen und in die Taschen stecken. Worauf vor den Augen der neidisch Zuschauenden ein gewaltiges Knacken und Schälen begann, neckende Nüsse in den Mädchenschwarm flogen, der ein schönes Lied anstimmte, das Lied der Auswanderer, das früher in allen Spinnstuben gesungen wurde:

»Jetzt ist die Zeit und Stunde da,
Wir ziehen nach Amerika.
Der Wagen steht schon vor der Tür,
Mit Frau und Kind hinziehen wir.
Und kommen wir in Bremen an,
So heißt's: das Schifflein aufgetan.
Und steigen alle betrübt hinein
Und denken: Gott wird Führer sein.
Und wenn das Schiff auf dem Meere schwebt,
So heißt's: die Glieder angestrebt.
Wir fürchten keinen Wasserfluß
Und denken: Gott ist über uns.

Und kommen wir vor Baltimor,
So reichen wir die Händ empor,
Wir rufen laut: Viktoria!
Jetzt sind wir in Amerika!«

Nun zog der ganze Schwarm in die großen Pferdeställe, und der Bräutigam vergaß den Zipfel in der Mütze nicht und suchte mit viel Zähneprüfen, Hufeklopfen, Bauchfühlen strupp und steif das herrlichste Exemplar heraus – einen dunkelblonden Rotschimmel mit goldenen Tupfen, gerade das Lieblingspferd des Barons, wie auf dem Pferdemarkt zu Lingen kein schöneres war – und setzte seine Braut vor sich drauf und ritt mit ihr heim.

Nun aber machte der Baron bald die merkwürdige Entdeckung, daß sein ganzes Gesinde jetzt erst, wo er familienhaft sich erschloß, ihn respektloser über den Löffel balbierte, während zu den Zeiten der tollsten Manöver, da er paschahaft mit ihm verfuhr, die Kanaille im Menschen bescheiden und scheu sich duckte. Aber diese Entdeckung ließ er durch viele Alltäglichkeiten voller sich ausreifen und bestätigen. Sie schmerzte ihn sehr, denn sie zeigte aufs neu die Gemeinheit der Kreatur.

So erlebte er tief persönlicher, daß jene reine Güte ohne ausgleichende Zucht und Strenge in Einfalt hier, in Schadenfreude und Bosheit sich dort verliert.

Originell, voll Humor alter Weistümer, blieben aber doch die Strafen, die er wohl verhängte. So mußte ein Knecht, der schlafend hinterm Pfluge angetroffen wurde, vorm versammelten Hause auf offenem Hof dreimal den Pflugsterz küssen und dabei sprechen: »Ich liebe dich!« Einen Kuhdieb strafte er empfindlicher als durch eine Anzeige dadurch, daß er ihn am Kuhstrang in den Stall führen ließ. Eine faule Magd mußte am Sonntag mit dem Besen in die Kirche gehen. Einer Verleumderin mußten zu Harmonikabegleitung die Kuhjungen den Hintern mit faulen Eiern bewerfen. Aber das ganze Dorf kriegte auch auf seinen Namenstag Freibier; er ließ dann alle Wirtshaustüren aushängen, damit die Bauern besser heraus und herein konnten. Ein Kötter pflügte mühselig mit zwei dürren Rindern; der Baron stieg aus der Kalesche, spannte die

Ponys dem alten Männchen ein und juckelte selbst mit den Rindern vor der Kutsche weiter nach Münster, unbekümmert um Gelächter und Geschwatz.
Viele Abende saß er noch in Gesellschaft mit Amtmann W. (der »Schweigsame«), dem alten Doktor aus Dülmen und selbst mit dem Schmied von Bullbergen (der Fremden dann als Herr Schmidt von Schmiddeseck vorgestellt wurde), dem Stellmacher Ferdinand (Fernand), der so spaßige Möbel machte in Karten-Karo-Form mit rotweißen Bomberger Farben, und sie spielten Karten. Um gebackene Pflaumen.
Fräulein Mimmi bekam um diese Zeit den Putzteufel und machte sich fein wie eine verstädtschte Mamsell. Sie scharwenzelte spitzmäulig um den Baron herum wie ein Korkenzieher, der die Flasche öffnen will. Doch sobald sie klagte, sie hätte nichts Gescheites auf ihre Figur mehr anzuziehen, maulte er zurück: »Mach's gefälligst wie der Frosch, der seine Haut über Rücken und Beine wegzieht und im Mund als zwei Bänderstreifen verschlingt! Friß dein altes Samtkleid und häute dich –«
Fräulein Mimmi kroch empört in ihr Kämmerlein und weinte. Sie wunderte sich über ihre Erregtheit, aber sie weinte nun erst recht. Am Morgen lag ein Bon unter ihrem Frühstücksteller: ›Für ein Samtkleid, eine Seidentaille, zwei Batisthosen.‹

Der Schulrat

Der Baron lustwandelte mit dem Handstock über die Heide. Die dicken Hummeln schwirrten in den rosahonigen Blütenglöckchen, warm roch der Föhrenstand, ein Kuckuck rief dunkelblau in der Ferne, wolkenlose Sonnenstille brütete im ganzen Land, und er freute sich der träumerischen Stunde dieses Tages. Nahm den Hut ab, knöpfte die untere Zipfelweste gemächlich los, hing den Rock über den Arm und schlenderte hemdärmelig dahin, eine Blume wippend im Munde, die säuerlich schmeckte. So kam eine Schule in Sicht, die abseits der Gemeinde am Waldrand lag, wie ein Kotten noch mit Stroh gedeckt, und er hörte durch die offenen Fenster im Gleichmaß viele helle Kinderstimmen: »Hoch klingt das Lied vom braven Mann.« Zehn Minuten leierte es im Gleichton. Dann folgte eine Rechenaufgabe, und deutlich rief's weinerlich: »Ich kann's doch nicht, Härr Lährer –!« Ein Tadelwort, und wieder wurde mit vielen Kehlen addiert, subtrahiert, multipliziert – der Kopf des Lehrers tauchte hie und da am Fenster auf, und plötzlich schnarrte eine Klingel: groß schnappte die Tür, Wellen von Kindern sprudelten hervor. – Hinten auf dem Sandbülten begann jetzt die Turnstunde. Knaben und Mädchen wurden reihenweise gedrillt. Der alte Lehrer schnarrte wie ein Unteroffizier Befehle und maß mit krummem Buckel die Reihen. Keine Kinderstimme tönte mehr.

Da zog der Baron gelassen den Rock wieder an, zupfte die weißen Röllchen an den Gelenken hervor und knöpfte auch den untern Schniepel der Weste zu. Er zwirbelte den Bart an beiden Enden spitz und trat von der Dorfseite her um das Gebäude in die Schule. Schritt gleich ins Klassenzimmer und schrieb mit Kreide an die Wandtafel: »Heute nachmittag fällt die Schule aus! Der Schulrat.« Dann schaute er auf den Gang und entdeckte am Ende die Wohntüre des Lehrers. Auf sein Klopfen öffnete eine Frau, die gerade beim Kochen die Wendeduse, den eisernen Haken überm Herd, wegschob und einen heißen Topf mit der Schürze in der Hand hielt, von dem sie den Schaum wegblasen wollte. Der Baron lüpfte ein weniges den Hut: »Ich bin der Schulrat, habe aber jetzt nicht Zeit, bestellen Sie bitte Ihrem Mann, er möchte für eine längere Besprechung sich bereit halten!« Die Frau starrte ihn an, und als sie gewahrte, wie der Herr in blaues Tuch gekleidet war, mit weißen Knöpfchen an den Gamaschen, und daß gewohnte Sicherheit des Befehlens von seiner Erscheinung ausging, lud sie den Schulrat höflich ins Wohnzimmer: »Kummet Se 'n betken rinne –« sichtbar erleichtert, als der mit höflicher Gebärde ablehnte und sich eilends entfernte.

Da sie die Klassentür offen fand und die Angst ihres Mannes vor unvermuteten Besuchen kannte, fludderte sie in sorgenvoller Ahnung heran und sah die große Schrift auf der Tafel!

Nunmehr schwand ihr letztes Zaudern, und eine kurze Atempause noch wartend, bis der Herr Schulrat um den Waldrand gebogen sein mußte, brannte sie ungeduldig am Fenster, wölbte dann beide Hände um den Mund: »Antoon, Antoon!« Sah, wie hinten auf dem Bülten aus dem gedrillten Vogelschwarm eine schwarze Gestalt aufstieg und zu ihr hinspähte: »Kumm 'rüber! kumm 'rüber!« Das mußte ein klüchtig Ding sein, und der immer Argwöhnische schubste einen Jungen: »Du kwaden Kerl, sieh, wat los is!«

Schon haspelte ein Knäuel aus der Masse hervor, schnellte zakkige Form, wuchs zu Händen und Beinen und rollte als rotköpfiger Bub vor die Füße der Lehrersfrau. »Segg forts, datt de Scholrat –« weiter hörte der Junge nicht und raste zurück, voll dunkler Angst des Unerhörten: »De Scholrat!«

Kaum vernahm der Lehrer das abgehackte Wort, sahen alle ihn erbleichen, und mit der feinen Witterung, die jede Klasse für die Stimmungen des Lehrers durchschauert, erkannte urplötzlich die ganze Gemeinde, daß große Gefahr im Verzuge stand, und starrte im gemeinsamen Trotz vorm Schicksal den Lehrer an. Diese plötzlich sich verratende Schicksalsverbundenheit aber peitschte unbewußt den Lehrer auf, gab ein sicheres Wort zurück, und härter als natürlich befahl er: »Stillgestanden, paarweise marsch!«

So trippelten sie der Schule zu und klapperten in die Bänke. Der Lehrer, noch ganz dösköppig über sein ruppiges Kinn, und daß er den Kragen der Hitze halber vergessen, stelzte als Lehrer in gewaltsamer Haltung und sah jetzt erst die Schrift. Doch seine Frau rief durch die Tür: »He is al wehr weck!« Aufatmen weitete sein Herz, und so empfand er die Freude der hundert Augen, die alle wie gebannt auf die große weiße Schrift stierten, als eigene Erlösung mit und bekräftigte: »Ja, die Schule fällt aus, ihr könnt gehen!«

Mit den ölfleckigen Zopfsterzchen am Kopf schrien die lütten Wichter wie flügge Krähen auf und begannen gleich zu ringelreihen, die Jungens klabasterten los wie klobige Füllen, die keine Holzschuh tragen können, und warfen sie tobend in die Höh – –

Wohl nie im Leben hat der Baron eine solch leuchtende Spur von Glück hinter sich gezogen, seliger als die Fußstapfen von Göttern, in denen Veilchen und Narzissen blühen.

Das Schweinerennen

In Dortmund war Hauptversammlung des Westfälischen Bauernvereins, und die alte Hansestadt hatte ihr bestes Bier gebraut, um die plattdeutschen Stammesgenossen wurzelecht zu empfangen. Der Schlager des Tages aber sollte die Ausstellung des damals eben gezüchteten Rassepferdes »westfälisches Edelblut« sein. Schorlemer-Alst als Vorsitzender hatte sich persönlich hervorragend daran beteiligt. Im Südosten der Stadt, wo später die neue Rennbahn angelegt wurde, erhob sich eine weithallige Stallung, Vierbeiniges und Zweibeiniges würdig zu empfangen; zwar standen alle Rassen hier zur Schau, aber Westfalens edelster Sohn ist das leichte Pferd, der ranke Typus des Kriegerpferdes, der auch in seinem Wappen springt; und aus diesem seinem bodenständigen Zuchttier sproß »Edelblut« hervor, das an Kraft dem schweren Hannoveraner und Oldenburger zwar nicht gewachsen ist, aber an Form alle schlägt.
Freiherr von Schorlemer, aus dem alten Geschlecht der Skurilingisviri, das schon um 900 im Werdener Heberegister erwähnt wird, hatte aber aller Warnung zum Trotz ritterlich auch Bomberg aufgefordert, mit seinem »Edelblut« den Dortmunder Tag zu beschicken. Der Baron bekümmerte sich nicht wie vordem um die öffentlichen Dinge, hauste ja auf seinen dreißig Gütern nach eigenem Wohlgefallen und ließ seine Mütze draußen wenig mehr sehen – aber man weiß, wie der erste Westfale entstand. Als Gott durch dies Land ging, sagte Petrus: »Auf dieser schönen Erde könnten auch Menschen wohnen!« Da stieß Gott derbe an einen Klotz, und sofort sprang der erste Westfale heraus. Man muß also nur kräftig treten, sagte sich auch wohl Schorlemer, und Bomberg stimmte endlich zu.
Als der Tag kam und der Vorstand die Stallungen am Vorabend abging, fand er die Box, welche Bomberg zugewiesen war,

hagelvoll von – lauter Schweinen! Auf die Entrüstung der Herren entgegnete dieser mürrisch: »Ja, *das sei sein* Edelblut!«
Als Schorlemer keinen Spaß verstand, fügte der Baron ausdrücklich hinzu: Dies sei seine hochbeinige, beste, in Eichenwäldern aufgezüchtete Edelblutrasse! Es waren tatsächlich schöne junge Läufer, finnige Biester, die steifohrig nach jedem jappten und schnappten. Trotz seines Protestes wurde das Bombergsche Edelblut an die Luft gesetzt und zu dem eine Stunde entfernten Schloß Bröninghausen in ihre Zuchtanstalt zurückbefördert.

Nach Ende der Versammlung am zweiten Tag war der ganze Vorstand von Rittergutsbesitzer Overweg, dem Bruder des Landeshauptmanns, nach Haus Reichsmark bei Hohensyburg zum Abendessen geladen, ebenso auch Bomberg als Gutsnachbar, denn Bröninghausen und Reichsmark liegen beide südlich der Stadt, am Hang und auf dem Kamme des Ardey. Da wurde denn auch das »Edelblut von Bröninghausen« mit guten Hieben geschlachtet und in salzige Witze gepökelt, und Schorlemer, der einen großen Zuchttriumph eingeheimst hatte, feierte es in einer übermütigen Aussprache, worin nicht deutlich wurde, ob er mit dem Edelblut immer Bomberg oder seine Schweine meinte.

Der Baron wirft den langen Schnurrbart über die Schultern, dankt ruhig für die ehrenden Worte und schließt mit ätzender Ironie: »Das Schwein allein ist seit Jahrtausenden das edelste Produkt Westfalens! Wie die Friesen im Banner den Grützpott führten als Mahnung, für den Herd zu kämpfen, so sollten wir als Wappen statt des springenden Pferdes lieber das Schwein zeigen! Ruhe, meine Herren – Ich habe genug mit Ihnen verkehrt! Ruhe, meine Herren – wir wollen unser Lieblingsthema ernst behandeln: Man kann unser Schwein züchten auf Borsten oder Fett oder Fruchtbarkeit – *mein* Edelblut ist auf *Rennen* gezüchtet, und ich halte *jede Wette*, daß es gegen *eure* Edelblüter gewinnt! Ich will mit *meinen* Rassetieren *eure* Kunstprodukte schlagen!«

Die fröhliche Wette konnte nicht ausgeschlagen, aber auch am Tisch nicht ausgetragen werden, und somit wurde vereinbart, daß sie im Spätherbst in Szene gehen solle.

Haus Reichsmark gegenüber, an der Gebirgsstraße von Herdecke nach Aplerbeck, liegt im Vorwerk von Bröninghausen das sogenannte »Bombergs Holz«. Bomberg bedang sich aus, daß sein Rennen von dort aus auf dem Landweg nach Bröninghausen gehen sollte. Die Strecke war viertausenddreihundert Meter lang.

Er schaffte seine Schweinekoppel im Herbst nun zu der Försterei in diesem Holz und ließ sie jeden Tag zum Fressen nach Bröninghausen führen. Bald trabten die klugen Tiere den Weg allein, kaum noch von den Treibern gebändigt. Unter ihnen zeichneten sich *zwei Eber* besonders aus, deren Vorfahren vom Händler Moses Maier in Brakel bezogen waren und deshalb Moses und Maier II hießen, andere hießen Schorlemer, Bauernstolz, Ardeybruder und so weiter.

Der Tag kam. Schorlemer und Overweg setzten den bekannten Rennreiter Herrn von Nagel auf ihr Edelpferd.

Bomberg hatte den ganzen Vortag seine Schweine tüchtig hungern lassen, und ihr Wutgebrüll erfüllte den Startplatz. Jetzt sprach er über sein Feld den Bombergssegen:

»Rettet mich, ihr Schweine!
Los von der Leine!«

Und das Feld stob los, Nagel gehstehaste voraus. Die Schweine stutzten eine Sekunde aufrüsselnd, und dann bullern sie fort, dem leichten Herrenreiter im Rudel nach. Grunzend, quiekend, gurgelnd den Ardey hinab, an der Hacheneyer Wort vorbei, in Wetterstürmen über die Wollinghofer Heide. Auf der Heide geben die hungrigen und futterneidischen Schweine erst recht Hals und haben bald die Führung, manche verrennen sich und humpeln nach, andere geraten dem Pferd zwischen die Beine und werden lahmgeschlagen, aber die Schweine sind so wegekundig wie der Reiter, der die Bahn wohl ein dutzendmal ausprobiert hatte. Zeche Franz rechts gelassen, Dorf Hacheney umgangen und über die Wiesen und Felder los! los! auf den Turm von Bröninghausen los, wo die Schiedsrichter versammelt waren und Bomberg ein Pferde-Schwein-Toto aufgemacht hatte.

Eine Staubwolke kündet die Ankunft. Zuerst sauste Maier II in den Stall, gleich dahinter Bauernstolz und Moses und fahren funkelnden Auges mit dem Rüssel in den Trog. Dann folgen noch drei andere Säue, und jetzt landet endlich Nagel am Ziel mit dampfendem, schweißbedecktem Braunen und beschwert sich noch, gekränkt in seiner »Jockeiehre«, daß er von der Gegenpartei lebensgefährlich angeritten sei.
»Gut«, entscheidet Bomberg, »die betreffenden Außenseiter werden disqualifiziert und nach Jahresfrist zu Rostbraten hingerichtet!« Also geschah es. Aus dem Erlös der Bröninghauser Schweine aber stiftete Bomberg den »Großen Preis von Bullbergen«, der später noch zweimal ausgeritten worden ist.

Wie der Baron den Viehhändler Grünberg vergrämte, als er zu seiner Geliebten fuhr

Der Baron war nun sechsundsechzig Jahre alt. In der Hornhaut seiner wasserblauen Augen zeigten sich einige rötliche Äderchen. Er schwitzte des Nachts und mußte Kreide gegen Sodbrennen schlucken. Das alles kam aber so langsam und selbstverständlich wie die Jahresringe um den Baum, bis er auf einmal merkte, daß er mit der langen Entenflinte zittere. Er hißte die Braue über die Kimme: »Nanu? –« und gleich befiel ihn Schreck: »Brille?« Er haßte nichts wie dies spinnebeinige Gestell auf der Nase! So holte er sein altes Monokel aus der Birnbaumkommode, wo es zwischen Briefen, Uhrengehängen, Petschaften und einer spanischen Hundepeitsche vergessen lag. Er klemmte es umständlich vor dem Spiegel ein, schnitt eine blasierte Grimasse, Mundwinkel faltig herabgesenkt, und schloß halb das linke Lid. Saß eine Stunde im »Jérôme« und gewöhnte sich. Dann schmiß er das Ding in den Schloßteich: »Ex! –«
»He is up si'n ollen Dag gitzig wodden –« meinten die Bauern, als sie ihn drei Wochen lang in Hemdsärmeln und Wasserstiefeln hinterm Pfluge stapfen sahen, mächtig pfeifende Schlingen durch die Luft knallend, er warf Priemchen rechts und links und brach die Scholle, eines Regenschauers nicht achtend, bis die

dampfenden Füchse spiegelglatt unter den Lerchen wieder dahinschritten, aß abends vier Teller Selleriesalat und Zwiebelscheiben auf Pumpernickel: ›Verdammt, er war noch nicht alt!‹ Balgte eine gramstige Magd mit Sommersprossen wie ein Siebenkäfer und kitzelte sie quer auf den Knien, bis sie hechelte. ›Ja, er war noch jung!‹ und in seinem Knochenmark gespensterte der alte Übermut.
Er ging abends mit den Bauern Kegel schieben.
Er machte sich plötzlich fein wie ein Schwerenöter: »Ich will die Damen Twackel aufsuchen – ich muß wieder heiraten – ich geb noch keinen Hahnrei ab!« Und wollte es sehr heimlich tun, und wie er in der Postkutsche saß, war er schon unversehens voll dicker Abenteuerlust und Laune, der spukhaft tolle Pfiffikus wie je, und schmiß in einem Bogen Goethes »Werther« aus dem Wagenschlag: »Olle Komödiantenscharteke!« und sog den guten frischen Harzduft der Tannenwälder, das süße Gekräusel der schmächtigen Birken wie den muffig warmen Pilzgeruch aus den Moospolstern am Wegrand.
Da er so schön allein war, knöpfte er die Weste auf vor Behaglichkeit.
Plötzlich weckte ihn das Posthorn; Hundegekläff belferte. Pakete und Schachteln wurden haufenweise aufs Deck geladen. Ein Bäuerlein gab umständlich einen Brief ab, dessen Adresse er erst dem Postillon zweimal vorlas: »Dat he ok sicher öwer kump –! Bestellen Se ok 'n Kumplement vön mi!« Der Postillon rief: »Sicher, Vader!« Er sah den Postmeister mit seiner Frau Kaffee trinken, und dies Familienidyll rührte ihn merkwürdig weich: ›Eine der zierlichen Damen Twackel wird's schon sein – heut ist's mir klar, daß ich sie längst geliebt hab‹ – und pfiff zum Rendezvous.
Als aber die Achsen schon wieder durch den Sand mahlten, wurde mit heftigem Ruck die Tür aufgerissen, eine Geldkatze flog herein und atemlos, mit rotverquollenem Gesicht, haspelte ein kurzer Mensch nach und warf seinen Schmerbauch vis-à-vis. Der Baron fuhr auf.
»Eine Minute wär's zu spät«, prustete der Mann und trommelte den Staub von sich, als schütte ein Schinken Mehlwürmer ab.

Es war der Viehhändler Grünberg, der öfters zum Handel in die Gegend kam.
»Das war ja heut ein Schächern hier –!« platzte er nach kurzem Besinnen los.
Der Baron sagte nichts.
Aber der Händler ließ nicht locker: »Fein Vieh, schön Vieh – man sollte nicht glauben, daß die Heidebauern solch Vieh mästen! Aber geizig, geizig, geizig! –«
›Dieser impertinente Kälberschwätzer!‹ schielend kniff Bomberg die Lippen dünn und schmal.
»Gutsbesitzer hier –?« fragte Grünberg schon wieder.
»Jawohl!« preßte Bomberg durch die Lippen.
Verwundert folgte die gedehnte Frage: »Was ist – Sie denn –?«
»Nee – nee – daß einem so was passieren muß!« zischte Bomberg angestrengter durch die gekniffenen Lippen.
»Haben Sie Schaden? – Brand? – Todesfall?«
Der Baron kniff die Lippen so fest, daß der Nasenrücken Kerbe zog und die Nüstern gebläht zitterten. Er schüttelte in tiefer Niedergeschlagenheit den Kopf.
Der Viehhändler legte ihm seine haarigwarme Hand aufs Knie: »Sind Sie leidend? Vielleicht gar an der Leber? Das ist nämlich bös –«
Bomberg dachte: ›Nun fahre ich zur Brautschau und der Kerl da will mir ein Leberleiden suggerieren? Zwar ist mir genug über die Leber gekrochen –‹ und hielt sich, um nicht zu schmunzeln, die Hand vor den Mund:
»Gucken Sie mich nicht so an –«
»Vielleicht eine Zahnkrankheit?«
»Ja – ja – es ist eine Zahnkrankheit, eine furchtbare Zahnkrankheit, schlimmer als Ankylose oder die Maulsperre – da kann man sich die Lippen mit Packnadeln zunähen –«
»Das muß ja sehr bös sein – mein Herr! –«
Und Bomberg neigte sich zähneklappernd näher:
»Wissen Sie, Mann, ich bin von einem tollen Hund gebissen –«
»Waas –?«
»Und komme vom Hümmling, vom Doktor, der hat mir 'ne Spritze gesetzt –«

»Ob's denn – wohl – hilft?«
»Weiß er auch nicht –«
Zögernd zieht sich die Hand zurück: »Merkt man, wenn's kommt?«
»Leider nicht, lieber Mann – es zuckt wohl in den Gelenken, in den Zähnen, durch die Lippen, als ob man beißen müßte –«
»O Gott gerechter!« Zwei erschrockene Augen starrten ihn an.
»Keine Angst – nur erst ein bißchen schwindlig wird mir. Bleiben Sie bitte ja bei mir und passen Sie auf! Nur reizen Sie mich nicht!«
»Aber wie kann ich sehen, ob –?«
»Wollen wir vorher ein Spielchen –? Jule, dreimal Amerika, nackten Spatz oder anderes? Eins werden Sie doch können? Nur zur Ablenkung!«
»Ich kann nix –«
»Schieben Sie mir bitte Ihren Knappsack als Kopfkissen unter – reizen Sie mich nicht!«
»Gern – sehr gern – armer Mann Sie!« Und der Viehhändler schob ihm seine Geldkatze unter, doch so, daß er mit einem Griff sie packen konnte.
»Herr –! Herr –!« schrie der Kranke jammernd auf: »Wenn ich nur mein Lebtag nicht einen Maulkorb tragen muß!«
»Ruhig – ruhig! Zähne fest zusammen!«
»Sie reizen mich!«
»Nein – ich tu ja nix!«
»O Gott – Gott!«
»Ruhig, mein Herr – schön Wetter heut –«
Der Baron plötzlich mit Zähnefletschen und Augenfunkeln:
»Hu – ich muß beißen! Hu – ich muß beißen!«
Hui! stieß mein Viehhändler die Tür auf und sprang mit wahnwitzigem Satz bei voller Fahrt hinaus, aber der Baron erwischte ihn noch und biß ihm kräftig in die linke Wade, daß draußen ein schrilles »Au! Au!« brüllte und der Postillon mit jähem: »Trügg – ho!« die Zügel anzerrte und sah, wie der letzte Fahrgast ohne Hut und Gepäck Reißaus nahm. Krach! Krach! flog die Geldkatze ihm noch in den Nacken.

Aber das lachende Gesicht des anderen Herrn winkte: »Schnell weiter – der Kerl ist vom tollen Hund gebissen!«
Da hieb der Postillon auf die Gäule, daß die säuselnden Birken überm Wagen zu sausen und brausen begannen, während drinnen gemächlich ausgestreckt der Baron übers Polster sich dehnte, auch den obersten Westenknopf noch löste und trällerte: »Selleriesalat ... Selleriesalat ...«

Die Behexung

Als der Baron die Siebziger überschritten, die Jagd schon der Gichtknoten wegen nun Reiz und Leidenschaft verlor, auch das Gehör infam nachließ, so daß er öfters am Tische Wort und Geste nicht verstand, sie mißdeutete und aus Mißdeutung argwöhnisch wurde, durch also mancherlei Beschwerden statt Krammetsvögel mehr Grillen fing, kam er sich vor wie ein pensionierter General, der in Ungnaden entlassen ward. Zuletzt schmeckte nichts mehr, und hatte doch einen Magen besessen, drin ein Igel hätte Junge kriegen können, und stippte Zwieback und Beschüte aus dem Napf und beschlabberte sich. Und da er einmal gehört hatte, daß Ziegenmilch die nahrhafteste sei, trank er täglich – brr! – wie Medizin drei Gläser lauwarme Ziegenmilch, nüchtern nach dem Aufstehen, und behielt trotzdem das Sodbrennen. Es mußte wieder etwas im Blut rumoren.
Der Hosenträger war schon im März zerrissen und das Halstuch braun verschwitzt – wofür sollte er noch lästige Putzerei sich antun? Wenn Verwandte kamen - die letzten Freunde waren nun auch gestorben, die Söhne auf fernen Gütern verheiratet, die selige Frau Baronin lag so lang unterm alten Hauswappen in der Gruft – taute wohl ein Gespräch auf, und er erzählte mit rüstigem Gedächtnis sehr traurige Begebenheiten, Unglücksfälle, Mißgeburten, Hagelschläge aus längst vergangenen Tagen und klagte darob, wie schlimm jetzt die Zeit wär, aber von Schnurrpfeifereien wollte er partout nichts mehr wissen und konnte aufbrausen und zahnlos kläffen, wenn er glaubte, man

zapfe ihn selber an. So sehr hatte der alte Witzbold sich gemausert, daß er oftmals mit Reu und Buße sich trug, auf daß Gott ihm die Torheiten drüben aus der Kreide streiche, und heckte die fixe Idee, eine *Mater dolorosa* aus Marmor, wie jene von Achtermann im Dom zu Münster, in der Dorfkirche zu stiften; dawider stichelte allerdings sein Geiz, der den Beutel immer enger schnürte, so daß die Domestiken – aus Haß sagte er jetzt Domestiken! – ihn heimlich allerorten bestahlen und die Kötter und Heuerleute fortwährend mit dem Pachtzins gesteigert wurden, den der Rentmeister allerdings aus freien Stücken stets wieder ermäßigte. Er mußte dem Alten diplomatisch plausibel machen, daß er noch auf gut etliche hundert Jahre keine Nahrungssorgen zu befürchten brauche, denn allein die riesigen Eichenwälder wüchsen wintertags wie sommertags ununterbrochen jedes Jahr von allen Seiten Klafter von Schätzen ins Haus. Da belobte ihn der Baron für diese Tüchtigkeit und schenkte ihm – der selber nicht mehr reiten konnte – die spanische Reitpeitsche.

Abermals fiel die Frühjahrssonne durch die krickelnden Mispelbäume mit wild tanzenden Blitzen mitten übers Himmelbett, und er henkelte an der Quaste erstaunt sich hoch und saß in einer knabenblöden Benommenheit aufrecht. Er nahm den dicken Bronzegötzen vom Wandbrett und betrachtete ihn von allen Seiten, entdeckte ihn jetzt erst, nachdem die Figur ein Menschenalter unbemerkt bei ihm am Bett gestanden, den irgendein Vorfahr aus irgendeinem Weltwinkel wohl herbeigeschleppt hatte. Er fühlte sich heftig mobil werden und beschloß, das ganze Gebäude mal näherer Visitation zu unterziehen.

Also klingelte er sehr heftig, und Mimmi stürzte verdattert zur Tür herein – seit unglaublicher Zeit hatte es nicht mehr geklingelt! – und der Baron verlangte kurz: »Zwei Eier in der Pfanne –« ›Main Chott, das ist ein böses Vorzeichen‹, dachte Mimmi, ›denn so pflegen Kranke vor ihrem Ende merkwürdige Anfälle zu bekommen . . .‹ Aber sie besorgte getreulich ihren Auftrag.

Der Baron ließ sich alsdann die Feuerversicherungspolice ans

Bett kommen, die ein genaues Verzeichnis des gesamten Inventars enthält, und studierte sie durch. Bei jedem Gegenstand, der ihm fremd dünkte, klingelte er: »Mimmi, was ist . . . acht Dutzend geköperte Linnentischtücher? Herbei.« Und Fräulein Mimmi mit drei Mägden mußte acht Dutzend Linnentücher ins Zimmer schleppen und schmuggelte viel Bettwäsche unter den Stapel, und es langte doch nicht. Der alte Luchs lauerte mit sprühenden Augen und pfiff wütend aus dem Himmelbett: »Siehste –! Siehste!« Er notierte das Fehlende: »Wo die Hausfrau nicht ist, da tanzen die Diebe in der Speisekammer!« und klingelte schon heftiger: »Ich mache nur Stichproben heut . . . Mimmi, was ist: zwanzig Wirselbäume?« – »Da muß ich erst einen Knecht fragen –« maulte sie beleidigt – »das kann ich doch auch nicht wissen, was so was ist!«

Flugs zog er sich sehr ernst an, trug die Listen in den Zimmern herum und machte Kreuzchen an die einzelnen Posten: »Sieben flandrische Wandteppiche – drei neapolitanische Präsepien – zwei Erker mit gepunzten und geschnittenen Ledertapeten –«

»Die hat der Herr Baron mit die Offiziers ja selbst zerschnitten und kaputt gemacht –!« triumphierte Mimmi und staubte und wischte aufgeregt herum.

»Schockschwerenot –! Das *war* mal! Das ist längst *vergessen! Davon* spricht man nicht mehr! Weiberlogik!« Und fluchte, daß niemand orientiert sei, daß sogar die Namen auf einzelnen Gemälden fehlten; wer die denn gestohlen hätte? Ob das vielleicht nur Kopien seien? He?

»Das ist wohl – möglich, daß die verstorbene gnädige Frau Baronin die zerschlagenen schönen Gemälde durch nachgemachte wieder ersetzt hat –«

»'raus, Mimmi! Ich sehe hier doch sonnenklar, daß ein Porträt sein muß, was nach Größe und Nummer der Liste jetzt ein Hirschgeweih ist – haben auch hier Gespenster gehaust?«

Fräulein Mimmi zuckte vielsagend die Schultern, ging und schloß sich ein. Dort weinte sie.

Der Baron aber saß, die Brille ruhig auf der Nase, über den Schmuckkästen und Vitrinen, ordnete facettierte und gerautete Diamanten, beschaute die goldgelben, grüngoldnen Uhrber-

locken, Emails in geschwärztem Silber mit fleischfarbenen Carneolen, weinroten Almandinen und Spinellen, Gürtelschnallen mit olivenen Chrysoberyllen, hirsehellen Topasen, Siegelringe und Ketten ganz aus saphirdunklen Amethysten, Paradestücke eines Großvaters, und fand vieles verbogen, entsteint, angelaufen von Nässe, und noch mehr fehlte ganz. Der Hausschatz war in alle Winde zerstoben! Und zaghaft klingelte er Dachs, der auch schwer beleidigt tat, und fragte: »Kennst du das wachsig schimmernde Alabasterrelief in gekerbtem Holzrahmen, links an der Wand?«
»Das haben wir nie gehabt –« antwortete Dachs mit Würde und Überzeugung.
»Dann ist der prunkvolle Kredenztisch mit böhmischem Tuch, mit Borden und Quasten wohl von selber durchs Fenster geflogen –?«
»Warum nich –?« schnarrte Dachs.
Der Baron blieb eisern ruhig: »Die holländischen Fayencen, die kleinen Terrakotten von Luca della Robbia –?«
»De liggt auk woll buten up den Bülten, wo die Hohner bint –!«
Jetzt bekam er einen Tobsuchtsanfall:
»Her damit! Zeigt mir die Dinger! Purster Schwindel, daß *ich* alles gefressen hätte! Nichts ist zu finden, ich steck in Schutt und Moder hier! Wo ist der Rentmeister?«
Da ging auch Dachs, und er rannte allein durch die Flucht der Zimmer. Und der Baron ward so griesgrämig und verbiestert wie noch in allen Jahren nicht und ließ vor Jähzorn Dachs anspannen, setzte sich in den Wagen und schimpfte schließlich mit sich selber: »Es ist gar nichts mehr in der Welt – keine Pulle, die man noch lieben kann, kein Weib, das man noch entkorken kann – die letzte Partie mit den Damen Twackel hat mir Mimmi aus Eifersucht verdorben – so ein Hausaas! Heraus mit ihr!«
Und dachte an frühere, süße Kavaliersfahrten, wie er mit Dachs losgezogen war voll Überschwang, und sah sich verklärt im Spiegel der Erinnerungen: in einer frischgebügelten Nankinghose mit Stegen an den Hacken, einem blauen Tuchrock, der dickgoldene Knöpfe trug, und einem hohen gesteiften Um-

schlagkragen, wie man sie auf Empire-Bildern findet, um den Hals die weißseidene Binde in malerischem Knoten mit funkelnder Agraffe – im lauen Zugwind durch die offenen Wagenfenster federten die Spitzenjabots aus geschweiften Ärmeln über die wohlgepflegten Hände mit den bläulich polierten Fingernägeln ...

Und hob und besah grimmig seine jetzigen beiden alten Tatzen. »Ich möcht euch zum Fenster hinausschmeißen, ihr fiesen, faltigen Schrumpellappen!«

Die Himmelskuppel barst ihm vor Verärgerung und Wut, und ein Spalt fuhr mitten durch die Erdachse: ›Es ist gar nichts mehr in der Welt!‹

»Kiek äß an – in Reken is Kärmste[1]?« rief da gerade Dachs und kehrte vom Bock die rote Weste um.

Und schon gerieten sie ins Gelärm der Kindertröten, Harmonikaspieler, Drehorgeln, Karussells und Ausrufer; Brezel- und Tandbuden umdrängten sie, und ein Luftballönchen stieg knallrot am Kirchturm empor, wippte vorbei und schaukelte in die strahlende Bläue dahin! Rams! bollerte der »Haut den Lukas«, ein federgespannter Holzblock, der über ein hohes Gerüst einen Bolzen schnellte, der droben die bunte Figur des Lukas wie einen Düsseldorfer Radschläger kopfheister wirft. Die Bauernburschen maßen ihre Kräfte mit ausholenden Schlägen, der Axt gewohnt, erhitzt von Fusel und Bier, oder jupheiditen Arm in Arm mit den nach Milch und Pomade riechenden schweren Mädchen über die Chaussee.

He ja – was waren Poccis Puppenkomödien vor diesem Kasperltheater, wo der Dorfkinder jubelndes Entzücken sich staute? Der städtische Zirkus Caré vor diesem windschief vorsintflutlichen Tierzelt? Der Schrecken Afrikas rauschte um Eva Hu, das Negerweib, das fettglänzend mit tätowierten nackten Brüsten auf dem Podium einem fiependen Karnickel den Kopf abbiß! Was war der Schwindler Herkules oder der sagenhafte Samson gegen diesen bizepsgewaltigen Kerl da, der laut wettete, als Weltmeisterschaftsringer beider Erdteile jeden, ob König, ob Knecht, Weib und Kind, jung und alt, glatt auf den

[1] Kirmes

Rücken zu legen und einen Ochsen mit der Faust tot zu schmettern? Und der sie alle doch überschrie, der billige Jakob aus Billerbeck, welcher aus der flachen Hand Himmel und Erde für fünfzig Pfennig, für fünfunddreißig Pfennig, für zwei Groschen an jeden losschlug und noch einen schönen Lausekamm dazu tat? Kirmes, Kirmes, lustige Zeit! »Wollen Sie 'n Schottsken mit mich danßen, Herr Baron?« fragte eine kecke stramme Dirn in den Wagen hinein und wedelte ihm unter die Nase.
Da flüsterte er ihr was ins Ohr, daß sie kreischend davonstob, und Dachs, der alte Junggeselle, schwippte ihr eins zärtlich mit der Peitsche über. Der Baron setzte nun, flügge geworden, heraus und kaufte so aus Gewohnheit Möppkes und Berliner Pfannkuchen, die er aber nicht wie damals mit vollen Tüten in die Menge warf, sondern weiterbummelnd in die Rocktaschen steckte; nur für sich selber, wenn er Appetit kriegen sollte! Ein Bänkelsängerpaar zeigte mit dem Spazierstock eine Schauerballade und sang: »Heinrich schlief bei seiner Neuvermählten – Einer reichen Erbin von dem Rhein – Schlangenbisse, die den Falschen quälten – Ließen ihn nicht froh und glücklich sein. – Zwölfe schlug's, da drang durch die Gardine – plötzlich eine kalte Leichenhand –« Der Baron dachte an einen Streich, da er selber Gespenst gewesen, auch die Looz-Curswaren fiel ihm seltsamerweise ein. Er ging ins Tierzelt; sieh? das dressierte Ferkel gaudierte ihn schon dermaßen, daß die hellen Tränen ihm perldick von den Backen kollerten. Und da konnte er's wieder nicht aushalten vor Wibbeligkeit. Und mit eins schlug der erstickte Teufel tausend wilde Augen in ihm wieder auf und er erhandelte es um dreihundert Gulden, denn der Besitzer war ein Holländer. Und gebot ihm, das Maul kunstgerecht zu verbinden, in einen tüchtigen Sack es zu verstecken.
»Dachs –! Wir sind nun einmal auf Abenteuer, laß uns ein bißchen weiter fahren bis Schloß Gömen – ich bin lange nicht mehr da gewesen ...«
Und sie fuhren zu dem alten Wasserschloß, drin die Freiherren vom Lundsberg ihr Amphibienleben führten. Kaum, daß der Baron den Treppengiebel aus der malerischen Seenfläche tauchen sah, bog das Gefährt auch schon über die rumpelnde

Holzbrücke zwischen den dunklen Taxuspyramiden hindurch auf den behelmten, über und über berankten Hauptturm zu.
»Kiek äs an – nee, dat is ja nett von dir!«
Der greise Freiherr freute sich von Herzen, den einsamen Alten als seltenen Gast bei sich zu sehen, der alle Torheiten längst gebüßt, und der Baron erwiderte herzlich: »Ja, man soll die guten Beziehungen nicht einschlafen lassen –!«
Man nahm im Turmzimmer den Imbiß und verabschiedete sich auf baldiges Wiedersehen, denn wichtiger Geschäfte halber würde man in Bullbergen den Hausherrn erwarten.
Seit drei Jahren hat der Baron im Himmelbett nicht so gut geschlafen wie diese Nacht in der Kutsche mit dem Bewußtsein: ›Rappel dich auf, unverwüstlicher Bursche!‹
In der Morgenfrühe nun, denn Schweine müssen schon sehr früh gefüttert werden, prallte die Magd mit dem Blecheimer entsetzt auf Schloß Gömen zurück: da sprang ein Ferkel von der Streu und winkte ihr dankbar fröhlich entgegen! Sie wischte mit dem Handrücken die wunden Augen und glaubte an einen Traum. Reckte Hals und Arm über die Verschalung des Trogs: da stand das Ferkel allbereits auf beiden Hinterbeinen und warf ihr eine Kußpfote zu!
Die Eimer an die Wand schlagen, die Schürze vors Gesicht, mit hellem Kreischen das Weite suchen – war das Werk einer Sekunde und lockte das Gesinde wie Bremsen aus dem Bau.
»In den Stall is ’nen verrückt Schwin! In den Stall is ’nen verrückt Schwin!«
»Du bist sülwst ’n verrückt Schwin!« rief der Großknecht und halfterte ruhig seine Pferde, aber die Magd floh über die rumpelnde Brücke hinaus. So tappte er denn bedächtig, Fäuste in den Buxen, durch die offene Stalltür und sah – da hob sich ein Jungschwein, bog das rechte Pfötchen salutierend ans Ohr und schlug Salto mortale!
»Jesus, Marijob –!« stotterte er angepfahlt. Schon gafften mehrere Mägde zugleich und prallten zurück.
»Wat soll de Schandal?« herrschte die Stimme des Verwalters, der in Pantoffeln herbeischluffte – schon hob sich das Ferkel und kreuzte die Vorderpfötchen graziös über die Brust, legte

den Kopf drauf und verneigte sich tief in Ehrfurcht. Ihm blieb das Maul offen stehen!
»Dat geht nich met rechten Dingen!« – »Dat Dier is behext!« »Dor sidd de Düwel in!« – »Dat häw den Veitstanz!« – »Hu Gutt, hu Gutt – wenn man bloß de Welt nich unnergeht!« flüsterten und wirrwarrten die Stimmen durcheinander, und vernehmlich entriegelte sich oben im Herrenhaus der Fensterladen, und die alte Mutter Lundsberg, im krausen Häubchen, fragte in den Hof:
»Um Gottes willen, liebe Leute, was is passiert –?«
Da schritt gerade der Kaplan zur Frühmesse vorüber, und schon brüllte alles: »Här Kaplan! Här Kaplan!« Der erschrak und kam feierlich näher; er müsse vielleicht einem Verunglückten das Sterbesakrament spenden? Aber der Verwalter zerrte ihn eiligst zur Seite:
»Hochwürden – seggen Se – kann de Düwel in de Schwine föhrn?«
Erstaunt nahm der Theologe das Birett ab:
»Bei Gott ist freilich nichts unmöglich – Satan ist ja in der Bibel in die Schweineherde eingefahren –«
»Dann kommen Se doch chau un kiken – hier sidd der Düwel in!«
Der Kaplan faßte für alle Fälle das Brevierbuch fester: ›Man kann ja nie wissen!‹ und schritt allein durch die Gasse der Umstehenden aufrecht an den Trog. Durch den Lärm erschreckt, stöberten die Schweine mit wildem Gequieke in den Ställen revoltierend durcheinander, und der Gottesmann witterte schon vor der Türe, daß in der Tat Vorsicht und Weisheit geboten schien. Und – wahrhaftig – hob sich da die kleine Sau kerzengerade, kniff die borstige Wimper und zwinkte ihm in der Soutane mit dem anderen Auge vertraulich zu! Das war denn doch eine unerhörte Frechheit von diesem Schwein, so einem gemeinen Schwein, einer solch viehischen Kreatur wider den Gesalbten des Herrn, daß der Kaplan perplex mit Donnerkanzelstimme in den Stall schrie:
»Ich verbitte mir das! Sie . . .!«
Nun war's klar, daß hier eine furchtbare Begebenheit vorlag,

und der ganze Hof erklärte sich sofort solidarisch mit dem Geistlichen wegen des unheimlichen Biestes da! Das gnädige Fräulein rischelte in der hastig gerafften Frisierjacke so neugierig wie aufgeklärt in den muffigen Dunst des Stalles und wagte rasch einen brauehohen Blick, war aber an den verkehrten Schlag geraten und sah nur Keilendes, Schreiendes, Bockendes, Schabendes und trällerte mokant mit ihrer hellen Pensionatsstimme:

»Ich schaue nur Säue!«

Worauf der Knecht sie geduckt einen Trog weiter zog, und da nun sah sie – nun sah sie – was, weiß sie selber nicht mehr, sie soll in einem duftenden Brieflein an ihre intimste Freundin mit vielen durchstrichenen Stellen es vorsichtig dahin umschrieben haben, daß ein natürliches Schwein ihr die ungeschlachteten Schinken zugekehrt, dabei den Schwanz (oh, Du verstehst ja!) und seitwärts ordinär ihr die Zunge unflätig ausgestreckt hätte – –

Der Kaplan hatte indessen feierlich das Kreuzzeichen geschlagen und dreimal gerufen mit gebietender Stimme: *»Apage, Satanas!«* wobei sich oben schnell klappernd das Fenster geschlossen (damit der Teufel nicht etwa dort einfahre) und alle Zurückgetretenen sich mit segneten.

Nichts erfolgte. Gar nichts. Das Rumoren aber wuchs nur ärger, sie schlugen drinnen mit boshaften Hufen gegen die Planken. Der Verwalter schrie: »Der Tierarzt muß her!« – »Nein, der Gendarm –!« rief der beleidigte Kaplan; noch nie hatte jemand in der Gemeinde ihm den Gehorsam öffentlich verweigert! Guter Rat war teuer, alle Nachbarn füllten den Hof, der Freiherr hielt sich aus Reputationsgründen hinter der halbgeöffneten Tür versteckt – als auf einmal eine Kinderstimme rief:

»Dat is jä 't Schwinken ut dem Kirmeszirkus!«

Man hätte glauben können, der Schwarm Tauben, der mit wildem Glucksen und Rülpsen und Rauschen von den Dächern wie eine Wolke sich hob, wirbelte aus lauter Spott und blanker Schadenfreude und reinster Boshaftigkeit empor, und es stecke doch irgendeine teuflische List in der Kreatur; aber das kam

nur daher, weil diese tolle Lachsalve hundertkehlig unten aufplatzte, während die kluge Mutter Lundsberg sich oben philosophisch fragte:
»War nicht gestern Bomberg hier –?«

Der Journalist

Der Journalist einer größeren Provinzzeitung ersuchte um ein Interview, um auch den Baron als pikantes Lesefutter den Abonnenten zu servieren. Er wurde vorgelassen. Der Baron berechnete mit zwei Förstern auf langen Tabellen einen Holzverkauf. Es wurde addiert, subtrahiert, geschäftstrocken und nüchtern, und der Journalist fixierte verwundert den ernsten Sachwalter, der ruhig war wie ein Kaltschlag und den er sich so ganz anders vorgestellt hatte. Nichts deutete auf Extravaganz. In einem grünen Flausch, die Pfeife aus Hirschhorn im Mund, mit dem Zeigefinger bedächtig durch die Rubriken schlendernd, fachtechnisch sich erkundigend, Anweisung gebend, Überschläge kalkulierend. –
Nach etwa drei Stunden rückte mein Reporterchen gelangweilt hin und her und gedachte aus getäuschter Hoffnung eine Infamie sich zusammenzulügen, merkte genau einige Einzelheiten in der Ausstattung des Zimmers, um das Treiben genau schildern zu können, und schnitt schon irgendeine Anekdote auf den Leib des Barons mit Behagen zu. Der hatte ihn nicht aus dem Auge gelassen und sah wohl das diebische Lächeln des Aushorchers. Er verabschiedete sich bald mit Liebenswürdigkeit: »Ich bin noch sehr drock und muß jetzt zu einer Gemeinderatssitzung – es handelt sich um Meliorationen – außerordentlich bedauerlich, daß ich mich Ihnen nicht mehr widmen konnte. Aber sehen Sie: Pflichten! Pflichten! Vielleicht trinken Sie mit dem Förster noch einen Schnabus –? Addio, meine Herren!«
Der Journalist, vorsichtig nach Pikanterien schnüffelnd, saß nun mit der ehrlichen, soliden, braven Nimrodshaut und tat Bescheid, bis er selber nicht mehr Bescheid wußte. –

Am folgenden Morgen fand er sich hinter der Hecke, am Wegrand wieder und hatte auf seiner Nase einen sogenannten Schweinekrampen geklemmt, das ist ein Haken, der den Schweinen das Wühlen im Mist erschwert.
Falls er noch gezweifelt hätte, ob der Rausch ihn nicht an diese Stelle verirrte, belehrte ihn stillschweigend doch der geheimnisvolle Krampen, wie der diabolische Finger des Unsichtbaren im Spiel gewesen.

Die Industrie wächst heran

Die Industrie wuchs immer gewaltiger heran. Wie Belagerungstürme schoben die Schachtgerüste sich vor. Feldbahnen wühlten durch Klee- und Roggenfelder. Die Eichenknubben der hohen Wallhecken fielen zuerst; sie waren tausendjähriger Windschutz und Trutz des Landes gewesen und gaben ihm sein eigentümliches besonderes Aussehen. Zwischen ihnen liefen die unheimlichen weiten Gänge kreuz und quer über die Ebene, mit den seltenen Schattenblumen und wilden Rankengewächsen. Sie wimmelten von Spinnen und Vögeln. Weide und Hartriegel, Faulbaum, Mistel, Kreuzdorn und Pfaffenhütlein wohnten hier. Sie waren wie bewehrte, brütende Burgwälle undurchdringlich, Anger und Wiesen geheimnisvoll zu abgeschlossenen Inseln verwandelnd. Das zärtliche Gurren der Turteltäubchen, das hier oft aus vielen Stämmen zugleich purrte, verstummte schon längst vorher in der säurigen Luft. Von den größeren Vögeln machte zuerst der scheue Wiedehopf schimpfend sich fort. Der Fuchs unten im wurzelverknäulten Sandloch zog griesgrämig hinterdrein. Das schöne Brausen der Winterstürme in den Kronen hörte auf, das schneeige und rosige Blühen verwehte in Öde, und als letzte wunderbare Fee floh das Echo aus den kahlwelligen, ausgerodeten Felderstrichen. Wo das Echo einmal fort ist, kommt es nie wieder. Dann folgt sein häßlicher Bruder, der Lärm.
Bis nahe um Bröninghaus türmten sich die Zechen, und düstere Schlackenhalden wuchsen wie scharfkantige Tafelgebirge, als

kehre die Erde allen Schmutz aus ihren Eingeweiden. Spinnekleine Gestalten vorm Horizont, schoben die Abschlepper und Kipper endlose Wagenreihen durchs schmierige Abendlicht und stießen sie hinab, daß glühende Lava in Bächen die Schuttflanke niederrauschte. Der Ostwind brachte erstickenden Erzgeruch, Ruß wehte über die schillernden Pappelblätter bis vors Haus, die Fische in den verschlammten Bächen starben, immer mehr Bäume welkten, das Vieh auf der Weide bekam kalkarme Knochen, und der Grundwasserspiegel senkte sich. Durch die mächtige Front ging ein Riß vom Giebel zum Fundament. Die Bilder zitterten oft an den Wänden, und in stillen Nächten vernahm man tief aus dem Abgrund unter sich ein dumpfes Rollen. Der ganze Garten sackte. Viele Bauern verkauften ihr Land, gerieten an den Suff oder wanderten aus. Gefängnisartige Koloniebauten, gigantisch anschwellende Städte, jagende Züge, Seilbahnen mit mulmig rieselndem Gestein, Schlot an Schlot mit ungeheuer wehenden Wolkenbildern rückte die Industrie heran. Wie zerfressen von giftigem Gewürm, strichweise, streckte sich Totenlandschaft. Da kündigten auch viele Gutsarbeiter und Tagelöhner und gingen mit dem Henkelmann zur Schicht, des hohen Lohnes wegen. Eines Morgens lag ein erstochener Nachbar auf der Chaussee.

Die Adligen rings im Lande begannen sparsamer zu werden, die glänzenden Winterfestlichkeiten schrumpften mehr und mehr ein. Um 1890 herum vermieteten sie ihre altvornehmen Höfe in Münster, die unteren Stockwerke wurden damals zum erstenmal zu Geschäftslokalen durchbrochen, viereckige ordinäre Schaufenster zwischen die Portale in die Barockmauern geschnitten, die kostbaren Kunstgitter zerbröckelten, und von den Emblemen splissen die Zierate und Vergoldungen. »Da sie selbst nicht mehr die Krämer raubrittern können –« spöttelten boshafte Zungen –, »vermieten sie ihre Nester, daß die Krämer darin für sie Geschäfte machen und gaunern!« Der Murveld war der erste, dann folgte der Bövernförder und langsam, zaudernd, ein Hof nach dem andern.

»Früher hätten die Adligen lieber gehungert und mit dem bloßen Hintern sich auf ihr Wappen gesetzt, ehe sie dies den Bür-

gern als Geschäftsschild vermieteten!« wetterte der Baron sarkastisch.
»Wat kann't helpen –?« antwortete Professor Landois, der auch schon ein grau Köpfchen bekommen hatte, mit tief hangenden Säcken um die lustig zwinkernden Äuglein, die immer noch rabenschwarz funkelten: »De Zoologische Garten tritt de Erbschaft vön de Adeligen an –!«
Der Baron lachte: »Man wird mich auch wohl bald als Rarität hinter Gitterstäben dem p. t. Publikum zeigen?«
»Jau – Exemplare äß du sterwet ut! De Müse danzt up den adeligen Disk – wat willste maken?«
Der Baron zog seine Schnurrbartspitzen ellenlang, zwirbelte sie mit knallenden Fingern: »Junge – ich geh' auch mit der Zeit – nur anders als die anderen – auf meine Art – warten Sie nur!«
»Dat is noch 'ne lange Tied –« meinte Landois nachdenklich.
»Jawohl – Museumsdirektor Gottes! Du hast dein Teil beigetragen zu retten, was aus vergangenen Tagen noch wert zu erhalten war – zu sammeln, was untergehen will und muß! Ich aber bleib' mit Bewußtsein ein eigensinniges Mastodon und laß mich nicht vor die Kohlenkarre schirren. Das sogenannte Beharrungsmoment zieht zu schwer in mir. – Vielleicht ist der Uradel in mir überreif geworden und zerplatzte wie ein Bovist. Ich war Verschwender aus Mission! Ich bin der Gerichtsvollzieher des Feudalismus gewesen, der das letzte Inventar an den Satyr verkloppt hat!«
»Spell man nich Tragödi! Du passest nich in 't sentimentale Fach –«
»Stimmt, Arminius Landois! Mann aus zwei Volksstämmen, Zwitter und Bastard – du machst auch noch Konzessionen mit dem alten Papa Jehova –«
»Hm –«
»Ich stand auf der Wasserscheide zweier Weltalter, der Adel hat kein Lebensrecht mehr – sein Tag ist erfüllt. Selbst in der Politik hat er kein Terrain mehr. Unsereins ist den manchesterlichen Advokaten demokratischer Reiche nicht mehr gewachsen, die ohne Überkommen starrer Ehrbegriffe, mit der

Routine robuster, ehrgeiziger Emporkömmlinge, von der Pike an mit allen Kniffen erfahren, uns schwerblütige Nobile an die Wand quetschen! Es wird Abend über dem alten lustigen *ancien régime* auch in Deutschland.«

»Jau, wi humpelt un hinket hunnert Johr achter de annern Völker her. Ick kann dat in min Droppen franßösk Blot better föhlen. Dütskland is ja politisk nu en eenzig Land, män et es doch kien eenig Land! De dusend Potentaten verhinnert dat. Et is äß in China. De Adel mott ut de Verwaltung, de Regierung, dat Militär herut – man mott ok bi uß endlick wirtschaftlich un nich mähr dynastisch denken!«

»Zwar die Neuen, die da ringsum heraufschwemmen, diese sogenannten Schlotbarone? Fatales Gezücht, das alte Bauernstämmigkeit in geilen Profit ummünzt! Ohne Bildung, ohne Haltung, mit der breiten, gewöhnlichen Stirn der Geschäftemacher einer charakterlosen Gründerzeit, denen selbst die Handelsaristokratie jener feineren Hanseatengeschlechter noch fehlt! Denk ich nur an diesen verrückten Maulwurf, Matthias Stinnes, der sich am liebsten mitten durch die Erde fräß', Sohn eines Schiffers und Kohlenhändlers aus Mülheim – fällt mir gar der Mönting ein, der Kerl aus Schalke, der vom Sauhirt Multimillionär wurde, Gründer von Dampfkesselfabriken, Blechwalzwerken, der sogar bis Petersburg seine gierigen Polypenarme ausstreckt – oder Gottlob Jakobi, Heinrich Huyssen, Louis Berger, der Funke, der Daniel Morian, zum Kotzen! Zum Kotzen! Nur der alte Piepenstock, mein guter Kaspar Dietrich Piepenstock von der Hoerder Phönixhütte, dies saftige Original – der allein machte mir diese üble Gesellschaft erträglich. Oder noch der Dr. med. Robert Müser aus Dortmund, auch eine bessere Kreatur – wollte mich in den Aufsichtsrat schleifen, sollte den Höllenästern gutes, heiliges, sauberes Land verkaufen; lieber kriech ich in ein Mausegatt!«

»Ick häw ok nix, keinen Pennig vön düsse Lüde – dat rentärt sick nich!« knurrte Landois.

»Kuxen! Kuxen! Prozent! Prozent! Rentabilität – der Freiherr vom Stein, der auf Kappenberg wohnte, bei Wetter an der Ruhr, der erste Vorkämpfer der Industrie, würde im Grabe heut sich umdrehen. Die endlosen Waggons von Arbeitshorden, zerlumptes Pack aus allen Weltwinkeln Europas, aus Polen, Ungarn, Kroatien, Italien, Analphabeten mit Instinkten halbwilder Völkerschaften – es muß erst Wurzel schlagen, von Schule, Ordnung, Pflicht zu Menschenrechten erzogen, verdaut und verknetet vom Deutschtum – deren Kinder und Kindeskinder erst werden wahrhaft unseren Boden verdienen und hier hausen dürfen! Wehe, wenn uns zu früh ein Krieg überfällt! Wir sind in Europa das einzige Land, das ein internationales Proletariat hereingeschleppt hat!«

»Et is wohr – et is wohr –« nickte Landois – »Gott Dank, datt ick unner mine Diers warm sidde!«

»Korruption frißt bis tief auch ins Bürgertum – sehen Sie sich nur den Wucher der kleineren und größeren Industriestädte an – Talmi, Schund ist gerade noch gut genug, dem arglosen Proleten den kargen Schinderlohn wieder auszupressen! Gehen Sie nur durch die Läden – nie ist in Deutschland frecherer Schwindel und Greuel im Großbetrieb je erlebt worden! Statt die Arbeiterheere zu erziehen, zu heben, spekuliert das Geschmeiß auf deren gröbste Instinkte und überschwemmt's mit Schleuderdreck!«

»För minen Zoologsken moßde ick Pennig bi Pennig ut de Buxen kratzen – Du häß de Dalers wehr ut de Buxe smetten!«[1]

»Am Mammon geht alles zum Teufel, ich hab' nichts getan, als gegen ihn losgetobt und ihn lächerlich gemacht – ich war der fröhlichste Almosengeber meiner Zeit – mit Spaß das Geld wieder unter die Leute bringen, *das* ist die Kunst!«

»Wenn Dütskland vör Hassebassen un Geschäft man nich den Kopp verliert! De junge Kaiser is 'n örwerspannten Wolkenkuckuck«, sagte Landois nachdenklich ernst:

»Wi mött dör de Tid hindör – et helpt ja nix! Konzessionsmännkes bint wi beide nich.«

»Darum wandle ich mich nicht!«

»Un wat wust du maken?« erneuerte Landois seine Frage.

»Mögen sie alle ihre Höfe in Heringsläden verwandeln, ihre

[1] geschmissen

jahrhundertealten Prunksitze in Photographenbuden und Schneiderateliers – dies Krämergeschäft mache ich nicht mit!«
»Stifte 'ne Prozessione, de dör ale twölf Pfarreien vön de Stadt geht, met Freibeer to Erinnerung an den Unnergang vön den Adel: ›Herr, gib ihm die ewige Ruh!‹« höhnte Landois.
Sie saßen in dem ovalen Spielzimmer mit dem goldenen und weißen Stuck, Mitternacht war vorüber. Kein Laut in dem herrlich prächtigen Palais. Da nahm der Baron Landois an den Arm und führte ihn schweigend in das weite Treppenhaus, die Vorhalle mit der geschwungenen Doppeltreppe. Der Baron trug einen schweren silbernen Leuchter in der Hand, dessen Lichtreflexe geisterhaft die Wände streiften. Sie traten in den pompösen Festsaal, der an den Mittelsaal des Königlichen Residenzschlosses erinnert; in den vier abgeschrägten Spiegelecken sahen sie sich wandeln wie in anderen Zeiten und Räumen. Über die wuchtige Kassettendecke tanzte das Licht, die Supraporten zwischen Akanthus und Lorbeer, die vergoldeten Türen blitzten. Sie stiegen in die Zimmerflucht des oberen Stockwerkes, wo einst Blücher gehaust, und fanden die gemäldegeschmückten, mit kostbarsten Möbeln ausstaffierten Räume leer. Ihr Schritt hallte zurück. Aber der Überschwang des Lebens rührte sie in jedem Gegenstand wunderbar an. Sie traten an einen löwenknäufigen Alabastertisch, darauf eine marmorne Venus thronte. Ihr Leib blühte ekstatisch über dem Leuchter empor.
Der Baron aber schlug mit der Faust auf den Tisch und rief:
»Musik und Tanz, Raserei und Rausch, Trubel, Jubel, Ballett und Feuerzauber sollen hier nicht mehr untergehen! Die heiligen Leidenschaften und wilden Taten wird man hier weiterfeiern über den grauen Duckmäuserwerktag – Ritter in Rüstungen sehe ich noch glänzender einherstolzieren, alte Helden, die ihr Schicksal wie einen Stern in sich tragen! Der Donnersturm des Genies soll hier mit Göttern spielen, Erschütterung alles Erhabenen, Großen, Schönen eine Heimstatt finden – ein Bomberg kapituliert nicht vor Spießerpack und Krämergier!«
»Du bis woll an 't Phantasieren –? Minen Zoologsken kannste doch nich örwertrumpfen!«

»Was gilt's? Ich glaub', ich übertrumpf dich doch –«
»Topp – wat häß du vör?«
Da lächelte der Baron überlegen: »Ich hab' schon mit dem Baumeister gesprochen, der die Pacht antreten wird ... mein Hof wird Münstersches Stadttheater!«[1]

Immer schrullenhafter

Der Baron ward nun immer schrullenhafter und absonderlicher. Er pflegte zuletzt abends sieben Uhr sein Mittagsmahl einzunehmen und blieb allein bis in die Nacht an der Tafel, aß wieder ungeheuer, trank noch mehr, ließ sich die halbe Nacht auch allein mit schmetternden Trompeten vorspielen; wenn Gäste geladen waren, konnten diese nach Belieben schlafen, aufstehen oder Ausfahrten machen – er selber blieb schmauchend im »Jérôme« an der Tafel.
Er schlief aber nicht bis in den hellen Tag, sondern taute zeitig auf und nahm des öfteren ein Luftbad, das heißt, er setzte sich nackend ins Zimmer; das verlängere das Leben. Im Adamskostüm empfing er auch Besuch oder in der Badewanne, ungeniert, wie's kam. Warum soll man sich nach dem richten, was die Majorität vorschreibt, und nicht sein kurzes Dasein nach eigenem Belieben regieren? Rücksichtslos, rücksichtslos muß der Mensch werden! Sinn hat nichts in der Welt! Alles Konvention und Mumpitz! Wer fragt danach, wie ganze Völker in anderen Zonen hausten oder, wenn wir tot sind, wie wir's getrieben? Wer gerne eine Drehorgel hört, wie kannst du ihm beibringen, daß die Trommel lieblicher sei?
So hatte er sich angewöhnt, laut mit sich selber zu reden, und saß am Tisch im leeren Zimmer wie in großer Gesellschaft, der seine Freunde überlebt hatte, und unterhielt sich mit ihnen.
Alle Knechte und Mägde mußten nachts oft plötzlich aus dem Bett. Er ließ auch die Pferde, Kühe und Gänse wecken: »Kin Mensk in 'n Huse sall slopen, wenn ick nich slopen kann!« Und konnte es wieder kaum aushalten.

[1] Das Städtische Schauspielhaus, jetzt zerstört

Er knackte die Radieschen und schmiß die Schwänze auf den Boden, spuckte im Bogen seinen Ahnen mitten ins Gesicht an die Wand, ließ dröhnende Winde fahren und räkelte sich dehnend im Lehnstuhl.

Da sein Ruhm sich, obwohl die Streiche aufgehört, immer weiter verbreitet hatte, kam noch der berüchtigte sogenannte Baron Neveu aus Karlsruhe zu Besuch. Bekanntlich war dieser geschniegelte Geck der Abkömmling eines der ältesten Adelsgeschlechter Deutschlands.

Der Alte empfing ihn im »Jérôme«, im Schlafrock, einen Fußsack um die Beine, und ohne lange Förmlichkeit wetterte er gleich los: »Was haben Sie? Woher kommen Sie? Wollen Sie mich etwa besehen, wie man im Zirkus ein Kamel beschaut?«

Parbleu! der süddeutsche Elegant war auf diesen rustikalen Empfang nicht vorbereitet und stotterte:

»Ich dächte ... unter uns ... Blaublütigen sollte doch wohl ...«

»So –? Wie viele Ahnen haben Sie denn?« schnauzte der Baron.

»Ich bin der dreiundvierzigste!«

»O Paprika – dann sind Sie schwer krank, mein Herr –«

»Pardon – ich fühle mich ganz wohl –«

»Halten zu Gnaden – Sie sind krank!« stampfte der Alte auf: »Wer den tollen Bomberg besucht und durch dreiundvierzig Ahnen noch nicht klug geworden ist, der muß hier oben nicht normal sein!«

Bei diesen Worten klingelte er, und Dachs mit vier strammen Hausburschen, die bereits parat standen, erschien.

Der Alte befahl: »Der Herr dort ist krank! Er hat zu viel alten Ballast im Leib –! Bringt ihn zu Stuhl!«

Es half ihm nichts, die vier Mameluken packten spies zu, und so wurde dem eitlen Gecken zum Empfang vor aller Augen mitten im Saal am hellichten Tag mit Gewalt ein Klistier gesetzt. Der Alte sah mit saftigem Behagen zu.

»Dachs, Faktotum, Hundsfott, hast du denn immer noch nicht gelernt, wie man richtige Gänsekiele macht? Ist das der Ertrag deines Lebens?« schnauzte der Baron ihn an – »das müssen doch nur gezogene, ausgekochte Federn sein, nicht diese klobigen Aschstengel, und in heißem Sand gut geweicht, dann durch Abschaben verdünnt und gereinigt! Zuletzt in gebrühtes Alaunwasser, bis sie fein durchsichtig sind. Wie oft soll ich's sagen? Diese Finessen kapierst du, oder du fliegst doch noch zum Schluß! Nur das Federnspitzen besorg ich selber mit dem schärfsten Messer – daher das Wort Federmesser, merk es dir – ich will die neumodischen Stahlspitzen nicht im Hause haben, Krämergekritzel, Lügenzungen –! An adlige Damen durfte man immer nur mit Gänsekielen schreiben –« setzte er sarkastisch hinzu und klemmte die Brille auf die Adlernase, um den Stiel feierlichst anzuspitzen.

»Stell dich stramm – ich mach' mein Testament! Gib mir ein artig Pfötchen, Junge, daß ich deiner gedenke, wenn ich in mein Reich komme!«

Dachs grinste: »Vermachen Sie mir doch das Gartenhäuschen und . . .«

»Was, du Kerl willst mich überleben? Das wagst du? Ich soll vor dir sterben, du Kanaille? Gut, daß du dich verplappert hast – 'raus! Ich will in Muße mein Dasein überschlagen und ausschleimen, denn Testament machen heißt Gift verspritzen!«

Nach der Ausstellung verschiedener Legate lautet das Testament also: »Wenn man mich zum Schluß nun fragt, wie alt ich geworden sei, so befinde ich mich in peinlichster Verlegenheit. Zwar weiß ich genau (nach Aussage meiner Eltern), daß ich 1819 geboren wurde, aber da ich bis zum zwölften Jahre meiner Sinne nicht wach war, streiche ich diese zwölf toten Jahre ab. Dann bekam ich einen Hauslehrer – der Satan brate ihn! –, der mir derartig unsympathisch war, daß ich von ihm her schon Pfaffenhaß in der Seele schleppe, und keiner wird es mir verübeln, wenn ich mit diesem Kerl auch die Zeit von meinem

Leben streiche – das war keine Jugend! Trotzdem zieh ich nur die Hälfte, also vier Jahre, ab. Von meiner Militärzeit bis zum einunddreißigsten Jahre kann ich nur das Angenehmste berichten, unbändige Daseinsfreude, überschäumend von Kraft und Gesundheit! Leider bin ich gezwungen, mit scheinbar nebensächlichen Dingen dennoch abzurechnen, man ist eben noch ein eitler Fant ohne rechte Ökonomie, läuft nach Illusionen und vertrödelt die kostbarsten Jahre unter der Sonne mit zahllos verwarteten Rendezvous an Vormittagen, versoffenen und verspielten Nachmittagen, verbummelten Nächten, blödsinnigen Ehrenhändeln, Weingeschwätz mit nachfolgenden Katern – rechne ich dazu die vielen Stunden beim Schneider, Schuster, Barbier (ich war ein toller Hahn!), überschlage ich die armselige Zeit des Exerzierens, Manövrierens, alltäglichen Gamaschendienstes mit wichtigen Nichtigkeiten, dazu das Petzen mit Vorgesetzten, du lieber Himmel, so bin ich vollauf berechtigt, zwei Drittel dieser Lebensperiode zum toten Kapital zu zählen und zinslos quittieren zu müssen! Vom einunddreißigsten Lebensjahr an bewirtschaftete ich meine Güter, das heißt, ergab mich ergiebigstem Faulenzen und verschlief, verfraß mindestens die Hälfte der Jahre, die andere Hälfte ging drauf mit Jagd, Reiten, und führte auch sonst ein Luderleben (noch immer der alte Hahn!) – ich muß die Zeit übergehen. Ich war also vier Jugendjahre plus zwei Drittel der Leutnantszeit, das heißt abermals vier, in Summa acht Jahre alt, als ich heiratete. Was konnte man da viel erwarten? Über meine unglückliche Ehe will ich nicht viel Worte verlieren, undiskutierbare Angelegenheit von sechsundzwanzig Jahren. Vor meinen störrischen Schädel paßte nicht das heilige Ehejoch! Ich glaube es meiner Frau schuldig zu sein, wenn ich diese Spanne meines Daseins diskret wegwische und sie gänzlich abziehe! Um so mehr, als dies Lustrum die Periode des öffentlichen Alterierens war! Immer nur den Kopp durch die Wand und Gott vor den Bauch! Fort damit, ab! Erst am Abschluß einer verlorenen Existenz, wenn die Sinne ihre Fühlhörner einstecken, beginnt der ganz Abgeklärte oder Abgebrühte, der sogenannte Weise, der Professor ohne Lehrauftrag – wenn er nach dem Worte des

griechischen Salomon die Bestie des Eros in sich gebändigt hat. Dann zündet man die lange Pfeife der Beschaulichkeit an und guckt Gott Vater gelassen zu. Der Wahrheit gemäß, auch diese Periode entpuppt sich als Trug und Schein, nur als Übergangsstadium und Vorbereitung zu der höchsten – der Senilität –, also dem Sinn des Lebens! Denn in dieser Reife, aus der Summe der Dinge gezogen, pflückt uns Gott ab und nimmt den Menschen zu sich. Darum sitzt man jetzt wie Sankt Nikolas feierlich und friedlich und hat ein ehrwürdiges Haupt. Prostemahlzeit – Mumpitz! Scheint nur so, lieber Testamentsleser, denn als sogenannter Mümmelgreis bist zu zänkischer noch, höhnischer, kleinlicher, verdummter als je zuvor! Deine Blase pinkelt, deine Lippe lüllt. Diese letzte Periode ist bloß Verkalkung, Gebrest! Heut fidel, morgen marod, voll brutaler Gehässigkeit, hämischer Freude,. Skandalsucht, Klatschbedürfnis, wimmelnd von Unflätigkeiten, nichts mehr koscher, Schandmaul – das also ist der Seniorchef, der Erzjubilar, das Familienoberhaupt, der Urahn, der Ehrenbürger, der Methusalem? Streich' ich auch ihn voller Ironie herunter! Ausgenommen waren nur die vierzehn Tage pro letzte Jahre, in denen *keine* Gicht mich heimsuchte, *kein* Zipperlein alte Sünden rekrutierte und ich noch Kraft hatte, im Bogen durchs Fenster zu spucken: seht, was der Alte noch für 'ne Lunge hat!
Überschaue ich also an diesem Abend meine ganzen Jahre, werde ich ohne Zögern konstatieren können, die restierenden acht bis zehn Jahre waren überflüssig. Das ist kein Leben! Ich kann mit Fug und Recht testamentarisch das Paradoxon fixieren: der Erblasser hat nicht gelebt! Daher bin ich Gott keine Rechenschaft schuldig und sterbe in Frieden ...
Kodizill: ich bestimme, daß mein Ehering, der geweihtes Gold ist, vom Mittelfinger genommen und mit ihm der Kirchhahn des Turmes vergoldet werde. Adresse: Kupferschmied Eßmann in Lingen, Spezialist für Turmhähne.«
Aus diesen Tagen erzählt sein Oberrentmeister Ferdinand Zumbusch: Oberförster Dransfeld, die alte Haushälterin und ich saßen mit ihm zu Tisch, wie gewöhnlich recht lange. Es zuckte ihm in allen Gliedern. Nach dem Dessert begann er sich

einen Dessertteller nach dem anderen an seinem Schädel in Stücke zu schlagen, daß die Splitter im Speisesaal umherflogen. Alles flog in Scherben.

Die Seelenwette

Aber er starb noch lange nicht, er beerbte als Majoratsherr automatisch immer mehr Seitenlinien, schluckte alle Vettern auf und schwoll reicher von Jahr zu Jahr. Das war die Ironie des Schicksals. Er saß zuletzt unersättlich wie Baal auf seinen Schätzen und hatte doch nichts mehr davon.

Denn der Alte war geizig wie ein Filz. Er ließ zuerst das silberne Nachtgeschirr einschließen. Und sagte zu Dachs: »Du mußt dir eine andere Höhle suchen – ich kündige zu Martini.«

»Macht nichts –« antwortete Dachs seelenruhig.

Der Baron sah ihn erstaunt an.

»Ich bleibe hier –« antwortete Dachs seelenruhiger und nahm als Bekräftigung vom Nebentisch eine Pulle Rotwein mit hinaus.

»Die Geister, die ich rief –« zitierte der Baron und schrie ihm noch durch die Türe nach: »Prost!«

Als er seine beiden Dackel vor dem Ofen stehen sah, mit den Vorderbeinen auf der Fußleiste und ihre Köpfe wärmend mit zitternden Ohren in die Glut reckend, schellte er:

»Was soll ich für die Biester extra heizen – steckt sie ins Bett!«

»Wo wollen Sie denn selber sitzen?« fragte Fräulein Mimmi.

»Ich bleib' dito drin!«

Dachs flüsterte ihr spöttisch zu: »Er bewahrt noch seine ausgefallenen Zähne in der Schnupftabaksdose –«

Nachts schellte er abermals Mimmi: »Leg' dich zu mir und wärm' mich wieder –«

Mimmi, die volle Matrone, längere Zeit verschmäht, kroch zu ihm – lag still – begann zärtlich zu werden – und kraulte in seinem Bart.

Da sah man nur, wie er hie und da, gleich dem König David bei Abisag, im Bett den Zeigefinger warnend hob: »Pst –!«

Er war darüber hinaus.
Nach diesen Tagen saß er meist oben links auf dem weißen Turm an der Balustrade in der Sonne, dem Himmel näher, und schaute über Haus und Landschaft. Man sah sein Pfeifenwölkchen von unten aufsteigen. Plötzlich konnte der Eintretende seine Stimme aus der Höhe poltern hören: »Vorn geschlossen – hinten herum!« Oder er schrie wohl einen Knecht an: »Halt die Peitsche richtig –!« Hie und da flog aus der Höhe eine leere Pulle klatschend in den Teich.
Mit dem schwindenden Winter war auch der Geiz wieder abgetaut. Die beiden Hirsche reckten ihr steinernes Geweih über der Auffahrt vorm stillen Wasser, das voller Rosen schwamm; blühende Rosenhänge wehten an Stöcken und Drähten über den geschorenen Rasenflächen, Agaven ragten leuchtend in mächtigen Kübeln. In der Kastanienallee, die von der Straße schnurstracks aufs Haus läuft, summten die Myriadenvölker der Bienen und Hummeln. Wie kleine flitzende Kugeln schossen die Zaunkönige aus dem Gebüsch vorüber. Der Markolw schrie in den Eichenkampen. Gott gab sich redlich Müh' mit diesen schönen Frühlingstagen.
Er aber las droben nur noch Stöße alter Zeitungen, deren Begebenheiten schon etliche zwanzig Jahre zurücklagen und daher genau mit dem Reiz von Neuigkeiten auf den Leser wirkten, der doch im Innersten die tröstliche Gewißheit genoß, daß dies Unglück schon längst ausgemerzt, jener Tote bereits vergessen und überhaupt alles hübsch wieder in vollster Ordnung war. Keine unnütze Aufregung! Er tat sich viel zugut auf diese seine Erfindung.
»Man muß der Natur listig ein Schnippchen schlagen, die neuen Zeitungen stets gleich zusammenklappen und sie den Enkeln aufbewahren. Ben Akiba – Prost!«
Aber er wurde saugrob und alterierte sich, wenn auf leisestes Klingeln Dienstbeflissenheit nicht aus allen Winkeln herbeistürzte, und schlug mit der Schelle auf den Tisch: »Wenn ich einmal schelle, kommt Mimmi, zweimal, kommen zwei Mädken, dreimal, kommen eben drei –!« und fuhr funkelnd Dachs an: »Du Schlingel hast auch zu kommen, wenn ich die Schelle

bloß angucke – verstehste? Sitz nicht immer auf den Eselsohren!«
Dann antwortete Dachs wie immer: »Halten zu Gnaden.«
Und mußte sich neben den Sessel bücken, und der Alte zupfte ihm drollig ans Ohr, und alles war wieder zufrieden.
»Gelt – als wir noch jung waren – da brauchte nur einer von uns den Rücken dem Wind zuzukehren und der mußte eine andere Richtung einschlagen« – räusperte er dann behaglich – »wir alten Polterbärte haben unsere Haare über ganz Westfalen geblasen wie Beelzebubs Pusteblumen – jetzt ist bald Schluß – das Feuer kommt!«
»Meinen Herr Baron –?«
»Ja, Dachs, damit mußt du dich abfinden – ich komm nicht in den Himmel!«
Dachs wurde es immer unheimlicher bei diesen sich stets steigernden Redensarten von Tod und Jenseits, und er ging heimlich an ein vertrocknetes Weihwassertöpfchen. Der Baron merkte es und spottete:
»Hol mir das Fernrohr, ich will sehen, was der Heilige Geist für 'n Gesicht macht!«
Da drückte sich Dachs hinaus; der Alte fluchte, schellte, stampfte vergebens und Fräulein Mimmi mußte schnippisch bestellen: »Lahme Teckel kriegen keinen Dachs aus dem Bau –!« Worauf der Baron schmunzelnd antworten ließ:
»So bring ihm diesen Tabak und sag' ihm, ich wolle ihn damit wieder herausräuchern!«
Also kam der Dachs wieder zum Vorschein und dankte feierlich: »*Merci*, Herr Baron – aber ich muß leider kündigen – wenn Sie diese Lästerungen nicht im Halse lassen – mein Seelenheil –«
»Komm mal her, reumütiger Sünder – ich will dir zeigen, wo deine Seele steckt – komm mal flink her –«
Dachs neigte gewohnheitsmäßig das Ohrläppchen. Der Baron jedoch sah ihn ernst an, fühlte seinen kleinen Finger, starrte dabei auf die Uhr, horchte an die Brust und schüttelte traurig den Kopf: »Dachs – du – hast – keine – Seele –«
»Doch, Herr Baron –«

»*Dr. h. c.* Dachs: du bist seelenlos!«
»Ich wette, daß ich eine unsterbliche Seele hab' –!« flog's ihm in alter Gewohnheit so heraus.
»Topp – die Wette gilt! Um eine Pulle echten Quakenbrücker Schnaps!«
Dachs schlug ein: »So viel ist se mir wohl wert –«
»Nun sag mal erst – wie soll denn die Seele in dich gefahren sein –? wann –? wo –? Im Mittelalter sagten die Kanoniker, so im dritten Monat – dann sei der Mensch nicht mehr bloß 'n Butterklümpchen, sondern schon gottähnlicher – kam sie nun durchs Hühnerloch in der Haustür oder fuhr sie durch den Schornstein hinab? Es muß doch 'ne faule Sache sein, die so geheimnisvoll vor sich geht! Die wirkliche Seele, mein Lieber, was *ich* nämlich als alter Philosoph und Denker darunter versteh', ist aber immer das, was der Mensch als Wesenszentrum hat, was ihn bestimmt und formt, wo er kreist und brennt – bei dem einen im Buckel, denn der Bucklige wie jeder Mißgestaltete richtet von seinem Gebrest aus seine Person ein – beim anderen etwa im Gänsekiel, denn ihm kommen die Gedanken nur, wenn er den Kiel zwischen den Fingern hat –, das ist nämlich das große Mysterium des Daseins, daß wir mit allem verflochten sind und nur eine Note sind, die da mitklingt – merk dir das! –, bei dritten heißt aber Seele die Leidenschaft irgendeiner Veranlagung, und das ist die oberste Seele! Du aber bist nur eine dicke, taube Rübe, leergefressen seit Jahrtausenden!«
»Doch –!« empörte sich Dachs, »ich hab' doch eine Seele!«
»Du hast lauter Halb-Dreiviertelseelchen: du ißt gern, säufst gern, faulenzest gern, schläfst gern, juxest gern – aber du hast keinen Dämon im Leib!«
»Das hab' ich nicht – Gott sei Dank!« bestätigte Dachs überzeugt.
»Wer aber keinen Dämon hat, hat auch keine Seele. Damit basta, du seelenloser Schuft!«
Während sie noch heftig zankten, ob Dachs eine Seele hätte – er könne übrigens sich trösten, Fräulein Mimmi und der Rentmeister hätten auch keine – da dozierte der Baron weiter:
»Sieh, es gelingt Gott nur ab und zu, was Rechtes fertigzu-

bringen, denn das ist nicht so einfach wie Pfannkuchen backen! In Münster ist zum Beispiel von Seelen kaum ein viertel Dutzend zu finden. Der Landois aber ist eine! Der Lortzing war eine! Bei Matin bin ich mir noch nicht klar, glaube es aber kaum. Das ganze Domkapitel ist ohne Seele! Niemand davon wird weiterleben! Mausetot! Kommen nur ins Armsündergebet! Verwunderlich, daß übrigens kein Heiliger in ganz Münsterland ist, aber der dicke Fievez sah wohl danach aus, wenn er sich Mühe gab; ein Wunder zwar traute ich ihm doch nicht zu! Seine Leiche muß erst noch älter werden.«

»Herr Baron – ich muß doch bald kündigen – Sie lästern zu wild –«

»Ich rede lautere Ehrfurcht, mein Sohn! Ich hasse nur die Masse, ich bin Aristokrat! Ich steh' Gott näher. Denn auch er ist Aristokrat. Das verstehst du nur nicht.«

»Doch – sehr gut –«

»Das verstehst du nicht! Verstanden? Du Wulewu!« schrie er lauter – »wenn du wüßtest, was die Hunde über dich denken, würdest du dich selber anpissen! Jeder Blick, den du in den Spiegel wirfst, ist eine Gottesschändung! Du bist nichts, gar nichts, nicht mal Wagenschmiere!«

»Herr Baron – Sie beleidigen mich –«

»Ich schimpf' ja gar nicht mit dir! Ob ich dich anranze oder einen anderen, das ist ja egal. Aber du verstehst das nicht –«

»Sehr gut!«

»Wenn du das verständest – hättest du eine Seele! Dann wärest du ein Kutscher-Solon! Ein Dachs-Kant! Aber wie du bist, solltest du in der Stunde der Erleuchtung unterm Pferdeschwanz dich aufhängen!«

Da ging Dachs, sein täglich Schimpfobjekt, daran er sich austobte mangels körperlicher Bewegungsfreiheit, abermals hinaus, hörte aber, wie der Baron hinter ihm herrief: »Halt – ich hab' eine Idee! Nämlich: du mußt heiraten! Vielleicht gibt's dann eine Seele! –«

»Waas?«

»Du bist doch noch läufig? Ich muß mal Landois fragen über dich?«

»Landowa –?!«

»Der schrieb doch über die ›Verbindung der Hoden mit dem Rückengesäß bei den Insekten‹ – du Mistkäfer!« lachte der Baron dröhnend ihn aus.
»Jetzt ist endlich Schluß! Das laß ich mir selbst für eine Besserung des Salärs nicht gefallen!«
»Na – sei ruhig! Du kannst noch zufrieden sein, daß ich nicht das Kapitel meinte ›Mißgeburt bei den Haustieren‹ – daran denk' ich nicht, sei doch ruhig! – Aber wenn du anständig bleibst, will ich dir ehrlich die Wahrheit sagen, ich wollt es lange schon – du weißt ja, daß Landois auch über mich geschrieben hat. Aber meinst du, du wärst leer ausgegangen?«
Dachs tat neugierig.
»Das Pamphlet auf dich lautet: ›Worauf gründet sich der Mut der Hirsche?‹ – Dachs! Dachs! Bleibst du hier! Denk' an die Gouvernante!«
»Meine Ehre –«
»Du hast keine Ehre, oller Mondbeller! Jetzt wirst du verheiratet aus Menschenverachtung! Es nutzt dir nichts, Männeken – *diese* Kreuzung interessiert mich, *das* Experiment laß ich einsegnen! *Das* Produkt muß ich sehen, eh' ich sterbe! Gönn' mir noch ein spätes Familienglück! Für die Mitgift – das ist das rechte Wort dazu – sorg ich schon!«
»Was wär das denn –?« lauerte Dachs.
»Erst heiraten – damit basta!«
Dachs war wahrlich kein Jüngling mehr – ob er sich's gestand oder nicht – dieser Gedanke an die Mitgift ließ ihn nicht ruhen. Dann wär' er auch auf seinen alten Tag wohl versorgt. Aber welches Mädchen –? So 'n Süffel, wie er einer geworden war? Der dazu einen falschen Doktortitel führte? Und ein Näschen wie die Rose von Jericho? Er kämmte sich mal die Haare von hinten über den Kopf nach vorn und strich Pomade drauf, aber es war nur ein spärlicher Rest, als wie ein ausgekämmter, ausgefranster Bindfaden.
Der Baron roch es sofort:
»Aha – schon Bräutigam? Sieh mal an, wie mein Senfkorn aufgeht! Zum erstenmal in der Weltgeschichte errötet ein Dachs? Komm mal her, Troglodytchen besserer Zeiten!«

Und sie flüsterten lange miteinander. Nachmittags pädkede Schulten Vader durch den Park, und er hörte, das Kipp über den Handstock gestülpt, bedächtig zu. Schulten Vader verwunderte sich aus Prinzip seit langem über nichts mehr. Er war ja Nachbar. Die Stina ging jetzt auch schon däftig in die Vierzig. Aber noch ein statiöses Mensch. Betrogen war der nicht, der die kriegte! Und Herr Philipp Hessels sah beinahe aus wie der Baron selber. Dachs hatte plötzlich eine äußerst würdige Haltung, er saß beim Putzen eines silbernen Salzfasses dabei. Er ließ sich nicht verschachern ohne klare Kalkulation und seine Freiheit in einer Weiberschürze wegtragen wie das Riesenspielzeug. Das gab es nicht! Die Trense behielt er auf jeden Fall selber! Nur nicht so voreilig – aber Schulten Vader verstand sich auf den Pferdehandel und ließ dem Baron das erste Angebot. Der sagte: »Ich habe schon anderen ins Bein gebissen – ich bin vom Fach –.« Dachs krauste die Stirn. Aber die drei gereiften Männer machten die Sache unter sich reell ab, und Schulten Vader verließ spät abends mit weinseligen Zwinkeräuglein das Schloß, und Dachs gab seinem Schwiegervater den Arm. Unterm Gartentor küßten sie sich: »Sag Philipp!« – »Sag Vatter –!«

Die Hochzeit des Dachs

Als Dachs die Schultendochter ehelichte, lud der Baron groß zur Hochzeit ein. Hier sollte nicht geknickert werden! Einladungen ergingen auch an viele adlige Familien in der Umgegend: »Zur Kopulation eines Dachs mit einer ehrbaren Jungfrau!« Aber es erschien niemand der Geladenen, was der Festesfreude des ganzen Dorfes keinen Abbruch tat. Der Baron kutschierte selber das Brautpaar zur Kirche. Dann folgte die ganze Pasewalker Kürassierkapelle im historischen Kostüm mit Puderperücken und Stulpstiefeln! Auf siebzehn bekränzten Erntewagen folgte das Dorf. Im Augenblick, da die Brautleute am Altar die Ringe tauschten, donnerten wie beim Segen der Prozession rund um die Kirche die Böller. Beim Heraustritt schlug der Tambour den Generalmarsch, Hurra der Hochzeitsgäste

erscholl, als schritte ein Potentat die Front ab, und der Zug setzte sich in Bewegung, die schmetternde, klingende, harfende Kapelle voraus, an der Spitze der Pauker hoch zu Roß, mit wirbelnden Armen das Paukenfell schlagend.
Vorm Garten des Hochzeitshauses wimpelte die Ehrenpforte. Weißer Sand war auf der Tenne, in der Stube, sogar rund um das Gehöft gestreut. Rechts und links von der großen Hielentür standen Maienbäume mit Apfelsinen drin, und oben hing ein großes Wagenrad mit bunten Bändern. Sogar die Pferdeköpfe am Giebel trugen zwei lange Girlanden, die zu beiden Seiten am Boden befestigt waren. Selbst die Windfedern auf dem Dach, das noch warm und tief mit moosigem Stroh bedeckt war, leuchteten mennigrot, und die Ulenflucht war mit dicken Sonnenblumen zugestopft, als trüge das alte Haus einen Strauß im Knopfloch. Selbst die Kühe prunkten mit vergoldeten Hörnern. Ein großer Haufen weißer Federn wehte gerade bei der Ankunft der Gäste hinter der Pütt hervor, das war der Federhaufen von achtzig gerupften Hochzeitshühnern.
Die Braut trug geblümten Damast und Dachs Gehrock mit Zylinder. Seine Beine staken prall in den Hosen.
Die Mädchen gingen in geschnürten Miedern und Schneppentaillen, die Bauern in Kniestrümpfen, Schnallenschuhen, bunten Jacken mit silbernen Knöpfen und großen Federhüten.
Der Hochzeitsbitter schritt als erster, eine Leberwurst oben hoch am Spazierstock balancierend, durch die Tür bis an den Herd. Hier nahm das Brautpaar rechts und links Platz. Der ganze Hochzeitszug defilierte, und jeder machte einen Knicks oder eine Verbeugung. Dann ging es zum Mahl. Es gab Viehkessel voll Suppe, Kalbsbraten von tausend Pfund, Scheffel dampfender Kartoffeln mit Kumpen voll Soßen, Speck mit Butter, dicken Reis mit Zucker und Kaneel. Die Teller klapperten, die Bauern fraßen wie die Teufel. Dazu dröhnten die Hörner über den Tisch. Der Pastor erklärte in schöner Ansprache, daß der Bräutigam jetzt nach vielen Irrfahrten des Segens der Ehe teilhaftig werde und wahrlich nicht schlecht gewählt habe. Der Bräutigam thronte myrtengeschmückt zwischen Schulten

Vader und dem Baron. Dachs weinte vor Ehre. Er prostete immer wieder dem Baron zu.

Als die Mägen satt geworden, ging es zum fröhlichen Reigen. Da die Stimmung schon hoch geschwollen war, wählte man einen Kirmestanz. Da rief der Baron: »Wo is de Bur?« Das galt nicht dem Schulten, sondern damit war der Tanzheld des Spieles gemeint, der erst gewählt werden mußte und nur ein unverheirateter strammer Bursch sein durfte. Das Los fiel auf einen weizenblonden Jüngling, dem die Augen mit dem Taschentuch zugebunden wurden. Und nun setzte der Reigenschritt ein, und die Tenne hallte von Weiber- und Männerstimmen zum Tanz:

»O Bur, wat kost't din Heu? O Bur, wat kost't din Kermesheu? Juchheißa, vivat, Kermesheu, o Bur, wat kost't din Heu?«

Darauf antwortete der Verbundene: »Min Heu, dat kost't 'nen Dahler! Min Heu dat kost't 'nen Kermesdahler! Juchheißa, vivat, Kermesdahler, Min Heu, dat kost't 'nen Dahler!«

Und sogleich erwidert die tanzende Korona: »O Bur, dat is to dür! O Bur, dat is to kermesdür! Juchheißa, vivat, kermesdür! Juchheißa, vivat, kermesdür! O Bur, dat is to dür!«

Nun aber begann der ernste Teil, denn der Bauer mußte an den Hausstand denken. Mit gewaltiger Stimme hub der Baron an: »Nu nämmt sick de Bur ne Frau! Nu nämmt sick de Bur ne Kermesfrau! Juchheißa, vivat, Kermesfrau! Nu nämmt sick de Bur 'ne Frau!«

Nun galt es für den verbundenen Bräutigam aus dem hopsenden Reigen sich seine Frau zu suchen. Immer wieder probte man, ob das Tuch auch dicht war. Nur nach den Stimmen durfte er wählen. Da berührte er die erste Hand, das war nun die Frau. Auf gleiche Weise erhielt er eine Magd, der Pastor wurde sogar Knecht, auch eine Kuh wählte er so: »Nu köff sich de Bur ne Kooh!« Mit schallendem Gelächter wurde der Baron die »Kooh«; dann gab es noch Pferd und Schwein, Hund und Hahn, bis das ganze Inventar zum Tanz beisammen war.

Die Wogen der Begeisterung schlugen höher. Rundgesänge und Musikvorträge wechselten mit den Tänzen, noch auf dem

Eichenkamp wurde der wilde Schusterdreh gesprungen, daß der Trubel über Esch und Brink klang.
Vielfach ging es auch ›na Vördanz‹. Man legte ein Kastenmännken auf den Tisch, bestellte sein Lieblingsstück und rief: »Nu kümmt min Danz!« Dann tanzte der Bursch mit seiner Erwählten vor, und die übrigen folgten, wohin das vortanzende Paar walzte, und wenn's oben im Schritt über die Mauer ging mit Purzeln, in Quieken und Juppheißassa!
Der Baron winkte dem Bräutigam zwischendurch in die Stube, setzte sich auf einen Stuhl: »Die verdammten Stiefel drücken so – zieh sie aus!« Und Dachs klemmte wie stets ein Bein des Barons in den Gehrockschenkel und hielt den Stiefel mit beiden Händen fest. Dann stemmte der Baron den anderen Fuß auf seinen Rücken und trat so den Stiefel heraus. Die Prozedur wurde kräftig wiederholt, daß Dachs an die Wand flog. Dann zog der Baron Schulten Vaders Holzschuhe an. In diesen hielt er nun die Festrede.
Aber den großen Kampf um die eigentliche Hochzeitsbraut ließen sie sich alle nicht entgehen gen Abend, das gute Symbol des scheidenden Jungfrauentums. Die Mädchen verteidigten die Braut in ihrer Mitte mit Püffen und Gekreisch, die bunten Niewelkappenbänder aus Seide flatterten um die erhitzten Köpfe, die Zöpfe spließen los, es hagelte und trampelte dabei, als sei eine richtige Schlacht im Gang, anfeuernde Rufe gellten über die Tenne, daß in den Ställen zu beiden Seiten das Vieh wild wurde, rasselte und mitbrüllte. Der Kuhjunge stand in der »groten Hielendör« auf einer Leiter und schlug mit einem Schwengel auf die Sense. Die Hühner flogen über die Köpfe dicht dahin und polterten auf die Tische, daß die Terrinen fielen – so muß es sein auf einer echten westfälischen Bauernhochzeit, wo man seinem Nachbar jedes Wort in die Ohren brüllt, einmal ins linke, bis das Trommelfell klingt, und dann ins rechte – je tüchtiger der Spektakel mit Kochtöpfen, Sensen und Dreschflegeln, desto mehr böse Geister werden auch ausgetrieben nach altem Glauben –, aber die Braut wurde dennoch von den Burschen und besonders von Dachs, der wie ein Löwe focht, mit Hemdsärmeln schwitzend befreit.

In diesem Augenblick setzte die ganze Kürassierkapelle wieder ein. Der Pastor drückte sich aus dem hinteren Gartenpförtchen weg. Da mußten die Musikanten gleich »upstiegen«, das heißt auf die Tische steigen und dann auf den Heuboden klettern und durch die Luke auf die Diele herunterblasen. Die Hörner tropften. Der Trubel tobte bis über die Mitternacht. Seit Menschengedenken war in Bullbergen nicht solch eine schöne Hochzeit gefeiert worden. Selbst der Amtmann war gefüllt wie ein Saatlaken. Die Mütter saßen in einem Knubben zusammen auf der Schwelle vor der Tür und hielten die Köppkens mit Mokka schwatzend vor der Brust. Der Hochzeitsbitter kotzte in die Pütt. Ein paar Wichter taten im düsteren Garten kreischend Versteckenspielen. Die Musik setzte nicht aus, der Knäuel der Stimmen riß nicht ab, Stund' auf Stund'. Es gab zum Schluß noch eine Schlägerei hinter der Torfscheune. Auch Dachs hatte den Junggesellen in sich gründlich ersäuft. Endlich gegen vier Uhr torkelten die letzten Gäste hinaus, die Mägde klappten hundemüde in den Durk, und die besoffenen Musikanten krochen ins Heu. Alle aufgeregten Tiere dehnten sich schlaftrunken, und tiefe Stille zog durch das große dunkle Bauernhaus.

Unten in der besten Stube neben dem Herd, wo noch der Rest des Mahles auf dem Tische stand, blieb allein der Baron mit Schulten Vader im Sessel sitzen. Sie wollten noch einen Münsterländer trinken wie alte treue Nachbarn, denn der Baron fühlte sich, wie Schulten Vader, auch so als eine Art Schwiegervater. Sie sprachen von vergangenen Zeiten gelassen und ernst, und Schulten Vader fühlte sich sehr geschmeichelt, daß es seinem Gast so wohl hier gefalle. Einmal glaubten sie noch ein zaghaftes Geräusch zu vernehmen:

»Klinge ... ling ...?«

Sie mußten sich wohl verhört haben.

Plötzlich aber von der oberen Brautkammer unheimlich durch das große, stille Haus – Schulten Vader tat die Pfeife vor Erstaunen aus dem Mund – kaum hatte auch der Baron im Sessel sich erst zurückgelehnt – mit heftigen, kurzen, ruckenden Stößen voll tönte es:

»Klingelingeklingelingeklingelingeklingelingennnnnnk!« Schulten Vader sprang entsetzt auf, aber der Baron griff ruhig zum Hut: »Gute Nacht, Vader – ich kann schlafen gehen – Dachs hat gedeckt!«
Er hatte nämlich durch einen Jungen eine Schelle unters Bett binden lassen.

Die Weinprobe

Ja, er steckte noch voller Schalkhaftigkeit.
Als die jugendschöne Nichte Isabella, Baronesse von Torkade, den wunderlichen Großonkel besuchte und gerade hübsch plaudernd neben ihm saß, da nahm der Alte so in Zerstreuung und Gedanken ihren rosigen Zeigefinger und stopfte sich schnell die Pfeife damit, daß sie »Au!« aufsprang und weglaufen wollte.
»Das schmeckt so lecker –« schmunzelte er.
Oder er ließ den alten Sanitätsrat Doktor Möller bitten: »Streuen Sie mir bitte doch etwas Pfeffer in den Hintern wie bei alten steifen Eseln, daß sie besser laufen können – ich brauch' eine Ermunterungspille!«
»Nur warm halten, ganz warm – so – Halstuch feste – Fußsack hoch – Handschuh umbinden –« blieb der erfahrene Hausdoktor gemütsruhig – »setzen Sie sich draußen etwas in die Sonne auf die Veranda –« Und schärfte Dachs ein: »Aufpassen, daß weniger getrunken wird –«
»Ah, wer kommt denn da? Der edle Landois –? Das war ja stets ein Frühaufsteher – laßt ihn herein, den Alten! – aber stell flink eine Butterkerne dort in die Ecke und schert euch alle fort!«
Landois war's in der Tat (es sollte sein letzter Besuch sein) und setzte sich neben den Lehnstuhl, nachdem Dachs sein Zebragespann in die Remise verstaut hatte und der Wärter Niklas bei Mimmi ein Schnäpschen kriegte.
Der Gichtbrüchige erzählte bald mit traurigen Bartspitzen, daß er jetzt nur noch eine Mumie sei – tat kleinlich und weinerlich: »Auf Dienstboten ist kein Verlaß mehr – ich bin total auf-

geschmissen – die Mimmi, dieser Sündenrest, wird eigensinnig wie ein wackliges Stuhlbein – und das Schlimmste: ich darf nur Buttermilch trinken! ›Petrus‹ hat ja lang genug mir prophezeit – es ist kein Aberglaube vom weißen Raben!«
Landois lächelte: »Dat is woahr –«
»Könnt' ich wenigstens die Hand noch rühren – da steht sie halb fertig –« und zeigte auf das große Faß mit dem Stiel: »Wollen Sie nicht einmal auf und ab stoßen –?«
Und ja, wie es denn so kam, da saß der Herr Professor Landois an der Butterkerne vorm Hause neben dem Krankenstuhl, drin der Schalk sich behaglich räkelte, und merkte nicht die Faxerei, wie er selbst als würdiger Greis noch den Stiel närrisch auf und ab stieß zur Belustigung vieler heimlicher Mägdeaugen, weil er in schier Wasser planschte und arbeiten mußte, so der Baron ihm's nicht gönnte, selber noch gelenke Knochen zu haben. Und verhöhnte ihn noch obendrein: »Gott hat Sie gesegnet vor mir –«
»Wu so dann –?«
»Er hat ein wahres Wunder an Ihnen verrichtet –«
»Jau – ick föhl mi noch gans gesund –« meinte Landois befriedigt.
»Ich wollte sagen, daß Gott bei Ihnen alle Naturgesetze umgestoßen hat – denn sonst müßten Sie die röteste Nase in Westfalen haben!«
Landois entgegnete: »Ick heww nich umsünß de Weihe up'n Liw –.« Aber als ihm ein Wasserspritzer in die Mauen klatschte, schnüffelte er vorsichtig etwas tiefer zur Kerne und erkannte den Reinfall. Ruhig stand er auf und schlug sein Wasser in die Kerne: »Ick will de Botter noch'n bettken salten –!« Ruhig trug nun der Baron seinen Knüppel am Hals; die beiden Schalke alterierten sich nicht übereinander: sie genossen sich nur. Stillschweigend, einander wert. Landois fuhr dann wieder ab.
Der Baron klingelte Dachs: »Roll mich ins Zimmer zurück – es zieht – es ist ein Narr zuviel in der Welt – ich laß mir jetzt bald droben das Frühstück servieren –«
»Machen Sie keine Fisematenten – ich muß Sie nur mal auf die rechte Seite legen!«

»Das Grab hat mich verbellt. Die Küree beginnt.« Der Kranke ließ das Unterkinn schlaff herunterhängen.
»So weit sind wir immer noch nicht –« grinste Dachs.
»Der weiße Leithund fällt meine Fährte an – und ist die Welt doch noch so grün –« Er seufzte tief.
»So weit sind wir beide noch lange nicht –« wehrte Dachs und kehrte ihn um.
»Was soll ich machen? Eine Laus übertrifft einen lahmen Löwen – doch ich hab' Durst – hol 'ne Pulle Aßmannshäuser!«
»Hat der Doktor es erlaubt?«
»Satan! Willst du allein saufen, gönnst du mir nichts mehr? Ich stoß das Testament um! Wein her!«
»Ach – Herr Baron – wollen Sie nicht lieber – von wegen der Gicht – eine Weintraube essen – die sind so schön reif jetzt?«
»Was? Schluck ich nicht genug Tabletten? Jetzt noch Wein in Pillen? Oh, nun erkenn' ich erst den ganzen Ernst meiner jammervollen Lage – es ist aus – ein Bomberg soll Weintrauben lutschen? Nein, jede Flasche will ich wenigstens noch einmal durchproben – das sei mein Abschied von der Welt – meine Gewissenserforschung –«
Und Dachs pflanzte eine mächtige Batterie auf den Tisch, und beim Knall jedes Pfropfens lächelte der Alte mit geschlossenen Augen wie bei einem Freudenschießen. Jetzt begann die berühmte Weinprobe, die so oft in vielen Variationen erzählt wurde. Dachs hielt jedes Glas gegen die Herbstsonne und schenkte langsam glucksend halbvoll. Der Baron vergrub die Stirn in die Hand. Dann schlürfte er mit geschlossenen Augen, daß er ganz abgeschieden zu den Geistern des Weins heimkehre und die Summe seiner Lebenserfahrung zöge. Nach jeder Kostprobe schnalzte er, nannte Jahrgang und Namen:
»Zwar las ich lange die Deutsche Weinzeitung nicht mehr – aber in der Weinkunde stell' ich meinen Meister –«
»Wir wollen sehen«, meinte Dachs: »Was war dies? Aber immer nur ein Zungenschlückchen.«
Und Schlag auf Schlag folgte die Generalkritik:
»Überalterter Rotwein« – »zu viel Gerbsäure« – »kranker Wein« – »geschwefelt« – »kaum flaschenreif« – »zu jung« –

»frischer Sauser« – »himmlisches Bukett« – »alkoholarm« – »total verschnitten mit fuselfreiem Spiritus« – »zu gefeuert« – »zu glaciert« – »brr! Glyzerin« – »fünfundzwanzig Prozent Zucker« – »Invertzucker« – »Rohrzucker« –»Tannin« – »gefärbt mit Malven« – »schmeckt nach sizilischem Gips« – »schleimig« – »ölig« – »fadig« – »Essig« – »zu alt und bitter, muß durch Leinwand gegossen werden« – »ätherschwefelsäurig« – »gemeiner Faßgeschmack durch anbrüchige Dauben« – »kann nicht die Gegend vertragen« – »herrlich firn« – »vollmündige Sorte« – »Spuren von Fett« – »Gummi, Pektin, Salz« – »simpler Bleichert« – »Teufel, liegt tote Ratte im Faß?« – »etwas trocken« –

»Aber Sie müssen auch den Jahrgang sagen, sonst kann ich nicht nachkontrollieren«, wandte Dachs ein, »daß ich die Etiketten vergleiche!«

»Oberingelheimer 1866, ohne Zucker –« – »Stimmt!«

»Walporzheimer Berg 1865 –« – »Bravo!«

»Vöslauer Goldeck, Kabinett –« – »Natürlich!«

»Pauillac-Beycheville 1865 –« – »Mein Gott, ja!«

»Piesport 1848 – glaub zehn Prozent Alkohol –«

»Gloria! Bravo! Stimmt!« schrie Dachs außer sich.

Und zwei Diener schleppten neue Körbe herbei, und der Alte blühte in Probung und Schnalzung:

»Italien« – »Ungarn« – »Ich schmecke Kalifornien« – »Madeira« – »Marsala« – »Sekt aus Chalons« – »von Silligmüller« – »zur Suppe passender Cherry« – »zum Rehbraten passender Burgunder« – »zum Gänseessen geeigneter Bordeaux« – »zu Austern vorzüglicher Sankt Peray« – »zum Entree weißer Bordeaux« – »zu Käse Portwein« – –

Seine Stimme wurde voller und kräftiger, Wohlbehagen und Wollust durchrieselten den Körper, die Muskeln spielten, die Sinne schärften sich, heiter, geistreich, gesellig öffnete sich sein innerstes Wesen, daß die Bediensteten ihn wie ein Wundertier anstarrten und er einen Respekt genoß wie noch nie vordem, da alles klappte auf Blume und Jahr, als probe Bacchus selber in silberner Weisheit mit lustiger Blindekuh, denn Dachs hatte ihm noch eine Serviette als Binde um den Kopf gewunden, und

plötzlich durchzuckte es den selber bejahrten Schlemmer, der doch nur ein roher Plebejer vor dieser Erleuchtung geblieben. Und spitzbübisch machte er einen Schabernack und goß mit Zeichen der Vorsicht und Überhebung schnell das siebenundvierzigste Glas halbvoll Pumpenwasser und reichte es feierlich hin. Alle huben sich auf den Zehen mit langen Hälsen. Der Baron schnupperte. Er schlürfte ein Pröbchen. Er stutzte. Noch abermals am Rand: »Gift und Galle – was ist das?« Er nahm einen vollen Schluck. Aufgeregt und zweifelnd schüttelte er das Haupt:
»Dachs Ganymed – schenk noch einmal voll – auf jeden Fall sehr leichte Sorte!«
Und wiederum nahm er das Glas, strich erst den Schnurrbart weit zurück, spitzte die Lippen ganz fein schmal vor, daß seine Ohren sich bewegten, räusperte nochmals und schlürfte unter atemlosen Schweigen und war baff:
»Das hab' ich noch nie getrunken!«
»Stimmt!« jubelte Dachs.
So unvermutet zu Anakreons Bruderschaft erhoben, strahlte der Baron:
»Daß du mir diese Freude bereitet hast vor meinem Heimgang – lieber Bruder – (jetzt mag ruhig abgekoppelt werden und das letzte Treiben denn beginnen) – dafür kauf' ich dir in Köln eine Weinwirtschaft, wo du mich gebührend betrauern kannst!«

Das selige Ende

Obgleich er etwas fieberte und das Bett hüten mußte, fand er sich aufgeräumter und unternehmungslustiger als vorher. Er hätte auf Stelzen laufen mögen. Was ist's doch eine Gnade, solch eine wilde Natur zu besitzen! Er dachte an die tote Baronin und liebte sie in dieser Minute über die Maßen. Er klingelte Mimmi.
»Laß für meine Frau drei Messen lesen –«
Mimmi tat, als höre sie nicht. Sie kramte im Zimmer und schalt:
»Seit Dachs verheiratet ist, kommt er immer später – er wird von Tag zu Tag nachlässiger – er –«

»Laß Dachs, die edle Seele, in Ruh' –«
»Alle sind edle Seelen, nur –« fort war sie. Er hätte dem Racker am liebsten das Plumeau nachgeschmissen – ordinäres Frauenmensch! Da fiel ihm ein: bei Frauen muß man extra Mensch zufügen – bei Männern sagt man Mannsbild! Das ist ein merkwürdiger Unterschied...
Er war also immer noch nicht so weit. Noch hatte Freund Hein seine zähe Schwarte nicht mürbe gegerbt. Als endlich Dachs (er hatte gestern die Reste vertilgt) erschien, flüsterte der Kranke ihm schon wieder übermütig zu:
»Sag's eben noch schnell den Bienen an, daß der Hausherr bald sterben muß! Flott –«
Dachs kannte diese alte Bauernregel und meinte so in Gedanken: »Da kann wohl was Wahres dran sein –«
Sanitätsrat Doktor Möller kam, fühlte den Puls und vernahm von Mimmi, daß der Baron mehrere Dutzend Flaschen probiert habe, überhaupt müsse Dachs von ihm getrennt werden – sie hätte erlauscht, wie er den todkranken Mann auf dem Rücken zu einem Fuchsbau schleppen wolle, um mit ihm noch zu jagen – der Baron vernahm ihr Geflüster und bestätigte: »Ja – das haben wir uns gestern gelobt in der erhobenen Stimmung – so treu ist dieses redliche Klingelbeuteltier!«
Mimmi räumte gründlicher auf – (es mußte eine schlimme Vorbedeutung haben). Auf der Nachtkonsole lag neben Graf Leopold Stolbergs »Büchlein der Liebe« Wilhelm Denkers »Windbeutel«, und das Kruzifix steckte schief in der Weinflasche – sie putzte sogar die Türklinke. Aha – der Kooperator Mennekes, der neue Kaplan, trat ein!!!
Als der ohne viel Umschweife fragte, ob er die Wegzehrung spenden solle, antwortete der Baron barsch: »Bringen Sie lieber ein Hufeisen mit –!«
»Herr Baron –« entgegnete der Kooperator Mennekes, »wann endlich hören Ihre Possen auf? Wollen Sie als Hansnarr vor Gottes Thron?«
»Ja, *commis coelesticus*, so hören Sie doch, was der alte solide Volksglaube sagt: Willst du selig sterben, so ziehe dir die geweihten Unterbuxen deines Kaplans an, dann –«

»Ich geh', Herr Baron –« und der Kooperator öffnete die Tür; draußen beschwor ihn Fräulein Mimmi zurückzukehren und besänftigte: »Er redet ja schon in Delirien –«
»Ich komme morgen wieder, Herr Baron – armer Herr Baron« – und war schon heilfroh, sich drücken zu können. Er dachte an den geneppten Kaplan, seinen Vorgänger, an den Pastor von Dülmen mit seiner Hamburgreise, an den Hahnenpastor, den Bischof und viele andere Stegreifrittereien und fürchtete ähnliches. Schon aber hatte Fräulein Mimmi zum Pastor selber geschickt.
Und der Pastor blieb nun tagelang, er schlief nebenan, es galt, unter allen Umständen der Gemeinde das Ärgernis eines unbekehrten Sünders und der Kirche diese Niederlage zu ersparen.
»Ich würde ja mit mir handeln lassen –« knurrte schließlich der Baron – »wenn Sie auch mir Konzessionen machen wollten –«
»Das wäre zum Beispiel? – Man könnte etwa Rücksicht walten lassen hinsichtlich eines öffentlichen Widerrufes oder –«
»Ausgeschlossen! Wollen Sie aber mit dem Kirchenstempel schriftlich geben, wenn ich begraben werde, den Leichenwagen doch ein Viertelstündchen vor dem Wirtshaus mit allen Leidtragenden halten zu lassen, bevor es weitergeht?«
»Herr Baron –«
»Nur eine Minute muß er still halten mit dem ganzen Gefolge – dann geht ruhig weiter und tut mit mir, was ihr wollt – aber diese Ehrung bin ich dem Alkohol schuldig!«
Jetzt kam Doktor Möller dem Pfarrer noch zu Hilfe und machte ihn mürber, indem er auch das Rauchen verbot. Der erpichte Schmöker fügte sich. Als aber noch eine Krankenschwester, ein stilles Klemensnönnchen, sanft und mild wie ein Vollmond, aus Münster herbeischwebte und ihn betten und pflegen mußte, die Jalousien öffnete und schloß, mit dem Thermometer ihn maß, wie man mit dem Stechheber ein auslaufendes Weinfaß taxiert, da roch er den frischen Heuduft durchs Fenster und überkam ihn so sehnsüchtig Verlangen nach einem Rauchwölkchen, daß er die Schwester bat: »Kriegen Sie dort aus der Kiste eine Zigarre – nein, diese dunklen dort – so ist's richtig – niemand

darf's erfahren – aber rauchen Sie doch bitte einmal an und blasen mir unter die Nase, damit ich wenigstens noch rieche, wie's schmeckt –«

Und das Nönnchen, das den Schalk nicht kannte, überwand sich schließlich und steckte die schwarze Habanna an, blies ihm fein säuberlich einige blaue Wölkchen übers Gesicht, daß er schmunzelte: »Süß – süß – Petrus riecht's dir später gern an –« Da wurde ihr übel, und sie ging hinaus.

Dachs sagte zum Pastor: »Ausgeschlossen – Sie kriegen ihn nicht herum! Er will schon wieder Wein haben –«

»Bringen Sie ihm ruhig auf meine Verantwortung die schwerste Sorte, die Sie im Keller haben. Was liegt noch viel daran, wenn sie – nur – ihn – besser stimmt?«

Eindringlich warnend, bei der Kindheit beginnend, saß der Pfarrer am Bettrand. Fräulein Mimmi blieb mit Hühnersüppchen, gebratenen Täubchen und so weiter. Beide setzten ihm hartnäckiger zu von Tag zu Tag. Er aber machte sich heftiger Luft mit Tiraden über Gott und Welt, sprach davon, den Stiefelknecht gegen die Gespenster mit in den Sarg nehmen zu wollen, und bat schließlich den Pastor, des Lamentos müde:

»Lassen Sie mich allein mit Ihnen –«

Der Pastor warf Fräulein Mimmi ein Auge zu: »Aha, er will beichten –« Mimmi schlurfte hinaus. Dachs ging draußen auf dem Korridor hin und her, die Arme verschränkt, und dachte: ›Was da wohl herauskommt –?‹ Der Pastor sagte drinnen: »Trinken Sie ruhig noch einen guten Schluck –« Das tat der Baron auch, aber dann flüsterte er ihm ins Ohr:

»Keine Ölung – ich will nicht als Sardine in den Sarg –«

»Reden Sie nur ruhig weiter – Herr Baron«, sagte der Pfarrer liebevoll.

»Eigentlich müßt' ich ja mit Schlachtroß und Brünne lostraben –«

»Bitte fortfahren – Herr Baron«, sagte der Pfarrer liebevoller.

»Ich hab' meine drei Tugenden, und damit komm' ich glatt durch – verlassen Sie sich darauf: Weinkenner – Reiter vor dem Herrn – fragen Sie nur meinen Beichtvater Dachs – die dritte heißt Jägerei – ich habe meine Pfunde nicht vergraben –«

»Nur immer weiter –« sagte der Pastor noch liebevoller.
Da merkte der Baron, daß der Pfarrer durch eigene Redensarten ihn leerpumpen und durch sich selber besiegen lassen wollte – also kehrte er sich an die Wand.
Und so schwieg er. Diese Pause benutzte der Pfarrer. Unwiderruflich sollte die Bekehrung jetzt vor sich gehen. Aber alle Gründe prallten ab. Der Teufel mußte selbst im Krankenzimmer stecken! Fräulein Mimmi blieb immer länger und begann nun zu weinen. Vereint setzten sie ihm hartnäckiger zu. Bis der Pfarrer zitierte:
»Bedenken Sie doch – der Himmel freut sich mehr über einen bekehrten Sünder als über hundert Gerechte!«
Der Alte horchte auf: »Was –? Ist *das* wahr –?«
Er nahm einen tiefen Schluck.
Dies neue Argument schien ihm so stichhaltig, daß er's näher in Erwägung zog:
»Können Sie mir garantieren, falls ich in den Himmel komme, daß dann Gott selber schmunzeln wird –?«
»Ich kann nur die Worte der Bibel wiederholen –«
Diese Vorstellung, daß er dem Himmel bei seinem Eintritt noch Spaß bereiten könne, hatte etwas ungeheuer Verlockendes und Konsequentes! Dann übertrumpfte er ja hundert Antonius von Padua! In der Tat!
Der Pfarrer hatte plötzlich gewonnenes Spiel.
Der alte Schalk gab den Widerstand auf und lächelte: »*Dann* gern – *dann* wirklich *sehr* gern – so bleib' ich mir *doch* treu, nicht wahr?«
Und jetzt spielte der Pfarrer seinen Haupttrumpf aus und sprach von den *Pflichten* des Bekehrten, solle anders die Bekehrung doch ohne den erwünschten Erfolg sein, sprach von der Heiligkeit der Ehe, von der Erfüllung eines gegebenen Versprechens – das über den Tod binde – zwar entsann sich der Kranke nicht so recht mehr des Versprechens – aber der Pastor bestätigte es, er wisse das längst aus der Beichte, und Fräulein Mimmi wußte es auch ganz bestimmt, erinnerte sich sogar sehr genau des Tages vor siebzehn Jahren –
»Kann sein – warum nicht –? na ja – o je!« knurrte der Kranke.

Und der Pastor sprach von gutem Andenken, dankbarem Gebete und heftig schluchzend Fräulein Mimmi von ihrer großen Schande, lamentierte über ihre Ehre, und daß selbst der Dachs versorgt sei, und sie kriegten ihn wirklich noch herum, daß er sich mit ihr im Krankenhemd trauen ließ, bevor er ins Jenseits auskniff.
Und der alle überlistet, ward auf dem Totenbett überlistet von Pfaff und Weib. So schloß der Ring der Natur ihn selber wieder ein.
Jetzt sprach der Pfarrer mit lauter Stimme von Charakterfestigkeit, und der Baron gab seiner – Frau einen Kuß und sagte: »Bon – bon – so ist denn mein letztes Stündchen gekommen – Dachs, du sollst jetzt wieder Philipp heißen – und daß männiglich diese Erzbekehrung sehe, tragt den ›Jérôme‹ auf die Wiese vors Schloß – darin will ich Abschied nehmen von euch allen und sterben.«
Und flüsterte erst schnell zu Dachs? »Lach mir was vor –«
Und Dachs öffnete halb die Zähne, hielt den Kopf zurück und lachte aus tiefem »O« in ein trillerndes »Ihiihi!«
Und so setzte er sich in seinen alten Schlemmersessel mitten in den Park vors Schloß: »Denn der Himmel ist gerade groß genug beim Sterben. Ich muß jetzt Luft haben ...«
Und noch einmal umspannte er diese so wohlbekannte Wölbung der Wälder, die halbmondig lagernden Felder und sah die Vögel in der Luft in schönen Linien durch die Bläue sich werfen. Da nahm er eine Prise vorm Angesicht Gottes und meinte: »Nun ist's aber genug . . . danke sehr!« Als wenn jemand an der Speisetafel nach gehöriger Sättigung die Gerichte vorübergehen läßt und anderen reichen läßt.
Und dann geschah's. Das halbe Dorf kniete rundum mit gereckten Hälsen, der Pfarrer triumphierte – die Glocken ertönten – und als der Pastor ihm die Wegzehrung reichen wollte – da überkam noch einmal der ganze Spaß des Lebens seine scheidende Seele, und mit einer letzten Zuckung hub der Baron den Kopf und schnappte wie ein versinkender Karpfen: haps! heftig nach der Hand des Priesters. Der erschrak bis in die Eingeweide – hielt aber fest, und der Baron vermochte noch gerade das Lid

ein wenig zu heben und schielte ihn mit brechendem Augapfel listig zwinkernd an und neigte das Haupt.
Er lag noch ein Stündchen friedlich in seinem Lehnsessel. Die Hunde tollten um ihn herum. Rechts und links stand ein umflorter Kandelaber.
Bei seinem Begräbnis in der dritten Nacht nach seinem Tode brach ein ungeheures Gewitter los, das allen Teilnehmern unvergeßlich geblieben ist, und unter Donner und Blitz wurde er beigesetzt.
Im »Merkur« aber stand eine rührselige Geschichte zu jedermanns Erbauung und Warnung über die Bekehrung des Sünders und seine Trauung auf dem Totenbett, die tolle Kommunion im »Jérôme« wurde wohlweislich verschwiegen.
Die Bauern aber erzählten:
»As de Baron dot was, dachde he: Du kümpß doch nicht in den Himmel – du biß to gottlos wirn, wat fang ick nu an? Ganz bedröwt quamm he bowen an. ›Halt!‹ segg he – ›mi fällt wat in –‹ Un he gönk un strüppede de Buxe af un scheet jüst vör de Himmeldör 'n groten Haupen. Dor mök Petrus de Dör oppen und segg: ›Du Schwinhund – di sall ick't wiesen – marsch met di vör Gottes Thron!‹ Un pök em an un spederte em vör den Thron. ›Halleluja!‹ röp de Baron und drehde den langen Schnurrwitz vör Gott Vader: ›'t is glückt, ick bin hier!‹ Dor moßde Gott Vader so heller lachen, dat he segg: ›Jau – bliew man hier!‹
Up düsse Ort konn ok de Baron von Bomberg noch in'n Himmel kommen . . .«

Die Nachfolge

Und Landois strebte und wirkte indessen für eine neue Brücke zum Zoologischen, die auf seinen Namen geweiht werden sollte, die mußte fest auf den Beinen stehen über dem breiten tiefen Wallgraben der schönen Stadt, und schrieb seinen humoristischen Roman ›Frans Essink‹ zu Ende, des old Münstersk Kind Liewen und Driewen, und begleitete ihn über das Leben hinaus in Himmel und Fegefeuer auf die Seelenwanderung.

Aber wie er so mit zunehmenden Jahren immer mehr des lästerlichen Trunkes entsagte und einer fast mönchhaften Aszese sich ergab, nur der Wissenschaft um seines größeren Lebenswerkes willen für den Ruhm Westfalens diente, zeigte gerade dieser letzten Dichtung Seelenwanderung, daß ihr Humor im Gegensatz zu der saftstrotzenden Erdhaftigkeit des früheren Teils von Frans Essinks Erdentagen doch mit den letzten Dingen des Lebens nicht gleich souverän zu spielen vermochte, weil ihr Autor selber in innerster Seele noch ein naiv gläubig Kind seiner Kirche geblieben war. Selbst nur ein Krammetsvögelchen allein zu essen, schien ihm jetzt sündhaft, so daß das alte Müffelken, seine Nichte Helene, die andere Hälfte verzehren mußte. Trotz des Gruselns, das seine Affentheorie ihm und vielen frommen Gemütern erregt hatte, betete er wieder mit stillem Gottvertrauen sein täglich Brevier. Der ehemalige Theologe, in dessen Blut ja alle Wundergeister und -gnaden auch nie zu rumoren aufgehört, hätte am liebsten selbst wieder kirchliche Funktionen ausgeübt.

So saß er behaglich mit Gott und sich zufrieden wie ein alter Patriarch, und Seelenkämpfe und Versuchungen schüttelten ihn nicht.

Da las er plötzlich in der Zeitung vom Tode des christlich bekehrten Barons und mußte hellaut auflachen: »Freundchen – nun willst du mir auch drüben noch den Rang ablaufen – warte nur!«

Und zwinkerte listig voll alter Erinnerung: »Ich weiß, daß du die Komödie nur gemacht hast, mich zu täuschen, daß ich jetzt auf den Himmel verzichten soll und zu dir in die Unterwelt fahren möge! Aber ich überrasche dich –«

Ja, siehe da, unverhofft, als die großen Vorbereitungen zur Feier seines siebzigsten Geburtstages fast beendet waren, ging er durch einen Schlaganfall schnell davon.

Die Stadt hat kein merkwürdigeres Begräbnis gesehen als den Heimgang des »Professors von Münster«. Der Zoologische Garten lag winterlich öd und leer. Seine Fahnen flatterten Halbmast, das Eingangstor war schwarz drapiert, und Lorbeerbäume mit Erzbecken schmückten den schmalen Fußpfad.

Fackelschein spiegelte in den trüben Regenlachen. Ein kalter Wind rauschte in allen Bäumen.
Als der Sarg aus der Tuckesburg getragen wurde und der Trauergesang ertönte: »Jesus, meine Zuversicht –« erscholl plötzlich das laute Geheul der Löwen. Alle Teilnehmer standen tieferschüttert vor diesem unvergeßlichen Moment: ihr Pflegevater ward zwischen den Käfigen hinausgetragen.
Dreiundzwanzig Studentenfahnen senkten sich über die Gruft. Fünf Geistliche der Liebfrauenkirche umknieten sie. Eine gewaltige Menschenmasse erfüllte schwarz wogend den weiten Friedhof, und die Kürassierkapelle stimmte den Abschiedschoral an . . .
Was die beiden Schelme droben getrieben, ist bisher nicht bekannt geworden.